suhrkamp taschenbuch
wissenschaft 769

W0072714

Indem Whitehead den philosophischen Begriff der Substanz, aber auch den abstrakten Begriff der Materie, wie er der empirischen Naturwissenschaft zugrunde liegt, durch den Begriff des Prozesses oder des Organismus ersetzte, schuf er die Grundlage für ein nachneuzeitliches Weltbild, in welchem die Intuitionen und Erfahrungen der verschiedensten kulturellen Ausdrucksformen wie Dichtung, Religion, Naturwissenschaft nicht mehr unverbunden und unverstanden nebeneinander ihr Dasein fristen müssen, sondern sich wechselseitig befruchten können. Die kulturelle Sprengkraft dieses Whiteheadschen Systems ist noch weitgehend unausgeschöpft.

Natur, Subjektivität, Gott

Zur Prozeßphilosophie
Alfred N. Whiteheads

Herausgegeben von Helmut Holzhey,
Alois Rust und Reiner Wiehl

Suhrkamp

CIP-Titelaufnahme der Deutschen Bibliothek
Natur, Subjektivität, Gott :
zur Prozeßphilosophie Alfred N. Whiteheads /
hrsg. von Helmut Holzhey ... – 1. Aufl. –
Frankfurt am Main : Suhrkamp, 1990
(Suhrkamp-Taschenbuch Wissenschaft ; 769)
ISBN 3-518-28369-3
NE: Holzhey, Helmut [Hrsg.]: GT

suhrkamp taschenbuch wissenschaft 769
Erste Auflage 1990
© Suhrkamp Verlag Frankfurt am Main 1990
Suhrkamp Taschenbuch Verlag
Alle Rechte vorbehalten, insbesondere das
des öffentlichen Vortrags, der Übertragung
durch Rundfunk und Fernsehen
sowie der Übersetzung, auch einzelner Teile.
Satz und Druck: Wagner GmbH, Nördlingen
Printed in Germany
Umschlag nach Entwürfen von
Willy Fleckhaus und Rolf Staudt

1 2 3 4 5 6 – 95 94 93 92 91 90

Inhalt

Siglenverzeichnis

Die Schriften Whiteheads werden mit den folgenden Siglen und nach den folgenden Ausgaben zitiert:

AI – *Adventures of Ideas.* New York: Macmillan, 1933. Dt.: *Abenteuer der Ideen.* Übersetzt von E. Bubser, mit einer Einleitung von R. Wiehl. Frankfurt: Suhrkamp, 1971.

CN – *The Concept of Nature.* Cambridge: Cambridge University Press, 1920.

FR – *The Function of Reason.* Princeton: Princeton University Press, 1929. Dt.: *Die Funktion der Vernunft.* Übersetzt und mit einem Nachwort versehen von E. Bubser. Stuttgart: Reclam, 1974.

IM – *An Introduction to Mathematics.* London: Williams and Norgate, 1911. Dt.: *Einführung in die Mathematik.* Übersetzt von B. Schenker. Bern: Francke 1948.

MT – *Modes of Thought.* Cambridge: Cambridge University Press, 1938 und seitengleich: New York: Macmillan, 1938.

PM – *Principia Mathematica.* Cambridge: Cambridge University Press. 2nd ed. 1927.

PNK – *An Enquiry Concerning the Principles of Natural Knowledge.* Cambridge: Cambridge University Press, 1919.

PR – *Process and Reality. An Essay in Cosmology.* Corrected Edition. Ed. by David R. Griffin and Donald W. Sherburne. New York: The Free Press, 1979. Dt.: *Prozeß und Realität. Entwurf einer Kosmologie.* Übersetzt und mit einem Nachwort versehen von H.-G. Holl. Frankfurt: Suhrkamp, 1979.

R – *The Principle of Relativity.* Cambridge: Cambridge University Press, 1922.

RM – *Religion in the Making.* Cambridge: Cambridge University Press, zweite, neugesetzte Auflage 1927. Dt.: *Wie entsteht Religion?* Übersetzt von H.-G. Holl. Frankfurt: Suhrkamp, 1985.

SMW – *Science and the Modern World.* Cambridge: Cambridge University Press, zweite, neugesetzte Auflage 1927. Dt.: *Wissenschaft und moderne Welt.* Übersetzt von H.-G. Holl. Frankfurt: Suhrkamp, 1984.

UA – *A Treatise on Universal Algebra.* Cambridge: Cambridge University Press, 1898.

Reiner Wiehl
Einleitung

Die Philosophie Alfred North Whiteheads, im wesentlichen in den ersten drei Jahrzehnten dieses Jahrhunderts entstanden, gilt heute weithin unbestritten als der bedeutendste Beitrag zur Metaphysik und zur Philosophie der Natur in der Gegenwart. Wenn sich in jüngster Zeit eine wachsende Zahl von Philosophen, nicht zuletzt aus der jüngeren Generation, dem Werk jenes bereits zu den Klassikern der Moderne zählenden Autors zuwenden, um sich der Faszination auszusetzen, die von dessen spekulativem Denken ausgeht, so hat dies gute Gründe. Und zwar sind es die gleichen Gründe, die ehemals den Zugang zu seinem Werke verstellten, die heute hilfreich sind, diesen Zugang zu erleichtern und zu befördern. Gewisse dogmatische Vorurteile gegenüber der Metaphysik und der spekulativen Naturphilosophie – Vorurteile, die dem vergangenen Jahrhundert entstammen und sich vielerorts weitervererbt haben – werden heute allmählich abgebaut. Es zeigt sich, daß ein vermeintlicher Kritizismus zumindest ebenso dogmatisch sein kann wie das, was er für Dogmatik ausgibt, und daß es zu billig ist, die Metaphysik erst bis zur Unkenntlichkeit zu reduzieren, um sie dann für sinnlos zu erklären. Es führt auch zu einer Unverhältnismäßigkeit und zur Unangemessenheit eines Kritizismus, wenn dieser sich zum Extrem eines Destruktivismus steigert, der immer nur den Gedanken hin- und herwälzt, was an die Stelle der angeblich überholten Metaphysik zu treten habe, anstatt zunächst einmal mit Vernunftgründen zu prüfen, wie die traditionelle Metaphysik von Grund auf reformiert und verbessert werden könne, zumal ihre Fortschritte nach Kant und Schelling als höchst bescheiden einzustufen sind. Whitehead selbst hat sein philosophisches Denken als ein solches grundlegender Reformen und Verbesserungen der überlieferten Metaphysik und Philosophie der Natur verstanden. Ein zweites Vorurteil, welches einen unbefangenen Umgang mit diesem philosophischen Denken behindert hat, war das einer beinahe schon sprichwörtlichen Dunkelheit und Unverständlichkeit. Gewiß wird man Whitehead den Ehrentitel eines Heraklit unserer Epoche auch hinsichtlich

9

der Dunkelheit nicht vorenthalten wollen. Aber man muß dann zugleich daran erinnern, daß kein anderer als Kant gezwungen war, bei seinem Publikum, das durch die herrschende Popularphilosophie verwöhnt war, für die Dunkelheit zu werben, die in der Philosophie nicht ganz vermieden werden kann, wenn es um schwierige Sachfragen geht. Im übrigen ist Whitehead ein glänzender Stilist und Meister englischer Prosa und in dieser Meisterschaft kaum geringer zu schätzen als sein Landsmann Bertrand Russell, mit dem gemeinsam er das Grundlagenwerk der mathematischen Logik in unserem Jahrhundert, die »Principia Mathematica«, geschaffen hat. Man wird im Blick auf jenes Vorurteil gut daran tun, sich auch mit Whiteheads exoterischen Schriften zu beschäftigen, um hier die Kunst der Plastizität würdigen zu können, die sich ebenso wie in den esoterischen Texten der abstraktesten Gedanken zu bemächtigen vermag. Wenn Whiteheads Metaphysik und Naturphilosophie eine Ausnahmestellung im zeitgenössischen philosophischen Denken einnehmen, so zunächst in dem Sinne, daß ihre Position gewissermaßen zwischen alle philosophischen Stühle gesetzt ist und dementsprechend keiner der gleichzeitig herrschenden philosophischen Strömungen zugerechnet werden kann.

Dies gilt zunächst und vor allem für das Verhältnis zum Neopositivismus. In diesem Verhältnis ist Distanz, ungeachtet der verwandten Bemühung um den Aufbau einer Philosophie der Wissenschaft. Die Wissenschaftslogik unseres Jahrhunderts verdankt Whitehead viele bedeutsame Beiträge, insbesondere zur mathematischen Logik und zur Geometrie. Aber schon die großen Studien seiner ersten philosophischen Denkphase, die noch nicht eigentlich zur Metaphysik gerechnet werden können – der »Enquiry Concerning the Principles of Natural Knowledge« (1919) und »The Concept of Nature« (1920) –, weisen eine ganzheitliche Perspektive auf, welche die Trennung zwischen einer Philosophie der Naturwissenschaften und einer Philosophie der Natur als eine künstliche Abstraktion von nebensächlicher Bedeutung erscheinen läßt. Auch in der Kritik an der ihm zugänglichen Metaphysik seiner Zeit ist Whitehead eigene Wege gegangen. Zwar traf er sich in der Kritik am englischen Hegelianismus – dieser eigentümlichen metaphysischen Variante des kontinentalen Neo-Hegelianismus – mit G. E. Moore und B. Russell. Aber anders als diese beiden, die mit ihrer Kritik den Weg der »Analytischen Philosophie« eröffneten, war Whiteheads Kritik eine solche vom metaphysischen Standpunkt aus. Wenn sich sein großes metaphysisches Hauptwerk »Process and Reality« (1929) als eine philosophische Alternative zu dem präsentiert, was wir heute unter der Rubrik »Analytische Philosophie« subsumieren, so sind dort auch die Gründe für eine solche Alternative genannt. Whitehead hatte einen starken kritischen Vorbehalt gegenüber einem blinden Vertrauen in die beiden klassischen Erkenntnisinstanzen der Philosophie: gegen die Instanzen der natürlichen Umgangssprache und die der formalen Logik. Beide Instanzen anerkannte er zwar als notwendige Instrumentarien der Erkenntnis, auch der philosophischen. Aber gerade was diese und die Möglichkeit ihrer Einsicht in allumfassende Horizonte des Wissens betrifft, wollte er jenes notwendige Instrumentarium nicht als hinreichend gelten lassen. Deswegen sein Plädoyer für die spekulative Erkenntnis, der er zwar nicht gestattete, die Erfahrung zu überfliegen, wohl aber zumindest einen wohlbedachten Schritt über sie hinauszutun, und zwar nach eben den Prinzipien, die auf sie zurückführen. Whitehead konnte sich in gewissen Grenzen mit Kants Aufgabenstellung einer Kritik der Vernunft identifizieren. Die Kritik der Vernunft hatte nicht nur das Instrument der natürlichen Umgangssprache hinsichtlich ihrer Vieldeutigkeiten zu analysieren, sofern diese der Bestimmtheit der Erkenntnis im Wege stehen. Sie hatte darüber hinaus den unverhältnismäßigen Erkenntnisanspruch der Vernunft und der Logik in die Schranken zu weisen. Gleichwohl besteht auch eine große Distanz zwischen Whiteheads Vernunftkritik und der des transzendentalen Idealismus. Aber es wäre zu kurz gegriffen, wenn man diese Differenz in einem unterschiedlichen Verhältnis von Kritizismus und Metaphysik allein suchte. Die Distanz betrifft vielmehr das Verständnis der Vernunft und ein aus der Vernunftidee resultierendes Konzept von Metaphysik selbst. Whitehead hat seine eigene Metaphysik als eine »Kritik des reinen Gefühls« bezeichnet, die an die Stelle von Kants »Kritik der reinen Vernunft« treten sollte. Dies hieß nun keineswegs nur, die Kritik der Vernunft durch eine Kritik der Sinnlichkeit zu ergänzen, und noch weniger, an die Stelle einer Philosophie der Vernunft den Irrationalismus zu setzen. Vielmehr sah Whitehead den Grundirrtum, der alle philosophische Erkenntnis immer von neuem bedroht, in der Verwechslung zwischen dem Abstrakten und dem Konkreten, zwischen dem gedanklichen und dem wirklichen Sein. Diese Verwechslung fand er vor allem in der Philosophie der Moderne, soweit diese sich von dem abstrakten Konstruktivismus in den exakten Wissenschaften anstecken ließ.

Verwechslung des Abstrakten mit dem Konkreten fand Whitehead insbesondere im neuzeitlichen philosophischen Rationalismus und Empirismus und nicht zuletzt in Kants transzendentalem Idealismus. Er bezeichnete die eigene Philosophie als Philosophie des Konkreten und als Philosophie des Organismus, um damit die selbstgestellte Aufgabe zu umreißen: die mannigfachen Bedingungen der Bildung von Abstraktionen zu erforschen und die vielfältigen Typen und Erscheinungsformen konkreter Ganzheit zu untersuchen. An die Stelle des abstrakten Konstrukts »Vernunft« setzte er die Idee der Kohärenz als Prinzip ganzheitlicher Rationalität und an die Stelle des abstrakten Konstrukts »Subjekt« eine Fülle verschiedener möglicher Verbindungen zwischen tätigen und selbsttätigen Elementen der Wirklichkeit. Subjekte werden hier gefühlt, und sie fühlen selbst, sie nehmen andere Subjekte wahr und werden von anderen wahrgenommen. Schon auf einer sehr elementaren Stufe der Subjekt-Werdung finden wir Wertungen und Beurteilungen von Wertungen, die zur Entwicklung neuer Organisationsformen von Subjektivität beitragen. Jedes einzelne Subjekt, wie elementar auch immer, hat eine Welt, seine Welt: eine Welt, aus der es hervorgeht, eine Welt, in die es hineingehört, und eine Welt, die es sich zu eigen macht. Zu seiner Welt gehören, seinem eigenen Entwicklungsstand entsprechend, andere mehr oder weniger komplexe Subjekte. Mit dem Entstehen und Vergehen von Subjekten entstehen und vergehen Welten; mit der Entwicklung einer Subjektivität entwickelt sich eine Welt und gewinnt in dieser Entwicklung ein Mehr oder Weniger an Stabilität. Die Schlüsselbegriffe dieser neuen Philosophie einer konkreten Subjektivität sind die Begriffe »Erfahrung« und »Geschichte«. Allein dadurch, daß Whitehead seine neue Metaphysik um diese Grundbegriffe herum aufbaut, entfernt sich sein metaphysisches Denken von den alten Konzepten der Metaphysik, die ein Ewiges und Bleibendes in allem Wechsel und einer Erkenntnis unabhängig von aller Erfahrung gesucht haben. Durch die Betonung der Erfahrung und der Geschichtlichkeit sowie der Kontingenz und Endlichkeit des einzelnen Seienden weist Whiteheads Metaphysik eine merkwürdige

Verwandtschaft zu wichtigen zeitgenössischen Strömungen in der Philosophie auf, und nicht von ungefähr gerade zu denjenigen, die sich der metaphysischen Überlieferung entziehen wollen. Mit Husserls Phänomenologie verbindet Whiteheads Metaphysik die Kritik an den Abstraktionen und die Bemühung um eine möglichst adäquate Beschreibung des Gegebenen. Mit Heideggers Fundamentalontologie teilt sie die Grundthese, daß das Subjekt in seinem Sein immer und ursprünglich ein Sein in der Welt ist, und nicht ein Seiendes, das sich außerhalb jeder möglichen Welt stellt, nur um eine Welt haben zu können. Schließlich existiert auch eine Brücke zur Hermeneutik Gadamers. Denn eine Metaphysik muß dann eine pragmatisch-hermeneutische Dimension gewinnen, wenn sie ihre vorrangige Aufgabe in der allgemeinen Auslegung der vielfältigen Erfahrungen, das heißt in der Applikation allgemeinster Denkbestimmungen auf die Vielfalt der Erfahrungen sieht. Aber: alle diese offenkundigen Ähnlichkeiten dürfen nicht über den Abstand zwischen Whiteheads Metaphysik und den erwähnten Strömungen der gegenwärtigen Philosophie hinwegtäuschen. Es hat hier keine wechselseitige oder auch nur einseitige Beeinflussung gegeben; und den beobachteten Ähnlichkeiten liegen tiefgreifende Differenzen des philosophischen Ansatzes zugrunde. Den prägnantesten Ausdruck findet dieser Abstand zwischen diesen Positionen in den Grundbegriffen Natur, Subjektivität und Gott, die das Thema der in diesem Band versammelten Beiträge artikulieren.

Durch seine neue Metaphysik und Philosophie der Natur hat Whitehead den Blick wieder geöffnet für eine Natur, deren Sein nicht darin aufgeht, Gegenstand wissenschaftlicher Erkenntnis und Rohstoff für die Produktionen zum Zwecke der Selbsterhaltung des Menschen zu sein. Die Natur hat im Großen und Kleinen ihr eigenes Für-Sich-Sein. Dieses Für-Sich-Sein ist geschichtlich. Die Natur ist ein ständiges Auf und Ab von Entwicklungen. Die Ordnungen, die sich in ihr herauskristallisieren, sind ihrerseits im Wandel begriffen. Sein ist, sofern es geordnetes Sein ist, immer mehr oder weniger stabil. Je größer die Komplexität, desto labiler der Zustand. Subjektivität ist die Grundform der Natur. Die natürliche Subjektivität ist wie die Natur selbst geschichtlich verfaßt. Subjekte entstehen und vergehen. Sie entwickeln sich zu höheren Einheitsformen, um von Fall zu Fall wieder auf ein elementares Niveau zurückzusinken. Whiteheads Metaphysik der

Subjektivität unterscheidet sich vor allem in einem von den vergleichbaren zeitgenössischen Philosophien. Es gibt hier keine Zentralperspektive, statt dessen zahllose, immer neu sich bildende und wieder vergehende Perspektiven und perspektivische Zusammenhänge. Das menschliche Dasein steht nicht außerhalb des Seins der Natur. Es ist in der Natur und die Natur ist in ihm. Dies gilt auch für die Eigenschaften, die wir als geistige bezeichnen. Auch sie gehören in die Natur. Die Natur selbst muß als fähig begriffen werden, solche Eigenschaften wie geistige oder moralische hervorzubringen. So denkt Whitehead die Natur im Großen und Ganzen durchherrscht vom Prinzip der Kreativität. Dieses stiftet Ordnung, um Ordnung zu zerstören. Nicht nur die Natur und ihr Prinzip »Subjektivität« werden von Whitehead neu durchdacht, sondern auch der Begriff Gott. Auch Gott ist, wie jedes Subjekt, in der Natur, und die Natur ist in ihm. Wie durch jedes Subjekt, so sind auch durch Gott eine bestimmte und insofern endliche Perspektive und zugleich ein Ordnungszusammenhang durchgängiger Multiperspektivität gegeben. Alles in der Natur ist voller Werte und Wertungen. Werte und Wertungen entsprechen der Subjektivität in der Natur. Sie ermöglichen die Auswahl in der Fülle des Gegebenen, sie erlauben Akzentsetzungen, Gewichtungen und Kontrastbildungen. Die Gabelung der Natur (Bifurcation of Nature) ist eine neuzeitliche Sonderung dessen, was eigentlich zusammengehört. Dieses in der Natur ursprünglich Zusammengehörige sind das Wirkliche und der Wert. Auch das Subtile und das Sublime gehören in die Natur. Whiteheads Metaphysik und Philosophie der Natur ist keineswegs Naturalismus, und schon gar nicht bloßer Physikalismus. Die Philosophie der Natur schließt sich mit der Philosophie der Kultur zusammen. In dieser zeigt sich der geschichtliche Zusammenhang zwischen lebensweltlichen und geschichtlichen, zwischen künstlerischen und religiösen Erfahrungen. Die Geschichte der Zivilisation gehört zur Geschichte der Natur. Die Geschichte der Naturwissenschaften ist Bestandteil der Geschichte der Zivilisation.

Die hier unter dem Titel »Natur–Subjektivität–Gott« versammelten Beiträge sind aus einer philosophischen Tagung hervorgegangen, die von Helmut Holzhey und Alois Rust im Herbst 1987 in Sigriswil (Schweiz) veranstaltet und von der Schweizerischen Akademie der Geisteswissenschaften sowie der Arnold Corti-Stamm Stiftung dankenswerterweise finanziert wurde. »Natur–

Subjektivität–Gott«, das sind keine Stichworte, um diese Beiträge unter getrennte Rubriken zu bringen, eher unterschiedliche Akzentuierungen eines Begriffszusammenhanges in unterschiedlichen Themenstellungen. Im ersten Beitrag geht es um die Exposition des neuen von Whitehead entwickelten Naturbegriffs im Kontrast zu den klassischen Naturbegriffen der Antike und der frühen Moderne, die durch die Naturphilosophien des Aristoteles und des Leibniz repräsentiert werden. Gerade bei dem Letztgenannten brechen alle Dichotomien auf, die ein reduktionistisches Naturverständnis gefördert haben, vor allem die Dichotomie von Metaphysik und Physik, von teleologischer und mechanischer Naturbetrachtung (H. Holzhey). Zur Überwindung dieser vor allem in der Neuzeit zutage getretenen Gabelung der Natur bedurfte es eines neuen Konzeptes der Kausalität, welches die Antinomie der aristotelischen Substanzenontologie vermeidet und einen Zusammenhang zwischen primären und sekundären Qualitäten innerhalb eines konkreten Geschehenszusammenhanges stiftet (M. Hampe). Whiteheads neue Ontologie führt nicht nur zu einer Revision der herkömmlichen Auffassung von Dingen und Eigenschaften, sondern auch zu einer neuen Konzeption einer universalen Relationalität. In seiner Theorie der Prehension, d. i. der konkreten Erfassung von Entitäten durch andere Entitäten, ist es möglich geworden, das klassische Problem, das sich mit der Annahme interner Relationen verband, auf eine neue Grundlage zu stellen und zwischen einem strengen Phänomenalismus und einer Theorie des unmittelbar Gegebenen einen Mittelweg zu finden (H.-Ch. Lucas). Einen Einblick in die rationale Verfassung der Whiteheadschen Ereignisontologie gewinnt man auf dem Wege einer Rekonstruktion der Argumente, die hier gegen die klassische zenonische Paradoxie vom ruhenden Pfeil gefunden wurden (G. Heinemann).

Man wird der Neuartigkeit der Whiteheadschen Naturphilosophie nicht zureichend gerecht, wenn man nur die Konsequenzen würdigt, die hier aus dem Wechsel des Paradigmas von der Newtonschen Kosmologie zur Maxwellschen Elektrodynamik gezogen sind und die dazu zwingen, von der Betrachtung fester Körper zu der von Feldern überzugehen. Whiteheads Metaphysik thematisiert vielmehr über die Erfahrungen der modernen Naturwissenschaften hinausgehend die Vielfalt kultureller Erfahrungen, nicht zuletzt Erfahrungen der Kunst und der Religion

(A. Rust). Der Weite und Universalität des Erfahrungsbegriffes entspricht die des Subjektivitätsbegriffes. Man kann hierin ebensogut einen Vorzug wie einen Mangel des Whiteheadschen Konzeptes sehen, sofern die Universalisierung der Subjektivität zwangsläufig zu einer Unterbestimmung ihres Begriffes führt, die es schwer macht, denselben mit Nutzen auf den Bereich hochentwickelter subjektiver Erfahrungen anzuwenden (F. Rapp). Man kann hinsichtlich jener Weite und Universalisierung aber auch zu einer anderen Einschätzung kommen, dann nämlich, wenn man davon ausgeht, daß Whitehead sich in seiner Metaphysik der Subjektivität bewußt auf den durch Descartes eröffneten Standpunkt der Moderne gestellt hat. Gerade dann erst zeigt sich die Fruchtbarkeit der Revision des klassischen Subjektivitätskonzepts (M.-S. Lotter). Dann aber ist das Problem des Panpsychismus zwangsläufig aufgeworfen, das durch Kant endgültig gelöst zu sein schien. Dann bedarf es einer neuen Lösung, die eine zweite Kopernikanische Wende nötig macht, aufgrund deren nicht nur der Begriff Organismus, sondern auch der Begriff der Subjektivität zu einem reinen Formbegriff wird, dessen Anwendung ein ontologisches Prinzip der Komplementarität voraussetzt (R. Wiehl).

Whiteheads Metaphysik genügt selbst dem von ihr entworfenen Begriffsschema einer universalen Multiperspektivität. Auf diese Weise wird es möglich, scheinbar entferntere philosophische Bereiche zu einer einheitlichen Perspektive zusammenzubinden. Whitehead war sich seines Platonismus wohl bewußt, wenn er die Mathematik mit einer Einsicht in die Idee des Guten verband. Dementsprechend läßt sich eine Beziehung entdecken zwischen seinem frühen »Treatise on Universal Algebra« (1898) und seiner späteren Religionsphilosophie, und zwar nicht von ungefähr unter eben jenem Gesichtspunkt einer Vielfalt von Mannigfaltigkeiten, die zugleich eine Vielfalt von Perspektiven ist (Ch. Wassermann). Weil Whitehead keine absolute Trennung zwischen einer Philosophie der Natur und einer Philosophie der Kultur gelten läßt, kann man in seiner Metaphysik auch die Grundlage einer philosophischen Ethik erkennen. Gerade weil schon die Subjektivität in der Natur, auch in ihren elementaren Bildungen, Wertungen kennt, lassen sich in Verbindung mit der Entwicklung der Natur Bildungen höherer Werte denken, Werte, wie z. B. der Schönheit, der Friedfertigkeit, die wir mit der religiösen Vorstel-

lung eines höchsten Wesens verbinden (H. Maaßen). Für Whitehead sind die Religion wie die Natur und der Gott in der Natur
ein Werdendes. Die Religion muß daher keineswegs in feste und
geschlossene konfessionelle Bildungen eingekapselt vorgestellt
werden. Wir können und dürfen die Religion selbst als ein Wach-
sendes und immer sublimer Werdendes denken. Whiteheads Religionsphilosophie unterscheidet sich hier von der der Aufklärung,
indem sie die Grundidee der Aufklärung für die Religion selbst
und gegen die falschen aus der Aufklärung entspringenden Vorurteile geltend macht (R. L. Fetz).

15/08/04

Helmut Holzhey
Das Postulat
eines neuen Naturbegriffs
Zur Kritik an der aristotelischen Naturphilosophie
bei Leibniz und Whitehead

Können die naturphilosophischen Schriften Whiteheads als ein
Beitrag zur Klärung des »Umdenkens« interpretiert werden, das
im Blick auf die Abwendung einer ökologischen Katastrophe als
Postulat durch unsere Köpfe geistert? Meist meint »Umdenken«
eine praktische Umorientierung – weg von der hemmungslosen
Ausschlachtung natürlicher Ressourcen und beiläufigen oder bewußten Zerstörung ökologischer Systeme hin zu sanfter, eine
vorhandene Regenerationsfähigkeit unterstützender Nutzung
unter Beachtung ganzheitlicher Aspekte. Ich beziehe das Postulat
aber hier auf eine mögliche *theoretische* Grundlegung einer veränderten Praxis im Verhältnis zu natürlichen Gegebenheiten unserer Umwelt. Damit wird die Tradition philosophischen Nach-
denkens über Natur relevant. In theoretischer Perspektive bedeutet Umdenken, pointiert formuliert, *die Wiedergewinnung der
Natur im Denken.*
Die Paradoxie, die dem Postulat in dieser Formulierung anhaftet,
läßt sich vielleicht vermeiden, wenn wir es statt dessen als Bedürfnis nach einem *neuen Naturbegriff* interpretieren. So wird es auch
bei Whiteheadinterpreten laut.[1] Löst gar Whiteheads Theorie der
Natur »als Inbegriff prozessualer Ereignisse«[2] dieses Bedürfnis
schon ein, so daß nur noch die Verdeutlichung und Verbreitung
eines an sich bereits entwickelten neuen Naturbegriffs nötig
wäre?

1 I. Leclerc, »Über die Notwendigkeit, zur Philosophie der Natur zu-
  rückzukehren«, in: E. Wolf-Gazo (Hg.), *Whitehead. Einführung in
  seine Kosmologie*, Freiburg/München 1980, S. 107; A. Rust, *Die organismische Kosmologie von Alfred N. Whitehead*, Frankfurt a. M. 1987,
  S. 1.
2 E. Wolf-Gazo, »Alfred North Whitehead«, in: G. Böhme (Hg.), *Klassi-
  ker der Naturphilosophie von den Vorsokratikern bis zur Kopenhagener
  Schule*, München 1989, S. 308.

Leider ist an jenem Bedürfnis vieles dunkel, nämlich: wer da was und aus welchem Grunde braucht, wenn »wir« einen neuen Begriff der Natur brauchen. Wem drängt sich das Bedürfnis auf: den Naturwissenschaftlern, den Wissenschaftstheoretikern, den mit Meta-Physik befaßten Philosophen und Theologen, den Ökologen? Gegen welches Konzept von Natur revoltiert das »neue«: gegen das aristotelische, das cartesische, das wissenschaftliche überhaupt? Und meint »Natur« das Ganze, den Kosmos, oder die natürliche Bestimmung der einzelnen Entitäten, die den Kosmos bilden? Schließlich: Was fordert dazu heraus, einem neuen Naturbegriff nachzudenken – ist es eine kognitive Dissonanz, die den »alten« Naturbegriff obsolet gemacht hat, oder wird im Interesse eines anderen Umgangs mit den Gegebenheiten unserer natürlichen Umwelt für diesen eine theoretische Grundlage gesucht?

Die verschiedenen Fragen hängen eng miteinander zusammen; die formulierten Alternativen haben keinen ausschließenden Charakter. Ich gehe zur Klärung des Bedürfnisses nach einem neuen Naturbegriff von der letzten Frage aus: der Frage nach seinem Motiv. Zweifellos sind es häufig Fragen der Praxis, die die Theoriedebatte antreiben. Es kann aber nicht von vornherein für ausgemacht gelten, daß eine andere Praxis im Verhältnis zur Umwelt einer neuen Naturphilosophie bedarf. So müssen auch theoretische Motive Beachtung finden, nicht zuletzt Veränderungen im naturwissenschaftlichen Denken selbst. Jedenfalls drängt es sich auf, für die Erhellung des Bedürfnisses nach einem neuen Naturbegriff auf den mechanistisch-materialistischen Entwurf der Natur zurückzublenden, wie er im 17. Jahrhundert ausgebildet wurde.

Die von René Descartes begründete Physik rechnet mit Größe, Gestalt und Bewegung der Körper; eine wesentliche Form und irreduzible Qualitäten erkennt sie ihnen nicht mehr zu. Heinrich Oldenburg, Sekretär der Royal Society, formuliert 1661 die Überzeugung dieses »collegium philosophicum« dahingehend, »daß die Formen und Qualität der Dinge am besten aus mechanischen Prinzipien erklärt werden können und daß alle Wirkungen der Natur durch Bewegung, Gestalt, Textur und ihre unterschiedlichen Verbindungen hervorgebracht werden können, ohne daß es nötig ist, zu unerklärbaren Formen und verborgenen Qualitäten, d. h. zum Asyl der Unwissenheit, seine Zuflucht zu neh-

men«.[3] Sterne, Steine, Seen, Blumen, Hunde, Maschinen, Kleider
– alles ist gleichgeschaltet. Auch abgesehen von seiner cartesianischen Sondergestalt legt der mathematische Entwurf der Natur
fest, daß diese »der in sich geschlossene Bewegungszusammenhang raum-zeitlich bezogener Massenpunkte« sein soll.[4] Es gibt
für diese Naturauffassung keine ausgezeichneten und »natürlich«
gegeneinander unterschiedenen Orte mehr. Die Bewegung ist
Ortsveränderung. Die aristotelische Differenz zwischen solchem,
das von Natur ist, und solchem, das Menschen hergestellt haben,
wird physikalisch irrelevant: Die in der aristotelischen Ontologie
aus der Physik ausgeschlossenen Artefakte bilden als Maschinen,
mitsamt der ihnen inhärenten »gewaltbedingten« Bewegung,[5] das
Paradigma der neuen experimentellen Naturwissenschaft. Francis
Bacons Plädoyer für die »historia mechanica« baut auf die Idee
einer »gefesselten« und nach Maßgabe der Artefakten unterwor-
fenen Natur[6]: »wie Proteus sich in verschiedene Gestalten ver-
wandelte, wenn er nicht in Handfesseln gezwungen wurde, so
kommt die Natur klarer zum Vorschein, wenn sie gereizt und
gezwungen, als wenn sie sich als freie überlassen wird«.[7] Auch
Leibniz' Erinnerung an qualitative Phänomene, insbesondere an
die am Lebendigen abgelesenen Momente des überlieferten Naturverständnisses, dient noch der Befestigung des mechanistischen Denkens; die den Körpern als Prinzip ihrer Bewegung von
ihm zugesprochene »innere« Kraft (vis insita) wird gleichzeitig
mittels der neuentdeckten Infinitesimalrechnung in den mathematischen Entwurf der Natur integriert.
Der im 17. Jahrhundert durch die »neue Wissenschaft« entwik-
kelte Naturbegriff ist von dem älteren, im wesentlichen der aristotelischen Physik geschuldeten so fundamental unterschieden,
daß sich Zweifel melden, ob der Gebrauch des Wortes »Natur«

3 Brief vom 17. 9. 1661 an Spinoza, in: Baruch de Spinoza, *Briefwechsel*,
  Übersetzung und Anmerkungen von C. Gebhardt, 2. erg. Aufl. von
  M. Walther, Hamburg 1977, S. 11.
4 M. Heidegger, »Die Zeit des Weltbildes«, in: *Holzwege*, Gesamtausg.
  Bd. 5, Frankfurt a. M. 1977, S. 78.
5 Aristoteles, *Physik* IV 8. 215 a.
6 F. Bacon, *De Dignitate et Augmentis Scientiarum*, in: The Works, coll.
  and ed. by J. Spedding, R. L. Ellis, D. D. Heath, vol. 1, London 1858,
  p. 395.
7 p. 500.

nicht durch tiefliegende Äquivokationen verdorben ist. Die Kritik am vorwissenschaftlichen Reden von »Natur« veranlaßt Robert Boyle zum radikalen Vorschlag, überhaupt auf den Gebrauch des Wortes zu verzichten. Er listet acht verschiedene Bedeutungen auf, um für jede terminologische Ersatzvorschläge zu machen, z. B.: statt von der handelnden und kreativen Natur sollte besser direkt von *Gott*, statt von der Natur der Dinge von ihrem *Wesen*, statt von der dynamischen Natur der Körper (im Sinne eines Kräfteaggregats) etwa von ihrem *Mechanismus* und, wo »größere Teile der Welt« thematisch sind, von »Fabric of the World, system of the universe, cosmical mechanism, or the like«[8] gesprochen werden. Diese Sprachregelung hat sich zwar nicht durchgesetzt, aber die dem Vorschlag zugrundeliegende Absicht, die der Natur unterstellte, nicht beherrschbare Autoprozessualität zu brechen, ist um so erfolgreicher gewesen.

Auf diesem Hintergrund läßt sich nun ein kognitives Motiv für die aktuelle Forderung nach einem neuen bzw. anderen Naturbegriff benennen. (Ich sehe dabei von einer Argumentation ab, die sich auf die technische Instrumentalisierung der Konstruktion einer mechanistisch-materialistischen Natur und deren zivilisatorische Folgen bezieht.) Ganz elementar macht sich eine Unstimmigkeit bemerkbar: Die zur mechanischen Gesetzmäßigkeit der Erscheinungen formalisierte Natur hat kaum etwas mit der Natur zu tun, von der umgangssprachlich in Artikulation unserer alltäglichen Erfahrung die Rede ist. Hier begegnet die Scheidung einer natürlichen und einer künstlichen Welt, die Unterstellung einer Eigentätigkeit der Natur, die Orientierung an Polaritäten und anderen qualitativen Phänomenen. Bruchstücke vorwissenschaftlicher Weltbilder bereichern fast selbstverständlich das kognitive Repertoire der Lebenswelt. Gehen wir von der »naiven Erfahrung« aus, dann erleben wir uns der natürlichen Welt zugehörig, nicht außerhalb ihrer und nicht ihr gegenüber als naturentwerfende Subjekte. Natur wird vielmehr als das Subjekt angesprochen. Bei einer »direkten Befragung unserer Wahrnehmungserfahrung«, schreibt Whitehead aus Anlaß der Kritik am Subjektivismus, »stellt sich heraus, daß wir uns *innerhalb* einer Welt von Farben, Klängen und anderen Sinnesobjekten befinden,

8 R. Boyle, *A free Inquiry into the received Notion of Nature*, in: Works, vol. v, p. 169.

die in Raum und Zeit auf dauerhafte Objekte wie Steine, Bäume und menschliche Körper bezogen sind« (*SMW*, p. 110/dt. S. 109). Auch die Naturlyrik liefert einschlägige Zeugnisse. Neben die in *SMW* (5. Kap.) beigebrachten Proben aus Gedichten von Tennyson oder Wordsworth lassen sich Zeilen aus dem nach 1780 entstandenen Fragment *Die Natur* des Zürchers Georg Christoph Tobler rücken:

»Natur! Wir sind von ihr umgeben und umschlungen – unvermögend aus ihr herauszutreten und unvermögend tiefer in sie hineinzukommen. Ungebeten und ungewarnt nimmt sie uns in den Kreislauf ihres Tanzes auf und treibt sich mit uns fort, bis wir ermüdet sind und ihrem Arme entfallen.«

Mit diesem umgreifend-vorgängigen Charakter des Natürlichen ist ein erster wesentlicher Unterschied zwischen der Natur der »naiven« und der Natur der wissenschaftlichen Erfahrung bezeichnet. – Die »naive« Naturauffassung wird überdies nicht nur durch die unvoreingenommen befragte Sinneserfahrung belegt, sondern ebenso durch das historische Wissen von der Kosmos- und Erdgeschichte, das es kaum glaublich erscheinen läßt, »daß die erfahrene Welt ein Attribut unserer eigenen Persönlichkeit ist« (*SMW*, p. 111/dt. S. 110).

Anstößig ist die als Mechanismus entworfene Natur zweitens in qualitativer Hinsicht. In Lockes Theorie der primären und sekundären Qualitäten werden den Körpern selbst alle jene Eigenschaften bzw. Erscheinungsweisen abgesprochen, die für unsere »naive« Erfahrung ganz unverzichtbar sind, wie der Duft der Rose, der Gesang der Nachtigall, die Strahlen der Sonne – all das soll nicht der Wirklichkeit, sondern dem erfassenden menschlichen Subjekt zugute gehalten werden. Die Natur ist in dieser Perspektive »eine öde Angelegenheit, tonlos, geruchlos und farblos; nichts als das Hasten von Stoff, endlos und ohne Sinn« (*SMW*, p. 69/dt. S. 70). Am Grunde dieses Konzepts diagnostiziert Whitehead eine »Verzweigung der Natur« (bifurcation of nature): getrennt sind die »Natur selbst«, von der wir in Gestalt empirischer Gesetzeshypothesen wissen, und »die im Bewußtsein aufgefaßte Natur«, die »das Grün der Bäume, die Gesänge der Vögel, die Wärme der Sonne, die Härte der Stühle und die Empfindung von Samt« einschließt. Natur als das bloß »hypothetisch angenommene System von Molekülen und Elektronen« wird dabei zur Ursache der direkt erfahrenen Natur erklärt (*CN*, p. 31).

Mit der methodischen Relevanz der Zugangsweisen steht auf dem Spiel, was als »Natur selbst« gelten soll.

Wie nimmt Whitehead diese Herausforderung auf? Sensibel für das Anstößige eines Theorems, das die Natur in Hypothesen auflöst, erklärt er es bereits in *CN* zur Aufgabe der Naturphilosophie, »die Relationen *inter se* der gewußten Dinge zu diskutieren, unangesehen des bloßen Faktums, daß sie gewußt sind«; so wird eine dualistische Betrachtungsweise vermieden, die untersucht, »was im Geist ist und was in der Natur« (p. 30). Soll das Vermeiden dieser Verzweigung nicht in einen materialistischen Monismus führen, ist eine Umdisposition im Grundgefüge der Naturphilosophie erforderlich. Nach dem bisher Gesagten muß dieses Programm wesentlich folgenden Elementen »naiver« Naturerfahrung Rechnung tragen:

– Die »Natur selbst« ist weder tot noch öde, sie lebt und birgt eine unfaßbare Fülle von Qualitäten. Ihre mechanische Konstruktion greift zu kurz; man muß sie wie einen Organismus verstehen, statt sie nach einer Maschine zu modellieren.

– Natur umgibt und umgreift uns; sie hängt nicht einfach von unserem Zugang zu ihr ab.

– Zwischen der Natur, wie wir sie erfahren, der Natur für uns, und der Natur selbst oder an sich besteht keine ontologische Scheidung.

Whitehead selbst rückt sein Vorhaben unter den Titel einer »Philosophie des Organismus«. So wenig diese Philosophie die »naive Erfahrung« verlassen will (*SMW*, p. 110 f./dt. S. 109), so wenig für deren metaphysische Durchdringung die wissenschaftliche Naturerkenntnis (zumal in deren eigener selbstkritischer Entwicklung) vernachlässigen. Doch ist diese Kennzeichnung noch ungenügend und mißverständlich. Sie provoziert etwa zur Vermutung, es gehe um eine Renaissance des *aristotelischen* Naturverständnisses. Eine solche Bestrebung wäre gar nicht so unzeitgemäß. Jürgen Mittelstraß' begriffsgeschichtliche Studie »Das Wirken der Natur« mündet in die Forderung, Natur müsse – zur Vermeidung selbstzerstörerischer Konsequenzen menschlicher Praxis – »in der notwendigen Wiederherstellung eines Teils ihrer Selbständigkeit in der Tat wieder *aristotelischer* werden«.[9]

Es sei zunächst versucht, Plausibilität und Grenzen einer solchen

9 J. Mittelstraß, »Das Wirken der Natur. Materialien zur Geschichte des Naturbegriffs«, in: F. Rapp (Hg.), *Naturverständnis und Naturbeherrschung*, München 1981, S. 69.

Anknüpfung modernen naturphilosophischen Denkens an das antike generell zu beleuchten. Wenn Mittelstrass eingangs seines Aufsatzes feststellt, daß der Rekurs auf eine »Ordnung der Natur« (ordo naturae) »seine ehemaligen Orientierungs- und ... Legitimationsfunktionen verloren hat«,[10] so ist damit die Relevanz des *universalen* Naturbegriffs platonischen Ursprungs anvisiert. In dieser Bedeutung meint Natur das Ganze der Welt hinsichtlich der sie zu harmonischer Ordnung bestimmenden »Seele« oder kosmischen Kraft. Aristoteles macht Natur am einzelnen natürlichen Ding thematisch (*partikularer* Naturbegriff). Seine Natürlichkeit oder Natur besteht darin, daß es das Prinzip seiner Bewegung in sich hat. Die Vorstellung des Wachsenden (phyomena) klingt noch an, in der lateinischen Wiedergabe von »physis« durch »natura« das Geborensein (nasci) als Erzeugung der Lebewesen. Thomas von Aquin behauptet ausdrücklich, daß im Zuge der Ableitung der Benennungen einer Sache vom Vollkommeneren »der Name der Natur von den lebendigen Dingen auf alle natürlichen Dinge übertragen worden ist«.[11] Mit diesem Bezug des Natürlichen zum Lebendigen gewinnt auch der strikte ontologische Gegensatz zwischen dem von Natur Seienden und Artefakten Plausibilität, an dem bei Aristoteles die naturphilosophische Grundeinsicht festgemacht ist. Das von Natur Seiende – die Tiere, Pflanzen und Elementarkörper – hat mit dem ihm eigenen Prinzip seiner Prozessualität eine eigentümliche Selbständigkeit,[12] die Artefakte – ein Bett oder ein Mantel – verfügen *als Artefakte* über keine ihnen selbst innewohnende Tendenz,[13] das Prinzip ihres Werdens oder ihrer Veränderung ist in demjenigen zu suchen, der sie herstellt.

Interesse findet dieses Konzept heute wieder mit der Entgegensetzung von Verfügbarem und Unverfügbarem, von Machbarem und solchem, das als Bedingung aller Machbarkeit nicht zur Disposition des Machens steht; in anderen Worten: mit dem technikkritischen Gebrauch des Naturbegriffs in der ökologischen Dis-

---

10 Ebd., S. 37.
11 Thomas von Aquin, *Summa Theologica*, 1 q.115, a.2; vgl. Aristoteles, *Metaphysik*, v 4. 1014 b 16 ff.
12 G. Böhme, »Naturwissenschaft als Technik oder die Frage nach einem neuen Naturbegriff«, in: *Zeitschrift für Didaktik der Philosophie* 3 (1981), S. 191.
13 Aristoteles, *Physik*, II 1. 192 b.

kussion. Aber auch die Grenzen des aristotelischen Naturverständnisses liegen zutage. Der Naturbegriff ist seit dem 17. Jahrhundert in die Konkurrenz zwischen einer lebensweltlichen und
einer wissenschaftlichen Betrachtungsweise geraten, so daß sich
das Unverfügbare nicht mehr selbstverständlich an natürlichen
Phänomenen (wie einem Sonnenaufgang oder dem Alterungspro-
zeß der Lebewesen) erleben bzw. ablesen läßt. Die wissenschaftliche Erklärung hat die Aura der Phänomene empfindlich tangiert.
Daran konnte auch die Umwälzung des physikalischen Weltbildes im 20. Jahrhundert wenig ändern, so sehr sie zu Differenzie-
rungen im wissenschaftlichen Naturbegriff zwang. Auf der anderen Seite des Gegensatzes hat die technische Produktion längst
das Handwerkermodell hinter sich gelassen; überdies zeichnen
sich heute technische Eingriffsmöglichkeiten in die »Natur« der
Lebewesen ab, die die ontologische Scheidung von natürlichen
und künstlichen Entitäten vollends obsolet machen.[14]
Whiteheads »Philosophie des Organismus« fußt nicht mehr auf
dem aristotelischen Naturverständnis. Auf dessen Folie, also un-
terscheidend, lassen sich jedoch den Grundzügen von Whiteheads Naturbegriff Konturen geben. Ich tue das, indem ich die
folgenden Differenzen zugrunde lege:
a) Whiteheads Versuch, das Natürliche in seiner Selbständigkeit
und organismischen Qualität neu zu denken, impliziert nicht die
Ausgrenzung eines ausgezeichneten Bereichs des dergestalt »natürlichen« Seienden gegenüber und vor den Produkten menschlicher Kunst (techne, ars); der Versuch geht vielmehr vom neuzeitlichen Paradigma aus, gemäß dem der einzelne natürliche Körper
ebenso wie die Natur im ganzen als technomorphe Struktur gedeutet und so der Mechanik zugänglich gemacht werden. Nichtsdestoweniger verhält sich Whitehead kritisch zur mechanistischen Interpretation, weil sie in seinen Augen mit ihrem abstrakten Bild der Natur deren Komplexität nicht gerecht wird.
b) Der neue Naturbegriff Whiteheads entspringt weder einer
analytischen oder transzendentalen Theorie der Naturwissenschaften noch einer idealistischen Metaphysik; er hat seinen Ort
eher in einer empirisch-pragmatischen Metaphysik. Diese ist auf

14 Dem Augenschein bzw. der lebensweltlichen Erfahrung verpflichtete
   ethische Argumentationen gegen die Genommanipulation höherent-
   wickelter Tiere knüpfen an diese Differenzierung immer noch an.

eine Reform des Wissenschaftsverständnisses angelegt. Dementsprechend baut er nicht auf einer spezifisch teleologischen Naturerfahrung auf, sondern auf einer Erweiterung des Begriffs der Kausalität. Kausalität und Teleologie erscheinen wie zwei Betrachtungsweisen desselben Prozesses, so daß kein Gegensatz zwischen ihnen behauptet werden muß.

c) Das Prinzip der Organizität des Natürlichen entstammt nicht einer analogisierenden Übertragung des seelischen oder geistigen Prinzips auf tote Materie. Umgekehrt werden das seelische und geistige Leben ihrerseits als Bestandteile der natürlichen Welt gewürdigt.

d) Whiteheads Naturphilosophie stellt eine grundsätzliche Absage an jede Substanzmetaphysik dar; sie artikuliert demgegenüber die Wirklichkeit des relationalen Seins. Es gibt keine selbständigen wirklichen Dinge. Das Wirkliche *wird* erst als Resultat eines Zusammenwachsens (concrescence) der Beziehungen (prehensions), in denen ein wirklich Seiendes (actual entity) andere erfaßt.

Die nähere Interpretation dieser Elemente von Whiteheads Naturbegriff bedient sich mit Vorteil des Vergleichs mit *Leibniz'* Naturphilosophie. Er bietet sich angesichts einer Reihe verwandter Gedanken – nicht zuletzt des Anticartesianismus – an. Dabei wird keine philologische Interpretation der direkten Bezugnahmen auf Leibniz in Whiteheads Schriften angestrebt; der Vergleich muß konzeptueller Art sein, kann sich aber auch so auf den synthetischen Grundzug von Whiteheads philosophischer Theorie, »Theorien ihrer Umgebung in ihren eigenen Wirkungskreis« zu ziehen,[15] berufen. Ich verfolge dabei auch nur das Ziel, der Diskussion über einen organismischen Naturbegriff mit Hilfe dieses Vergleichs systematische Tiefenschärfe zu geben.[16] Basis ist die Aristoteles-Kritik. Sie impliziert auch, daß bei Leibniz wie Whitehead der universale Naturbegriff wieder Relevanz gewinnt. Im Ausgang von der Darstellung der zwischen Whitehead und Leibniz geteilten Position (a) soll über die Vorführung alternativer Lösungen zu (b) und (c) zuletzt die Differenz im metaphysi-

15 R. Wiehl, »Einleitung in die Philosophie A. N. Whiteheads«, in: A. N. Whitehead, *Abenteuer der Ideen*, Frankfurt a. M. 1971, S. 10.
16 Umfassender angelegt ist der Aufsatz von A. H. Johnson, »Leibniz and Whitehead«, in: *Philosophy and Phenomenological Research* XIX (1958-59), p. 285-305.

schen Grundgedanken hervorgehoben (d) und damit die Eigenständigkeit von Whiteheads Naturbegriff sichtbar gemacht werden.

a) *Das Natürliche und das Mechanische.* – Leibniz' mechanischdynamische Erklärung der Naturphänomene geht vom Begriff der Kraft (vis, force) aus. Kraft bildet das Bewegungsprinzip der natürlichen Dinge – das nach Aristoteles »den Dingen entweder dem Vermögen (dynamei) oder der wirklichen Tätigkeit (entelecheia) nach innewohnt«[17], bei Leibniz als passive oder aktive Kraft. Die ursprüngliche aktive Kraft macht ihr »Leben« aus. Entscheidend ist auch für Leibniz, daß den Dingen selbst Kraft als Prinzip ihrer Bewegung zugesprochen wird (vis insita), daß – präziser formuliert – den Dingen *Eigentätigkeit* bei der Erhaltung ihres Bewegungszustands eignen soll. Der Gegensatz von Naturdingen und Artefakten ist allerdings gefallen; die in ›lebendigen Kräften‹ (der Ausdruck nicht terminologisch genommen) fundierten natürlichen Dinge gelten für Maschinen. Man darf sich vorstellen, in sie »wie in eine Mühle eintreten zu können«.[18] Doch an den Maschinen kehrt jener Gegensatz zurück: »eine durch Menschenkunst gebaute Maschine ist nicht auch Maschine in jedem ihrer Teile. So hat z. B. der Zahn eines Messingrads Teile oder Stücke, die für uns nichts Kunstvolles mehr sind und die nichts mehr von der Maschine merken lassen, zu deren Betrieb das Rad bestimmt war. Aber die Maschinen der Natur, d. h. die lebendigen Körper, sind noch in ihren kleinsten Teilen, bis ins Unendliche hinein, Maschinen.«[19] Das natürliche Ding ist die vollkommenere Maschine als das Produkt menschlicher Arbeit; denn das erstere verdankt sich dem Schaffen des göttlichen Ingenieurs. Die natürlichen Dinge bleiben vor den künstlichen Maschinen durch ihre Herkunft aus der göttlichen Werkstatt ausgezeichnet. Das Natürliche auch als Artefakt zu sehen schließt nicht die Bewunderung für es aus. Leibniz beruft sich auf »den wahren und ungeheuren Abstand zwischen den kleinsten Erzeugnissen und Mechanismen der göttlichen Weisheit und den größten Meisterwerken der Kunst eines begrenzten Geistes«.[20] Wenn so in der einen »Welt-Maschine« (machina mundi) zwischen Natürli-

17 Aristoteles, *Metaphysik*, v 4. 1015 a 17 ff.
18 G. W. Leibniz, *Monadologie*, nr. 17.
19 Nr. 64.
20 G. W. Leibniz, »Système nouveau de la nature et de la communication

chem und Artifiziellem ein Unterschied nicht nur dem Grade, sondern der Art nach behauptet wird, hat das seine Plausibilität aus dem Begriff des »organischen Körpers«, den es nämlich definiert, eine natürliche Maschine zu sein, die aus unendlich vielen *Organen* besteht.[21] Leibniz spielt den maschinellen Charakter des Natürlichen gegen die Suggestion des Atomismus aus. »Eine natürliche Maschine bleibt auch in ihren kleinsten Teilen Maschine«[22] und wird nicht materiales Atom, d. h. eine seelenlose Einheit, die keine echte Einheit ist, vergleichbar dem abgebrochenen Stück eines Zahnrads am Messingrad. Verbildlicht man sich Leibniz' Begriff eines »organischen Körpers« durch die Vorstellung vom Zellaufbau der Organismen, muß man sich nur bewußt bleiben, daß – wie dann auch bei Whitehead – von natürlichen Dingen überhaupt die Rede ist.

Whitehead teilt zweifellos den Dynamismus und Antiatomismus von Leibniz' Physik. Aber deren Stellenwert ist ein anderer. Die Kritik der aristotelischen Ontologie im Kontext der Fundierung einer mechanischen Naturwissenschaft hat keine aktuelle Bedeutung mehr. Jetzt tritt vielmehr hervor, daß auch die Mechanik nicht das paradigmatische Modell der Natur liefern kann. Was bei Leibniz erst die metaphysische Interpretation des Maschinen-Modells ergibt, wird für Whitehead schon in einer Funktionsanalyse der Geometrie bzw. generell der Mathematik ersichtlich. Die durch Platons *Timaios* inspirierten Vorstellungen vom göttlichen Weltbaumeister waren von der Auffassung getragen, daß die mathematische Konstruktion realitätserzeugende Kraft besitze, daß das Buch der Natur in geometrischen Figuren geschrieben,[23] daß »alles ... in der Natur mit zahl, maass und gewicht oder krafft gleichsam abgezirkelt« sei.[24] Für Whitehead ist Mathematik als solche weder anwendungsbezogen noch realitätsbestimmend. Sie ist vielmehr ein Werkzeug des Denkens. Dank der Abstraktheit ihrer Propositionen läßt sie sich universell anwenden (*UA*, p. VIII). Welcher Art aber der mögliche Zusammenhang eines

des substances«, in: *Die philosophischen Schriften*, hg. von C. J. Gerhardt (zit. *GP*), Bd. IV, S. 482.
21 G. W. Leibniz, »Principes de la Nature et de la Grâce«, *GP* VI, S. 599; »De ipsa natura«, *GP* IV, S. 505.
22 »Système nouveau«, *GP* IV, S. 482.
23 G. Galilei, *Opera*, VI, S. 232.
24 Leibniz, *GP* VII, S. 118.

Kalküls und der Realität ist, muß philosophisch eruiert werden. Spekulation ist unabdingbar.[25] Kurz, die Inanspruchnahme der Mathematik für die Naturerkenntnis legt nicht auf eine bestimmte Ontologie fest. Damit gewinnt die aristotelische Physik jenseits des Dualismus von Natur- und Kunstprodukten wieder Interesse. Ganz unbefangen kann Whitehead in *SMW* (Kap. 2) und *PR* (Teil 4) die Rolle der Mathematik in einer Theorie der Formen erörtern.

b) *Physik und Metaphysik / Kausalität und Teleologie.* – Leibniz anerkennt, daß man, oberflächlich betrachtet, die Natur der Körper mit Boyle als ihren *Mechanismus* auffassen könne. Sein eigenes Verständnis eines Mechanismus aber rechtfertigt es, weiter von der »Natur selbst« (natura ipsa) zu reden. »Die ganze Natur ist voller Leben.«[26] Daß die Natur, indem sie als Mechanismus begriffen wird, zugleich voller Leben sein soll, ist aufhellungsbedürftig. Trotz der deklarierten Absicht, »alle Phänomene der Physik mechanisch auszulegen (expliquer)«,[27] war Leibniz ein erklärter Gegner der Korpuskulartheorie. Das kommt darin zum Ausdruck, daß er den Körpern eine innere, ihnen selbst zukommende Gesetzlichkeit (lex insita) vindiziert und diese an der den Körpern selbst eigenen Kraft festmacht.[28] Wie sind aber dann die Bauelemente der Körper zu denken, wenn man ihnen selbst eine ihnen einwohnende, passive oder aktive Kraft beimißt? Eine auf dieser Annahme fußende Mechanik kann sich nicht mehr auf die Korpuskulartheorie stützen; denn Korpuskeln mit eigenen Kräften zu denken, mit einem inneren Prinzip, heißt schon, dem Begriff der Korpuskel oder »passiven Materie« zu widersprechen. Dieser Widerspruch gibt den Boden ab für Leibniz' mechanische Lehre von der lebendigen Natur. Korpuskeln sind tote Bestandteile; mit der Korpuskulartheorie haben die Körper ihr Inneres und damit auch ihre »Natur« verloren – Boyle ist nur konsequent, wenn er vorschlägt, auf den Begriff der Natur ganz zu verzichten. Leibniz gibt die mechanische Betrachtungsweise nicht

25 Vgl. zu Whiteheads Mathematikverständnis: A. Rust, a.a.O. (Anm. 1), S. 27 ff.
26 Leibniz, »Principes de la Nature et de la Grâce«, *GP* VI, S. 598.
27 »Système nouveau«, *GP* IV, S. 486.
28 Vgl. H. M. Nobis, »Die Bedeutung der Leibnizschrift ›De ipsa natura‹ im Lichte ihrer begriffsgeschichtlichen Voraussetzungen«, in: *Zeitschr. f. philos. Forschung* 20 (1966), S. 526 f.

auf, im Gegenteil, er glaubt die Mechanik oder Physik zu fördern, wenn er – scheinbar im Rückgriff auf scholastische Vorstellungen von Vermögen und Qualitäten der Körper – auf einer den Körpern selbst innewohnenden Kraft als ihrer Natur besteht. Diese Kraft macht das Wesen der neuen Bauelemente der Körper aus. Das Lebendige der Natur besteht in der dem Körper und seinen Bauelementen zukommenden Kraft.

Die nähere Bestimmung dieser Kraft, insbesondere die Unterscheidung von passiver und aktiver Kraft, erfolgt nun in der charakteristischen Doppelung von Physik und Metaphysik. In der metaphysischen Dimension werden mit dieser Unterscheidung die überlieferten Begriffe von passiver und aktiver Materie interpretiert; in der physischen Dimension wird das Widerstandsprinzip des ausgedehnten Körpers mit passiver Kraft, sein Tätigkeitsprinzip – um Veränderungen und Bewegungen hervorzurufen – mit aktiver Kraft identifiziert. Zudem faßt Leibniz die metaphysisch gedeuteten Kräfte als »forces primitives«, die von der Physik in den Phänomenen untersuchten als »forces dérivatives«.

In einem Brief an Pierre Bayle resümiert Leibniz eine Passage aus Platons *Phaidon* (96 a-99 c), wo Sokrates aus seiner Bildungsgeschichte von den Erfahrungen, die er mit der naturphilosophischen Frage nach Werden und Vergehen gemacht hat, erzählt. Im Vordergrund steht die Differenz der Forschung nach Material- und nach Zweckursachen eines natürlichen Geschehens; sie bildet die uns vertraute Differenz von Kausalität und Teleologie vor. Die Zuwendung zur letzteren wird mit der mangelnden Leistungskraft der ersteren bei der Erklärung qualitativer Phänomene begründet. Der Rückgriff auf das teleologische Prinzip versagt allerdings leicht in der konkreten Anwendung; damit stellt sich das Problem der Angemessenheit teleologischer Erklärungen von Naturprozessen, letztlich der »Passung« von Geist oder Vernunft einerseits, Natur andererseits. Leibniz bekennt sich zur Pointe der Sokratischen Erzählung: Platon mache »in bewundernswürdiger Weise« seine, Leibniz', Auffassung geltend, daß »weit entfernt davon, die Zweckursachen und die Rücksicht auf ein mit Weisheit verfahrendes Wesen auszuschließen, ... vielmehr gerade daraus alles in der Physik hergeleitet werden« muß.[29] Die Präzisierung liefert er noch im selben Brief, wenn er die

29 Leibniz, *GP* III, S. 54; vgl. »De ipsa natura«, *GP* IV, S. 506.

»allgemeinen Prinzipien der Physik und der Mechanik«, die theo-
teleologischer Art sind, von den »besonderen Wirkungen der Natur«, die mechanisch erklärt werden können und müssen, abhebt.[30] Trotz seines Anticartesianismus scheint also auch bei
Leibniz eine spezifische »bifurcation of nature« im Spiel zu bleiben. Es handelt sich nicht um die mit der substantiellen Unterscheidung zwischen Bewußtsein von Natur und Natur selbst ge-
setzte »Verzweigung«, sondern um eine neuartige Doppelung der
Naturphilosophie in einen physikalisch-mechanistischen und einen metaphysisch-teleologischen Zweig. Der metaphysische Na-
turentwurf steht dabei nicht im Gegensatz zum physikalisch-me-
chanischen Naturbegriff, er bildet vielmehr dessen Grundlage.
Leibniz verfolgt mit der metaphysischen Fundierung der Physik
das Ziel, sowohl die Mechanisierung des Naturbegriffs zu fördern
wie den Gedanken der Natur an ihr selbst lebendig zu erhalten.
Es ist nicht so sehr die Scheidung von Physik und Metaphysik als
die Ambivalenz dieser Naturphilosophie, in der sich die »Verzweigung der Natur« abbildet.
Auch für Whitehead kommt die Physik ohne Spekulation oder
Metaphysik nicht zu einem angemessenen Verständnis der Wirklichkeit. Aber die metaphysischen Elemente der Wirklichkeitser-
fassung haben nicht die Fundamentalität einer der Erfahrung zugrundeliegenden, in der Erfahrung allenfalls erscheinenden
Denkstruktur. Sie sind vielmehr Bestandteil der Erfahrung, und
zwar ohne überempirischen Geltungsanspruch: sie liegen innerhalb der Reichweite des Pragmatismus der Erfahrung.
Exemplarisch wird dieses Verhältnis von Physik und Metaphysik
in Whiteheads Analyse der Zweckursachen geklärt. Deren Ausgangspunkt bildet, wie nicht anders zu erwarten, die Seinsregion
der organischen Natur; im Zielpunkt aber steht die ganze Natur
einschließlich des menschlichen Geistes. An den Organismen ist
erfahrbar,[31] daß eine bloß physikalisch-chemisch operierende
Physiologie zu ungenügenden Resultaten führt. Man muß Zweckursachen zulassen: »es gibt unzweideutige Hinweise dafür, daß
bestimmte Vorgänge und Verhaltensweisen bei bestimmten tieri-

30 *GP* III, S. 55.
31 »Es erschiene mir vernünftiger und als die echtere empirische Einstellung, wenn man es jeder Gattung von Lebewesen überließe, die in lebenden Organismen wirksamen Faktoren auf ihre eigene Weise zur Erscheinung zu bringen.« (*FR*, p. 15/dt. S. 15).

schen Organismen vom Vorblick auf einen Zweck und von der Absicht, diesen Zweck zu erreichen, bestimmt sind« (*FR*, p. 16/dt. S. 16).[32] Und die Funktion der *Vernunft* »besteht darin, die Zweckursachen und die Stärke des auf sie gerichteten Strebens zu konstituieren, zu artikulieren und zu kritisieren« (*FR*, p. 26/dt. S. 25). Sie fördert so die Kunst zu leben (art of life), zu der es gehört, überhaupt zu leben, auf eine befriedigende Weise zu leben und auf einen höheren Grad von Befriedigung hinzuwirken (*FR*, p. 4, 8/dt. S. 6, 9). So verstanden verknüpft Vernunft, was in der philosophischen Tradition in Gegensätze auseinandergetreten war: daß Vernunft »über der Welt der Lebewesen und Dinge steht« und daß sie dem Lebensprozeß als einer seiner Faktoren immanent ist (*FR*, p. 9 f./dt. S. 10 f.). Die Transzendenz der Vernunft vollzieht sich für Whitehead als evolutionärer Schritt des Aufblitzens von Neuem im Lebensprozeß. Das Leben hat in diesem Sinne Methode und die Methode eine Lebensgeschichte (*FR*, p. 18 f./dt. S. 18 f.). Das gilt von den organischen Naturvorgängen wie von der menschlichen Erfahrung. Und was am lebenden Organismus beschrieben wird: sein aufwärtsgerichtetes, vernünftiges Streben und seine »Ermüdung«, das findet sich analog im materiellen Universum.[33] Arbeitet dort die Vernunft als Agens des Aufwärtstrends, so hier im Kosmos als geheimnisvolles Gegen-Agens zur nach physikalischen Gesetzen ablaufenden Verfallstendenz (Entropie). Der Blick auf das materielle Universum im ganzen läßt erkennen, daß es nicht in rein physikalische Wirkursachenzusammenhänge gefaßt werden kann, sondern Zweckursachen und mit ihnen »rudimentäre und diffuse Vernunftaktivitäten« zugelassen werden müssen (*FR*, p. 26/dt. S. 25). »Aufstieg und Rückfall« kennzeichnen die Natur der Dinge und entziehen sie der Leere einer nackten Existenz. Der reale Vorgang (actuality) als das fundamental Wirkliche schließt das Erstreben und Erreichen eines selbstgesetzten Zwecks ein (*FR*, p. 30 f./dt. S. 28 f.).

32 Vgl. zur modernen Diskussion des Teleologieproblems: Eve-Marie Engels, *Die Teleologie des Lebendigen*, Berlin 1982.
33 Die Feststellung einer »Analogie« (*FR*, p. 24/dt. S. 23) zwischen dem lebenden Körper und dem materiellen Universum könnte als Hinweis auf eine kategoriale Differenz gelesen werden. Das wäre jedoch – mindestens für die Position von *PR*, daß alles einen Nexus bildet – ein Mißverständnis. Whitehead gibt in *FR* an dieser Stelle eine Art einführender Außenansicht.

c) *Das psychisch-geistige Erleben in der Natur.* – Für modernes Bewußtsein ist schnell klar, daß Whiteheads These, jeder reale Vorgang sei ein Erlebensvorgang (occasion of experience), ebenso wie Leibniz' metaphysischer Kraftbegriff von Erfahrungen aus der menschlichen Lebenswelt bestimmt sind oder gar der Projektion seelischer Prozesse in die Natur entspringen. Leibniz – um nun wieder von ihm zuerst zu reden – macht sich tatsächlich die seelischen Erfahrungen, und zwar in noch weitgehenderem Sinne, zunutze. Die Bauelemente, aus denen sich die Körper ›zusammensetzen‹, die einfachen Substanzen, nennt er »Seelen« (wo er diesen Ausdruck nicht den höheren Einheiten der Organismen vorbehält). Sie haben in der Tat, weil keine Teile, seelische Qualitäten und nichts als seelische Qualitäten: Perzeptionen (wenn auch vielleicht nur »kleine« oder »unbewußte«) und Appetitionen (Strebungen). Mit den Perzeptionen ist das Zusammengesetzte oder Äußere im Einfachen repräsentiert; die Appetition ist das Streben, das »den Übergang von einer Perzeption zu einer anderen bewirkt«.[34] Die Seele oder, wie Leibniz allgemeiner sagt, die Monade ist gewissermaßen autark. Sie hat jedenfalls nicht die schwache Statur eines als Subjektivität im Gegensatz zur Objektwelt gedeuteten Zugrundeliegenden. Den im Leibnizschen Werk vergleichsweise späten Bestimmungen seiner *Monadologie* gesellt sich die frühere aus dem *Système nouveau de la nature* von 1695, daß die Natur der einfachen Substanzen »in der Kraft (force) besteht und daß daraus etwas der Empfindung (sentiment) und dem Begehren (appetit) Ähnliches folgt«. »Deshalb«, fährt Leibniz fort, »mußte ich sie in Nachahmung des Begriffs auffassen, den wir von den *Seelen* haben.«[35] Der materielle Körper hat ein inneres Aktivitätsprinzip (›Kraft‹), das als seine Seele fungiert. Dieses ›Innen‹ ist nicht mehr maschineller Art. Die These, daß ein organischer Körper oder eine natürliche Maschine auch in seinen bzw. ihren kleinsten Teilen Maschine ist, bezog sich auf die dynamische Grundlegung der Physik und war atomismuskritisch ausgerichtet. Die inneren Tätigkeiten der einfachen Substanz, die »Perzeptionen und ihre Veränderungen«, lassen sich nicht mechanisch erklären.[36]

34 Leibniz, *Monadologie*, nr. 15.
35 *GP* IV, S. 479.
36 *Monadologie*, nr. 17.

Die Pointe dieser Metaphysik der Natur ergibt sich aus der Beantwortung der Frage nach ihrem Subjekt und dessen Stellung in der von ihm durchdachten »Ordnung der Natur«. Kurz und bündig: Was ist der menschliche Geist, und in welchem Verhältnis steht er zu der von ihm begriffenen Natur der Dinge? In einer an der Subjekt-Objekt-Differenz orientierten Einstellung, wie sie etwa der Kantischen Vernunftkritik zugrunde liegt, wird die Natur der erfahrbaren Dinge über die subjekttheoretische Ermittlung der Prinzipien der naturwissenschaftlichen *Erkenntnis* dieser Natur bestimmt. Demgegenüber erscheint der menschliche Geist (esprit) oder die vernünftige Seele (âme raisonnable) in Leibniz' Metaphysik der Natur als ein den ›Naturen‹ oder Monaden, die das Wesen der Dinge ausmachen, Verwandtes. Der menschliche Geist ist *als Geist* das ›Subjekt‹ der Einsicht in die Natur der Dinge – an der er selbst teilhat. Das ›Innere‹ der Körper steht in kontinuierlicher Abstufung zum menschlichen Geist. Jene Einsicht fußt auf der Selbst- und Gotteserkenntnis, zu der erst eine Geist-Monade fähig ist. Auch Leibniz hebt auf reflexive Akte ab, in denen sich unsere Erkenntnis begründet: »Indem wir in dieser Weise an uns selbst denken, richten wir unsere Gedanken zugleich auf das Sein, die Substanz, auf Einfaches und Zusammengesetztes, auf Immaterielles und selbst auf Gott, indem wir uns vorstellen, daß dasjenige, was in uns beschränkt ist, in ihm ohne Schranken ist. Diese reflexiven Akte liefern demnach die Hauptgegenstände unserer Vernunfterkenntnis.«[37] Aber diese reflexiven Akte sind nicht Explikationen autonomer Subjektivität. Unsere Einsicht in die Natur der Dinge gehört vielmehr zu dieser Natur der Dinge, erarbeitet oder konstruiert sie nicht, sondern spiegelt sie.

Wenn Leibniz diese unsere Einsicht auf ihren eigenen Grund hin verfolgt und in der Erkenntnis Gottes als dem Prinzip der Wissenschaften begründet,[38] trifft er auf den universalen Naturbegriff der *Ordnung der Natur*. Der menschliche Geist erkennt, durch Gott eminenterweise realisiert, was er selbst spiegelt: Gott ist nicht frei, der Materie immaterielle Einheiten zugrunde zu legen oder nicht; er handelt selbst nach der Ordnung der Natur. Wo wir diese Ordnung physikalisch aufzuschlüsseln unternehmen, ist

37 *Monadologie*, nr. 30.
38 *GP* III, S. 54.

Gott als Ingenieur der Weltmaschine vorauszusetzen; wo wir sie metaphysisch bedenken, treten wir mit Gott in eine Gemeinschaft, in der er als Fürst für seine Untertanen, ja als Vater für seine Kinder wirkt,[39] ins Reich der Zwecke oder die Ordnung der Gnade. Wie schon für Körper und Seele, für Wirk- und Zweckursachen postuliert die *Monadologie* auch für den physischen und den moralisch-metaphysischen Gott, besser: für die göttlichen Attribute der Größe (Allmacht und Allwissenheit) und Güte, das Verhältnis der Harmonie.[40]

Whitehead teilt den monistischen Ansatz von Leibniz' Ontologie, verwirft also die ontologische Trennung von körperlichem und psychisch-geistigem Seienden, wie sie exemplarisch für die neuzeitliche Philosophie von Descartes begründet worden war. Was für den Kosmos gilt, daß sich in seinem ›Leben‹ ein Aufwärts- und ein Abwärtstrend unlösbar verschränken, das gilt auch angesichts des scheinbaren Dualismus von Körper und Geist. Dieser Dualismus wird in Whiteheads Theorie damit angeeignet, daß Körper und Geist als Bestandteile *eines* Erlebens (experience) begriffen werden (*FR*, p. 31/dt. S. 29).[41] In dem das Erleben auszeichnenden »Innewerden« (enjoyment) ist beschlossen, was Leibniz als Perzeption und Streben der Monade zuschreibt. Diese Grundmomente des Seienden (Repräsentation einer Vielheit in der Einheit und strebender Übergang) werden aber von Whitehead streng temporal interpretiert. Das physische Erleben bestimmt sich ständig neu als Faktum; das zum selben Vorgang gehörige psychisch-geistige Erleben strebt »nach *Formung* des Erlebens« und verbindet so »das unmittelbar gegenwärtige Faktum mit der Zukunft« (*FR*, p. 32/dt. S. 30). Die bipolare Struktur von physischem und psychisch-geistigem Erleben hat unterschiedliche Niveaus. Die höhere Form des Erlebens weist eine größere Komplexität auf. Whitehead analysiert sie unter Zugrundelegung des Kontrastes von Ordnung und Anarchie. Das psychisch-geistige Erleben enthält in seinem belebenden Streben nach Neuem ein anarchisches Moment. In der materiellen Natur

39 *Monadologie*, nr. 84.
40 Nr. 87 ff.
41 Vgl. *PR*, p. 56/dt. S. 121: »Geistige Tätigkeit (mental activity) ist eine der Weisen des Empfindens (feeling), die in gewissem Maße allen wirklich Seienden zukommt, aber nur bei einigen bis zu bewußter Intellektualität gelangt.«

wird es in Gestalt einer »sklavischen Konformität« zur Ordnung gebracht. Auf dem Niveau der Vernunft setzt eine Selbstregulation des psychisch-geistigen Erlebens ein, Kritik und Eindämmung seiner anarchischen Tendenz (*FR*, p. 33 f./dt. S. 31 f.). Nicht die abstrakte Selbstreflexion, sondern die Zivilisierung der anarchischen Tendenz kennzeichnet die höhere Stufe: Whitehead entwickelt eine Ordnungs- anstelle einer Bewußtseinsstufenlehre. In diesem konkreten Sinne ist auch die Bestimmung des »höheren Grads geistiger Aktivität« als »intellektuelle Selbstanalyse«, die auf »intellektuellen Empfindungen« aufbaut, zu verstehen (*PR*, p. 56/dt. S. 121). In *PR* Teil III, Kap. 5, gibt Whitehead hiervon eine äußerst verfeinerte Darstellung.

Nach seiner formalen Seite kommt Whiteheads *Gottesbegriff* demjenigen von Leibniz zunächst sehr nahe. »Die ›primordiale Natur‹ Gottes ist das Zusammenwachsen einer Einheit begrifflicher Empfindungen, zu deren Daten auch alle ewigen Objekte gehören« (*PR*, p. 87 f./dt. S. 174). Für Leibniz umfaßt die oberste Substanz in ihrer Vollkommenheit alle positive Realität einschließlich der von den ewigen Wahrheiten oder Ideen abhängigen realen Möglichkeiten.[42] Auch die Bestimmung, daß es für Gott im Unterschied zu allem anderen wirklich Seienden keine Vergangenheit gibt, läßt sich mit Leibniz' These, der letzte Grund der Dinge liege außerhalb der Reihe aller Grund-Folge-Verhältnisse,[43] verbinden. Jedoch: Gott spielt in Leibniz' Metaphysik eine exzeptionelle Rolle, gestaltet »nach dem Bild eines Reichsherrschers, ... einer Personifizierung moralischer Energie und ... eines philosophischen Grundprinzips« (*PR*, p. 342 f./dt. S. 612), während Whitehead Gott in denselben Begriffen und Prinzipien wie andere wirklich Seiende (actual entities) denkt. In seiner »Folgenatur« betrachtet, ruht er nicht in der absoluten Unbedürftigkeit des vollkommenen Seienden.[44] Daß Gott jenseits aller zeitlichen Bestimmungen gedacht werden muß, gehört zu seiner kontingenten, von allen Seienden mitgeprägten Natur. In Whiteheads Zweinaturenlehre ist der Doppelaspekt jedes wirklich Seienden, Subjekt und Objekt zu sein, für ein *zeitloses* wirklich Seiendes durchgedacht, das mit allen anderen wirklich Seienden gleichzei-

---

42 *Monadologie*, nr. 40 ff.
43 *Monadologie*, nr. 36 ff.
44 Vgl. A. H. Johnson, a.a.O. (Anm. 16), p. 296 f.

tig ist. Leibniz' Gedanke einer Harmonie zwischen den göttlichen Attributen liegt ebenso fern wie die Vorstellung einer *prästabilierten* Harmonie unter den Substanzen. Anders als Leibniz, für den Gott das notwendige Wesen, Schöpfer und letzter Grund dieser Welt ist, kann Whitehead die zwischen wirklich Seienden und ewigen Objekten vermittelnde Funktion Gottes auch schlicht der »Kategorie der begrifflichen Umkehrung« (conceptual reversion) zuweisen (*PR*, p. 26/dt. S. 71). Die philosophische Spekulation bedürfte Gottes eigentlich nicht. Die Ordnung der Natur ist nicht fundamentalistisch an Gott gebunden. Ganz und gar unfundamentalistisch bezeichnet Whitehead vielmehr Gott in seiner Liebe zur Welt als »den großen Begleiter« (*PR*, p. 351/dt. S. 626).

d) *Abschied von der Substanz.* – Wenn bisher bei aller Differenz in der konkreten Exposition und Lösung der Probleme eher die Gemeinsamkeiten zwischen Leibniz' und Whiteheads naturphilosophischem Denken betont wurden, muß zuletzt das Unterscheidende im metaphysischen Grundgedanken zur Sprache kommen. Es läßt sich als »Whiteheads Abkehr von der Substanzmetaphysik«[45] bezeichnen. Wohl impliziert diese Abkehr primär eine Kritik des Aristotelismus *und* Cartesianismus, trifft aber nicht weniger Leibniz' Monadenbegriff.[46] Gegen Aristoteles sucht Whitehead die Wirklichkeit nicht mehr vom Vorliegenden (to hyparchon) und der Substanz als dem selbständig Vorliegenden her, sondern *relational* zu begreifen. Damit geht eine radikale Neubestimmung von Wirklichkeit einher. Während die Relationen in der aristotelischen Ontologie nur unselbständig an Substanzen, genauer an je einer Substanz als deren Relat (pros ti oder einstelliges Prädikat), auftreten können, was dem Phänomen der Relation, eine Beziehung zwischen zwei Gliedern (zweistelliges Prädikat) und – in vielen Fällen – eine Beziehung auch unabhängig von spezifischen Gliedern zu sein, nicht gerecht wird, machen die Relationen für Whitehead gerade das wirklich Seiende (actual entity) aus. Und zwar ist es der Gedanke des »Zusammenwachsens« (concrescence), der die aristotelische Orientierung am Vorliegenden ersetzt. Die wirklich Seienden sind nichts außer dem

45 So der Titel eines Aufsatzes von G. Böhme, in: *Whitehead. Einführung in seine Kosmologie*, hg. von E. Wolf-Gazo, Freiburg/München 1980, S. 45-53, auf den ich mich im folgenden auch beziehe.
46 Vgl. *Monadologie*, nr. 1.

Prozeß des Zusammenwachsens, sie bestehen im Prozeß ihres Werdens. Das unterscheidet sie auch von Leibniz' Monaden, einfachen und unvergänglichen Substanzen, die keine Beeinflussung oder Veränderung von anderen erfahren können. Sie *haben* Perzeptionen und Strebungen.[47] Demgegenüber sind im Prozeß des »Zusammenwachsens« die Erfassungsbeziehungen (prehensions) konstitutiv. Ein neues Seiendes (Subjekt) bildet sich durch die Erfassung vergangener Seiender sowie »ewiger Objekte«. Für Leibniz spiegelt sich im Leben der Monade die von Gott geschaffene Welt: »Diese Verknüpfung oder diese Anpassung aller erschaffenen Dinge an jedes einzelne und jedes einzelnen an alle andern hat zur Folge, daß jede einfache Substanz Beziehungen enthält, welche die Gesamtheit der anderen zum Ausdruck bringen, und daß sie infolgedessen ein lebendiger, immerwährender Spiegel des Universums ist.«[48] Für Whitehead stellt jedes wirklich Seiende in seinem Werden qua »Erfassen« diese Beziehungen her. »Das Erfassen reproduziert an sich die allgemeinen Charakteristika eines wirklich Seienden: Es bezieht sich auf eine äußere Welt und bekommt in diesem Sinne einen ›Vektor-Charakter‹ zugesprochen; es impliziert Gefühl, Zwecksetzung, Wertung und Verursachung. Im Erfassen wird tatsächlich jedes Charakteristikum eines wirklich Seienden reproduziert« (*PR*, p. 19/dt. S. 59).

Mit der Überführung der aristotelischen Substanz in ein Ereignis des Zusammenwachsens im Medium des »Erfassens« ist zugleich der Begriff des substantiellen Subjekts (res cogitans) aus seiner »unangebrachten Konkretisierung« zugunsten seines konkreten Sichereignens gelöst.

Was ergibt sich aus diesen vergleichenden Darlegungen, was ergibt sich insbesondere aus Whiteheads organizistischer Kosmologie für ein neues bzw. erneuertes Naturverständnis?
1) In Whiteheads Philosophie ersteht ein reicheres Bild der Natur, als es die neuzeitliche und moderne Naturwissenschaft vermitteln konnte. In diesem Bild gewinnt Natur wieder Leben und Farbe, Qualitäten und Zwecksetzungen sind zugelassen. Trotz

---

47 *Monadologie*, nr. 19; vgl. nr. 48, wo Leibniz von den »Attributen« des Subjekts oder Fundaments, des Perzeptions- und des Strebevermögens spricht.
48 *Monadologie*, nr. 56.

aller Kritik am Reduktionismus der neueren Naturwissenschaft gibt Whitehead aber ihre Perspektive, etwa zugunsten vor- und außerwissenschaftlicher Erfahrung, nicht preis. Er entwickelt vielmehr die metaphysischen Implikationen naturwissenschaftlichen Denkens. Dabei zeigt sich, daß die unser naturwissenschaftliches Weltbild bestimmende Naturauffassung, ebenso aber auch die naive Naturerfahrung, von Abstraktionen beherrscht sind, die wir unangebracht konkretisiert haben. Mit dieser Kritik wird das Nachdenken über Natur wieder flüssiger und freier: es schmiegt sich seinem Gegenstand, der seinerseits Prozeß ist, an.[49]

2) Geistige Aktivitäten bilden selbst ein Element der Natur: sie sind nicht vom »Erleben« jedes wirklich Seienden zu trennen, und sie sind Teilbestand der universalen Ordnung der Natur. Whitehead zeigt das nicht primär, wie die Evolutionäre Erkenntnistheorie, im Ausgang von der menschlichen Natur*erkenntnis*, sondern mittels einer Analyse der Selbsterkenntnis der *Natur*. Menschliche Selbsterkenntnis hat ihren Grund in Natur. Im modernen Weltbild, einem Weltbild der Trennungen, weist bloß menschliches Denken das lebendige Selbstverhältnis des Mir-Bewußtseins auf, Natur ist ein Prozeß ohne Inneres. Das Bedürfnis nach einer Einheit von Denken und Natur läßt sich nicht schon damit erfüllen, daß Denken durch die Theorie seiner evolutionären Angepaßtheit in Natur eingebettet wird, sondern nur so, daß die Natur, überhaupt wie die Natur jedes Einzelwesens, durch ›Denken‹ (geistige Aktivität) konstituiert gedacht wird. Whitehead verfällt bei dieser Spekulation nicht der zugespitzten idealistischen These, das absolute Subjekt-Objekt Natur denke sich im menschlichen Denken selbst.

3) In der Perspektive des Subjekt-Objekt-Schemas muß Whitehead als Realist oder gar als Naturalist erscheinen: die Natur

49 Heideggers Interesse richtet sich auf das »größere Geschick« oder »Andere«, das in den Naturwissenschaften »waltet«, zugleich jedoch »verborgen bleibt«. Dieses »Andere« wird als »unscheinbarer Sachverhalt« charakterisiert, der darin besteht, daß die Natur für die Physik das »Unumgängliche« bleibt. Als solches waltet »Natur« für die »Besinnung« (d. h. das ›andere‹ Denken) in der vergegenständlichten Natur der Wissenschaft (M. Heidegger, »Wissenschaft und Besinnung«, in: *Vorträge und Aufsätze*, Pfullingen 1954, S. 45-70). »Natur« ist in diesem Denkversuch auf den ›metaphysischen‹ Urpunkt des Seinsereignisses zusammengeschrumpft.

bildet in sich selbst einen prozessualen Zusammenhang (nexus) – ihre Ordnung wird ihr nicht durch ein transzendentales Subjekt eingestiftet; das Subjekt und seine Erkenntnis sind Ereignisse in dieser natürlichen Welt. Aber Whitehead teilt nicht die Prämissen moderner – realistischer oder idealistischer – Erkenntnistheorie. Zwischen Subjekt und Objekt, Bewußtsein und Gegenstand besteht für ihn kein Verhältnis der Transzendenz. Die Konstitution der Wirklichkeit in ihren letzten Elementen ist vielmehr als prozessuale Selbstüberschreitung zu beschreiben. Die »Verzweigung der Natur« in eine Natur an sich und eine Natur für uns wird mittels der Verschränkung von Objekt und Subjekt im Werden des wirklich Seienden theoretisch bewältigt.

17.1.05 (für Bi...)

Michael Hampe
Sekundäre Qualitäten
und die Verzweigung der Wirklichkeit[1]

1. »The Century of Genius«

Whitehead hat, wie viele andere Philosophen, eine bestimmte Vision der Philosophiegeschichte. In ihr spielen außer Platon und Aristoteles besonders die Entwicklungen der frühen Neuzeit, im *Century of Genius*, wie Whitehead es nennt,[2] eine wichtige Rolle.

Galilei, eine der prominentesten Figuren dieses Jahrhunderts der Genies, behauptet in seiner Schrift *Il Saggiatore*,

»daß ... Geschmacksqualitäten, Gerüche, Farben usw. auf der Seite des Gegenstandes, in welchem sie zu existieren scheinen, nichts als bloße Namen sind ..., daß sie ihren einzigen Platz im wahrnehmenden Körper haben; so daß, wenn das Tier entfernt würde, auch alle diese Eigenschaften abgeschafft und vernichtet wären.«[3]

Galilei benutzt zur Stützung dieser Behauptung ein anschauliches Beispiel: Wenn wir mit einer Daunenfeder unter der Nase berührt werden, so empfinden wir ein Kitzeln. »Aber dieser Kitzel ist nur in uns und nicht in der Feder und wenn der belebte und sensitive Körper entfernt wird, ist er nichts als ein bloßer Name« (ibid.). Ebenso wie diesen Kitzel sollen wir nach Galilei die Eigenschaften Farbe, Geruch und Geschmack denken. Der einzige Unterschied ist, daß wir den Kitzel gar nicht als eine Eigenschaft der Feder zuschreiben, sondern von vornherein als einen Zustand unseres Körpers ansehen, bei den Farben, Geschmack und Geruch allerdings nicht etwas über unseren Körper, sondern die uns gegenwärtigen Dinge auszusagen glauben. Eben diesen letzten Gedanken sollen wir als einen Irrtum beiseite legen. Die genann-

---

1 Dieser Aufsatz ist die Kurzfassung des zweiten Kapitels meiner Dissertation *Die Wahrnehmungen der Organismen. Über die Voraussetzungen einer naturalistischen Theorie der Erfahrung in der Metaphysik Whiteheads*, Göttingen: Vandenhoeck & Ruprecht, 1990.

2 *SMW*, ch. III.

3 *Opere* (Edizione Nazionale), Florenz, 1890-1909, VI, p. 348.

ten Eigenschaften sollen nicht als Qualitäten der Gegenstände, sondern als Eigenschaften von Zuständen unseres Körpers oder Geistes betrachtet werden. Es werden also zwei Sorten von Eigenschaften unterschieden: solche, die dem Gegenstand selbst zukommen, *in dem Ding* sind, und solche, die nur in dem Wahrnehmenden entstehen, wenn er durch einen Gegenstand sinnlich affiziert wird, die aber vornehmlich von ihm als dem Wahrnehmenden abhängen und *in ihm als Person* sind. Wegen ihres *Ortes* in und ihrer *Abhängigkeit* von dem wahrnehmenden Subjekt gehören diese Eigenschaften nicht zum Gegenstand an sich, sondern *erscheinen* dem Subjekt nur als Qualitäten der Gegenstände. Locke, Descartes und Boyle haben diese Differenz zwischen *primären* und *sekundären Qualitäten* für die moderne Philosophie zu einer Unterscheidung von grundlegender Bedeutung gemacht. Denn an dieser Differenz orientieren sich bis heute beinahe alle Beschreibungen des Verhältnisses eines *Ansich* zu einer Welt der *Erscheinung* oder von *reality* und *appearance*.[4]

Die nur dem wahrnehmenden Subjekt im Gegenstand erscheinenden, an sich aber in diesem nicht vorhandenen Eigenschaften sind in zweifacher Hinsicht gegenüber anderen Eigenschaften sekundär. Erstens müssen Gegenstände einen wahrnehmungsfähigen Körper affizieren, damit sekundäre Qualitäten wahrgenommen werden. *Welche* aber wahrgenommen werden, hängt von den primären Qualitäten des Gegenstandes und des wahrnehmenden Körpers ab, weil diese festlegen, auf welche Art und Weise der wahrnehmende Körper affiziert wird. Zweitens können die primären Qualitäten und ihre Relationen im wissenschaftlichen System der neuen mathematischen Physik des 17. Jahrhunderts exakt beschrieben werden, nicht jedoch die Farben, Gerüche und Geschmacksqualitäten. Geht man wie Galilei

4 Deshalb beginnt z. B. F. H. Bradley sein Buch *Appearance and Reality* mit einer Attacke aller Unterscheidungen zwischen primären und sekundären Qualitäten (*Appearance and Reality*, Oxford: UP 1893, p. 9-15); eine Attacke, die in vielen Punkten mit Whiteheads Einwänden gegen diese Unterscheidung übereinstimmt. Eine Darstellung dieser Differenz bei Galilei, Descartes, Boyle und Locke und ihrer Relevanz für gegenwärtige Wahrnehmungstheorien gibt aus Wittgensteinscher Perspektive P. M. S. Hacker in: *Appearance and Reality. A Philosophical Investigation into Perception and Perceptual Qualities*, Oxford: UP, 1987.

davon aus, daß das »Buch der Natur« in der Sprache der Mathematik geschrieben ist, so gehört das mathematisch nicht Beschreibbare nicht zur Natur im eigentlichen Sinne und ist als eine subjektive Zutat zu ihr lediglich sekundär. Die geometrischen Eigenschaften der Dinge werden dann ausgezeichnet, weil sie in einer Natur, die mathematisch geordnet ist, als die grundlegendsten erscheinen müssen, entsprechend der Bedeutung der Geometrie in den exakten Wissenschaften.

Eine Unterscheidung zwischen primären und sekundären Qualitäten findet sich bereits im antiken Atomismus. Ihre Wiederbelebung in der neuzeitlichen Philosophie hat aber aufgrund der fortgeschrittenen Mathematisierung der primären Qualitäten viel einschneidendere Folgen als ihr antiker Vorläufer. Diese Mathematisierung hängt auf das engste mit der Bedeutung von *Meßvorgängen* für die »experimentelle Philosophie« der Neuzeit zusammen. Experimente bestehen als Meßvorgänge vor allem in der Feststellung und Überprüfung funktionaler Abhängigkeiten zwischen graduierbaren Eigenschaften, die durch Zahlen symbolisiert werden und deren Relationen in den Symbolen für die mathematischen Operationen der Addition, Substraktion, Division und Multiplikation darstellbar sind. Die sekundären Qualitäten zeichnen sich jedoch negativ, besonders was ihre dimensionalen Differenzen (der Unterschiede zwischen Farben und Gerüchen oder Tastqualitäten und Geschmack) betrifft, dadurch aus, daß sie nicht graduierbar sind und sich daher der Mathematisierung im messenden Experiment entziehen. Die Unterscheidung zwischen primären und sekundären Qualitäten führt deshalb zur Unterscheidung eines Reiches der Erscheinungen im Subjekt von einem Reich der mathematisch beschreibbaren Natur, die beide »übereinstimmen« können oder auch nicht. So wie die Natur in diesem Bild außerhalb des Menschen als Subjekt ist und durch ihn erkannt werden muß, so ist der Mensch außerhalb der Natur, auch wenn er durch sie affiziert werden kann.[5]

Whitehead hat diese Entwicklung zu Beginn der neuzeitlichen Philosophie in fast allen seinen Werken diskutiert. Dabei ist seine Haltung ambivalent. Einerseits sieht er sich der Epoche der vor-

5 Vgl. hierzu E. Burtt, *Metaphysical Foundations of Modern Science*, London: Routledge and Kegan Paul 1949³, p. 89-90.

kantischen Neuzeit unmittelbar verbunden[6] und ist an vielen Stellen voller Bewunderung für Galilei, Newton und ihre Nachfolger,[7] andererseits übt er auch ausgiebig Kritik an der Philosophie dieses »century of genius«. Diese ambivalente Haltung ist leicht erklärbar, weil Whitehead genau die philosophischen Entwicklungen, die im sechzehnten Jahrhundert begannen, für den Ausgangspunkt der gesamten Philosophie der Moderne hält[8] und diese Philosophie der Moderne reformieren möchte, ohne allerdings das, was in diesem Jahrhundert an Einsichten erreicht worden ist, aufzugeben oder das empirische Material, das durch die experimentelle Methode gewonnen worden ist, zu ignorieren. Die Begründung einer Philosophie der Subjektivität, die mit Galilei beginnt, hält Whitehead allerdings *nicht* für eine beizubehaltende Einsicht, sondern für einen zu bekämpfenden Irrtum. Der Gedanke, daß die Natur an sich keine sekundären Qualitäten enthält und diese erst durch den menschlichen Geist in sie hineinprojiziert werden, ist als der Ausgangspunkt dieser Subjektivierung in der Philosophie der Moderne auch der Ausgangspunkt der Whiteheadschen Kritik dieser Tradition, in der er mit anderen Neorealisten des frühen zwanzigsten Jahrhunderts übereinstimmt.[9] Die von ihm kritisierte subjektivistische Position stellt Whitehead ironisierend besonders klar in *Science and the Modern World* dar.[10]

Whiteheads Kritik ergibt sich nicht aus irgendwelchen Zweifeln an der modernen Physik, sondern aus dem Gedanken, daß die mathematische Physik und die ihr assoziierten Wissenschaften die *einzigen Quellen* der Bildung unseres Natur- und Realitätsbegriffes sind. Für Whitehead ist es ein Vorurteil, daß das »Buch der Natur« in der Sprache der Mathematik geschrieben ist. Die Einschätzung dieses Vorurteils darf wiederum nicht als durch eine Geringschätzung der Verdienste der modernen mathematischen Physik motiviert angesehen werden, sondern sie ergibt sich aus

6 PR, p. 1./dt. S. 21.

7 Vgl. »The First Physical Synthesis«, hier zitiert nach dem Sammelband *A Philosopher Looks at Science*, New York: Brown (Reprints. Philosophical Library), 1965, pp. 52-63.

8 »The First Physical Synthesis«, S. 53.

9 Vgl. die Positionen von R. W. Sellars, S. Alexander, G. E. Moore und T. P. Nunn.

10 *SMW*, p. 54/dt. S. 70.

seiner philosophischen Interpretation der Mathematik. Die Mathematik zu der Wissenschaft zu erklären, die von dem Wirklichsten, dem Ansich der Natur handelt, bedeutet nach Whitehead, das Abstrakteste zum Konkretesten zu machen. Natur ist für Whitehead das, was wir *erfahren*, und wir erfahren nicht nur geometrische Gestalten und Mengen von Körpern, sondern auch und besonders die sekundären Qualitäten, die deshalb in Whiteheads Perspektive notwendigerweise zur Natur gerechnet werden müssen. Wenn diese aber nicht mathematisch beschreibbar sind, so bleibt uns eben nichts anderes übrig, als die Idee, daß die Ordnung der Natur mathematisch verfaßt sei, aufzugeben. Whiteheads Revision des modernen Naturbegriffes ist daher nur die Kehrseite seiner Interpretation der Mathematik als einer *Abstraktion* von den Erfahrungen der konkreten Natur. Sobald wir akzeptieren, daß die Natur an sich so verfaßt ist, wie sie in einer »geometrischen« oder mathematischen Physik beschrieben wird, schließen wir uns selbst als erkennende Subjekte, die Erfahrungen von sekundären Qualitäten haben, aus ihr aus und stellen uns ihr gegenüber. Denn wir müssen einen großen (vielleicht den größten) Teil des Inhalts unserer Erfahrung, die sekundären Qualitäten, als nicht zur Natur gehörend betrachten. Wo finden diese Erfahrungen aber dann ihren Platz und Bezugspunkt?

II. *Common sense* und Wissenschaft

In einigen neueren philosophischen Diskussionen ist der Inhalt unserer Erfahrung, der die sekundären Qualitäten einschließt, als Teil eines »alltäglichen« oder »subjektiven« Weltbildes beschrieben worden, das vom »objektiven« oder »wissenschaftlichen« zu unterscheiden sei. Die Differenz von primären und sekundären Qualitäten wird dann nicht nur als ein Spezialfall des Unterschiedes von Ansich und Erscheinung, sondern auch als eine Instanz der Diskrepanz zwischen *common sense* und wissenschaftlichem Weltbild gesehen. Teilweise wird dabei das wissenschaftliche Weltbild als dasjenige beschrieben, das uns die Dinge so, wie sie an sich sind, repräsentiert,[11] und das des *common sense* oder des

11 Dies geschieht z. B. im sogenannten wissenschaftlichen Realismus von Wilfrid Sellars.

»alltäglichen Bewußtseins« mit der Repräsentation der *Erscheinungen* identifiziert. So spricht z. B. Wilfrid Sellars in seinem Aufsatz »Philosophy and the Scientific Image of Man« von einem »scientific image« der Wirklichkeit und des Menschen und einem »manifest image«, und Alfred Ayer untersucht die Frage der Relation der primären und sekundären Qualitäten als das Problem der Vereinbarkeit des »scientific view of nature« mit dem des »common sense«.[12] Sellars und Ayer gehen dabei davon aus, daß es einen *Konflikt* gibt zwischen dem, was uns die Wissenschaft über die Realität sagt, und dem, was der »Mann auf der Straße« glaubt. Aber die Redeweise vom *common sense* oder *manifest image* als einer zum wissenschaftlichen Weltbild konkurrierenden Angelegenheit beruht auf einer Fiktion. Diese Fiktion hat zwei Elemente: sie geht erstens davon aus, daß es so etwas wie ein wissenschaftsfreies Nachdenken über die Welt gibt, und zweitens, daß dieses Denken, obwohl wissenschaftsfrei, dennoch den systematischen Zug einer Theorie oder eines Weltbildes (»world view« oder »image«) hat.

Die zweite Vorstellung, die in einem gewissen Spannungsverhältnis zur ersten steht, kann relativ schnell ausgeräumt werden. In welcher Form sind die Ansichten des *common sense* denn systematisiert und kanonisiert? Wer systematisiert und begründet, ist bereits auf dem Weg zu Wissenschaft und Theorie. Sofern die Meinungen des *common sense* als eine Menge von widerspruchsfreien (in einem rationalen System organisierten) Sätzen beschrieben werden, erfüllen sie bereits ein Kriterium für Theorien. Nun mag man so etwas wie eine Menge von Sätzen finden, die von den meisten Menschen eines Kulturkreises geglaubt wird und die widerspruchsfrei ist. Es dürfte sich bei ihr aber kaum um eine solche Satzmenge handeln, die mit irgendeiner wissenschaftlichen Theorie verglichen werden kann. Denn diese Vergleichbarkeit setzte voraus, daß sowohl irgendeine Theorie als auch die postulierte Satzmenge, genannt *common sense*, sich auf dieselbe Menge von zu erklärenden Daten beziehen.[13] Dies ist aber auf keinen Fall so. Denn ein entscheidendes Charakteristikum des *common sense* ist, gewisse Dinge einfach hinzunehmen und für *nicht* erklärungsbe-

12 *The Central Questions of Philosophy*, London 1973, p. 108-111.
13 Vgl. zu diesem Kriterium H.-N. Castaneda, *On Philosophical Method*, Bloomington 1980.

dürftig zu halten. Aber genau das, was der »gesunde Menschenverstand« nicht mehr hinterfragt und einfach als gegeben hinnimmt, ist Gegenstand der wissenschaftlichen, besonders der philosophischen Reflexion. Die Behauptung, der *common sense* sei eine zu irgendeiner wissenschaftlichen oder philosophischen Theorie konkurrenzfähige Satzmenge, ist daher aufgrund der verschiedenen Datenmengen, auf die sich auf der einen Seite alltägliche und der anderen wissenschaftliche und philosophische Erklärungen beziehen, ein Irrtum.

Von Sellars und Ayer wird der *common sense* jedoch einerseits als »image« oder »view« der Welt in Konkurrenz mit der Wissenschaft, besonders mit dem sogenannten »physikalischen Weltbild«, gebracht und damit indirekt als eine Theorie behandelt. Andererseits wird immer dann, wenn eine weit verbreitete Meinung *nicht* mit dem Bild des *common sense*, das zugrunde gelegt wurde, übereinstimmt, behauptet, daß an dieser Stelle die Ansichten des »Mannes von der Straße« durch irgendeine wissenschaftliche oder philosophische Theorie affiziert seien.[14] Damit ist dann gemeint, daß der *common sense* aufhört, *common sense* zu sein, sobald Theoriestücke aus Wissenschaft oder Philosophie in ihm integriert sind. Aber dieses erste Element der Fiktion kann ebenfalls nur als Irrtum charakterisiert werden, denn es gibt kaum eine Ansicht des heutigen *common sense*, die nicht irgendwann einmal eine wissenschaftliche Neuerung gegenüber einem vergangenen *common sense* war. Wenn das nicht so wäre, wäre jeder Gedanke einer möglichen wissenschaftlichen oder philosophischen *Aufklärung* oder *Emanzipation* von vornherein eine Illusion.

Glaubt nun der *common sense*, daß die Dinge an sich farbig, heiß oder kalt sind und einen Geruch und Geschmack haben, und bestreitet die Wissenschaft, genauer die moderne Physik, dieses und behauptet statt dessen, daß die Gegenstände nur ausgedehnt, schwer und beweglich seien? Die Frage, ob die Dinge an sich farbig seien oder nicht, ist weder eine des *common sense* noch der modernen Physik. Sie ist eine Frage der *philosophischen Interpretation* bestimmter Erfahrungen und der sie erklärenden Theorien. Sofern Galilei, Locke, Descartes und Boyle behauptet haben, daß

14 Ein sehr zutreffendes Bild dieses schwer kontrollierbaren Gebrauchs von »common sense« gibt M. Dummett in: »Common Sense and Physics«, in: G. F. Macdonald (ed.), *Perception and Identity. Essays presented A. J. Ayer with his replies to them*, London 1979.

die Dinge an sich nicht farbig sind, haben sie die Erfahrungen und Theorien der neuen Physik in einer ganz bestimmten Art und Weise philosophisch interpretiert. Berkeley, Leibniz und Kant haben andere Interpretationen gegeben, in denen die Unterscheidung zwischen primären und sekundären Qualitäten sinnlos ist und damit auch die Fragestellung, ob die Dinge an sich farbig sind oder nicht. Daß diese verschiedenartigen Interpretationen möglich waren, zeigt, daß die wissenschaftlichen Experimente und Theorien *neutral* sind gegenüber der Frage, ob die Unterscheidung von primären oder sekundären Qualitäten sinnvoll ist. Es ergibt sich nicht *zwangsläufig* aus der neuen Galileischen Physik, daß die Dinge an sich nicht farbig sind, und es gibt auch kein *experimentum crucis*, das diese Frage entscheiden könnte. Die Unterscheidung zwischen primären und sekundären Qualitäten war vielmehr *Teil der Verteidigungsstrategie*, die die neue mathematische Physik allererst auf den Schild einer Philosophie oder Weltsicht, die die Stelle des Aristotelismus einnehmen kann, erheben sollte. Denn wenn diese neue Wissenschaft, wie Whitehead immer wieder betont, lediglich einen *Teil* unserer Erfahrungen berücksichtigt, von einem anderen Teil, und zwar gerade dem der intensiven Eigenschaften, der in unserer alltäglichen Erfahrung am eindrücklichsten ist, *abstrahiert*, weil er nicht als Datum in ihren Erklärungszusammenhang integriert werden kann, und die Gegenstände, die sie erforscht, diese Eigenschaften nicht haben, dann steht diese neue Wissenschaft der alten Aristotelischen, was die Generalität und die Komprehensionskraft von Daten betrifft, um einiges nach. Zu behaupten, diese Daten müßten gar nicht integriert werden, weil sie gar nicht zu dem gehören, was erklärt werden soll, den Veränderungen der natürlichen Dinge, ist da ein außerordentlich kluger Schachzug. Die Natur an sich nur mit primären Qualitäten ausgestattet und mathematisch strukturiert zu *definieren* und die sekundären Qualitäten und die sich auf sie beziehenden Veränderungen in der Natur (Farb-, Temperaturwechsel u. ä.) als geistige Projektionen aus der Natur zu verbannen machte es allererst möglich, das Naturbild der neuen Physik als ebenso universal wie das des Aristotelismus erscheinen zu lassen.

Die Ausgrenzung der Erfahrung von den jetzt *sekundären* Qualitäten aus dem Bereich der Daten, die in einer Theorie der Natur zu erklären sind, bringt die betreffenden Erfahrungen natürlich nicht zum Verschwinden. Sie müssen weiterhin, wenn auch nicht in einer Theorie der *physis*, erklärt werden. Die Theorie der an sich seienden Natur muß daher durch eine Theorie der *Erscheinungen* oder eine Theorie der *Subjektivität* ergänzt werden, um die neue Theorie der *physis* zu rechtfertigen. Andernfalls blieben große Teile der Alltagserfahrung, die im Aristotelismus Berücksichtigung gefunden haben, einfach ausgeblendet. Die von Whitehead immer wieder beklagte Spaltung der Wissenschaften in eine Theorie der mathematisch verfaßten Natur und eine Theorie der Subjektivität und die schließliche Konzentration der Philosophie auf die Subjektivität im achtzehnten und besonders im neunzehnten Jahrhundert, die Whitehead für so verhängnisvoll hält, sind daher nicht das Produkt irgendwelcher physikalischer Entdeckungen oder das Ergebnis der mathematischen Theorie der neuzeitlichen Physik, die im Widerspruch zum *common sense* stünden, sondern sie sind das Produkt der Konkurrenz zweier *philosophischer* Perspektiven: der des Aristotelismus und der der »experimentellen Philosophie« der Neuzeit. Whitehead sieht hier in seiner historischen Perspektive auf das Problem des Verhältnisses der primären und sekundären Qualitäten, wie er sie z. B. in *Science and the Modern World* entwickelt, sehr viel klarer als Sellars und Ayer, die das physikalische Weltbild einem imaginären *common sense* gegenüberstellen und die Differenz im ontologischen Status der primären und sekundären Qualitäten nicht als eine Sache der Philosophie, sondern der empirischen Wissenschaft betrachten wollen. Aber eine moderne Physik, die über den ontologischen Status der Dinge und Eigenschaften unserer alltäglichen Erfahrung entscheiden würde und die einerseits von der Philosophie unabhängig ist, andererseits aber mit dem *common sense* in Konkurrenz steht, gab es weder in den Zeiten Galileis noch heute. Die Physik behauptet, daß die Gegenstände der alltäglichen Erfahrung, wie Tische und Stühle, *bestimmte Teile haben* und daß diese Teile bestimmte Eigenschaften haben, wie Masse, Geschwindigkeit, elektrische Ladung und Spin. Welche von diesen Eigenschaften der Teile, aus denen unsere alltäglichen Gegenstände der Physik zufolge bestehen sollen, primär oder sekundär sind, bleibt völlig unentschieden. Kaum aber behauptet die Physik selbst, daß es die Gegenstände der alltäglichen Erfahrung und deren Eigenschaften nicht wirklich gibt. Wer beweisen möchte, daß ein Gegenstand Teile mit bestimmten Eigenschaften besitzt, wird kaum im selben Atemzug beanspruchen wollen, daß es den Gegenstand, dessen Teile er erforscht, nicht gibt, sondern nur die Teile. Worüber uns die Physik (und die Physiologie und die anderen Naturwissenschaften) Auskunft geben, sind die *kausalen Bedingungen,* unter denen bestimmte Eigenschaften aktualisiert werden und unter denen wir sie wahrnehmen. Die These, die Physik bestreite, daß es die Gegenstände unseres Alltags gibt, und behaupte statt dessen, nur Elementarteilchen existierten, ist das Produkt einer komplizierten reduktionistischen philosophischen Interpretation der physikalischen Theorien und der Erfahrung der Gegenstände unseres Alltags. Sie ist das Kunstprodukt einer Philosophie, die die Unterscheidung zwischen Ansich und Erscheinung, wahrem wissenschaftlichen Weltbild und *common sense* macht, um einem bestimmten Bild der Natur einen Generalitätsanspruch zu sichern, der sich ohne die Abstraktion von bestimmten Daten nicht aufrecht erhalten ließe. Es ist diese *philosophische* Strategie, die nach Whitehead zu einer *bifurcation of nature* führt, zu einer Verzweigung der Realität in einen natürlichen und subjektiven Teil. Das ehrgeizige Ziel der Whiteheadschen Philosophie ist es, diese philosophische Interpretation der modernen Wissenschaft zu attackieren und einen Begriff von Mathematik, Physik und Natur zu entwickeln, der nicht eine *bifurcation of nature* zur Folge hat. Teilziel eines solchen Vorhabens ist es, zu zeigen, daß die sogenannten primären und sekundären Qualitäten gleichermaßen in der Natur sind und die Erfahrungen des alltäglichen Bewußtseins, daß die Gegenstände bestimmte Farben, Temperaturen und Gerüche haben und sich in diesen Hinsichten verändern, keine Projektionen, sondern als Daten einer Theorie der *Natur* ernst zu nehmen sind.

III. Die Einheit der Realität

Wenn Whitehead jegliche *bifurcation of nature* vermeiden will, muß er den Unterschied zwischen primären und sekundären Qualitäten aus der Welt schaffen. Er ist sich aber vollauf bewußt, daß seine eigene Position, nach der »die wirklichen Elemente, die wir mit unseren Sinnen wahrnehmen, *in sich selbst (in themselves)* die Elemente der öffentlichen Welt (the elements of a common world) sind« und die behauptet, daß »wir uns in einer Welt der

Farben, Töne und anderer Sinnesqualitäten (sense-objects) befinden« und nicht umgekehrt (*SMW*, p. 110/dt. S. 108 f.), eine Revision des Grundbegriffes der Eigenschaft und eingefahrener Gedankengänge der neuzeitlichen Philosophie nötig macht: »Wenn wir die sekundären Qualitäten zu unserer öffentlichen Welt (common world) zählen, dann ist eine sehr einschneidende Neuordnung unseres Grundkonzeptes nötig« (*SMW*, p. 113/dt. S. 111). Ohne diese Revision ist es aber seiner Ansicht nach unmöglich, der *bifurcation of nature* und dem mit ihr verbundenen und in Whiteheads Augen falschen Subjektivismus zu entgehen. Das Ernstnehmen von Wissenschaft und Alltagserfahrung als gleichberechtigten Ressourcen für Daten, auf die ein umfassender philosophischer Entwurf anzuwenden ist, führt Whitehead nach seiner eigenen Einschätzung zu einer Konzeption, die als *Platonischer Realismus* gekennzeichnet werden kann (*PR*, p. 50/dt. S. 109 f.).

Der Unterschied zwischen primären und sekundären Qualitäten ergibt sich in dieser Perspektive durch die unterschiedliche Focussierung unserer Aufmerksamkeit und aus den Differenzen in der Analysetiefe, mit der wir die Gegenstände untersuchen. Wenn wir einen Gegenstand unter dem Mikroskop betrachten, sehen wir viele Eigenschaften, die wir mit bloßem Auge nicht sehen. Andere, die dem unbewaffneten Auge offensichtlich sind, verschwinden. Blut erscheint uns, mit bloßem Auge betrachtet, als eine homogen rote Flüssigkeit. Unter dem Mikroskop sehen wir ein klares Plasma, in dem sich einzelne rote Körperchen befinden. Würden wir auch diese Körperchen mit einem noch stärkeren Vergrößerungsglas betrachten, so sähen wir etwas, was ebenfalls nicht homogen und überhaupt nicht rot ist. Auf die Frage, ob das Blut denn nun rot sei oder nicht, reagieren wir in der Regel mit einem Hinweis auf die sogenannten »normalen Beobachtungsbedingungen«. Die Festlegung einer bestimmten Wahrnehmungssituation als der normalen ist dabei völlig willkürlich. So kann man z. B. fragen, was die normalen Beobachtungsbedingungen für einen Wald sind. Wenn ich mich mitten in ihm befinde, erkenne ich seine Größe und Form nicht; sehe ich ihn von einem gegenüberliegenden Berg oder einem Flugzeug aus, so erkenne ich zwar seine Form, nicht aber die einzelnen Bäume. Weil wir einen bestimmten Begriff von einem Gegenstand gebildet haben (wie z. B. den des roten Blutes), erklären wir die Beobachtungssituation, die uns diesen Begriff bestätigt, zur normalen und alle anderen, die dies nicht tun, zu nicht normalen. Bilden wir nun einen Begriff von natürlichen Gegenständen, der diese nur mit bestimmten primären Qualitäten ausstattet, so sind im Grunde alle Wahrnehmungssituationen, in denen sekundäre Qualitäten wahrgenommen werden, nicht normal, und nur die physikalisch qualifizierten Beobachtungen verdienen dieses Prädikat. In diesen haben wir in der Regel allerdings auch *irgendwelche* Erfahrungen von sekundären Qualitäten, und erst die Interpretation der Beobachtung oder des Experiments, d. h. das *Denken*, liefert uns eine angemessene Präsentation des Gegenstandes.[15] Wird als die klarste Form des Denkens das mathematische Denken ausgezeichnet, so ergibt sich ganz selbstverständlich, daß es gerade die geometrischen Eigenschaften sind, die (schon seit Platons *Timaios* und Demokrit) die primären Eigenschaften *par excellence* sind und alle anderen Eigenschaften lediglich Hinzufügungen eines »verworrenen« Denkens oder der subjektiven Wahrnehmung. Diese Hinzufügung kann sich entweder daraus ergeben, daß die Gegenstände unserer Betrachtung in außergewöhnlichen Relationen untereinander stehen und so für den Geist sekundäre Qualitäten aktualisieren. Oder aber der Geist selbst, als ein Gegenstand, zu dem alle erkannten Dinge ja in einer die Erkenntnis allererst konstituierenden Relation hinzutreten, ist dafür verantwortlich, daß sekundäre Qualitäten aktualisiert werden. Im letzten Fall ist zu erklären, wie die Gegenstände mit den primären Eigenschaften in der Natur den Geist dazu veranlassen, sekundäre Qualitäten auftreten zu lassen und sie in die Natur als von ihm selbst unabhängige Eigenschaften zu projizieren. Aber allein diese Frage zu stellen, ist für Whitehead das Produkt völlig fehlgeleiteter Überlegungen, denn sie beruhen auf der Unterscheidung zwischen einer wahren, ewigen und mathematisch beschreibbaren, an sich seienden Natur und einer scheinhaften, verworrenen und sich permanent verändernden und deshalb mathematisch nicht exakt beschreibbaren Welt der Erscheinungen im Subjekt. Hauptproblem einer Philosophie, die mit dieser Unterscheidung arbeitet, ist es, herauszufinden, was Teil der an sich

---

15 Vgl. C. McGinn, der aufgrund ähnlicher Überlegungen zu der gleichen Schlußfolgerung kommt, in: *The Subjective View*, Oxford: Clarendon Press 1983, p. 90.

seienden Natur und was Teil der subjektiven Erscheinungswelt ist. Aber dieses Problem ist nur ein Symptom der zu vermeidenden *bifurcation of nature:*

»Naturphilosophie (Natural philosophy) sollte nie fragen, was im Geist und was in der Natur ist. Dies zu tun, bedeutet zu bekennen, daß sie darin versagt hat, die Relationen zwischen den uns durch die Wahrnehmung bekannten Dingen zu beschreiben.« (*CN*, p. 30)

Die Frage zu stellen, was in der Natur und was im Geist ist, bedeutet für Whitehead, das Problem, wie Erfahrungen von sekundären Qualitäten möglich sind, zu umgehen. Von seiner Position aus müssen es bestimmte (kausale) Relationen sein, die dafür verantwortlich sind, daß wir Gegenstände unter wechselnden Umständen mit jeweils verschiedenen Wahrnehmungsqualitäten erfahren. Denn wenn wir ein Experiment durchführen oder einen Gegenstand unter ein Mikroskop legen, so ändern wir den *kausalen Kontext*, in dem sich der Gegenstand befindet. Das Problem ist aber, daß wir einen bestimmten kausalen Kontext als die normale Beobachtungssituation auszeichnen und in Konkurrenz mit anderen kausalen Kontexten bringen, in denen sich der Gegenstand auch noch befinden kann und in denen er andere Eigenschaften »offenbart«. Zeichnen wir die Situation unter dem Mikroskop, unter dem wir das Blut betrachten, aus, so ist Blut *tatsächlich* nicht rot, obwohl es uns mit bloßem Auge so erscheint. Wenn wir dieses Verfahren weiter und weiter treiben und in unserer Analyse der Gegenstände nicht nur primitive Mikroskope, sondern die Geräte der modernen Physik benutzen, die nur noch auf sehr *indirekte* Weise, über den Zeigerausschlag in Meßapparaten und Zahlenreihen in Computerspeichern, »Beobachtungen« vermitteln, so kommen wir unweigerlich zu der Schlußfolgerung, daß die Dinge nichts anderes als Systeme von Elementarteilchen und also an sich gar nicht farbig, warm oder kalt usw. sind. Dies ist dann die merkwürdige Situation, in der wir behaupten, daß die tatsächliche Natur der natürlichen Gegenstände genau das ist, was wir nie *direkt* erfahren, sondern was uns nur in komplizierten experimentellen Situationen klar wird, an die wir lange theoretische Überlegungen anschließen müssen. Die wenig offensichtlichen und in vieler Hinsicht hypothetischen Theorien, die sich an die experimentelle Situation anschließen, sollen uns dann in Konkurrenz zur Alltagserfahrung Kenntnis von der »Natur selbst« geben. Genau diese Konsequenz möchte Whitehead vermeiden (*CN*, p. 30).

Aber auch für eine Position, die die sekundären Qualitäten nicht als ein bloßes »byplay of the mind« auffaßt, sondern als *Wirkung* der Interaktion zwischen verschiedenen physikalischen Gegenständen mit primären Eigenschaften, ist nach Whitehead die Gefahr nicht ausgeräumt, in eine *bifurcation of nature* zu geraten. Denn eine solche kausale Theorie der Wahrnehmung sekundärer Qualitäten kann immer noch behaupten, daß diese Qualitäten nicht in demselben Sinne *wirklich* sind wie das, was ihre Wahrnehmung verursachte:

»Eine andere Möglichkeit, die Theorie zu paraphrasieren, gegen die ich argumentiere, sieht so aus: sie zerteilt (bifurcate) die Natur in zwei Bereiche, in die im Bewußtsein aufgefaßte Natur und die Natur, die die Ursache des Bewußtseins ist. Die Natur, die die im Bewußtsein aufgefaßten Tatsachen darstellt, schließt das Grün der Bäume, die Gesänge der Vögel, die Wärme der Sonne, die Härte der Stühle und die Empfindung von Samt ein. Die Natur, die die Ursache unseres Bewußtseins ist, ist ein hypothetisch angenommenes System von Molekülen und Elektronen, das den Geist auf eine solche Weise affiziert, daß er das Bewußtsein der erscheinenden Natur hervorbringt. Der Berührungspunkt dieser beiden Naturen ist der Geist, in dem die kausale Natur die eingegebene (influent) und die erscheinende Natur die resultierende (effluent) darstellt.« (*CN*, p. 30 f.)

Whiteheads Kritik an einer Spielart der kausalen Theorie der Wahrnehmung ist um so wichtiger, als er selbst eine kausale Theorie der Wahrnehmung entwickelt, allerdings ohne dabei die Gegenstände der Physik als die »wirklichen« Relata kausaler Relationen auszuzeichnen, und mit einem Konzept von Kausalität, das die Probleme einer *bifurcation of nature* vermeiden helfen soll.

IV. Affektion und Verursachung

Der entscheidende Gegenstand von Whiteheads Kritik an der kausalen Theorie der Wahrnehmung ist nicht die Behauptung, daß Empfindungen als Wirkungen der empfundenen Gegenstände anzusehen sind, sondern daß dieses Ursache-Wirkungs-Verhältnis zwischen empfundenem Gegenstand und empfindendem Subjekt ein ganz besonderes, anderen Kausalverhältnissen gegenüber ausgezeichnetes sein soll. Hinter dieser Auszeichnung verbirgt sich die These, daß nur physikalische Gegenstände oder Ereignisse »echte« Relata von Kausalrelationen sind. Da empfindende Subjekte keine physikalischen Gegenstände sind, ist die Kausalrelation, die ein empfindendes Subjekt betrifft und als Wirkung ein Wahrnehmungsereignis hat (das man ebenfalls nicht so ohne weiteres als ein physikalisches Ereignis akzeptieren möchte), keine Kausalrelation im rein physikalistischen Sinne. Durch dieses außergewöhnliche Kausalverhältnis soll vielmehr, so Whiteheads zutreffendes Bild dieser Position, die *Natur ohne sekundäre Qualitäten* mit der Erscheinungswelt, die diese Eigenschaften einschließt, verbunden werden. Die Erscheinungswelt ist gleichsam das *Produkt* der Einwirkung der natürlichen Gegenstände mit ihren primären Qualitäten auf die Sinnenwesen. So haben einige Gegenstände der Natur aufgrund ihrer physikalischen Eigenschaften die Disposition, Licht einer bestimmten Wellenlänge zu reflektieren und damit in Sinnenwesen, auf deren Auge dieses reflektierte Licht fällt, eine Farbempfindung hervorzurufen. Eine Farbe ist aber weder eine bestimmte Wellenlänge noch die Disposition, Licht dieser Wellenlänge zu reflektieren. Deshalb scheint die Behauptung berechtigt, die Gegenstände seien an sich nicht farbig, auch wenn sie die Eigenschaft haben, auf Sinnenwesen in einer bestimmten Weise zu wirken, und die Sinnenwesen ihnen aufgrund ihrer Wirkungen diese Eigenschaft zuschreiben. Von der außergewöhnlichen Kausalrelation, die hier als die Bedingung der Erfahrung sekundärer Qualitäten im Spiel ist, ist die zu unterscheiden, die bei der Erklärung physikalischer Veränderungen in der Natur herangezogen wird. Das Entstehen eines Feuers durch einen Kurzschluß bezieht sich auf zwei Ereignisse, das Feuer und den Kurzschluß, die beide gleichermaßen in der Natur auftreten. Diese »eigentliche« Konzeption der Kausalität betrifft nach Whitehead daher eine »interaction within nature« (*CN*, p. 31). Die Entstehung einer Wahrnehmung von sekundären Qualitäten stellt jedoch keine solche Interaktion in der Natur dar, denn das Subjekt und seine Veränderungen (die Wahrnehmungsereignisse) sind in der jetzt betrachteten Position kein Teil der Natur. Bei der uneigentlichen Kausalrelation, die für das Auftreten einer Wahrnehmung verantwortlich ist, wirkt ein Teil der Natur (ein natürliches Ereignis) auf einen Geist oder eine animalische Rezeptivität, die beide, sofern sie Wahrnehmungsereignisse von sekundären Qualitäten enthalten, *nicht* in der Natur sind. Die »äußere« Natur verursacht dabei die Empfindung von sekundären Qualitäten im Geist, indem sie eine *mentale Aktivität auslöst*, die dann die Wahrnehmungsereignisse mit den betreffenden sekundären Qualitäten als Inhalt hervorbringt. Die geistigen Vorkommnisse mit den sekundären Qualitäten sind daher in dieser Perspektive – obwohl sie eines »Anlasses« durch die nur mit primären Qualitäten ausgestattete Natur bedürfen – als Produkte des Geistes oder der animalischen Sensibilität ganz anders beschaffen, als die auslösenden Ereignisse der Natur, die in der mathematischen Naturwissenschaft erforscht werden:

»Die Verzweigungstheorie (bifurcation theory) ist der Versuch, die Naturwissenschaften als eine Untersuchung der Ursachen unseres Wissens darzustellen. Sie ist der Versuch, die erscheinende Natur als ein Produkt des Geistes auf der Grundlage der kausalen Natur darzustellen. Die ganze Konzeption beruht teilweise auf der verdeckten Annahme, daß der Geist nur das wissen kann, was er selbst hervorgebracht hat und in irgendeinem Sinne in sich behält, obwohl es eines äußeren Grundes sowohl für die Entstehung als auch für die Determination der Art seiner Tätigkeit bedarf.« (*CN*, p. 31 f.)

Wenn in dieser Konzeption sowohl bei der »Auslösung« von Ideen als auch bei der Verursachung von Veränderungen in der Natur gleichermaßen von »Kausalität« gesprochen wird, so wird diese Ausdrucksweise der gedanklichen Differenzierung, die hinter ihr steckt, nicht gerecht. Deshalb haben manche Autoren für die beiden Kausalitätsbegriffe, die hier im Spiele sind, auch zwei Ausdrücke eingeführt: den der *Affektion* für die »Auslöserelation« zwischen der Natur ohne und der Ideen mit sekundären Qualitäten produzierenden Subjektivität und den der *Verursachung* für alle »echten« Kausalprozesse in der Natur. So gebraucht z. B. Kant den Begriff des Affizierens für die Relation zwischen der noumenalen Welt und der Sinnlichkeit.[16]

Versteht man »affizieren« und »verursachen« in der dargestellten Weise, so legt ihre Differenz wieder einen weiteren Aspekt der Verzweigung der Wirklichkeit offen: die Veränderungen der Sub-

---

16 »Alle Anschauungen als sinnlich, beruhen auf Affektionen …« Kant, *Kritik der reinen Vernunft*, B 93. Vgl. auch C. Ch. E. Schmids *Wörterbuch zum leichteren Gebrauch der Kantischen Schriften* von 1798, hg. von N. Hinske, Darmstadt: Wissenschaftliche Buchgesellschaft 1976, S. 35.

jektivität, die zur Produktion von geistigen Vorkommnissen mit sekundären Qualitäten führen, sind keine Veränderung *in der Natur*. Denn natürliche Veränderungen sind nie das Ergebnis der *spontanen Produktion* von Ereignissen. Die Produktion von Ideen aufgrund einer äußeren Affektion beruht aber neben der äußeren Affektion auf der *Spontaneität des Geistes*. Kausalrelationen in der Natur sind in den »Bifurcation«-Theorien dagegen immer rein rezeptiv: ein Körper empfängt von einem anderen einen Bewegungsimpuls, aber der empfangende Körper fügt diesem Impuls nichts hinzu, er wird selbst nicht aufgrund dieses Anstoßes tätig. Dies ist jedoch der Fall in der Produktion von Ideen von sekundären Qualitäten. Denn wenn es diese nicht in der Natur geben soll, kann allein der Geist selbst die Quelle ihres Erscheinens in der Wahrnehmung sein. Dieser Aspekt der Subjektivität, bestimmte Erfahrungsinhalte zu produzieren, ist ein weiterer Grund, sie aus einer Natur, die als abgeschlossenes kausales System betrachtet wird, auszuschließen. Die Kreativität der Subjektivität in der Produktion von Erfahrungen sekundärer Qualitäten kompliziert die Theorie der Wahrnehmung, da sie in das Problem führt, herauszufinden, welche Teile der Erfahrung durch die Natur und welche durch die Subjektivität verursacht sind.

Whiteheads Ziel ist es daher, einerseits der gewonnenen Differenzierung zwischen dem bloß rezeptiven Charakter von Kausalprozessen in der physischen Welt und dem kreativen Charakter vieler Erfahrungsprozesse so weit wie nötig gerecht zu werden, ohne aber das Subjekt aus der Natur herauszunehmen und damit eine verzweigte Realität zu postulieren. Die Entstehung und der Wechsel unserer Erfahrungsinhalte müssen ebenso ein Prozeß in der Natur sein, wie jede andere Veränderung auch. Es ist deshalb an der Grundidee der kausalen Theorien der Erfahrung festzuhalten, Wahrnehmungsprozesse als solche kausal in die Natur einzubetten und ein Wahrnehmungsereignis als die Wirkung eines anderen Ereignisses in der Natur zu beschreiben. Aber damit diese Einbettung erfolgreich sein kann und nicht lediglich eine scheinbare ist, die nur auf der Ambiguität des Kausalbegriffes beruht, muß der Kausalitätsbegriff so reformuliert werden, daß er den Aspekt der Rezeptivität und den der Kreativität oder Spontaneität, d. h. den des Erleidens auf der einen und den der Produktion auf der anderen, abdeckt. Whiteheads Theorie der *prehension* ist gerade dem Ziel gewidmet, einen solchen Kausalitätsbegriff zu entwickeln, der eine kausale Theorie der Erfahrung möglich macht und jegliche *bifurcation of nature* vermeidet. Der »alte« Kausalitätsbegriff ist zu schwach, um eine kausale Theorie der Erfahrung zu stützen, die den Wechsel von Erfahrungsinhalten als einen Prozeß in der Natur verständlich macht. Das Relationsnetz, das dieser Kausalitätsbegriff zwischen den mathematisch beschreibbaren Elementen der physischen Natur aufspannt, kann die Relationen, die dafür verantwortlich sind, daß wir Erfahrungen von sekundären Qualitäten haben, nicht rekonstruieren und muß sie daher als Fiktionen der supranaturalen Spontaneität des Subjektes abtun. Deshalb hat die kausale Theorie der Wahrnehmung in Whiteheads Augen zwar ein lobenswertes Motiv, aber sie führt am Ende zu einem abwegigen Bild von Natur und Subjektivität:

»... wir müssen zugeben, daß die kausale Theorie der Natur [und der Wahrnehmung] auch ihre starken Seiten hat. Der Grund, warum die Verzweigung der Natur immer wieder in der wissenschaftlichen Philosophie (scientific philosophy) auftaucht, liegt in der ungeheuren Schwierigkeit, die wahrgenommene Röte und Wärme des Feuers in einem System von Relationen mit den angeregten Kohlen- und Sauerstoffmolekülen, ihrer Strahlungsenergie und mit den verschiedenen Funktionen materieller Körper zu begreifen. Wenn wir nicht allumfassende Relationen entwikkeln, sind wir mit der Verzweigung der Natur konfrontiert, nämlich der Wärme und Röte auf der einen und den Molekülen, Elektronen und dem Äther auf der anderen Seite. Dann werden die beiden Faktoren als Ursache und Reaktion des Geistes auf die Ursache erklärt.« (*CN*, p. 32)

Eine Reformierung des Kausalitätsbegriffes, wie Whitehead sie in seiner Theorie der Prehensionsrelation anstrebt, muß zwangsläufig auch zu einer neuen Konzeption der möglichen Relata kausaler Relationen führen. Die Kritik an einem Kausalitätskonzept, das Kreativität und Spontaneität nicht als einen natürlichen Vorgang beschreiben kann und deshalb die Wahrnehmung sekundärer Qualitäten nicht in der Natur unterzubringen weiß, führt zu einem Begriff von Ursache und Wirkung, der sich nicht lediglich auf die Zustandsveränderung von Materiepartikeln beziehen kann, sondern die *Produktion von inhaltsvollen Ereignissen*, wie z. B. der Wahrnehmung einer Farbe, erfassen muß. Die Theorie der *prehensions* ist daher mit der Theorie der *actual entities*, den Ereignissen, die in Whiteheads Metaphysik die einzig möglichen

Relata der Kausalrelation darstellen und in die Eigenschaften (wie z. B. Röte) »eintreten« *(ingression)*, notwendigerweise verbunden.

v. Dispositionen

Sowohl Locke als auch Boyle beschreiben die Struktur der natürlichen Dinge, sofern sie sich aus ihren primären Qualitäten und in Relation zu den empfindenden Wesen ergibt, als »power« und »faculty«:[17] die Sonne hat aufgrund ihrer primären Eigenschaften die *power* oder *faculty*, in mir eine Empfindung von Wärme und Helligkeit hervorzurufen. Mein Geist dagegen hat die Disposition, aufgrund der Affektionen durch die Sonne eine Idee von ihr als einem warmen und hellen Körper zu produzieren. Die Disposition meines Geistes, auf Affektionen in einer bestimmten Weise zu reagieren, und die Disposition der natürlichen Gegenstände, mich auf eine bestimmte Weise zu affizieren, sind beide zusammen dafür verantwortlich, daß ich Empfindungen von sekundären Qualitäten habe. Die Disposition der natürlichen Gegenstände, mich in einer bestimmten Weise zu affizieren, wird seit Galilei in Abhängigkeit von den primären Qualitäten der Dinge gesehen: ein natürlicher Gegenstand hat eine bestimmte Disposition, mich zu affizieren, weil er bestimmte primäre Eigenschaften hat; die sekundären Eigenschaften *sind*, wie auch Boyle an einer Stelle behauptet,[18] gar nichts anderes als diese Disposition. Die Differenz zwischen primären und sekundären Qualitäten wird also neben den Begriffspaaren Ansich–Erscheinung und objektiv–subjektiv auf den Kontrast von kategorischen und dispositionalen Eigenschaften bezogen. Der »abgeleitete« Charakter der sekundären Qualitäten wird dabei besonders deutlich, sofern ein Gegenstand nur deshalb eine Reihe dispositionaler Eigenschaften besitzt, weil er bestimmte kategorische Eigenschaften hat.[19] Das entscheidende Merkmal der kategorischen Eigenschaften ist, daß

17 Vgl. J. Locke, *An Essay Concerning Human Understanding*, II, XXI: Of Power; R. Boyle, *An Excursion about the relative Nature of Physical Qualities*, in: Works, ed. Th. Birch 1777, repr. Nachdruck Hildesheim: Olms 1966, Bd. III, S. 18 ff.

18 Boyle, op. cit., p. 20 f.

19 Boyle, op. cit., p. 25.

sie dem betrachteten Gegenstand *unabhängig von den kausalen Kontexten*, in denen er sich befindet, zukommen sollen. Die dispositionalen Eigenschaften sind dagegen an bestimmte kausale Kontexte gebunden. Die Zuckerkristalle z. B. haben eine bestimmte molekulare Struktur. Diese Struktur ist dafür verantwortlich, daß sich Zucker, wenn er in Wasser gerät, auflöst. Während die molekulare Struktur dem Zucker unabhängig von irgendwelchen kausalen Kontexten zuzukommen scheint, hat er die Eigenschaft der Löslichkeit nur in Relation zum Wasser. Die chemischen Prozesse, die ablaufen, wenn ein Stoff wie Zucker mit Wasser in Kontakt kommt, sind die Bedingung dafür, daß sich der Zucker auflöst, und die Eigenschaft der Löslichkeit, die der Zucker, auch wenn er nicht mit Wasser in Berührung kommt, hat, »verweist« in gewisser Weise auf diesen chemischen Prozeß. Die Veränderung, die der Zucker in diesem Prozeß erfährt, kann als die *Aktualisierung der Disposition* beschrieben werden. Solange der verantwortliche kausale Kontext nicht hergestellt ist, ist die Auflösung des Zuckers eine pure Möglichkeit.

Auch die sekundären Qualitäten wurden von Galilei, Boyle und ihren Nachfolgern so verstanden, daß sie an einen bestimmten kausalen Kontext gebunden sind. Solange dieser nicht aktual ist, sind die sekundären Qualitäten pure Möglichkeiten oder Dispositionen der an sich und unabhängig von allen kausalen Kontexten nur mit kategorischen Eigenschaften ausgestatteten Dinge. Entscheidendes Element in dem kausalen Kontext, der zur Aktualisierung von sekundären Eigenschaften notwendig ist, sind die empfindenden Wesen. Ohne sie bleiben die sekundären Qualitäten reine Möglichkeiten und damit für Galilei und Boyle »bloße Namen«, nichts tatsächlich Existierendes. Denn die Gegenstände, in denen sich die sekundären Qualitäten zeigen, sind geistiger Natur, *Ideen.*

Die vorausgesetzte kausale Unabhängigkeit der kategorischen oder primären Eigenschaften macht diese zu echten Attributen von Substanzen. Die Substanz als das, was »in sich ist und aus sich selbst begriffen wird«,[20] muß durch eine Eigenschaft (ein Attribut) gekennzeichnet sein, die ihr *unbedingt*, in allen kausalen Kontexten und auch in völliger Isolation zukommt, denn anders könnte sie nicht aus sich selbst heraus, d. h. unabhängig

20 Spinoza, *Ethica* I, Def. III.

von allen anderen Dingen begriffen werden. Daß ein Gegenstand sekundäre Qualitäten hat, ist dagegen nur verständlich, wenn man ihn *in Relation* zu einem empfindenden Wesen und *nicht absolut* betrachtet. Damit scheiden sekundäre Qualitäten als Attribute von vornherein aus, denn es ist nicht nur die Gegenwart eines empfindenden Wesens, die notwendig ist, um eine sekundäre Qualität zu aktualisieren, sondern diese Eigenschaften stehen in der Regel unter einer ganzen Reihe von Bedingungen, die darüber hinaus vielleicht nur eine kurze Zeit gegeben sind. Auch wenn Dinge während ihrer gesamten Existenz die Disposition haben, in geistigen Wesen die Empfindung von sekundären Qualitäten hervorzurufen, so aktualisieren sie diese Eigenschaften zusammen mit einem empfindenden Wesen doch unter Umständen nur kurz oder nie während ihrer »Lebensdauer«. Sieht man die empfindenden Wesen mit ihrer Disposition, auf bestimmte physische Reize hin bestimmte mentale Ereignisse zu produzieren, in denen die sekundären Qualitäten dann instantiiert sind, als eine notwendige, wenn auch nicht hinreichende Bedingung des Auftretens dieser Eigenschaften an, dann besteht im Prinzip kein Unterschied mehr zwischen dem Ausknipsen des Lichtes und der Entfernung des empfindenden Wesens. Denn die Bedingungen, die zur Aktualisierung der Farbe als einer Eigenschaft des wahrgenommenen äußeren Dinges notwendig sind, sind genau die Bedingungen, die zur *Wahrnehmung* dieser Eigenschaft unentbehrlich sind. So wie ich behaupten kann, daß ohne Licht die Farbigkeit der Dinge nicht aktual ist, kann ich behaupten, daß ich ohne Licht nicht in der Lage bin, die Farben der Dinge wahrzunehmen. Für eine bestimmte Gruppe von erkenntnistheoretischen Realisten war es selbstverständlich, daß die Gegenstände ihre Eigenschaften auch unabhängig von der Wahrnehmungsaktivität eines Subjektes aktual besitzen. Wenn es nun aber so ist, daß Farben Gegenständen nur dann zukommen, wenn wir sie wahrnehmen (das bedeutet, daß die Gegenstände auch bei Licht *nicht* farbig sind, wenn sie nicht von einem sensiblen Wesen gesehen werden), dann können sie nicht wirkliche Eigenschaften der Dinge sein. Denn über die wirklichen Eigenschaften der Dinge erfährt man nach dieser Position etwas, indem man die Eigenschaften, die sie haben, wenn wir sie wahrnehmen, mit denen vergleicht, die ihnen auch unabhängig von unserer Wahrnehmung zukommen. Aber wegen der Unsinnigkeit eines solchen Vergleiches[21] und der Schwierigkeit zu sagen, ob die sekundären Qualitäten auf Dispositionen von Gegenständen der Wahrnehmung oder Dispositionen von wahrnehmenden Subjekten zu beziehen sind, waren viele Philosophen dazu geneigt, die sekundären Qualitäten auf die primären so »zurückzuführen«, wie man dispositionale Eigenschaften, wie die Zerbrechlichkeit eines Glases, auf kategorische, die molekulare Struktur des Glases, »zurückführt«. Eine solche »Ableitung« ist in der Regel mit der Behauptung verbunden, daß das Abgeleitete oder Bedingte »weniger wirklich« ist als das, aus dem es abgeleitet worden ist und durch das es in seiner Aktualität bedingt ist. Besonders weil aufgrund der *Veränderbarkeit* der kausalen Konstellationen die sekundären Qualitäten »kommen und gehen«, nicht aber an den Dingen dauern, scheinen sie weniger wirklich als die Eigenschaften, die ständig aktual sind, wenn man die aktuale Dauer einer Eigenschaft und den »Grad ihrer Wirklichkeit« platonisch miteinander verknüpft. Bloße Möglichkeiten, so der Gedanke hinter dieser Behauptung, können an sich nicht existieren. Dispositionen sind aber nicht anders denn auf Möglichkeiten bezogen zu denken, folglich existieren die sekundären Qualitäten an sich nicht. Die Differenz zwischen physikalischem Ansich und subjektiver Erscheinung ist hier gewissermaßen eine moderne Neuauflage der alten Idee einer graduierten Realität.

Nun stimmt Whitehead zwar mit dem Ausgangspunkt dieser Überlegung überein, daß sekundäre Qualitäten als dispositionale Eigenschaften aufzufassen sind, die von kausalen Kontexten abhängen. Er geht allerdings einen Schritt weiter und behauptet darüber hinaus, daß es die kategorischen Eigenschaften, die kontext-unabhängig sein sollen und auf die die dispositionalen zurückzuführen sind, nicht gibt. Seiner Konstruktion zufolge sind *alle* Eigenschaften dispositional, also auf kausale Kontexte bezogen, denn er bezeichnet alle Eigenschaften (in seiner Terminologie *eternal objects*) als *reine Potentialitäten*:

---

21 Die Absurdität, eine Ähnlichkeit zwischen unseren Wahrnehmungen und den Gegenständen unserer Wahrnehmung zu suchen, als die der Versuch dieses Vergleichs verstanden werden kann, hat zuletzt P. M. S. Hacker, op. cit. (Anm. 4), p. 31 f., betont.

»... ein *eternal object* ... ist eine reine Möglichkeit (pure potential) ...
realisiert in einer bestimmten *actual entity*.« (*PR*, p. 23/dt. S. 65)[22]

Wenn alle Eigenschaften dispositional sind und damit die Möglichkeit kategorischer Eigenschaften ausgeschlossen ist, verliert
der Begriff der Dispositionalität natürlich seine herkömmliche
Bedeutung, denn diese hat er in den meisten sprachlichen Zusammenhängen nur im Kontrast zu dem der Kategorialität. Die Behauptung, daß bei Whitehead alle Eigenschaften dispositional
seien, kann deshalb in einem ersten Schritt nur eine vorläufige
Erläuterung sein, die verständlich machen soll, was Whitehead
unter sekundären Qualitäten versteht. Letztendlich unterscheidet
sich aber die Behauptung, alle Eigenschaften seien »pure poten-
tials«, kaum von der, daß alle dispositional sind. Denn auch der
Begriff der Potentialität ist ein Kontrastbegriff, der nur in Zusammenhang mit seinem Gegenbegriff, der Aktualität, endgültig
verständlich gemacht werden kann. Die Behauptung, alle Eigenschaften seien Potentialitäten, scheint daher schwer nachvollziehbar, wenn man fordert, daß der Begriff einer potentiellen Eigenschaft nur einsichtig zu machen ist, wenn man auch Eigenschaften
hat, die wirklich sind und in Relation zu denen andere potentiell
sind. Tatsächlich ist Whiteheads neuer Eigenschaftsbegriff aber
auch mit einem neuen Konzept von Aktualität verbunden, für das
aktuale *Eigenschaften* von nur geringer Bedeutung sind. Denn es
gibt für ihn nichts Aktuales, das unabhängig von irgendwelchen
kausalen Kontexten *andauert*. Die platonische Überlegung, das
Realste sei dasjenige, was – weil von kausalen Kontexten unabhängig – ewig andauert, kann von Whitehead, so sehr er sich
selbst auch als Platoniker versteht, nicht nachvollzogen werden.
Denn das Wirklichste ist für ihn gerade nicht etwas Andauerndes,
sondern immer Werdendes: die Elementarereignisse oder *actual
entities*. Der kontrastierende Begriff zu dem des *eternal object* ist
der der *actual entity*, der reinen, aber nie andauernden Aktualität.
Das Problematische an diesem Begriff ist natürlich wieder sein
abstrakter Charakter. Denn wenn wir uns auch potentielle und

---

22 Dies ist die stark kondensierte Version der siebten Kategorie der Erklärung. Vgl. auch *Science and the Modern World:* »the metaphysical
status of an eternal object is that of a possibility for an actuality.«
(*SMW*, p. 159/dt. S. 186).

aktuelle *Gegenstände* denken können, so scheint doch die Annahme einer »reinen Aktualität« und einer »reinen Potentialität« abwegig. Dies liegt aber daran, daß wir Potentialität und Aktualität immer vom Begriff des andauernden Gegenstandes her denken, was Whitehead gerade nicht tut, indem bei ihm Eigenschaften nie als Eigenschaften von andauernden Dingen und Aktualität nicht primär als die Aktualität von Dingen, sondern von Geschehnissen gedacht werden. *Betrachtete* man eine *actual entity* in völliger Isolation (eine Betrachtungsweise, die am Ende gar nicht angemessen ist), so kann sie nicht anders denn als reine Aktualität charakterisiert werden; betrachtet man ein *eternal object* in völliger Isolation, so ist es als reine Potentialität zu beschreiben. Diese Überlegung macht auf der Ebene einer vorläufigen Einsicht deutlich, daß bei Whitehead die sogenannten sekundären Qualitäten mit den sogenannten primären, wie Ausdehnung, Bewegungszustand usw., als Potentialitäten, die auf kausale Kontexte verweisen, »in einem Boot sitzen«. Damit hören sie aber natürlich auch auf, in Relation zu irgendetwas sekundär zu sein. Daß alle Eigenschaften dispositional sind, d. h. von kausalen Kontexten abhängen, bedeutet bei Whitehead also vor allem, daß es keine Attribute von Substanzen gibt (denn diese sind die andauernden Dinge mit kategorischen Eigenschaften *par excellence*) und damit keinen Gegenstand, der nur »aus sich heraus«, in Isolation, begriffen werden kann. Mit der Ablehnung der Unterscheidung von primären und sekundären oder kategorischen und dispositionalen Eigenschaften zugunsten eines Eigenschaftsbegriffes, der diese *alle* zu Potentialitäten macht, ist daher Whiteheads bekannte Ablehnung des Substanz-Attribut- oder Subjekt-Prädikat-Schemas als Modell für die Art und Weise, wie Dinge Eigenschaften »haben«, verbunden. Es gibt in der Whiteheadschen Metaphysik *nichts*, was an sich, in völliger Isolation existiert, begriffen werden könnte und irgendeine Eigenschaft hat:

»Kein Wesen, nicht einmal Gott, ist so beschaffen, ›daß es nichts außer seiner selbst bedarf, um zu existieren‹.« (*RM*, p. 94/dt. S. 82)

»Die einzelne isolierte Tatsache ist der Ur-Mythos für das endliche Denken, d. h. für das Denken, das unfähig ist, Totalität zu erfassen.
Der mythologische Charakter ergibt sich daraus, daß es eine solche Tatsache gar nicht gibt. Verbundenheit *(connectedness)* ist das Wesen aller Arten von Gegenständen.« (*MT*, p. 12)

»Jede vollständig verwirklichte Tatsache steht in unendlich vielen Relationen in der historischen gewordenen Welt und im Reich der Formen ... Wir können sie [diese Tatsache] nur hinsichtlich eines winzigen Ausschnittes aus diesen Relationen begreifen.« (*MT*, p. 121)

Die Isolation einer Tatsache und die Konstruktion eines Gegenstandes von substantieller Unabhängigkeit sind das Produkt einer Abstraktion. Alles, was wirklich ist, muß aus anderem Wirklichen begriffen werden (vgl. Whiteheads *ontological principle*, XVIIIth *category of explanation*, *PR*, p. 24/dt. S. 68). Das bedeutet, daß auch die geometrischen Eigenschaften der Materiepartikel, die in der Philosophiegeschichte so oft die kategorialen Eigenschaften sein sollten, von denen die sekundären Qualitäten abzuleiten wären, unter kausalen Bedingungen stehen und nur in bestimmten kausalen Kontexten in eine *actual entity* eintreten, d.h. aktualisiert werden. Die leere Extensivität, ob räumlich oder zeitlich gedacht, ist nach Whitehead eine Abstraktion, ebenso wie die reine Materie, die keine anderen Eigenschaften hat als eine bestimmte geometrische Gestalt und einen Bewegungszustand. Die Tatsache, daß die Geometrie lange Zeit als die grundlegendste Wissenschaft von den ewigen und unwandelbaren Gegenständen angesehen wurde, führte dazu, daß die geometrischen Attribute als die der »wirklichsten Wirklichkeit«, der letzten Substanzen, betrachtet wurden. Für Whitehead stellt diese Idee jedoch eine *fallacy of misplaced concreteness* dar, die die abstraktesten Begriffe der Mathematik zur grundlegendsten Wirklichkeit erhebt. Ausdehnung ist eine *Eigenschaft* und damit in der Whiteheadschen Konzeption eine in einer *actual entity* zu aktualisierende Potentialität. Den leeren Raum und die leere Zeit oder die bis auf die Ausgedehntheit, Undurchdringlichkeit und Beweglichkeit eigenschaftslose Materie als Aktualität und dazu noch als die eigentliche an sich seiende Natur aufzufassen heißt nach Whitehead nichts anderes, als eine beliebige Eigenschaft – weil sie eine ausgezeichnete Rolle in einer besonders geschätzten, weil besonders exakten Wissenschaft spielt – zu der ontologisch fundamentalsten und die Träger dieser Eigenschaft zu den ontologischen Grundelementen und »wirklichsten« Gegenständen zu erklären.

Wenn Whitehead Newton vorwirft, in seiner Theorie von Raum und Zeit die realen Potentialitäten mit der Wirklichkeit zu verwechseln, muß man berücksichtigen, daß Whitehead zwischen

»real«, »existing« und »actual« wie die meisten seiner philoso-
phierenden Zeitgenossen unterscheidet.[23] Whiteheads Kriterium
für Wirklichkeit ist die *kausale Relevanz*. Was nicht Ursache
oder Wirkung sein kann, ist nicht wirklich. Weder der leere
Raum noch die Zeit können mögliche Relata in kausalen Relationen sein. Dies sind immer nur Ereignisse, *actual entities*. Das
bedeutet aber nicht, daß es Raum und Zeit nicht gibt oder daß
Eigenschaften überhaupt, weil sie nicht die Relata kausaler Relationen sind, nicht existieren. Sie existieren, doch sind sie nicht an
sich wirklich, sondern lediglich möglich. Sie sind wirklich, sofern
sie in eine *actual entity* eingetreten sind, und sie sind in der wirklichen Welt einer solchen *actual entity real*. Unabhängig von *actual entities* sind sie weder real noch aktual, sondern *existieren* als
Möglichkeiten. Die Natur, so wie wir sie erfahren, ist der Fluß
kausal miteinander verketteter Ereignisse, in denen Eigenschaftsmuster aktualisiert sind; und unsere Wahrnehmungsereignisse
sind ein Element in diesem Fluß. Der leere Raum und die leere
Zeit sind *Abstraktionen* von diesem Ereignisfluß, in dem tatsächlich auch alle sekundären Qualitäten, die in unserer Wahrnehmung auftauchen, als eingetretene Potentialitäten wirklich
sind.

Eternal objects machen zusammen mit *actual entities* die *Kategorien der Existenz*, die mit einer »certain extreme finality« (*PR*,
p. 22/dt. S. 64) auszuzeichnen sind, aus. Es könnte an dieser Stelle
eingewendet werden, daß Whitehead zwar versuche, die *bifurcation of nature* zu beseitigen, sofern sie die Trennung von subjektiver Erscheinungswelt und objektivem Ansich betreffe, selbst aber
eine *bifurcation* in der Form der kategorialen Differenz von Potentialität und Aktualität, von *eternal objects* und *actual entities*,
einführe. Dies mag eine *bifurcation* sein. Aber es gibt keine Theorie, die – sofern sie auch nur irgendwelche kategorialen Unterscheidungen trifft – nicht eine ontologische Bifurkation vollzieht.
Denn die Aufstellung ontologischer Kategorien im Sinne Whiteheads ist ja nichts anderes als eine »Zerteilung der Welt« in verschiedene Bereiche. Wichtig ist aber, ob die betreffende katego-

23 Vgl. z. B. J. M. E. McTaggart, *The Nature of Existence*, Cambridge:
UP 1921, Vol. I, Book I, Chapter II: »Reality and Existence«; und
Vol. I, Book II, Chapter IV: »Existence«. Ferner: F. H. Bradley, *Appearance and Reality*, »Introduction«, bzw.: II,XIII: »The General Nature of Reality«.

riale Unterscheidung eine *Verzweigung der Wirklichkeit oder der Natur* zur Folge hat. Und genau dies ist bei Whiteheads Unterscheidung zwischen *actual entities* und *eternal objects* nicht der Fall. Denn beide Klassen von Entitäten *existieren* in *einer Natur*. Das Problematische an Whiteheads Unterscheidung ist nicht die kategoriale Differenz von *actual entities* und *eternal objects*, sondern die Behauptung, daß letztere als Möglichkeit auch in der Natur existieren, denn dies wurde ja von vielen Vertretern eines Physikalismus bestritten und als ein Argument gegen die sekundären Qualitäten ins Feld geführt, nachdem diese als Dispositionen gekennzeichnet worden waren. Aber ganz unabhängig von Whiteheads Theorie der *eternal objects* läßt sich die Annahme, daß Möglichkeiten, Dispositionen existieren, verteidigen. Wenn dem nicht so wäre, dann könnte kaum eingesehen werden, wie z. B. die Sicherheitsmaßnahmen an einem Gasometer zu verstehen sind.[24] Diese beziehen sich ja offensichtlich auf die Möglichkeit, daß das Gas explodiert. Beziehen sie sich auf eine Fiktion oder Nicht-Existierendes? Wenn dem so wäre, würden sie wenig einleuchtend sein. Auch schaffen sie nicht, wenn sie erfolgreich sind, die Explosivität des Gases als eine Möglichkeit ab – in diesem Fall wären sie ja ebenfalls nicht mehr nötig (eine solche Form der Sicherung könnte man allerdings als eine besonders effektive ansehen). Das Gas bleibt vielmehr unter den Sicherheitsmaßnahmen explosiv, die Möglichkeit, daß es explodiert, ist tatsächlich gegeben, und die Sicherheitsmaßnahmen beziehen sich auf diese bestehende Möglichkeit. Sie verhindern lediglich, daß *die* kausale Konstellation eintritt, in der das Gas explodiert und aus der Disposition eine unerwünschte Wirklichkeit wird. Können die sekundären Qualitäten nach dem gleichen Muster als existierende Möglichkeiten interpretiert werden? Wenn ja, *wo* existieren sie dann? Der *Ort* der Explosivität ist zweifellos das Gas im Gasometer. Was aber ist der Ort z. B. der Farben? Ein Element der Theorien der *bifurcation of nature* war, daß diese behaupteten, die sekundären Eigenschaften seien gar nicht in den Dingen, sondern in dem sie wahrnehmenden Subjekt und deshalb gegenüber den Eigenschaften, die ihren Ort im Ding selbst hätten, sekundär.

24 Ich übernehme dieses Beispiel von Hugh Mellor, »In Defence of Dispositions«, in: R. Tuomela (ed.), *Dispositions*, Dordrecht: Reidel 1978.

VI. Der Ort der Eigenschaften

William Hocking, ein Kollege Whiteheads in Harvard, berichtet, daß sich Whitehead des Problems des Ortes der sekundären Qualitäten voll bewußt war und darauf wie folgt reagiert hat:

>Was das Problem der sekundären Qualitäten betrifft ... so kannst du nicht behaupten, sie seien im Gegenstand; und du willst nicht behaupten, daß sie im Geist sind, denn dann würdest du Hume unumgänglich machen und Kant. Um das zu vermeiden, mußt du begreifen, daß die Beschreibung der gegebenen Tatsache zu einfach war ... Der Geist ist in seinen Bildern und nicht die Bilder im Geist ... Ich bin in das Thema vertieft und nicht umgekehrt ... Wir sind Handelnde auf dieser Szenerie – du und ich in dieser Szenerie hier – die Szenerie ist nicht in uns.«[25]

Die Frage nach dem Ort der sekundären Qualitäten ist nur dann berechtigt, wenn man zwei quasi-räumliche Bereiche: den (Innen-) »Raum« (die »Bühne«) der Subjektivität und den physikalischen (Außen-) Raum, unterscheidet. Diese beiden Räume müssen als gegeben vorausgesetzt und dann mit Gegenständen, die sekundäre Qualitäten haben oder auch nicht, »möbliert« werden. Im physikalischen Außenraum kommen dann in der Regel die Gegenstände *ohne* sekundäre Qualitäten und im subjektiven Innenraum die *mit* sekundären Qualitäten unter. Aber diese Metapher beruht auf zwei Voraussetzungen, die wir von Whiteheads Standpunkt aus zurückweisen müssen: erstens der Unterscheidung eines subjektiven Innenraums und eines physikalischen Raumes als zweier getrennter Wirklichkeiten; zweitens der Annahme, daß die räumliche Extensivität, der *Container*, in dem Dinge mit ihren Eigenschaften existieren, als ontologisches Primitivum aktualiter gegeben ist und alles andere gegenüber dieser Extensivität sekundär ist und also in ihr *plaziert* werden kann. Auch Whitehead benutzt die räumliche Metaphorik, wenn er davon spricht, daß die Eigenschaften in *actual entities* »eintreten«. Allerdings ist er sich der Problematik dieser Metaphorik voll bewußt und versucht sie ständig zurückzunehmen.[26] An die Stelle des geometrischen

25 W. Hocking, »Whitehead as I knew Him«, in: *The Journal of Philosophy* LVIII, No. 19 (1961) (Whitehead Centennial Issue), p. 505-516.

26 Vgl. z. B. »... in considering knowledge we should wipe out all these spatial metaphors, such as ›within the mind‹ and ›without the mind‹ ...« (*CN* 32). Welches Gewicht Whitehead jedoch der Auflösung dieser räumlichen Metaphorik beigemessen hat, macht die fol-

Raumes, in dem die physikalischen Dinge sind, und des intentionalen Raumes der Subjektivität, in dem sich die Erscheinungen befinden, tritt bei Whitehead ein »kausaler Raum«, der durch seine Elementarereignisse aufgespannt wird und in dem jedes Ereignis einen »kausalen Ort« hat. Der geometrische und der intentionale Raum sind Abstraktionen von diesem kausalen Raum. Die Eigenschaften befinden sich nun genau an dem kausalen Ort, an dem sich das Ereignis, in das sie eintreten, befindet. Das *Insein* in einem Ereignis bezieht sich wiederum nicht auf einen geometrischen oder intentionalen Raum, sondern auf das Teilsein von etwas im *privaten* Entstehungsprozeß eines Elementarereignisses. (»Privat« sei dabei im Whiteheadschen Sinne verstanden, entsprechend der vierten Kategorie der Existenz und ihrer Anwendung in III, I, x ff.: »Subjective Forms, *or* Private Matters of Fact«, *PR*, p. 22/dt. S. 63.)

Die Vorstellung eines kausalen Ortes und der *actual entities* als Gebilde, die *werden* und eine private Phasenentwicklung durchlaufen, löst bei Whitehead die Unterscheidung zwischen einem physikalischen Raum in der Natur und einem intentionalen Raum im Bewußtsein ab. Alle Eigenschaften sind in *actual entities*, und dieses Insein ist weder ein räumliches noch ein intentionales. Die Frage nach dem Ort der sekundären Qualitäten läßt sich daher bei Whitehead, sofern sie als Frage nach der Raum-Zeit-Stelle oder dem Ort im Bewußtsein gemeint ist, gar nicht mehr stellen, weil sich keine Eigenschaft an einer solchen Stelle befindet. Da Eigenschaften in Whiteheads Theorie der Kausalität die Funktion haben, ein ursächliches Ereignis in seiner Wirkung zu *objektivieren*, vererben sie sich von einem kausalen Ort zum nächsten *(inheritance)*. Das bedeutet, daß in das Ereignis in meinem Ohr, das durch das Auftreffen einer Druckwelle erzeugt wurde und das andere Ereignisse in meinem Organismus verursacht, eine bestimmte Eigenschaft eintritt, die die Ursache dieses Ereignisses objektiviert. Das Ereignis in meinem zentralen Nervensystem aktualisiert z. B. die Eigenschaft »Ton C_1«, weil es durch ein Ereignis in meinem Ohr, das diese Eigenschaft ebenfalls aktualisierte, verursacht worden ist. Das Ereignis in meinem Ohr

gende Äußerung deutlich: »The philosophy of organism is mainly devoted to the task of making clear the notion of ›being present in another entity‹« (*PR*, p. 50/dt. S. 111).

objektiviert seine Ursache eben durch dieselbe Eigenschaft. Es gibt in dieser Kette kein Ende, kein physikalisches oder sonstwie beschaffenes Ansich, sondern lediglich die Komplexierung von Eigenschaften in Kontrasten in solchen Ereignissen, die durch eine ganze Reihe anderer Ereignisse verursacht worden sind. Eine sekundäre Qualität ist daher nach Whitehead, wie jede andere Eigenschaft auch, an *vielen* kausalen Orten einer Ereigniskette:

»Der Klang der Glocke ist in der Glocke, er erfüllt den Raum und erschüttert das Gehirn. Das Gefühl, einen harten Felsen zu schieben, ist mit dem Felsen als einem harten verbunden und mit dem Körper als einem, der sich anstrengt, wobei Härte und Anstrengung Gegenstände der Wahrnehmung (objects of sense) sind.« (*PNK*, p. 86)

Eine Unterscheidung zwischen objektiv und subjektiv oder Ansich und Erscheinung ist hier nicht mehr zu machen. Die Frage, ob die sekundären Qualitäten auch in den Dingen wären, wenn es keine Subjekte gäbe, die diese wahrnähmen, und ob sie nicht vielmehr bloß in den Subjekten sind, ist innerhalb der Whiteheadschen Metaphysik gar nicht stellbar. Denn das Subjekt *ist* nichts anderes als ein Empfindungs-, Wahrnehmungs- oder Denkereignis an einem bestimmten kausalen Ort im Prozeß der Natur. Es befindet sich *in* diesem Prozeß im Sinne des *Inseins* in einem kausalen System oder des *Teilseins in* einem Entstehungsprozeß. Verschwänden die Subjekte, die belebten sensitiven Wesen, so änderte sich etwas in der kausalen Struktur der Welt und damit auch in dem in ihr instantiierten Eigenschaftsmuster. Die *bifurcation*-Theorien gehen davon aus, daß sich die Natur *als wahrgenommene* in dem intentionalen Raum, der inneren Bühne der Subjektivität, befindet, das Subjekt aber nicht in der Natur. Da Whitehead dieses »Bühnenmodell« der Subjektivität ablehnt, kann er auch die Vorstellung, daß die sekundären Qualitäten im Subjekt sind, nicht akzeptieren.

Hans-Christian Lucas
Whiteheads Organizismus und der
Streit um interne und externe Relationen

> »Es scheint dem Begriffe des Innern zu widersprechen, daß ein Äußeres, welches doch nur sein Erzeugnis sein kann, bestehen solle.«
> Hermann Cohen: Logik der reinen Erkenntnis

> »Was aber ist eigentlich dies Innen und Außen, diese Zentralisierung und andererseits Extension?«
> Paul Natorp: Philosophische Systematik*

> »Nature is a theatre for the inter-relations of activities.«
> Alfred N. Whitehead: Modes of Thought

Andersheit, das Andere, die Differenz sind Konzepte, die zur Zeit insbesondere aus Frankreich (hier wären beispielsweise Levinas, Derrida und Lyotard zu nennen) erneut Eingang in die philosophische Diskussion gefunden haben. Es geht dabei meist um eine philosophische (aber auch politische und ästhetische) Auseinandersetzung mit Modellen monistischen Charakters, in welchen – schematisch gesprochen – das Andere jeweils auf eine Einheit, das Eine zurückbezogen wird. Andersheit als Ausdruck eines ontologischen Pluralismus, der Andersheit eben gerade nicht als das Andere des Einen oder das Andere des Selbst bzw. des Selben versteht, scheint jedoch nur unter großen Schwierigkeiten als philosophische Konzeption von eigener Dignität durchzusetzen zu sein.
Soweit zur Zeit eine Diskussion über die Fragen der Differenz

* Eine leicht gekürzte Version dieses Textes ist auch am Marburger Institut für Philosophie als Vortrag gehalten worden. Meinen Dank für diese Einladung, insbesondere an Herrn Professor B. Tuschling, drükken nicht zuletzt die beiden »Marburger« Motti aus.

*Was machen in meiner Auffassung mit der
an der "Relationen"?*

und der Andersheit geführt wird, begegnet sie insofern erheblichen Schwierigkeiten, als die diskutierenden Parteien sehr unterschiedene Auffassungen von Rationalität vertreten, was nicht selten zu dem Vorwurf der Irrationalität führt. Eine zusätzliche Schwierigkeit wird der Diskussion hinzugefügt, da sich einige der Protagonisten literarisch anmutender Formen bedienen, die zumindest teilweise mit der Weise philosophischen Diskutierens nur schwer in Einklang zu bringen sind.[1]

Im folgenden soll gefragt werden, ob Whiteheads Behandlung der Problematik des Verhältnisses von äußeren und inneren Relationen gangbare Lösungen für die eben angedeuteten Schwierigkeiten zu bieten in der Lage ist. – Vielleicht ergeben sich aus einer solchen Fragestellung allerdings nur neue Schwierigkeiten: Zunächst einmal hat sich der historische Streit um interne und externe Relationen als Auseinandersetzung G. E. Moores und Bertrand Russells mit dem Idealismus F. H. Bradleys[2] vollzogen. Wenn heute trotz Gilbert Ryles Verdikt von 1935, in dem der Frage der internen Relationen jegliches weitere Interesse abgesprochen wird,[3] die Kontroverse über externe und interne Relationen erneut philosophisch und historisch untersucht wird,[4] so findet Whitehead dabei keinerlei Erwähnung, wenn man davon

---

1 Beispielhaft sei hingewiesen auf E. Levinas, *Le Temps et l'Autre*, Montpellier 1979 (dt. *Die Zeit und das Andere*, Hamburg 1984); ders., *Die Spur des Anderen. Untersuchungen zur Phänomenologie und Sozialphilosophie*, Freiburg/München 1983; ders., »De l'Un à l'Autre. Transcendence et temps«, in: *Archivio di filosofia* 51 (1983), p. 21-38. – J. Derrida, *Glas*, Paris 1974. – Zum Vorwurf der Irrationalität gegen Derrida vgl. z. B. L. Ferry/A. Renaut, *Antihumanistisches Denken. Gegen die französischen Meisterphilosophen*, München/Wien 1987 (zuerst Paris 1985). Die Vermischung philosophischer und literarischer Formen attackiert J. Habermas, *Der philosophische Diskurs der Moderne*, Frankfurt/M. 1985, S. 219 ff.

2 Vgl. besonders F. H. Bradley, *Appearance and Reality*, Oxford 1893, [17]1978.

3 G. Ryle, »Internal Relations«, in: *Proceedings of the Aristotelian Society*, Supplementary Volume XIV (1935), p. 172: »I think that the dispute about the internality of relations in general is no longer an exciting one.«

4 R.-P. Horstmann, *Ontologie und Relationen. Hegel, Bradley, Russell und die Kontroverse über interne und externe Beziehungen*, Königstein/Ts. 1984.

absieht, daß er in der Bibliographie als Koautor Russells für die *Principia Mathematica* genannt wird.[5] Andererseits setzen die wenigen Publikationen, die sich eigens dem Problem der Relationen, insonderheit der internen Relationen, bei Whitehead zuwenden, Whiteheads Position weder in ein Verhältnis zu Bradley noch zu Moore oder Russell.[6]

Die folgenden Überlegungen werden die so sichtbaren Lücken nicht auf einen Schlag füllen können, vermögen jedoch möglicherweise auf historische Zusammenhänge aufmerksam zu machen, die auch in systematischer Hinsicht von Bedeutung sind. Dabei sollen folgende Einzelfragen betrachtet werden: 1. Die Kontroverse um interne und externe Relationen (Bradley, Moore, Russell);[7] 2. Whiteheads Programm der Kritik der Abstraktionen; 3. Organizismusphilosophie; 4. interne Bezogenheit und Pluralismus; 5. interne und externe Bezogenheit bei Whitehead.

letzteres ist sehr knapp ausgefallt

I

Die Auseinandersetzung über interne und externe Relationen ist darum historisch von einiger Bedeutung, weil man sie mit gutem Grund als den Beginn der Spaltung der Philosophie in eine vornehmlich sprachanalytisch ausgerichtete Form des Denkens in Großbritannien und Nordamerika und eine eher dialektisch, phä-

---

5 Horstmann, op. cit., S. 260.

6 Vgl. W. P. Alston, »Internal Relatedness and Pluralism in Whitehead«, in: *The Revue of Metaphysics*, Vol. v, No. 4, June 1952, p. 535-558; I. Leclerc, »Internal Relatedness in Whitehead: A Rejoinder«, in: *The Review of Metaphysics*, Vol. vi, No. 2, Dec. 1952, p. 297-299; F. A. Simonpietri Monefeldt, *Lo individual y sus relaciones internas en Alfred North Whitehead*, Pamplona 1977. Das eben erschienene Buch von A. Rust, *Die organismische Kosmologie von Alfred N. Whitehead*, Frankfurt/M. 1987, bildet hier offenbar eine Ausnahme, konnte jedoch nicht mehr berücksichtigt werden. Ergänzend kann darauf hingewiesen werden, daß gelegentlich im Rahmen völlig anders orientierter Diskussionen auf Bradley und Whitehead als *die* Repräsentanten der Theorie interner Relationen angespielt wird. Vgl. z. B. B. Ollman, *Alienation. Marx's Conception of Man in Capitalist Society*, Cambridge 1971, p. 267, Anm. 42.

7 Vgl. V. Lowe, *Alfred North Whitehead. The Man and His Work*, vol. I: *1861-1910*, Baltimore/London 1985, p. 222-224.

nomenologisch oder hermeneutisch ausgerichtete Form des Philosophierens kontinentaleuropäischer Prägung sieht. Die Auseinandersetzung, die G. E. Moore und Russell betrieben, betraf zwar bestimmte Grundthesen einzelner ›British Hegelians‹, speziell Bradleys, diese wurden jedoch schlichtweg mit Hegel identifiziert, so daß eine Auseinandersetzung mit Hegel nach vollzogener Schlacht nicht mehr vonnöten schien.[8] – Im Blick auf Hegel und die British Hegelians scheint sich hier ein grundsätzlicher Gegensatz zwischen Russell und Whitehead abzuzeichnen: Während Whitehead in einer selbstironisch formulierten Bemerkung in seinen *Autobiographical Notes* ausruft, daß Hegel immer eine ungenießbare Lektüre für ihn bedeutet habe,[9] betont Russell, daß er mit seinem Eintritt in das Trinity College in Cambridge mit Hegelianischen Philosophen konfrontiert gewesen sei und sich selbst zu einem entschlossenen Hegelianer entwickelt habe. Fühlte Russell sich zunächst in Cambridge mit der Philosophie Kants und Hegels indoktriniert, so schließt er dann rückblickend: »Hegel und seine Schüler (Hegel and his disciples) hatten die Gewohnheit, die Unmöglichkeit von Raum, Zeit und Sache zu ›beweisen‹ – und generell von allem, woran ein normaler Mensch glauben würde.«[10] Der Zusammenhang ›Hegel und seine Schüler‹ muß sicher als zu kurz geschlossen gelten, wenn er den Zusammenhang der ›British Hegelians‹ mit der Philosophie Hegels bedeuten soll. (Hier steht noch einiges an historischer Forschung aus, wenngleich sich ein neu erwachendes Interesse an einzelnen Vertretern dieser Denkrichtung, besonders an Green und Bradley, abzuzeichnen scheint.[11]) Insofern kann andererseits auch Russells Erfolgsmeldung hinsichtlich der »revolt« gegen Hegel und den Hegelianismus allenfalls auf den ersten Blick überzeugen, während Whiteheads Denken gerade in letzter Zeit in einen Kontext mit Hegels Philosophie gebracht wird.

Russell sieht sich rückblickend vereint mit G. E. Moore, obwohl die Angriffsziele differierten: Moore ging in Russells Sicht eher

8 Zu diesem Zusammenhang vgl. R.-P. Horstmann, op. cit.

9 Siehe A. N. Whitehead, *Science and Philosophy*, New York 1948, ²1974, p. 14.

10 B. Russell, *My Philosophical Development*, 1959, zit. nach der Ausgabe London/Boston/Sydney 1985, p. 10.

11 Zu Bradley vgl. z. B. A. Manser/G. Stock (eds.), *The Philosophy of F. H. Bradley*, Oxford 1984.

gegen den Idealismus ganz allgemein vor, während er selbst eher spezifisch den Monismus attackierte, die Identifikation war jedoch möglich über die Person Bradleys und über dessen Verständnis von Relation:

»Ich denke, daß Moore hauptsächlich mit der Zurückweisung des Idealismus zu tun hatte, während ich hauptsächlich an der Widerlegung des Monismus interessiert war. Beides war ... eng verbunden. Es war durch die die Relationen betreffende Lehre verbunden, welche Bradley aus der Philosophie Hegels ›destilliert‹ hatte. Ich nannte dies die ›Lehre von den internen Relationen‹ (›the doctrine of internal relations‹) – und ich nannte meine Ansicht die ›Lehre von den externen Relationen‹ (›the doctrine of external relations‹). Die Lehre von den internen Relationen behauptete, daß eine jede Relation zwischen zwei Termen innerliche (intrinsical) Eigenschaften (properties) der beiden Terme ausdrückt – und in letzter Analyse eine Eigenschaft des Ganzen, das die beiden komponieren.«[12]

Die Konzentration der Kritik auf die Philosophie Bradleys hat offenbar eine bestimmende Rückwirkung auf Russells Behandlung von Relationen gehabt, auch manche Unklarheiten mögen sich diesem Zusammenhang verdanken. Während nämlich Bradley den Relationen auf ontologischer Ebene jegliche Realität abspricht und sie auf das Gebiet der Erscheinungen (appearances) einschränkt, gelten sie ihm doch erkenntnistheoretisch bzw. gnoseologisch als unabdingbar. Die in ihrer Geltung auf dieses Gebiet eingeschränkten Relationen kennzeichnet Bradley dann grundsätzlich als ›intrinsical‹ oder ›internal‹. Relation gilt Bradley als »Nichtentität (nonentity)«, durch Relationen bestimmtes Denken; also ein Denken, »das sich vermittelst der Maschinerie von Termen und Relationen bewegt«, kann für ihn weder Realität noch Wahrheit ergeben – oder wie Bradley formuliert, es »kann nur Erscheinungen (appearances) ergeben, nicht jedoch Wahrheit«.[13]

In der Note 2 des Appendix der 2. Ausgabe von *Appearance and Reality* ist Bradley bemüht, zu zeigen, wie er eigentlich Relationen verstehe. Als Bezugspunkt ist dort genannt ein Ganzes, das weder denkend noch sprachlich erfaßt werden kann, wobei er uns aufgibt, diese Ganzheit auch in Vielheit zu denken: »Innerhalb eines jeden gefühlten Ganzen (felt whole) ... qualifizieren die

12 B. Russell, a.a.O. (Anm. 10), p. 42.
13 F. H. Bradley, *Appearance and Reality. A Metaphysical Essay*, Oxford 1893, ²1897, zit. nach ¹⁷1978, p. 28.

Verschiedenheiten (diversities) jenes Ganze, und sie werden als das gefühlt, was es dazu macht, was es ist.« Die daran anschließende Frage erhellt, wie weit Bradley dem ›traditionellen‹ Schema Subjekt-Prädikat und Substanz-Attribut traute: »Müssen diese Verschiedenheiten Qualitäten genannt werden?«[14] Er verweist dabei jedoch zurück auf eine Textpassage der ersten Ausgabe, in der er nach seiner Meinung alle entscheidenden Fragen in ihrer Lösung offenbart hat: »Obwohl, sagt man uns, Qualitäten angemessen nicht unabhängig von Relationen entdeckt werden können, ist dies kein wirklicher Beweis gegen ihre separate Existenz ... Insofern muß darum, wie man sagt, das, was verschieden (different) ist, unterschieden (distinct) sein – und folglich in Beziehung stehen (related).« Hier ist offenbar auf common sense und normale Sprache in ihrem Gültigkeitsanspruch angespielt – es folgt jedoch sogleich Bradleys kalte Dusche: »Aber diese Relation gehört nicht wirklich zur Realität. Die Relation hat Existenz nur für uns und zwar als eine Weise, wie wir Wissen erlangen. Aber die Unterschiedenheit (distinction) ... basiert auf Verschiedenheiten (differences) im Wirklichen – und diese bleiben bestehen, wenn unsere Relationen entfallen sind oder entfernt wurden.«[15]

G. E. Moore weist in einem Lexikonartikel darauf hin, daß der Begriff »relativity« erst durch Denker wie Hamilton, Bain und Spencer prominent geworden sei, dann greift er allerdings die ›British Hegelians‹ (Hauptziel der Attacke ist sicher Bradley) in der Schlußpassage seines Artikels an:

»Dieser Gebrauch des Wortes ist nicht weniger durch die stark von Hegel beeinflußten Autoren ermutigt worden, welche, obwohl sie das Wort nicht oft benutzen, die Konzeption noch mehr hervorheben, indem sie an der Lehre festhalten, daß keine Relation rein äußerlich (purely external) sei, i. e. nicht imstande ist, das Wesen der bezogenen Dinge zu affizieren, und daß, je weiter (more nearly) sie äußerlich ist, die Dinge desto weniger real sind, die sie in Beziehung setzt – eine Lehre, welche sie mit der ausdrücklichen Überzeugung verbinden, daß alle Objekte der Erfahrung mehr oder weniger selbst-widersprechend sind.«[16]

14 ibid., p. 512.
15 ibid., p. 23 f.
16 G. E. Moore, »Relative (and) Absolute«, in: *Dictionary of Philosophy and Psychology*, ed. by J. M. Baldwin, 1901, zit. nach dem Reprint Glouster/Mass. 1960, vol. 2, p. 446.

Russell muß sowohl die attackierten Begriffe als auch die Begriffe der Attacke als unklar empfunden haben. Möglicherweise ist es sein letzter Reflex als Hegelianer, daß er seinen vielleicht einflußreichsten Angriff als Umweg gestaltete. Um den von ihm hinter den ›British Hegelians‹ vermeinten Hegel, insbesondere aber Bradley als Monisten anzugreifen, nahm er sich Leibniz als vermeintlichen Vertreter eines ontologischen Pluralismus zum Gegenstand. In gewisser Weise befragte er allerdings Leibniz, als wäre er ein Vertreter des britischen Hegelianismus.[17]

Ehe einige Hauptpunkte der Kritik Russells angeführt werden, soll kurz an einen zeitlichen Kontext erinnert werden. Der Beginn der Bekanntschaft Whiteheads mit Russell kann auf Ende 1889 datiert werden, als Whitehead sich für die Aufnahme Russells als Stipendiat in das Trinity College in Cambridge einsetzte. Ab 1895 waren sie Kollegen, da auch Russell nun Fellow des Trinity College geworden war, ihre eigentliche Zusammenarbeit an den *Principia Mathematica* begann 1901. Wenn Russell die Auseinandersetzung mit Idealismus bzw. Monismus als Ende 1898 beginnend datiert, er aber bereits Juli 1900 gemeinsam mit Whitehead auf die internationalen Kongresse für Philosophie und Mathematik nach Paris fuhr, dann ist kaum denkbar, daß Whitehead keine Notiz von Russells Aktivitäten nahm, zumal die Publikationen Russells aus dieser Zeit, besonders sein Leibniz-Buch, immer wieder von Whitehead zitiert werden (zumindest bis 1925). Es scheint daher schwer nachvollziehbar, wenn Victor Lowe, der gewiß als der beste Kenner dieser Entwicklungen zu gelten hat, behauptet, daß Whitehead als vielbeschäftigter Mathematiker »sich – berechtigterweise – nicht um die Fragen gekümmert habe, die Moore und Russell umtrieben« – und wenn er als Begründung angibt: »Seine philosophische Aktivität begann erst etwa fünfzehn Jahre später, nämlich als er in die Aristotelian Society eintrat.«[18] Russells Bemühen, die reine Mathematik vollständig auf der reinen Logik zu begründen, mußte Whitehead zumindest interessieren, dies ist ja auch manifest in der Zusammenarbeit an den *Principia Mathematica*, wird darüber hinaus aber auch deutlich aus Whiteheads 1906 veröffentlichtem Vortrag von 1905 »On Mathematical Concepts of the Material

17 B. Russell, a.a.O. (Anm. 10), p. 42.
18 V. Lowe, a.a.O. (Anm. 7), p. 237.

World«.[19] Dort versichert Whitehead zwar, daß er nicht an den philosophischen Fragestellungen interessiert sei, die seine Untersuchung von Relationen berührten, er gesteht jedoch zu, daß seine rein logische Fragestellung eine indirekte Beziehung auf die Philosophie habe, indem sie das Wesentliche (the essentials) der Idee einer materialen Welt von den Akzidentien eines partikularen Begriffes ablöse (disentangling).[20] Wie weit sich seine leitende ›mathematikorientierte‹ Fragestellung mit philosophischen Fragestellungen deckt, mag die folgende *Definition* verdeutlichen: »Ein jeder Begriff (concept) der materialen Welt, der zwei Klassen von objektiv Realem erfordert, soll ein *dualistischer* Begriff genannt werden, während ein Begriff, der lediglich eine solche Klasse erfordert, ein *monistischer* Begriff genannt werden soll. Der klassische Begriff ist dualistisch; Leibnizsche Begriffe sind – im allgemeinen – monistisch ... *Ockhams* Rasiermesser *(Occam's razor)* – Entia non multiplicanda praeter necessitatem – formuliert eine instinktive Präferenz für einen monistischen Begriff gegenüber einem pluralistischen.«[21] Das Ergebnis Whiteheads ist dementsprechend ein *monistisches*: »Der gesamte Begriff (complete concept) involviert die Annahme einer einzigen Klasse von Entitäten, welche das Universum ausmacht. Eigenschaften (properties) des ›Raums‹ und der physikalischen Phänomene ›im Raume‹ werden einfach zu Eigenschaften dieser einzigen Klasse von Entitäten.«[22] – Man muß also auch davon ausgehen, daß sich Russell in gewisser Hinsicht falsch erinnert, wenn er berichtet, »nach 1910 ... begann ich über die physische Welt (physical world) nachzudenken und ich wurde, weitgehend unter Whiteheads Einfluß, zu neuen Anwendungsmöglichkeiten von ›Occam's razor‹ geführt, [einer Methode,] die mich wegen ihrer Nützlichkeit auf dem Gebiet der arithmetischen Philosophie überzeugt hatte (I had become devoted). Whitehead überzeugte (persuaded) mich, daß man Physik betreiben könne, ohne Punkte und Momente (instants) als Teile der materialen Welt (of the stuff of the world) voraussetzen zu müssen. Er erwog – und hierin

19 In: *Philosophical Transactions of the Royal Society of London*, series A containing papers of mathematical or physical character, vol. 205, London 1906, p. 465-525 (*MCMW*).
20 Ibid., p. 465.
21 p. 468.
22 p. 525.

78

stimmte ich ihm zunehmend zu – daß der Stoff (stuff) der physischen Welt aus Ereignissen (events) bestehen könne, welche jeweils eine endliche Menge (amount) Raum-Zeit einnähmen.«[23] ›Occam's razor‹ ist wohl für beide Denker richtungweisend, aber die scheinbar gleiche Methodologie verweist sie offenbar schon früh in differente Richtungen.

Russells Kritik der philosophischen Tradition in seinem Leibniz-Buch setzt im Kern dabei an, Descartes und Spinoza nachweisen zu wollen, daß ihr Substanz-Konzept schlecht definiert sei und letztlich auf der bloß (oder rein) logischen Relation von Subjekt und Prädikat beruhe: »Die Attribute einer Substanz sind die Prädikate eines Subjekts – und es wird vorausgesetzt, daß Prädikate nicht ohne ihr Subjekt existieren können, obwohl das Subjekt ohne sie existieren kann. Von daher wird das Subjekt zu dem, dessen Existenz nicht von irgend einem anderen Existierenden abhängt.«[24] Als Paradigma einer monistischen Substanzmetaphysik gilt Russell zu dieser Zeit Spinozas Philosophie. In Leibniz hatte er eine pluralistische Antwort auf diese Position gesucht, dessen Argumentation schien ihm jedoch ebensowenig vertrauenswürdig: »Spinoza, so mögen wir sagen, hatte gezeigt, daß die wirkliche (actual) Welt nicht durch eine Substanz erklärt werden könne. Leibniz zeigte [dagegen], daß sie nicht durch viele Substanzen erklärt werden könne. Darum wurde es erforderlich, die Metaphysik auf einem anderen Begriff (notion) zu fundieren (base) als dem der Substanz – eine Aufgabe, die immer noch nicht gelöst worden ist.«[25] Russell reduziert letztlich die Problematik der Substanz und der Relationen auf die Frage nach der Gültigkeit des Subjekt-Prädikat-Schemas: »Die Frage, ob alle Propositionen auf die Form ›Subjekt-Prädikat‹ reduzierbar sind, ist ein Problem von fundamentaler Bedeutung für alle Philosophie, welche sich des Begriffs (notion) der Substanz bedient.«[26] Dies hängt für Russell wiederum zusammen mit der Behauptung einer unabhängigen Realität von Relationen, die er bei Bradley, aber auch bei Leibniz, geleugnet sieht: »Der einzige Grund (ground) für das Leugnen der *unabhängigen Realität von Relationen (independent*

23 B. Russell, a.a.O. (Anm. 10), p. 10.
24 B. Russell, *A Critical Exposition of the Philosophy of Leibniz*, London 1900, zit. nach [8]1975, p. 41.
25 Ibid., p. 126.
26 p. 12.

reality of relations) ist, daß Propositionen ein Subjekt und ein Prädikat haben müssen … Eine gründliche Diskussion der gegenwärtigen Frage würde an diesem Punkt dahin fortgehen, zu zeigen, daß Urteile aus Subjekt und Prädikat selbst relational sind und darüber hinaus, wie man dies gewöhnlich versteht, zwei grundsätzlich unterschiedliche Arten (types) von Relationen einschließen … In dem Glauben, daß Propositionen für eine letzte Analyse ein Subjekt und ein Prädikat haben müssen, unterscheidet sich Leibniz weder von seinen Vorgängern, noch von seinen Nachfolgern.«[27] Die auf der Kritik des Subjekt-Prädikat-Schemas beruhende Überzeugung von der Realität der Relationen wird zu einem dauerhaften Bestand Russellschen Denkens; so heißt es noch in *Our Knowledge of the External World*: »Tatsächlich gibt es, soweit ich entdecken kann, keinen anderen Grund, die Realität von Relationen zu leugnen, als den des Vorurteils.«[28] Insofern die Relationen real sind, ist ihr Sein nicht auf das der Relata reduzierbar, darum sind die *Relationen extern*, selbständige Realität und Externalität der Relationen bedingen für Russell die These von einem ontologischen Pluralismus.[29]

Whitehead hat zu der Kontroverse offenbar nie ausdrücklich Stellung bezogen, es ist wahrscheinlich trotzdem nicht übertrieben, wenn man behauptet, daß bestimmte Theoriekerne seiner »philosophy of organism« nicht unabhängig von dieser Kontroverse entwickelt worden sind. – Auf den zeitlichen Zusammenhang mit der Zusammenarbeit mit Russell ist schon hingewiesen worden. Bradley behält, trotz der Ablehnung, auch im Spätwerk Whiteheads ein gewisses Gewicht; nicht zuletzt kommt dies dadurch zum Ausdruck, daß der Titel des Hauptwerks *Process and Reality* offenbar im Anklang an und in Abgrenzung zu Bradleys Hauptwerk *Appearance and Reality* gewählt wurde.[30]

27 p. 15 (Hervorhebung von mir).
28 B. Russell, *Our Knowledge of the External World*, 1914, zit. nach London/Boston/Sydney [7]1980, p. 59.
29 Vgl. R.-P. Horstmann, a.a.O. (Anm. 4), S. 176.
30 Vgl. I. Leclerc, »Process and Order in Nature«, in: H. Holz/E. Wolf-Gazo (Hg.), *Whitehead und der Prozeßbegriff*, Freiburg/München 1984, S. 119. Zu beachten sind aber auch weitere Anklänge an Bradleys Diktion, z. B. die von »actual entity«, »actual event«, »occasion« an Bradleys »actual reality« (vgl. *Appearance and Reality*, p. 147). Vgl. ferner Whiteheads Formulierung in seinem Artikel »Process and Real-

II

Whiteheads philosophisch-kritische Untersuchung dessen, was er
»climate of opinion« nennt, wendet sich zunächst *historisch* dem
Erstarken eines durch die neuzeitliche Naturwissenschaft geprägten Konzepts der Welt zu (*SMW*, p. 4/dt. S. 13 f.). Die neuzeitliche Wende, von der er eine merkwürdige Beschleunigung ausgehen sieht und die er als *historische* Revolte (nicht Revolution,
sondern »historical revolt«) versteht, meint er in verfehlter Weise
interpretiert als »appeal to reason« bzw. als »Parteinahme für die
Vernunft«, denn für ihn bedeutet dieses Geschehen »durch und
durch eine anti-intellektualistische Bewegung. Sie war die Rückkehr zur Betrachtung roher Fakten (brute fact) – und sie basierte
auf der Zurückweisung (recoil) der inflexiblen Rationalität des
mittelalterlichen Denkens« (*SMW*, p. 10/dt. S. 19). Eine vergleichbare Epochenschwelle sieht Whitehead in seiner Gegenwart
in die Naturwissenschaften einbrechen. Die Neuinterpretation
grundlegender Begriffe der Naturwissenschaften sieht er darum
als notwendig an: Wenn diese nicht zu einem Mischmasch ad hoc
entwickelter Hypothesen, einem »medley of ad hoc hypotheses«,
wie er sagt, herunterkommen sollen, müssen sie selbst philosophisch werden (*SMW*, p. 21/dt. S. 29). Dieses Philosophischwerden ist gemeint als eine Kritik der Grundlagen der Naturwissenschaften, im Grunde denkt Whitehead damit aber an die Kritik
selbstverständlich gewordener Abstraktionen, denn Philosophie
kann ihren Platz in der modernen Gesellschaft (das Original
spricht sehr bescheiden von »niche«) nur behaupten als *»Kritik
der Abstraktionen«* (*SMW*, p. 73/dt. S. 75). Den gewissermaßen
›thematischen‹ Bereich dieser Kritik sieht Whitehead vorgegeben
durch die »neue Tönung (tinge) des modernen Geistes«, welche
bestimmt sei durch »ein heftiges und leidenschaftliches Interesse
an der Relation von allgemeinen Prinzipien zu irreduziblen, widerspenstigen Tatsachen« (*SMW*, p. 3/vgl. dt. S. 13).

ity«: »But ... I admit a very close affiliation with Bradley, except that
I differ from Bradley where Bradley agrees with almost all the philosophers of his school and with Plato, insofar« (man beachte den beabsichtigten Anachronismus) »as Plato was a Hegelian. I differ from
them where they all agree in their feeling of the illusiveness and relative unreality of the temporal world«, in: *Science and Philosophy*, New
York 1974, p. 124.

Die Kritik der Abstraktionen hat sich zu vollziehen als die Kritik bloß vermeinter oder falsch verorteter Konkretion, also als Kritik des Trugschlusses der verstellten Konkretheit bzw. der von Whitehead so genannten »Fallacy of Misplaced Concreteness« (*SMW*, p. 64/dt. S. 66). Als Hauptfälle oder -beispiele dieser nur auf Trugschlüssen beruhenden Konkretion behandelt Whitehead die »einfache Lokalisierung (simple location)« und die korrelativen Kategorien der Substanz und der Qualität (*SMW*, p. 64/dt. S. 66 f.). Bei der »simple location« wird vorausgesetzt, daß die Natur aus Stoff, Materie, Material zusammengesetzt sei, wobei ein jedes dieser Materialien einem ›hier‹ im Raum oder in der (hier orientiert sich W. an Bergson) ›verräumlichten‹ Zeit zuzuordnen sei (*SMW*, p. 62/dt. S. 64). In *Modes of Thought* wird Whitehead dann von »Stoffteilchen (bits of matter)« sprechen, die sich in einem sonst leeren Raum bewegen; diese »bits of matter« sind ausgezeichnet durch dauerhafte Selbstidentität (»enduring self-identity«), man könnte hier mit *SMW* sagen, durch Substantialität, welche sich als Träger von Qualitäten auszeichnet. Zwischen den so charakterisierten »bits of matter« bestehen nur räumliche, also letztlich nur externe Beziehungen (*MT*, p. 174 f.). Nach dieser Doktrin ist die Natur nichts als »ein selbstgenügsamer bedeutungsleerer Zusammenhang von Fakten (a self-sufficient meaningless complex of facts)« (*MT*, p. 180); in dieser Doktrin sieht Whitehead die Überzeugung von der Autonomie der Physik begründet, und in *Modes of Thought* erklärt er rundheraus, daß er diese Doktrin bekämpfe (ibid.). Als Resultat der durch Mathematik und vorwiegend naturwissenschaftliche Interessen geprägten Philosophie des siebzehnten Jahrhunderts hat sich für Whitehead ein eigentümlich planes Bild der Natur ergeben: »Natur ist eine stumpfsinnige, öde (dull) Angelegenheit, ohne Klang, ohne Duft, ohne Farbe – bloß das endlose, bedeutungslose Hasten der Materie.« (*SMW*, p. 69/dt. S. 70) Die Öde der rasch dahinhuschenden Materieteilchen wird von Whitehead eben durch die Prädizierung der Bedeutungslosigkeit als bedürftig herausgestellt, wenngleich er immer wieder deutlich macht, daß er die Leistungsfähigkeit dieser Naturerklärung keineswegs verkenne. Er hält es jedoch für einen grundsätzlichen Fehler, dasjenige, was die Dichter an der Natur besingen, den Duft der Rose, den Gesang der Nachtigall und das Strahlen der Sonne, mit Hegel zu sprechen als ›unsere Zutat‹, mit Locke zu sprechen als ›sekundäre Qualität‹ abzutun, welche einzig dem menschlichen Geist entspringe. Die sich so in einem wichtigen Aspekt andeutende »bifurcation of nature« anzuerkennen hat nach Whiteheads Urteil zum Ruin der Philosophie geführt – der Ausgang von dieser Abstraktion ist das Brandmal der philosophischen Hauptströmungen, ob sie als Dualismus Geist und Materie nebeneinander akzeptieren oder als Monismus den Geist auf die Materie zurückführen bzw. die Materie in den Geist transponieren (vgl. *SMW*, p. 70/dt. S. 72).

Für Whitehead ist zunächst diese Spaltung der Natur aufzulösen, um damit dem »Gaukeln mit Abstraktionen« (juggling with abstractions), als welches er alle metaphysischen Versuche ansieht, die sich nicht von der Abstraktion der »verstellten Konkretheit« (misplaced concreteness) lösen können, ein Ende zu gebieten. Trotz seiner Warnungen vor metaphysischen Thesen zu dem Verhältnis von Denken und Sein scheint er doch eine (einseitige) realistische Grundthese vorauszusetzen: »sinnliche Gewißheit (sense awareness) ist eine Gewißheit von etwas«. Diese in *Concept of Nature* formulierte These bildet dort die Grundlage seiner holistischen Schau der Natur innerhalb der hier »naturphilosophisch« genannten Position: »Für die neue Naturphilosophie« (man könnte auch einfach übersetzen: für die Philosophie des Organizismus, der Text besagt allerdings schlicht: natural philosophy) »*ist* alles, was perzipiert wird, in der Natur. Wir können nicht einfach aufsammeln (pick) und [dann auch noch] auswählen. Für uns sollte die rote Glut des Sonnenuntergangs ebenso Teil der Natur sein, wie es die Moleküle und die elektrischen Wellen (waves, sic!) sind, durch welche Vertreter der Naturwissenschaft das Phänomen erklären würden. Es ist Aufgabe der Naturphilosophie (natural Philosophy) zu untersuchen, wie diese verschiedenartigen Elemente der Natur verbunden sind.« (*CN*, p. 28 f.) Das Darstellen der Verbundenheit alles Seienden als konkrete Voraussetzung aller möglichen Abstraktionen wird eines der bestimmenden Themen Whiteheads bleiben, das auch emotionale und politische Dimensionen einschließt. Die berühmte Formulierung von der »offensichtlichen Solidarität der Welt« (*PR*, p. 7/dt. S. 38) macht Front gegen die Isolierung von Wirklichkeits-Partikeln und gegen das Einfrieren des Prozesses, der das Hauptkriterium der zusammenhängenden Wirklichkeit ist. Das Paradigma, das Whitehead für diesen Zusammenhang von *connectedness* und *process* bereitstellt, nennt er »Organismus«.

Wenn Whitehead seine Gegenposition im Blick auf die neuzeitliche Substanzmetaphysik in ihrer Verquickung mit dem auf die Aristotelische Logik zurückgehenden Schema von Subjekt und Prädikat kurz beschreibt, scheint er in eine neue Form des Monismus zurückzufallen, was ja auch der Tendenz seines Vortrags von 1905 über *Mathematical Concepts of the Material World* entspräche: »›Wirkliche Entitäten‹ (actual entities) – auch als ›wirkliche Gelegenheiten‹ (actual occasions) bezeichnet (termed) – sind die letzten realen Dinge, aus denen die reale Welt besteht (is made up).« (*PR*, p. 19/dt. S. 57) Whiteheads kritische Anknüpfung an die alte Tradition der Philosophie wird ausdrücklich, wenn er fortfährt: »Der Begriff (notion) der ›Substanz‹ wird in den der ›wirklichen Entität‹ (actual entity) transformiert.« (*PR*, p. 19 f./dt. S. 58) Damit scheint er die Forderung zu erfüllen, die Russell in seinem Leibniz-Buch aufgestellt hatte und die er noch nicht als erfüllt ansehen konnte, nämlich: »die Metaphysik auf einem anderen Begriff zu fundieren (base) als dem der Substanz«.[31]

Das Schema, materielle selbständige Entitäten im Raum zu isolieren und so in ihrer gleichbleibenden Identität anzuerkennen, sucht Whitehead durch ein Schema der Interdependenz zu ersetzen, in dem jeder einzelne ›Teil‹ in Bewegung ist. Hatte Hegel in einer schematischen Weise den Zusammenhang und die Bewegtheit des Seienden in dem Bild eines Kreises von Kreisen zu erfassen gesucht, so scheint hier der Nexus verschiedener Prozesse, die ineins eine wiederum prozessuale Einheit ausmachen, das entsprechende Bild zu bezeichnen. Der Zusammenhang, der im ›Together‹ ausgedrückt ist, setzt aber für Whitehead eine Pluralität von Begriffen voraus, die er mit ›creativity‹, ›many‹, ›one‹, ›identity‹ und ›diversity‹ erfaßt. Diese lassen sich jedoch wiederum in eine letzte Einheit zusammenfassen, die er ›conjunctive unity‹ nennt, wobei er betont, daß diese ›Kategorie‹ die ›erste Substanz‹ des Aristoteles zu ersetzen habe (*PR*, p. 21/dt. S. 62 f.). Das holistische Gesamtkonzept löst sich so auf in eine vielfache Diversität. Andererseits treten neben die existentielle Grundkategorie der ›actual entity‹, die früher, um deren prozessualen Charakter hervorzuheben, ›actual event‹ genannt wurde, in *PR* aber auch

---

31 B. Russell, *Leibniz*, a.a.O. (Anm. 24), p. 126.

›actual occasion‹ genannt und in dem ontologischen Status der ›final reality‹ bzw. der (im cartesischen Sinne) ›res vera‹ bestätigt werden kann, für Whitehead noch sieben weitere »Categories of Existence« (*PR*, p. 22/dt. S. 63). Dieses vielfältige Feld kategorialer Zuordnung soll einen Zusammenhang darstellen helfen, den Whitehead als »pulsierenden Organismus (vibratory organism)« (s. z. B. *SMW*, p. 47/dt. S. 51) versteht. Dieses Organismus-Konzept mag zwar aus der Biologie entlehnt sein, aber es ist nach Whitehead allen Wissenschaften zugrunde zu legen, auch der Physik. Die Philosophie hat als Kosmologie diesen Begriff zu begründen, insofern ist sie nicht nur Wissenschaft oder Kritik der Abstraktionen, sondern auch Wissenschaft der Konkretion. Sie hat nämlich den Prozeß der Konkretisierung, der ›concrescence‹, begrifflich zu erfassen. Obwohl Whitehead sich auch hier nicht auf Hegel beruft, erinnert seine Bemühung um das vibrierende organismische Wirkliche doch sehr stark an den Begriff des Lebens, den insbesondere der junge Hegel entwickelt, um ähnlich wie Whitehead der Objektivierung, dem Positivwerden bewegter lebendiger Zusammenhänge entgegenzuwirken. Whitehead betreibt dies, weil er das Bild eines das gesamte geistige Leben bestimmenden »wissenschaftlichen Materialismus« (*SMW*, p. 47/dt. S. 52) vor Augen hat. Auch die Haltung Whiteheads gegenüber den historisch gewordenen Positionen der Philosophie- und Wissenschaftsgeschichte gleicht der Hegels, wenn er auch dessen Konzeption der dialektischen Aufhebung nicht teilt. Für Hegel ist klar, daß die späteste Philosophie, wenn sie denn wahrhafte Philosophie ist, die reichste und konkreteste sein muß, da sie alle anderen wahrhaft philosophischen Positionen in sich aufgehoben haben muß. Dabei hat, dies nur zu erinnern, das Aufheben nicht nur den Sinn des Negierens, sondern auch den des Aufbewahrens und des Emporhebens auf eine höhere Stufe. Whitehead will in seiner Kosmologie eine ähnliche Leistung vollbringen, wobei die Darstellung *seiner* Methode noch erheblich verwundener vorgelegt wird, als dies bereits bei Hegel der Fall ist: »Die Kosmologie muß in gleichem Maße dem Atomismus, der Kontinuität, dem Verursachungsprinzip (causation), dem Erinnerungsvermögen (memory), der Perzeption, qualitativen und quantitativen Formen der Energie und der Extension gerecht werden.« (*PR*, p. 239/dt. S. 437) Diese *neue Kosmologie*, die durchaus auch Züge einer umfassenden Metaphysik aufweist und sich wegen ihres letztlich idealistischen Grundzugs nicht zu Unrecht selbst als ›spekulative Philosophie‹ bezeichnet, ist gerade darauf aus, das Nicht-Festlegbare, Oszillierende, damit das *Anders-Werden*, das *Neue* zu fassen. Hier ist sicher auch der grundlegende Unterschied zu Hegel zu erkennen: Zwar kann man mit Hegel im nachhinein dessen eigenes Historischwerden erblicken, doch dies ist nicht Teil seines philosophischen Systems. Für Whitehead ist dagegen klar, daß zwar einerseits die Philosophie niemals an eine alte Position zurückkehrt, die einmal von einem großen Philosophen erschüttert worden ist, andererseits verallgemeinert er den Vorgang des Übergehens zu Neuem in einer Weise, die sein eigenes Denken notwendig mit einschließt: »Jede Philosophie wird, wenn ihre Zeit gekommen ist, eine Entthronung erleiden.« (*PR*, p. 7/dt. S. 39; vgl. *PR*, p. 11/dt. S. 45) Um *die Sphäre* zu erreichen, *in der das Neue, ständiges Anderswerden sich ereignet*, muß sich die von Whitehead intendierte Kosmologie als eine *Ontologie des Neuen* auf die »letzten (ultimate) pulsierenden (vibratory) Gestaltungen (characters) des Organismus und auf das ›potentiale‹ Element in der Natur« (*PR*, p. 239/dt. S. 437) richten. Diese Bewegung ist andererseits jedoch nicht perzipierbar ohne den Rückgriff auf eine durchgängige Kohärenz. Die Konzeption der Kohärenz, die Whiteheads spätere Philosophie bestimmt, wird von ihm selbst auch in Zusammenhang gebracht mit dem Gedanken eines Systems. Ob seine Gedanken nun den Charakter einer Kosmologie oder einer Ontologie haben, sie beanspruchen, einen umfassenden Relationszusammenhang des Seienden darzustellen.

IV

Wenn man von der Kontroverse zwischen Russell und Bradley ausgeht und den dabei vorgegebenen kategorialen Rahmen ernst nimmt, muß man annehmen, daß interne Relationen und Monismus, externe Relationen und Pluralismus untrennbar verbunden seien. Der Widerspruch, der daraus augenfällig wird, scheint Whitehead innerhalb seines eigenen Systems zu treffen. In der Tat ist Whiteheads Konzept in dieser Hinsicht bereits kritisch befragt und gegen diese Befragung verteidigt worden.[32] (Von Whitehead

32 Siehe die Arbeiten von W. P. Alston und I. Leclerc, o. Anm. 6.

her könnte man zunächst sagen, daß ein großer Teil seines Denkens ›provisorischen‹ Charakter hatte und daß sein Insistieren auf der Notwendigkeit des Bewußtmachens von – unter Umständen lebensnotwendigen – Abstraktionen nicht gleichzeitig ein Verfügbarwerden der Konkretion bedeute. Es steht zu fürchten, daß auch eine noch so genaue Entwicklungsgeschichte hier nicht zu einer abschließenden Präzisierung führen wird.) – Die prominente Formulierung Whiteheads, die zu Angriff und Verteidigung Anlaß gegeben hat, findet sich in *Science and the modern World* (*SMW*, p. 154 f./dt. S. 148):

»Die Theorie der Relationalität (relationship) zwischen Ereignissen (events; später wird diese Einheit ›actual entity‹ genannt) ... ist zunächst fundiert (based) auf der Lehre, daß die Bezogenheiten (relatednesses) eines Ereignisses alle interne (internal) Relationen sind, soweit dieses Ereignis betroffen ist, allerdings nicht notwendigerweise auch sofern die anderen Relata betroffen sind. Beispielsweise sind die ewigen Objekte (eternal objects), die hier beteiligt sind, extern auf die Ereignisse bezogen.«

Interne Relationen sind also die Voraussetzung der sich vollziehenden Konkretisierung eines Ereignisses, interne Relationen sind jedoch nicht die einzig mögliche Form von Relationen. Die erst in *PR* ausdrücklich explizierte Theorie verschiedener Existenzformen oder Strukturen von Seiendem entscheidet bereits hier für die Theorie der Relationen die Möglichkeit eines ›Sowohl-als-auch‹: Der Primat interner Relationen schließt nicht aus, daß es auch externe Relationen gibt. Die Frage der von den Relata unabhängigen Existenz der Relationen, die im Streit Russells mit Bradley von Bedeutung war, wird von Whitehead offenbar schlicht auf eine andere Ebene verschoben. In *PR* werden Relationen offenbar uminterpretiert in Nexus – als Plural –, sofern es sich um Kategorien der Existenz handelt (*PR*, p. 22/dt. S. 63).

Die internen Relationen konstituieren das Seiende als ein identifizierbares, sie treten insofern ein in die Rolle der Qualitäten einer Substanz. Auch die ›simple location‹ findet als Abstraktion hier ihren existentiellen Grund des Konkreten:

»Diese interne Bezogenheit (relatedness) ist der Grund dafür, warum ein Ereignis (event) gerade, wo es ist und wie es ist, gefunden werden kann, – das heißt: in einem definiten Zusammenhang (set) von Relationalitäten (relationships). Denn jede Relationalität geht in das Wesen (essence) des Ereignisses ein; daher wäre das Ereignis abgelöst von diesem Relationszusammenhang (relationship) nicht, was es ist. Dies genau ist das, was mit dem Begriff (notion) interne Relationen gemeint ist.« (*SMW*, p. 155/dt. S. 148)

Hier ist eine deutliche Annäherung an Bradley zu erkennen, die sich ›logisch‹ mit einer Ablehnung Russells verbindet:

»Es war üblich, sogar allgemein verbreitet, zu behaupten, daß raum-zeitliche Relationszusammenhänge (relationships) äußerlich seien. Eben diese Lehre wird hier in Abrede gestellt.« (*SMW*, p. 155/dt. S. 148)

V

Whitehead kann verschiedene Formen von Relationen anerkennen, da er verschiedene Existenzformen akzeptiert, die unterschiedlich in diese Relationen verflochten sind. Die letzten, fundamentalen Entitäten sind nicht durch Permanenz, sondern durch Prozessualität gekennzeichnet, wobei deren Prozeß jeweils als ein solcher der Konkreszenz zu verstehen ist. Die ›connectedness‹ dieser Entitäten kann darum ebenfalls keinen statischen Charakter haben, sondern muß durch Formen von *Interaktion* ausgemacht werden, in denen der jeweils umfassende Zusammenhang zurückwirkt auf die einzelnen Entitäten – oder wie es auch ausgedrückt worden ist: »actual entities reproduce the characters of the society in which they arise and which they prehend.«[33] Das Konzept der Wirklichkeit als Zusammenwachsen zu gewissermaßen atomistisch aufgebauten Entitäten von begrenzter Dauer verabschiedet grundsätzlich die Vorstellung identisch bleibender Substanzen. Gleichwohl haben an diesem prozessualen Relationszusammenhang auch statische Elemente Anteil. Wenn diese statischen Elemente (»eternal objects« bzw. Formen oder in der Vergangenheit in die Konkretion gelangte Konkreszenzen, also Konkreta) in Relation mit actual entities treten, dann haben diese Relationen zwar für die noch im Prozeß der Konkreszenz befindlichen actual entities *konstitutive* Bedeutung (vgl. *SMW*, p. 207/ dt. S. 195), sie sind damit für Whitehead interne Relationen im Blick auf die Konkreszenz der actual entities. Eben diese Relationen sind jedoch nicht konstitutiv für die ›eternal objects‹, gerade

33 D. M. Emmet, *Whitehead's Philosophy of Organism*, London 1932, p. 212.

weil diese zeitlos sind, entsprechend können diese Relationen auch nicht konstitutiv für vollendete Konkreta sein.[34] In diesen beiden Fällen bleiben die Relationen extern. Auf diese Weise wird deutlich, inwiefern Relationen je nach den bezogenen Relata intern und extern zugleich sein können. In solcher Differenzierung erblickt Whitehead letztlich die Möglichkeit, eine Schwierigkeit zu beheben, die sich für eine umfassende Theorie interner Relationen ergibt:

»Die (Haupt-)Schwierigkeit, die sich hinsichtlich der internen Relationen ergibt, besteht darin zu erklären, wie irgendeine partikulare Wahrheit möglich ist. Insofern interne Relationen existieren, muß alles von allem abhängen. Wenn dies aber der Fall ist, können wir nichts über irgend etwas wissen, bevor wir nicht in gleichem Maße alles andere wissen. Daher stehen wir augenscheinlich unter der Notwendigkeit, alles auf einmal sagen zu müssen. Diese (bloß) vermeintliche Notwendigkeit ist offenbar unwahr. Dementsprechend ist uns auferlegt (incubent on us) zu erklären, wie es interne Relationen geben kann, obwohl wir endliche Wahrheiten zugestehen.« (*SMW*, p. 203/dt. S. 191)

Diese Aufgabe verweist Whitehead auf die Untersuchung des Verhältnisses der wirklichen Ereignisse zu der Sphäre der Möglichkeiten, aus denen sie eine Auswahl darstellen. Seine Philosophie hat darum in die Analyse der Möglichkeitssphäre einzutreten, wobei ebendiese Analyse eine unbegrenzte Zahl subordinierter Relationen aufzeigt. Diese Unendlichkeit impliziert für Whitehead trotz seiner Überzeugung, daß ein jedes Seiendes hinsichtlich seiner endlichen Beziehungen erkennbar ist, eine Begrenzung des Wissens, insofern die Totalität der Perspektiven des Wißbaren die Grenzen endlicher Erkenntnis überschreitet (vgl. *MT*, p. 58 f.). Das Spannungsfeld zwischen borniert Begrenztheit der Erkenntnis und deren erforderlicher Offenheit für das Andere und

---

34 Auf diesen Zusammenhang hat insbesondere G. L. Kline aufmerksam gemacht: »Form, Concrescence, and Concretum«, in: L. S. Ford/ G. L. Kline (eds.), *Explorations in Whitehead's Philosophy*, New York 1983, p. 104-146, bes. p. 111. – Es sei hier nur kurz darauf hingewiesen, daß aufgrund der differenzierten Ontologie Whiteheads eine vielfältige Übertragung bzw. ›Anwendung‹ seiner Philosophie im Rahmen der (Natur-)Wissenschaften eröffnet wird; dazu vgl. J. B. Cobb, Jr./D. R. Griffin (eds.), *Mind in Nature: Essays on the Interface of Science and Philosophy*, Washington: University Press of America, 1977.

das Neue sucht Whitehead durch Anspielungen auf Poesie von
sehr unterschiedlichem Niveau zu verdeutlichen. Zunächst bezieht er sich auf einen Spottvers über einen ehemaligen Master des
Trinity College in Cambridge:

> »I am Master of this College;
> And what I know not,
> Is not knowledge.«
> (*MT*, p. 59; sinngemäß:
> Ich bin der Master dieses College;
> Und was ich nicht weiß,
> Ist kein Wissen.)

Bemerkenswerterweise hält Whitehead diese Haltung für typisch,
zumindest für vorherrschend in der gebildeten Welt: Eben diese
Haltung »sterilisiert phantasievolles (imaginative) Denken und
blockiert dadurch einen jeden Fortschritt« (*MT*, p. 59). – Zweitens bezieht er sich auf Shelleys Poem *Hellas*:

> »Worlds on worlds are rolling ever
> From creation to decay,
> Like the bubbles on a river,
> Sparkling, bursting, borne away.«
> (*MT*, p. 60; sinngemäß:
> Welten auf Welten treiben ewig
> Von Erschaffung zu Verfall,
> Wie Blasen auf einem Fluß,
> Sprudelnd, platzend, fortgetragen.)

Wenn auch das Erkennen in diesem Schöpfungsprozeß durch
seine eigene Endlichkeit begrenzt ist, gibt es doch innerhalb dieses unendlichen Zusammenhangs von Endlichkeiten nichts, was
dem Erkennen grundsätzlich verschlossen bliebe. »Solches
Nichtwissen ist bloß akzidentell; und solche Möglichkeit des
Wissens erschließt ihre Relevanz gegenüber unbekannten Aspekten bekannter Dinge. Jedes Wissen des Endlichen schließt immer
auch eine Referenz auf Unendlichkeit ein.« (*MT*, p. 61)
Whiteheads Lösung der Problematik von internen und externen
Relationen ist offenbar so ausgelegt, daß sie einerseits Bradleys,
andererseits Russells Lösung umfaßt, ohne in die Einseitigkeit
oder Begrenztheit des einen oder des anderen Modells zu verfal-
len. Allerdings ist doch festzuhalten, daß Whiteheads Modell der
Lösung Bradleys näher steht als der Russells, daß es also insofern

in eine gewisse Nähe zum sog. »British Hegelianism« gerät.[35] Bradleys Trennung von ontologischer und gnoseologischer ›Region‹ wird freilich von Whitehead so gerade nicht aufrechterhalten. Dies bringt er insbesondere zum Ausdruck durch die Formulierung des »reformierten subjektivistischen Prinzips« seiner Philosophie des Organismus, welches lautet: »abgelöst (apart) von den Erfahrungen der Subjekte gibt es nichts (nothing), nichts, nichts, reines Nichtsein (bare nothingness).« (*PR*, p. 167/dt. S. 312)

Juliana Pelakicar

---

35 Vgl. dazu auch *PR*, p. xii f./dt. S. 24 und p. 167/dt. S. 312; hinsichtlich der Unterscheidung von Hegel (und dem Hegelianismus) vgl. besonders *PR*, p. 166/dt. S. 310: »In the place of the Hegelian hierarchy of categories of thought, the philosophy of organism finds a hierarchy of categories of feeling.«

Gottfried Heinemann
Zenons Pfeil und die Begründung
der epochalen Zeittheorie

Die aktualen Entitäten Whiteheads zerlegen das Kontinuum potentieller Ausdehnungsbeziehungen in atomare und dabei zugleich ausgedehnte Teile. Insbesondere wird die Zeit in »epochale« Dauern geteilt. Diese sind einerseits ausgedehnt und können somit als Intervalle im Kontinuum aufgefaßt werden. Im mathematischen Sinn, der aber nur potentielle Ausdehnungsbeziehungen betrifft, sind sie teilbar. Andererseits sollen sie aber temporale Minima sein: Jede weitere Teilung eines derartigen Intervalls kann nur unter Abstraktion von der Aktualität der Entität vorgenommen werden, die es besetzt. Die Aufeinanderfolge der Teilintervalle, in die es zerlegt wird, ist nicht als Übergang zwischen aktualen Entitäten darstellbar und daher auch nicht als *Zeit* zu interpretieren.

Zur Begründung dieser Theorie rekurriert Whitehead auf drei Bewegungsparadoxa Zenons,[1]

die *Dichotomie*:

(D)   »Soweit es gültig ist, zieht das Argument einen Widerspruch aus den beiden Prämissen: (I) daß beim Entstehen
20   etwas (*res vera*) entsteht, und (II) daß jeder Entstehensakt in frühere und spätere Abschnitte teilbar ist, die ihrerseits Entstehensakte sind. Man betrachte z.B. einen Entstehensakt während einer Sekunde. Der Akt ist in zwei Akte teilbar, einen während der früheren Hälfte der Sekunde und einen während der späteren Hälfte der Sekunde. Was

1   Die folgenden Zitate sind von mir neu übersetzt – Zeilenangaben nach *PR*. Überdies rekurriert Whitehead auf die Annahme, daß jede aktuale Entität ein Erfahrungsakt ist: Ein solcher könne zwar in einer (nachträglichen) Reflexion in Komponenten geteilt werden, tatsächlich sei er aber jeweils ein Ganzes – so William James, den Whitehead an dieser Stelle zitiert (vgl. *PR*, p. 68 l. 6 ff/dt. S. 141 Z. 17 ff). Dieses Argument muß außer Betracht bleiben, solange wir nur die naturphilosophische Seite der Whiteheadschen Metaphysik diskutieren.

während der ganzen Sekunde entsteht, setzt daher voraus,
25 was während der ersten halben Sekunde entsteht. Analog
gilt: Was während der ersten halben Sekunde entsteht,
setzt voraus, was während der ersten Viertelsekunde entsteht, usf. ad indefinitum. Wenn wir daher den Prozeß des
Entstehens bis zum Anfang der fraglichen Sekunde zu-
rückverfolgen und fragen, was dann (nämlich am Anfang
der Sekunde – GH) entsteht, kann keine Antwort gegeben
30 werden. Denn jede Kreatur, die wir angeben, setzt eine
frühere Kreatur voraus, die nach dem Anfang der Sekunde
und vor der angegebenen Kreatur entstand. Daher gibt es
nichts, dessen Entstehen einen Übergang in die fragliche
Sekunde zustande brächte.
Die Schwierigkeit ist nicht dadurch zu vermeiden, daß
35 man annimmt, daß in jedem unausgedehnten Augenblick
etwas entsteht. Denn am Beginn des eine Sekunde langen
Zeitintervalls gibt es keinen nächsten Augenblick, an dem
etwas entstehen könnte.« (*PR*, p. 68 l. 18-36/vgl. dt. S. 142
Z. 3-26)

den *Pfeil*:
(P) »Im ›fliegenden Pfeil‹ scheint Zenon dieses Argument
dunkel erfaßt zu haben. Aber Bewegung ins Spiel zu bringen, belastet die Sache mit irrelevanten Details. Die wirkliche Schwierigkeit ist, zu verstehen, wie der Pfeil das Ver-
1 gehen der Zeit überlebt. Unglücklicherweise ist Descartes'
Behandlung von ›Dauerhaftigkeit‹ sehr oberflächlich, und
nachfolgende Philosophen sind seinem Beispiel gefolgt.«
(*PR*, p. 68 l. 37 – p. 69 l. 2/vgl. dt. S. 142 Z. 27-34)

den *Achilleus*:
(A) »Mit ›Achilleus und die Schildkröte‹ produziert Zenon ein
ungültiges Argument, das auf Unkenntnis der Theorie
5 unendlicher konvergenter Zahlenfolgen beruht. Man eli-
miniere irrelevante Details von Wettlauf und Bewegung
... und betrachte die erste halbe Sekunde als einen Entstehensakt, die nächste Viertelsekunde als einen anderen solchen Akt, die nächste Achtelsekunde als wieder einen anderen usf. ad indefinitum. Zenon nimmt dann zu Unrecht
10 an, daß diese unendliche Folge von Entstehensakten nie-

mals ausgeschöpft werden kann. Aber es besteht kein
Grund für die Annahme, daß eine unendliche Folge von
Entstehensakten – mit einem ersten Akt, und jeder Akt
mit einem unmittelbaren Nachfolger – im Prozeß des
Werdens unausschöpfbar ist. Einfache Arithmetik stellt sicher, daß die angegebene Folge innerhalb einer Sekunde
ausgeschöpft wird. Dann ist der Weg frei für das Auftreten
15 eines neuen Entstehensakts, der jenseits der ganzen Folge
liegt. Daher beruht dieses Zenonsche Paradoxon auf einem
mathematischen Irrtum.« (*PR*, p. 69 l. 3-16/vgl. dt. S. 142
Z. 35-143 Z. 18)

Diese Diskussion wird dann *resümiert*:
(R) »Durch die obige Modifikation des ›Pfeil‹-Paradoxons
wird das Prinzip herausgestellt, daß jeder Entstehensakt
einen unmittelbaren Nachfolger haben muß, wenn wir zugestehen, daß etwas entsteht. Denn andernfalls könnten
20 wir nicht aufzeigen, welche Kreatur mit dem Eintritt in die
fragliche Sekunde entsteht. Ohne eine weitere Prämisse
können wir aber nicht folgern, daß jeder Entstehensakt
einen unmittelbaren Vorgänger gehabt haben muß.« (*PR*,
p. 69 l. 17-22/vgl. dt. S. 143 Z. 19-27)

und mit einer *Konklusion* abgeschlossen:
(K) »Die Schlußfolgerung ist, daß bei jedem Entstehensakt das
Entstehen von etwas stattfindet, das zeitliche Ausdehnung
25 hat; daß der Akt selber aber nicht in dem Sinn ausgedehnt
ist, daß er in frühere und spätere Entstehensakte geteilt
werden kann, die der extensiven Teilbarkeit des Entstandenen entsprechen.« (*PR*, p. 69 l. 23-26/vgl. dt. S. 143
Z. 28-33)

I

Der zitierte Text greift nicht auf das Kategorienschema von *PR*
zurück. Er ist also zunächst nicht als ein Schritt in dessen Explikation zu verstehen, sondern als eine eigenständige Argumentation. Diese soll Whiteheads »epochale« Zeittheorie begründen.
Die »epochale« Zeittheorie steht im Zentrum der Whiteheadschen Metaphysik. Sie impliziert einerseits eine *Naturphilosophie*,

die von allen ihren Vorgängern grundsätzlich abweicht: Die Wirklichkeit ist nach Whitehead in Ereignisse gegliedert, die in kausalen und somit auch temporalen Beziehungen stehen. Diese Ereignisse sind zwar ausgedehnt, d. h., sie können mathematisch geteilt werden. Aber einer derartigen Teilung entspricht kein kausales Nacheinander von Teilereignissen und somit auch kein temporales Früher und Später. Und entsprechend die räumlichen Dimensionen: insgesamt besetzt jedes atomare Ereignis ein raumzeitliches Volumen, dessen *Binnen*verhältnisse von grundsätzlich anderer Art sein müssen als die Verhältnisse *zwischen* Ereignissen.[2]

Andererseits ist die »epochale« Zeittheorie eine Voraussetzung, unter der die »subjektivistische« Hauptthese der *Metaphysik* Whiteheads allein plausibel sein kann. Diese besagt nämlich, daß dieselben atomaren Ereignisse, die, naturphilosophisch betrachtet, in kausalen und temporalen Beziehungen stehen, zugleich Erfahrungsakte sind, die auf eine vergangene Welt reagieren, eine künftige antizipieren und sich im gegenwärtigen Selbstinnesein des Erlebens und Strebens als Individuen von der Welt unterscheiden. Das Hier und Jetzt solchen ungeteilten Selbstseins muß an der Ausdehnungsstruktur der Welt partizipieren: Der Standpunkt eines Erfahrungsakts in der raumzeitlich gegliederten Welt ist ein Bestimmungsmoment von dessen interner Konstitution, sofern die Ausdehnungsverhältnisse innerhalb dieses Standpunkts die Synthesis des Mannigfaltigen bestimmen, die den Erfahrungsakt ausmacht.[3] Das heißt, es ist dieselbe »epochale« Struktur der

2 Im Hinblick auf die moderne Physik ist diese Konzeption sehr attraktiv. Alle traditionellen naturphilosophischen Ansätze scheinen am sog. nicht-lokalen Charakter von Quantenereignissen zu scheitern. Obwohl Whitehead die moderne Quantentheorie nicht kannte (vgl. Palter, S. 215 f und 218: Whitehead hat die Quantentheorie nur bis etwa 1924 rezipiert, d. h., er hat die uns heute bekannte Quantentheorie, die in der zweiten Hälfte der 20er Jahre entstand, offenbar nicht mehr zur Kenntnis genommen), liefert die Naturphilosophie von *PR* zu deren Interpretation einen vielversprechenden Ansatz (vgl. z. B. die Arbeit von Stapp sowie meinen Aufsatz »Zeit- und Prozeßstrukturen«).

3 Whiteheads Prehensionstheorie versucht nicht weniger, als jener »verborgenen Kunst in den Tiefen der menschlichen Seele« auf die Schliche zu kommen, vor der Kant (KrV B 181 f) kapitulierte. Die Binnenverhältnisse eines Erfahrungsakts entsprechen der bei Kant (KrV B 67 f) rätselhaft bleibenden Selbstaffektion des Gemüts. Das heißt: In der

Wirklichkeit, die von Whitehead einerseits in einer Naturphilosophie und andererseits in einer Theorie der Erfahrung ausgelegt
wird.

Für die argumentative Struktur von *PR* folgt: Die »epochale«
Zeittheorie muß im Rahmen des *metaphysischen* Systems ableitbar sein. Das heißt, sie muß sich aus der Explikation des Systems
ergeben. Sie muß überdies sowohl als ein *naturphilosophisches*
Theorem wie als Aussage einer *Theorie der Erfahrung* plausibel
gemacht werden. Die zitierte Stelle, an der Whitehead auf Zenon
zurückgreift, betrifft die naturphilosophische Plausibilität der
»epochalen« Zeittheorie.

Was ist hier unter ›Naturphilosophie‹ und unter ›Metaphysik‹ zu
verstehen? Und in welchem Verhältnis stehen beide zu einer
›Theorie der Erfahrung‹? – Ich kann hier nur eine vorläufige Klärung dieser Begriffe versuchen. Und zwar werde ich im folgenden
diese Begriffe so einführen, wie ich sie selber verstehe: vermutlich
mit einem anderen Philosophieverständnis als demjenigen Whiteheads und dabei doch in der Absicht, den Gedankengang, der in
PR vorliegt, als einen Argumentationsgang zu rekonstruieren und
anhand der Frage nach der naturphilosophischen Plausibilität der
»epochalen« Zeittheorie seine Stichhaltigkeit zu prüfen. Eine derartige Prüfung wäre freilich irrelevant, bezöge sie sich auf ein
bloßes Artefakt, das durch Herantragen meiner eigenen Begriffe
fabriziert ist. Sie ist daher von vornherein mit dem Anspruch
verbunden, daß die ihr zugrundeliegende Rekonstruktion wenigstens als Hypothese über die Argumentationen, die bei Whitehead im Hintergrund bleiben, diskussionswürdig ist.[4]

Zu den Aufgaben der Naturphilosophie gehört es, den Gegenstand naturwissenschaftlicher Theorien zu bestimmen. Naturphilosophie sagt, was der Fall sein muß, damit

– den Begriffen, die bei der Formulierung naturwissenschaftlicher Theorien verwandt werden, ein Gegenstand entspricht
und

deskriptiven Analyse des Erfahrungsakts versucht Whitehead, an Kant
anzuknüpfen: er erweitert dessen transzendentale Ästhetik und Analytik zu einer Metaphysik der Erfahrung. Aber dabei setzt er sich zugleich *methodisch* von Kant ab: sein Ziel ist nicht die definitive Feststellung aller Kenntnisse a priori, sondern im Gegenteil die Zurückführung
der Philosophie in den stets unabgeschlossenen Prozeß der Erfahrung.
4 Vgl. die *Bemerkung* am Ende von Abschnitt 1.

– die Behauptungen, die von den Naturwissenschaften aufgestellt
 werden, auf diesen Gegenstand zutreffen.

Naturphilosophie entwickelt insofern eine Metasprache, in der
die Naturwissenschaften interpretiert werden können. Diese Metasprache soll eine letzte sein. Das heißt: Es ist nicht mehr sinnvoll zu fragen, welcher Gegenstand einem naturphilosophischen
Begriff entspricht. Sofern der Gegenstand überhaupt durch einen
Begriff bestimmt werden kann, so muß dies eben der naturphilosophische Begriff sein. Die begriffliche Explikation eines naturphilosophischen Systems – oder besser: Modells – und die Deskription der Wirklichkeit, die es erfaßt, gehen in eins.

Naturphilosophie beansprucht daher eine doppelte Plausibilität:
einerseits diejenige ihrer eigenen begrifflichen und argumentati-
ven Struktur, andererseits diejenige ihres Wirklichkeitsgehalts.
Die Wirklichkeit dessen, was ein naturphilosophisches Modell
beschreibt, ist weder durch das Modell selber zu erweisen, denn
es ist nur eine Beschreibung, noch durch eine Metatheorie über
dieselben Gegenstände, da es eine solche nicht gibt. Sie läßt sich
auch nicht durch einen schlichten Rückgriff auf die Naturwissenschaften sichern. Denn diese verfügen zwar über ein rationales
Verfahren zur Prüfung der *Richtigkeit* ihrer Theorien, nicht aber
zur Prüfung der *Sachhaltigkeit* der Begriffe, in denen die Theorien formuliert sind; die letztere (die Angemessenheit der Begriffe
zur Beschreibung dessen, was der Erfahrung tatsächlich vorliegt)
muß vielmehr naiv vorausgesetzt werden, wenn die erstere überprüft werden soll.[5] Die Frage nach dem Wirklichkeitsgehalt na-

5 Nach Kuhn beginnt effektive Forschung erst dann, wenn eine Gruppe
 von Forschern zu folgenden Fragen feste Meinungen gewonnen hat:
 »Was sind die fundamentalen Entitäten, aus denen das Universum gebildet ist? Wie interagieren diese miteinander und mit den Sinnen?
 Welche Fragen kann man legitimerweise über solche Entitäten stellen,
 und welche Techniken kann man bei der Suche nach Lösungen anwenden?« (S. 4 f; die überarbeitete zweite, nicht hingegen die erste Auflage
 der deutschen Fassung ist an dieser Stelle, S. 19 der zweiten bzw. S. 21 f
 der ersten Aufl., fehlerhaft.) Derartige Meinungen werden nach Kuhn
 nur in außergewöhnlichen Situationen der Forschung ausdrücklich
 erörtert, normalerweise gehen sie in die konventionelle Struktur des
 wissenschaftlichen Betriebs ein. Weder die »normale« noch die »revolutionäre« Forschung verfügen über rationale Kriterien zu ihrer Beurteilung. Vielmehr kann sich die wissenschaftliche Rationalität erst auf
 der Grundlage derartiger Meinungen entfalten.

turphilosophischer Begriffe betrifft also gerade eine unvermeidliche Argumentationslücke naturwissenschaftlicher Theoriebildung und naturphilosophischer Deskription.

Sofern sich Naturphilosophie auf die Naturwissenschaften bezieht, muß sie daher hinsichtlich ihrer Begründung unvollständig bleiben. Sie kann sich durch die Sorgfalt ihrer Explikationen und Argumentationen als kohärent und widerspruchsfrei ausweisen. Sie kann (und muß) den Ergebnissen naturwissenschaftlicher Forschung Rechnung tragen und vielleicht sogar darüber hinaus deren Fortgang antizipieren: das erwiese sie in gewisser Hinsicht als adäquat.[6] Aber bei alledem bleibt sie *abstrakt*. Sie beschreibt

Wenn Kuhns Feststellungen zutreffen, dann würde Naturphilosophie nachholen, was die Naturwissenschaften in ihrem normalen Betrieb versäumen und was ihnen auch in revolutionären Phasen ihrer Entwicklung nur unzureichend gelingt: Sie würde die Meinungen, von denen sich naturphilosophische Forschung leiten läßt, in ihrem Zusammenhang darstellen – oder vielmehr einen *Vorschlag* unterbreiten, wie derartige Meinungen expliziert und wie naturwissenschaftliche Fragestellungen und Verfahrensweisen als dem Gegenstand naturwissenschaftlicher Forschung angemessen begründet werden könnten.

Naturphilosophie wäre demnach eine nachträgliche Reflexion auf die Naturwissenschaften. Sie hätte den Gegenstand vorliegender, allenfalls antizipierbarer naturwissenschaftlicher Theorien zu beschreiben. Sofern sie die Naturwissenschaften hinsichtlich der Explikation und Begründung ihrer Theorien kritisiert, hätte sie diese doch nur an deren eigenem Anspruch zu messen: Naturphilosophie konfrontiert naturwissenschaftliche Theorien mit einer Beschreibung des Gegenstands, auf den sie zutreffen sollen.

Kuhns Frage nach einer Interaktion der naturphilosophisch fundamentalen Entitäten »mit den Sinnen« führt freilich über eine bloß deskriptive Naturphilosophie hinaus: Indem sie mit den Sinnen interagieren, sollen sich diese Entitäten als *wirklich* erweisen, und die Wirklichkeit des Gegenstands naturwissenschaftlicher Theorien ist nicht durch dessen Beschreibung erklärbar. Die naturphilosophische Deskription verweist daher über sich hinaus auf Probleme, die nur in einer Theorie der Erfahrung angemessen behandelt werden können.

6 Kohärenz, Konsistenz (allgemeiner: Logizität) und Adäquatheit sind nach Whitehead (*PR*, p. 4/dt. S. 31 f) die grundlegenden Kriterien, nach denen ein System spekulativer Philosophie zu messen ist. Nach meiner Auffassung entscheidet sich an diesen Kriterien nur die Qualität einer naturphilosophischen Deskription. Die Kriterien sind unzureichend, um darüber hinaus deren Wirklichkeitsgehalt zu beurteilen.

einen Gegenstand, über den sie selber nicht mehr weiß, als was naturwissenschaftliche Theorien sie lehren. Als *Wirklichkeit*, die den Naturwissenschaften nicht vermöge ihrer Theorien, sondern durch experimentelle Praxis zugänglich ist, vermag sie den Gegenstand nicht zu erweisen, außer wenn sie gerade nicht auf *Natur* – d. i. dasjenige, was naturwissenschaftlichen Begriffen entspricht und worauf naturwissenschaftliche Theorien zutreffen –, sondern auf *Erfahrung und Praxis* reflektiert. Diese Reflexion übersteigt aber den Horizont naturphilosophischer Beschreibung. Der naturphilosophischen Deskription entgeht daher auch die wirkliche Tätigkeit der Naturwissenschaftler, die ihr Tun zwar einerseits als ein Erkennen von Natur auslegen, deren Tun aber andererseits nur aus seinem Zusammenhang mit anderen menschlichen Tätigkeiten verständlich wird und letztlich auch den Erkenntniswert seiner Resultate nur aus diesem Zusammenhang zu gewinnen vermag.

Natur, wie Naturphilosophie sie beschreibt, läßt sich daher erst auf einer neuen, der *metaphysischen* Argumentationsebene als *wirklich* ausweisen: Sie muß nicht allein den Gegenstand naturwissenschaftlicher Theorien ausmachen, sondern sie muß irgendwie zu der *Welt* gehören, in der wir tatsächlich leben. Die naturphilosophische Deskription ist mit der *Erfahrung* unseres In-der-Welt-Seins erst zu verbinden.[7] Eine Möglichkeit, dies zu tun, ist: Welt von vornherein als Natur auszulegen und somit die naturphilosophischen Begriffe so zu verstehen, daß sie unmittelbar unser In-der-Welt-Sein beschreiben. Dies zu leisten, beansprucht Whiteheads »Subjektivismus«. Demgegenüber würde ich es vorziehen, zwischen Welt und Natur strikt zu unterscheiden und die letztere als etwas zu bestimmen, wovon zu reden wir nicht umhinkommen, wenn wir uns über die Bedingungen unse-

---

7 Ich behaupte somit in Anlehnung an Heidegger, daß unser In-der-Welt-Sein die unhintergehbare Wirklichkeit ausmacht. Das heißt: Dieser Wirklichkeit sind wir immer schon, und zwar indem wir erfahren und handeln, in unüberbietbarer und nicht weiter begründungsbedürftiger Weise gewiß (vgl. *SuZ*, § 43). Diese These Heideggers ist sowohl von seinem fundamentalontologischen Programm wie von der weiteren Ausführung seiner Analytik des In-der-Welt-Seins ablösbar. Als solche beinhaltet sie nichts, was zwischen Whitehead und Heidegger strittig sein könnte.

res In-der-Welt-Seins klarwerden und verständigen wollen.[8] Whitehead hingegen versucht, die naturphilosophische Beschreibung metaphysisch zu fundieren, indem er zeigt, daß sie geeignet ist, unser In-der-Welt-Sein als ein Natur-und-in-der-Natur-Sein darzustellen. Beide Herangänge sind jeweils in einer Reflexion auf unser In-der-Welt-Sein begründet. Diese Begründungen nachzuzeichnen ginge über das gegenwärtige Thema hinaus. Es bleibt nur die Differenz festzuhalten, durch die auch meine Auseinandersetzung mit Whitehead motiviert ist.

Die Frage nach der naturphilosophischen Plausibilität der »epochalen« Zeittheorie betrifft zunächst nur den eingeschränkten Begriff von Naturphilosophie: Die »epochale« Zeittheorie muß als *Beschreibung* eines Gegenstands der Naturwissenschaften plausibel gemacht werden. Diese Beschreibung wäre freilich gegenstandslos, wenn sich nicht ihr *Wirklichkeitsgehalt* dann auch metaphysisch ausweisen ließe. Die Frage nach dieser Ausweisung ist auch für die naturphilosophische Plausibilität der »epochalen« Zeittheorie, als einer Beschreibung, nicht irrelevant. Denn es hängt durchaus von der Beschreibung ab, ob wir deren Gegenstand als wirklich ausweisen können. Wenn wir dies nicht können, dann mag die Beschreibung als solche noch so plausibel sein – beschrieben haben wir gar nichts.

Bemerkung: Anders als in *PR* unterscheidet Whitehead in seinen früheren Schriften ausdrücklich zwischen *Metaphysik* und *Naturphilosophie*: Thema der letzteren ist die »Natur, d. i. der Gegenstand des aus Wahrnehmung gewonnenen Wissens (the object of perceptual knowledge), nicht die Verbindung des Wissenden mit dem Gewußten. Diese Unterscheidung ist genau die Trennungslinie von Naturphilosophie und Metaphysik. (...) Unser Thema ist die Kohärenz des Gewußten, und das Rätsel, das wir entwirren, ist: Was ist das, wovon wir wissen?« (*PNK*, p. VII) Die

8 Vgl. meinen Aufsatz »Welt und Natur«. In diesem Fall wäre die Sprache der Naturphilosophie zwar eine letzte Metasprache der Naturwissenschaften. Das heißt, es gäbe über sie hinaus keine Sprache mehr, in der ein Gegenstand, der naturwissenschaftlichen Begriffen entspricht und auf den naturwissenschaftliche Theorien (im Sinn einer Adäquationstheorie der Wahrheit) zuträfen, angesprochen wird. Aber über der Naturphilosophie stünde noch eine Reflexion auf unser In-der-Welt-Sein, deren Begriffe nicht auf Naturgegenstände, sondern auf die Bestimmungsmomente von Welt gehen und die die Wirklichkeit der Naturgegenstände problematisiert.

Naturphilosophie – d. i. die »Philosophie der Naturwissenschaft(en)«, sofern diesen »ein gemeinsamer Gegenstandsbereich«, Natur, unterstellt werden kann (*CN*, p. 2) – hat »Relationen zwischen den Gegenständen, die wir durch Wahrnehmung kennen (things perceptively known), darzustellen; das heißt, [sie hat] diejenigen Naturbeziehungen (natural relations) darzustellen, deren Darstellung eben Naturphilosophie ist« (*CN*, p. 30). Demgegenüber ist *Metaphysik* eine »Diskussion des Wie (über die Natur hinaus) und Warum (über die Natur hinaus) von Denken und sinnlichem Gewahrsein (sense-awareness)« (*CN*, p. 28). Wissen hingegen, sagt Whitehead, »ist unhintergehbar. Es kann keine Erklärung des Warum von Wissen geben; wir können nur das Was von Wissen beschreiben. Das heißt, wir können seinen Inhalt und dessen innere Beziehungen beschreiben ...« (*CN*, p. 32) Aufgabe der Metaphysik ist daher »nicht, Wissen zu erklären, sondern unseren Begriff von Realität in äußerster Vollständigkeit auszuarbeiten« (*CN*, p. 32).

Meine Unterscheidung zwischen ›*naturphilosophischer* Deskription‹, ›*metaphysischer* Ausweisung‹ und ›*Erfahrung* des In-der-Welt-Seins‹ ist nicht als Auslegung dieser frühen Whiteheadschen Unterscheidungen zu verstehen. Nur der Begriff von ›naturphilosophischer Deskription‹ entspricht etwa demjenigen Whiteheads – wobei dieser ein besonderes Gewicht darauf legt, daß *jeder* Gegenstand unseres Wahrnehmungswissens zur ›Natur‹ zählt und durch die Deskription eines Gegenstandsbereichs der Naturwissenschaften erfaßt werden muß: diese Frage betrifft aber die *Ausführung* der naturphilosophischen Deskription und nicht ihre grundsätzliche Aufgabenstellung. Jedoch ist dieser Hinweis vielleicht nützlich, um ein weiteres mögliches Mißverständnis auszuräumen: Der in einer naturphilosophischen Deskription beschriebene Gegenstand naturwissenschaftlicher Begriffe und Theorien ist keineswegs mit denjenigen Gegenständen zu verwechseln, die von den Naturwissenschaften *explizit thematisiert* werden. Wie Whitehead in *PNK* und *CN* die sog. ›scientific objects‹ auf ›events‹ und deren Beziehungen zurückzuführen sucht, so wird es zu den Aufgaben jeder naturphilosophischen Deskription gehören, die von den Naturwissenschaften explizit thematisierten Gegenstände auf Entitäten zurückzuführen, von denen in naturwissenschaftlichen Theorien gar nicht direkt die Rede sein muß, die aber als *naturphilosophisch fundamental* angesetzt werden.

Die ›metaphysische Ausweisung‹ derartiger Deskriptionen betrifft ein *Begründungsproblem*, das Whitehead an den zitierten Stellen gar nicht erörtert. Whitehead weist, m. E. zu Recht, die Frage nach einer *Erklärung* von Wissen zurück. Er scheint aber die Frage nach dessen *Begründung* entweder zu ignorieren oder auf die Frage nach einer umfassenden *Darstellung* dieses Wissens als Wahrnehmungswissen zu reduzieren. *Metaphysik* hat dann nur noch uns selber, die wir wahrnehmen und wissen, in die Darstellung dessen, was wir wissen, einzubeziehen und somit die Darstellung von *Natur* zur Darstellung von *Realität überhaupt* zu erweitern. Das Programm einer derartigen (in *CN* und *PNK* nicht ausgeführten) Metaphysik ergibt sich also aus demjenigen der Naturphilosophie nicht durch die Forderung nach *Begründung*, sondern nach *Vollständigkeit*.

Mein Thema ist die in *PR* ausgeführte Metaphysik. Was ich eine ›naturphilosophische Deskription‹ nenne, ist in diese von vornherein eingearbeitet. Wenn ich die Argumentationsebene naturphilosophischer Deskription von derjenigen ihrer ›metaphysischen Ausweisung‹ zu unterscheiden versuche und für die letztere eine Reflexion auf die ›Erfahrung unseres In-der-Welt-Seins‹ fordere, dann kann ich mich dabei weder auf *PR* noch auf Whiteheads frühere Schriften berufen. Sondern ich versuche, *die Metaphysik Whiteheads mit einem Begründungsproblem zu konfrontieren, von dem ich nicht einmal weiß, ob es nach Whiteheads eigenem Philosophieverständnis überhaupt zulässig wäre.* Meine Auseinandersetzung mit Whitehead hat gerade das Ziel, überhaupt erst einen Standpunkt zu bestimmen, von dem aus die Probleme der Naturphilosophie und ihrer Grundlegung geklärt werden können. Ob dies der Whiteheadsche sein kann, ist für mich eine offene Frage.

2

Um die »epochale« Zeittheorie plausibel zu machen, beruft sich Whitehead auf Zenon. Zenons Paradoxa wurden ersonnen, um die Unmöglichkeit von Bewegung zu zeigen: Wer Bewegung annimmt, muß sich nach Zenon in Widersprüche verwickeln. Für jede Naturphilosophie ist diese Konklusion inakzeptabel. Naturphilosophie muß daher die von Zenon aufgezeigten Widersprüche vermeiden. Das heißt: Für die Naturphilosophie sind Zenons Paradoxa ein Test, anhand dessen die *Konsistenz* ihrer Beschreibung der Wirklichkeit überprüft werden muß. Indem sich Whitehead auf Zenon beruft, behauptet er also erstens, daß die »epochale« Zeittheorie diesen Test besteht, und zweitens, daß nur sie ihn besteht: die »epochale« Zeittheorie ist nach Whitehead zur Lösung der von Zenon aufgezeigten Probleme »erfordert« (*PR*, p. 68 l. 5/vgl. dt. S. 141 Z. 16 f). Das letztere kann nur unter weiteren Voraussetzungen gelten, da auch andere Zeittheorien als die »epochale« gegen die Argumente Zenons naturphilosophisch immun sind. Bei unserer Interpretation haben wir besonders auf derartige Zusatzvoraussetzungen – und ob sie etwa die metaphysische Ausweisung der »epochalen« Zeittheorie betreffen – zu achten.[9]

Die eingangs zitierte Argumentation ist in fünf Abschnitte gegliedert: die drei Paradoxa (D), (P) und (A), das Resümee (R) und die Konklusion (K). Das Resümee besteht im wesentlichen aus dem hier erstmals formulierten Prinzip, »daß jeder Entstehensakt einen unmittelbaren Nachfolger haben muß, wenn wir zugestehen, daß etwas entsteht« (PR, p. 69 l. 18 f/vgl. dt. S. 143, Z. 21 f). Der Nachsatz wiederholt die Voraussetzung (1) von (D): Bei jedem Entstehensakt muß etwas (res vera) entstehen (PR, p. 68 l. 19/dt. S. 142 Z. 4). Dies ist ein analytischer Satz. Denn es liegt im Begriff des Entstehens, daß bei jedem Entstehensakt etwas entsteht.[10] Der Nachsatz nennt also keine einschränkende Bedingung, unter der das Prinzip stünde, sondern er ist eine Art von Bekräftigung und trägt zur Aussage des Prinzips selber nichts bei. Das Prinzip lautet also:

(*) Jeder Entstehensakt hat einen unmittelbaren Nachfolger.

Dieses Prinzip, sagt Whitehead, werde »durch die obige Modifikation des ›Pfeil‹-Paradoxons ... herausgestellt« (PR, p. 69 l. 17/ vgl. dt. S. 143 Z. 19). Das ist sehr vage formuliert. Whitehead teilt uns nur mit, daß das Prinzip in dem modifizierten Zenonschen Paradoxon erstmals (nämlich innerhalb von PR) eine Rolle spielt.[11] Aber es käme darauf an, welche Rolle das Prinzip spielt:

9 Eine solche Zusatzvoraussetzung ist die bereits erwähnte, daß aktuale Entitäten (nicht nur Entstehensakte, sondern zugleich auch) Erfahrungsakte sind (PR, p. 68 l. 6 f/dt. S. 141 Z. 18 f). Auf sie ist später zurückzukommen.

10 Jung, S. 70, wendet ein, daß Analytizität noch nicht »Selbstevidenz« garantiert. Selbstevidenz zu erzeugen, sei vielmehr »das Ziel der Diskussion im Rahmen des ganzen metaphysischen Schemas«. Aber wie immer es um die anhand des metaphysischen Schemas erzeugte Evidenz bestellt sein mag: sie ist von der naturphilosophischen Plausibilität zu unterscheiden, nach der wir hier fragen. Um diese zu beurteilen, müssen wir nicht, wie Jung unterstellt, auf das Kategorienschema zurückgreifen. Der Begriff ›to become‹ (werden, entstehen) wird auch bei dessen Formulierung als verständlich vorausgesetzt (erstmals PR, p. 21/dt. S. 62) und nicht etwa erst durch das Kategorienschema eingeführt.

11 Das englische ›to bring out‹, das ich mit ›herausstellen‹ übersetze, bedeutet nach COD: express, exhibit clearly, introduce (girl) into

Geht es als *Voraussetzung* in die Argumentation ein oder geht es als *Folgerung* aus ihr hervor? Wir können das nur herausfinden, indem wir dem Rückverweis folgen und die dortige Argumentation analysieren. Dieser Rückverweis auf »die obige Modifikation des ›Pfeil‹-Paradoxons« ist aber längst nicht so eindeutig, wie er klingt: Sofern vom ›Pfeil‹-Paradoxon die Rede ist, müßte er sich auf (P) beziehen. Andererseits spielt Whitehead aber mit dem nächsten Satz des Resümees unzweideutig auf (D) an (vgl. *PR*, p. 69 l. 19 f mit p. 68 l. 27 ff). Und tatsächlich spielt das Prinzip (*) offenbar eine Rolle in (D), während zunächst rätselhaft bleibt, was (*) mit (P) zu tun hat.[12] Wir müssen deshalb die Frage, ob (*) eine Voraussetzung oder Folgerung ist, sowohl an (D) wie an (P) stellen.

2.1

In (D) wird das Prinzip (*) vorausgesetzt, nicht gefolgert. Ohne diese Voraussetzung käme der in (D) abgeleitete Widerspruch gar nicht zustande. Der Widerspruch besteht nämlich darin, daß *einerseits* der Übergang in die fragliche Sekunde so gedacht werden muß:

Diese Sekunde sei das Zeitintervall T zwischen t_0 und t_1. Zur Zeit t_0 sei ein Entstehungsakt x abgeschlossen; wann x begonnen hat, spielt keine Rolle. x muß einen unmittelbaren Nach-

society, publish. Jung, S. 72, übersetzt fälschlich mit ›zeigen‹ i. S. von beweisen.

12 Dementsprechend bezieht Jung, S. 68 ff, den Rückverweis überhaupt nur auf (D) und erwähnt (P) in seiner – insgesamt sehr bedeutenden – Studie nicht einmal. Das kann aber nicht angehen. Vergleicht man nämlich die Erörterungen Whiteheads mit denen bei Aristoteles, durch die uns die Bewegungsparadoxa Zenons bekannt sind (Dichotomie: 233 a 21 ff, 239 b 11 ff, 263 a 4 ff; Pfeil: 239 b 5 ff, b 30 ff; Achilleus: 239 b 14 ff), dann erweist sich (D) ebenso als eine Version der ›Dichotomie‹, nicht des ›Pfeils‹, wie (A) eine Version des ›Achilleus‹ ist: beidemal entsteht die Version Whiteheads aus der Aristotelischen, indem man dieselben »irrelevanten Details der Bewegung eliminiert« (vgl. *PR*, p. 69/dt. S. 142). Den Rückverweis auf (D) zu beziehen hieße also, Whitehead eine grobe Verwechslung zu unterstellen. Selbst als »Arbeitspräsenz« (Specht, S. 66 ff) Zenons bei Whitehead wäre dies kaum akzeptabel.

folger haben. Das heißt, es muß einen Entstehungsakt y geben, der sogleich beginnt, wenn x abgeschlossen ist, und später als x, etwa während T, stattfindet. Der Übergang in das Zeitintervall T kommt durch den Übergang von x zu y zustande.

Werden *andererseits* T und y in der angegebenen Weise geteilt, dann stellt sich heraus, daß y kein unmittelbarer Nachfolger von x ist:

Ist nämlich y_1 der Teil von y, der während der ersten Hälfte von T stattfindet, so ist y_1 nach (11) wiederum ein Entstehensakt. Nach (1) gibt es eine *res vera*, die mit dem Akt y_1 entsteht. Diese sei Y_1.

Die zweite Hälfte von y sei y_2, dabei entstehe Y_2. Y_2 ist also diejenige *res vera*, deren Entstehungsakt zur Zeit t_2 abgeschlossen ist. Aber zur Zeit t_2 sollte y abgeschlossen sein. Ist Y die mit dem Entstehensakt y entstehende *res vera*, dann ist folglich $Y = Y_2$, daher auch $y = y_2$, und y_1 findet zwischen x und y statt.

Der erste Schritt dieses Arguments (mein »einerseits«) besteht nur in der Anwendung des Prinzips (*): x muß einen unmittelbaren Nachfolger haben. Der zweite Schritt (mein »andererseits«) führt die Annahme, irgendein y sei unmittelbarer Nachfolger von x, zum Widerspruch; deshalb kann x keinen unmittelbaren Nachfolger haben. Beides zusammen ist der Widerspruch, den Whitehead eingangs angekündigt hat. – Daß Whitehead anstelle dieses direkten Widerspruchs einen infiniten Regreß konstruiert, der gerade demjenigen in Zenons ›Dichotomie‹ entspricht,[13] betrifft nur die Ökonomie beim Aufschreiben des Arguments und braucht uns nicht weiter zu kümmern.

So rekonstruiert hat das Argument (D) freilich nicht zwei, sondern drei Voraussetzungen: (1), (11) und (*). Voraussetzung (1) erwies sich bereits oben als ein analytischer Satz. Ob die sehr starke Anwendung von (1) am Schluß des zweiten Schritts durch den analytischen Charakter von (1) mit gedeckt ist, könnte als fraglich erscheinen. Aber ich sehe bei Whitehead keinen Ansatz, das Problem in diese Richtung zu wenden, und schlage deshalb vor, das Argument in dieser Hinsicht als unanfechtbar zu betrachten. Disputabel sind dann nur noch die Voraussetzungen (*)

13 ›Dichotomie‹ mit unendlicher Teilung zum Bewegungsanfang hin (vgl. Aristoteles 239 b 11 ff; Simplikios 1013, 4 ff = Lee, fr. 20). Wird die Bewegung zum Ende hin unendlich geteilt, dann ist die ›Dichotomie‹ für Whitehead ebenso belanglos wie der ›Achilleus‹.

und (II). Der Widerspruch ist nur zu vermeiden, indem man eine dieser beiden Voraussetzungen verwirft.

Whitehead entscheidet sich gegen (II): Es ist nicht der Fall, daß jeder Entstehensakt in frühere und spätere Teile geteilt werden kann, die ihrerseits Entstehensakte sind. Ein Entstehensakt ist vielmehr ein atomares Ereignis, das zwar in temporalen Beziehungen zu anderen derartigen Ereignissen steht, dessen Binnenstruktur aber nicht in Analogie zu seinen Außenbeziehungen beschrieben werden kann. Sofern alle atomaren Ereignisse mit derartigen Entstehensakten identifiziert werden können, ergibt sich also die epochale Zeittheorie, die Whitehead mit seiner Argumentation zu begründen beansprucht.

Aber diese Entscheidung Whiteheads ist nur so plausibel, wie das Prinzip (*) plausibel ist, *für* das sich Whitehead entscheidet. Und zugunsten dieses Prinzips hat Whitehead in (D) noch nichts vorgebracht. Das Dichotomie-Argument spricht vielmehr mindestens ebenso gegen (*), wie es gegen (II) spricht. Denn (II) ist jedenfalls insofern plausibel, als die mathematische Teilbarkeit des fraglichen Zeitintervalls nicht verneint werden kann: Geleugnet wird nur, daß die entsprechenden Teile des Entstehensakts ihrerseits Entstehensakte sind.

In der Konklusion seiner Zenon-Diskussion sagt Whitehead, nur die entstandene *res vera*, nicht deren Entstehensakt selber, sei zeitlich ausgedehnt und somit teilbar (*PR*, p. 69 l. 23 ff/ dt. S. 143 Z. 28 ff). Dies ist hochgradig paradox. Denn als zeitlich ausgedehnt muß die entstandene *res vera* ein Ereignis (Vorgang oder Prozeß) sein, das, da eine andere Zeitbestimmung nicht in Betracht kommt, während derselben Zeit wie ihr Entstehensakt stattfindet. Der Entstehensakt und sein Resultat, die entstandene *res vera*, sind somit *identisch*: sie sind dieselbe *aktuale Entität*.[14] Diese wäre also einerseits, als Entstehensakt, unteilbar, andererseits, als dessen Resultat, teilbar[15] – freilich nicht in aktuale Entitäten, sondern entweder »genetisch« in »Prehensionen« (hierzu: Teil III von *PR*) oder »morphologisch«, d. i. mathematisch, in »koordinierte Teile« (hierzu: Teil IV von *PR*).

Bemerkung: Ford, 1974/75, setzt in seiner Rekonstruktion von (D) nicht

14 Vgl. die *Bemerkung* am Ende dieses Abschnitts.
15 Zur bloß nachträglichen Teilbarkeit von Prozessen vgl. auch Bergson, S. 309.

das Prinzip (*) voraus, sondern die Unterscheidung zwischen dem *Stattfinden* (occurrence) und dem *Entstehen* eines Ereignisses, d. i. »the act of becoming whereby that event acquires being« (S. 103). Derartige Entstehensakte, als vom Stattfinden eines Ereignisses verschieden, seien anzunehmen, weil stattfindende Ereignisse, wie existierende Substanzen, »erklärungsbedürftige Wirklichkeiten (actualities)« sind (ebd.).

Ist nun X das Stattfinden eines Ereignisses E und x der Entstehensakt, durch den X erklärt werden soll, so kann x kein anderes Ereignis als E, etwa E', sein. Denn:

(a) E' kann nicht zu einer Zeit stattfinden, zu der E nicht stattfindet, denn dann wäre E durch E' nicht zu erklären; also müßte E' ein Anfangsstück (beginning subevent) von E sein.

(b) Dann wäre aber wieder zwischen dem Stattfinden X' und dem Entstehen x' von E' zu unterscheiden; wäre x' wieder ein von E' verschiedenes Ereignis E'' usf., so ergäbe sich ein infiniter Regreß.

An die Stelle des Prinzips (*) tritt nun die Forderung, daß dieser infinite Regreß, als Erklärungsregreß für das Stattfinden von E, nicht zulässig ist. Daher muß – jedenfalls für die fundamentalen Ereignisse, bei denen der Regreß terminiert – E = E' sein, d. h. das Stattfinden von E und das Stattfinden des Entstehensakts von E sind identisch. (Vgl. zum ganzen Argument S. 103-105.)

Das Dichotomie-Argument ist demnach nur relevant, wenn wir von vornherein zwischen dem Stattfinden und dem Entstehen eines Ereignisses unterscheiden. Diese Unterscheidung, sagt Ford abschließend, sei erforderlich, um unserer »Erfahrung der zeitlichen Aktualisierung« Rechnung zu tragen, »durch die aus einer undeterminierten, offenen Zukunft eine determinierte Vergangenheit wird« (S. 106).

Aber *was* entsteht bei einem solchen Entstehensakt? Wenn ich Fords Schlußbemerkung recht verstehe, ist das nicht das fragliche Ereignis selber, sondern das *Vergangensein* dieses Ereignisses. Das heißt, der Entstehensakt, durch den das Ereignis zustande kommt, ist einfach das *zeitliche Werden*, durch welches das Gegenwärtigsein des Ereignisses zum Vergangensein wird. Und das heißt weiter: Es ist, wenn man einmal von *Entstehensakten* spricht, überflüssig, über diese hinaus noch *Ereignisse*, die dabei entstehen, und deren vom Entstehen unterschiedenes *Stattfinden* einzuführen – außer in dem schlicht temporalen Sinn, daß die bei einem Entstehensakt entstandene *res vera* nichts anderes ist als das Vergangensein dieses Entstehensaktes. Nur auf diese Weise würde auch die dunkle Rede von dem »Sein«, das ein Ereignis durch sein Entstehen »erwirbt« (S. 103, s. o.), verständlich: Dieses sog. Sein wäre nicht das Stattfinden eines Ereignisses, sondern das Stattgefundenhaben des Entstehensakts selber.

Es wäre also einerseits der Whiteheadschen Forderung, daß bei jedem Entstehensakt etwas entsteht, Genüge getan. Was entsteht, ist aber nicht etwas anderes als der Entstehensakt, sondern dessen Abgeschlossensein im Gegensatz zur Gegenwart seines Vollzugs. Andererseits löste sich der *kausale* Regreß, den Ford konstruiert, in einen *temporalen* Regreß auf, von dem nicht mehr gefordert werden muß, daß er terminiert. An die Stelle dieser Forderung tritt wieder das Prinzip (*).

2.2

Wenn sich in Whiteheads Zenon-Diskussion überhaupt ein Argument für das Prinzip (*) finden läßt, dann in (P). Aber (P) besteht eigentlich nur aus einem einzigen Satz: »Die wirkliche Schwierigkeit ist, zu verstehen, wie der Pfeil das Vergehen der Zeit überlebt.« (*PR*, p. 68 l. 39 f/vgl. dt. S. 142 Z. 30 f) Wenn (P) irgend etwas zur Begründung von (*) und somit der »epochalen« Zeittheorie beitragen soll, dann nur dadurch, daß sich (*) als eine plausible, evtl. als die einzig mögliche Antwort auf diese Frage erweist.

Was ist mit dieser Frage gemeint? Man könnte einwerfen: Warum soll der Pfeil denn das Vergehen der Zeit überleben? Warum soll er nicht zerbrechen, verbrennen oder in ein Schwarzes Loch fallen? Zenons Problem ist nicht, eine derartige Kalamität zu vermeiden. Der Unterschied zwischen einem ungestörten Weiterfliegen des Pfeils und den angegebenen Arten seiner Zerstörung betrifft gerade die »irrelevanten Details« (*PR*, p. 68 l. 38/vgl. dt. S. 142 Z. 29), für die sich Whitehead zu Recht nicht interessiert. Ob der Pfeil weiterfliegt, zerbricht oder dergleichen, jedesmal findet an ihm eine *Veränderung* statt. Das heißt:

– zu verschiedenen Zeiten ist *verschiedenes* der Fall; und
– zwischen den zu verschiedenen Zeiten bestehenden Sachverhalten besteht insofern ein Zusammenhang, als *derselbe* Pfeil, oder wenigstens ein immer noch identifizierbarer Rest von ihm, der bei seiner Zerstörung übrigbleibt, in sie involviert ist.[16]

16 Vgl. hierzu *PR*, p. 73/dt. S. 150. Die dort angegebene Definition von ›Veränderung‹ ist im begrifflichen Rahmen des kategorialen Schemas formuliert und wird hier sinngemäß wiedergegeben. – Der behauptete Zusammenhang besteht auch beim Fall in ein Schwarzes Loch, der äußersten Zerstörung eines einzelnen Gegenstands, die physikalisch vorgestellt werden kann, denn dabei bleiben immerhin noch Masse,

Ohne die Selbigkeit eines Gegenstands oder *Substrats* könnten wir nicht von einer Veränderung sprechen. Daß z. B. zuerst die Amsel vor dem Fenster singt und dann der Papierkorb voll ist, ergibt noch keine Veränderung. Sondern es muß *etwas* geben, das zuerst so ist und dann anders und sich somit verändert. Die Frage, wie der Pfeil das Vergehen der Zeit überlebt, betrifft dessen Existenz als ein solches Substrat: Wieso ist überhaupt durch seine Existenz zu einer gegebenen Zeit garantiert, daß auch zu einer späteren Zeit etwas existiert, das mit ihm irgendwie identifiziert werden kann und an dem sich eine Veränderung ablesen läßt?

Man könnte dieser Frage auszuweichen versuchen, indem man darauf verweist, daß das Stattfinden von Veränderung eine unleugbare Erfahrungstatsache sei und daß folglich, da Veränderung nicht ohne ein Substrat stattfinden kann, auch die Existenz eines Substrats von Veränderung durch Erfahrung nachweisbar sein müsse. Aber dieses Argument setzt voraus, was gezeigt werden soll: daß wir nicht nur verschiedenes zu verschiedenen Zeiten, sondern eben Veränderung, d. i. verschiedenes *an demselben* zu verschiedenen Zeiten, erfahren. Es ist gerade fraglich, ob wir der Selbigkeit eines Gegenstands über dessen Veränderung hinweg durch Erfahrung gewiß sein können. Was wir zu verschiedenen Zeiten *jeweils* feststellen können, ist nicht dieses Substrat, sondern der Gegenstand mit seinen jeweiligen Eigenschaften, deren jede durch die fragliche Veränderung verlorengehen bzw. erworben sein kann. Was den Gegenstand als Substrat von Veränderung ausmacht, wäre an ihm überhaupt nur durch Absehen von allen Eigenschaften, die er jeweils hat, zu bestimmen. Aber ein Gegenstand ohne Eigenschaften ist gewiß nicht durch Erfahrung nachweisbar. Wenn wir hingegen *vergleichen*, was wir zu verschiedenen Zeiten feststellen können, dann zeigt sich, daß gewisse Eigenschaften bleiben, andere wechseln. Aber woher wissen wir, daß dabei nicht auch der Gegenstand ausgetauscht wurde? Nur an seinen Eigenschaften könnten wir ihn wiedererkennen. Aber mit welchem Recht entscheiden wir uns dafür, ihn an denjenigen Eigenschaften wiederzuerkennen, die bleiben, statt ihn wegen der

Drehmoment und elektrische Ladung erhalten (vgl. z. B. Wheeler, S. 14 f). Selbst ein derartiger Vorgang kann daher noch als Veränderung an einem Substrat, das durch die genannten Erhaltungsgrößen bestimmt ist, interpretiert werden.

Eigenschaften, die wechseln, für einen anderen Gegenstand zu halten?

Durch Erfahrung ist ein Substrat von Veränderung also nicht nachweisbar. Aber wir müssen ein solches Substrat annehmen, um Veränderung *denken* zu können. Der Begriff ›Substrat‹ bezeichnet nichts, was wir der Erfahrung von Veränderungen entnehmen könnten, sondern etwas, was wir bei jeder Beschreibung von Veränderung voraussetzen müssen. Er bezeichnet ein Erfordernis der naturphilosophischen Deskription der Wirklichkeit, die wir erfahren.

Daß Zenons Pfeil das Vergehen der Zeit überlebt, müssen wir also voraussetzen, um seine Veränderung denken und beschreiben zu können. Das heißt, wir müssen voraussetzen, daß durch seine bloße Existenz zu einer gegebenen Zeit auch seine Weiterexistenz als Substrat von Bewegung garantiert ist. Aber diese Voraussetzung ist auch nur dadurch gerechtfertigt, daß Veränderung ohne sie weder gedacht noch beschrieben werden kann. Ihr Wirklichkeitsgehalt bleibt problematisch. Denn es ist zunächst gar nicht auszumachen, wieso der Pfeil über alles hinaus, was wir an ihm zu irgendeiner Zeit feststellen können, auch noch Substrat von Veränderung sein soll.

Indem Whitehead das Paradoxon Zenons auf die Frage hinauslaufen läßt, wie der Pfeil das Vergehen der Zeit überlebt, konstatiert er also einerseits die *naturphilosophische* Unumgänglichkeit der Annahme eines Substrats von Veränderung, andererseits aber das *metaphysische* Problem, ein solches Substrat als wirklich auszuweisen. Er kehrt das Argument Zenons gleichsam um: Dieser hatte die metaphysische These, daß Bewegung nicht wirklich sein könne, durch den Hinweis auf das naturphilosophische Problem, wie Veränderung überhaupt gedacht werden kann, bestätigen wollen. Whitehead hingegen kommt von einer naturphilosophischen These, daß Veränderung ohne Annahme eines Substrats nicht gedacht werden kann, auf das metaphysische Problem der Wirklichkeit eines solchen Substrats.[17]

17 Whiteheads Lösung besteht, grob gesagt, darin, daß er in seinem System »dauernde Gegenstände« und »korpuskulare Gesellschaften« als bestimmte Arten von »Nexūs« aktualer Entitäten definiert (vgl. *PR*, p. 34 f/dt. S. 85 f), die einerseits als Substrat von Veränderungen (aber nicht, wie in den mechanistischen Systemen der Naturphilosophie, als die fundamentalen Entitäten) fungieren können, andererseits durch

Aber mit dem Prinzip (*) und der »epochalen« Zeittheorie hat die Frage nach einem Substrat von Veränderung zunächst gar nichts zu tun. Die Struktur der Zeit ist durch sie weder angesprochen, noch ist ersichtlich, wieso eine Hypothese über die Struktur der Zeit für die Denkbarkeit eines Substrats von Veränderung oder für die Ausweisbarkeit von dessen Wirklichkeit erforderlich sein sollte.[18]

2.3

Einer Vorlesungsnachschrift aus dem Jahr 1925 zufolge hat Whitehead dem Paradoxon Zenons noch eine weitere Wendung gegeben:

(Z) »Zenon: Wie macht man das: ein Fortschreiten in die Zukunft vor sich zu haben? Wie ist Prozeß möglich? Wenn man das in Gestalt eines zeitlichen Übergangs ins Nichtexistente begreift, dann kommt man gar nicht erst in Gang. Denn man kann auf nichts zeigen, wohin ein Übergang stattfinden kann oder was dann und dort erschaffen wird.«[19]

Hier wird nun nicht mehr nach einem Substrat von Veränderung, das den Wechsel der Zeiten überdauert, sondern nach der *Zeit* selber gefragt. Damit Veränderung möglich sei, muß nicht nur der Gegenstand über alles hinaus, was wir jeweils an ihm feststellen können, Substrat von Veränderung sein. Sondern es muß über die jeweilige Zeit hinaus überhaupt noch eine andere Zeit geben, zu der etwas anders sein kann, als es zunächst ist. Und wie der

die Kohärenz des ganzen Systems an dessen Wirklichkeitsgehalt partizipieren.

18 Ein Beleg hierfür ist auch, daß Whitehead seine Konstruktion eines Substrats von Bewegung im wesentlichen unverändert aus seiner früheren Naturphilosophie übernehmen kann (vgl. etwa *PNK*, § 15.1 und *CN*, p. 156 mit den entsprechenden Passagen von *PR*, s. o. Anm. 16 und 17), obgleich diese eine andere als die »epochale« Zeitstruktur annahm.

19 Zitiert nach Ford, 1984, S. 277: »Zeno: How are you going to move forward into the future? How is process possible? If you conceive it under the guise of a temporal transition into the non-existent, you can't get going. There is nothing you can point to into which there is a transition, or is there and then created.« Vgl. auch ebd., S. 52 f.

Gegenstand bereits zu der früheren Zeit Substrat von Veränderung sein muß, um sich dann verändern zu können, so muß es auch bereits zu dieser früheren Zeit der Fall sein, daß es eine spätere Zeit geben wird. Und nur wenn dies der Fall ist, kann der Gegenstand Substrat von Veränderung sein. Denn ohne den Wechsel der Zeiten gibt es weder Veränderung noch deren Substrat.[20]

Damit Veränderung gedacht werden kann, muß also zunächst vorausgesetzt werden, daß es über die jeweilige Zeit hinaus noch weitere Zeit gibt. Und die Wirklichkeit von Veränderung und von deren Substrat kann nicht ausgewiesen werden, wenn sich nicht die Wirklichkeit einer weiteren Zeit über die jeweilige Zeit hinaus, und zwar an dieser selbst, ausweisen läßt.

Daß Whiteheads metaphysisches System darauf abgestellt ist, diese Forderungen zu erfüllen, ist leicht zu sehen.[21] Aber wir

20 Die Aristotelische Argumentation, daß wir den Wechsel der Zeiten nur an Veränderungen ablesen können (218 b 21 ff), wird hier gleichsam umgekehrt. Um verschiedene Zeiten zu *unterscheiden*, müssen wir nach Aristoteles ein Substrat von Veränderung *identifizieren*. Das läßt sich treffend am Widerspruchssatz illustrieren, dessen ausführliche Fassung so lautet: Es ist unmöglich, »daß dasselbe demselben in derselben Hinsicht zugleich zukommt und nicht zukommt« (1005 b 19 f). Wenn also verschiedenerlei vorkommt, dann entweder an demselben oder nicht an demselben; und wenn an *demselben*, dann entweder in derselben oder in verschiedener Hinsicht; wenn in *derselben* Hinsicht, dann nicht zugleich, sondern zu *verschiedenen* Zeiten. Jede Unterscheidung verschiedener Zeiten, die wir vornehmen, kann gedacht werden, wie wenn sie anhand eines Substrats (derselbe Gegenstand in derselben Hinsicht) aus dem Widerspruchssatz abgeleitet wäre. (Daß das ›zugleich‹ in dessen Formulierung auch als eine bloße Verstärkung des ›und‹ aufgefaßt werden kann, tut nichts zur Sache. Man könnte verschiedene Zeiten auch als verschiedene Hinsichten einführen.)

21 Vgl. z. B. die folgende Formulierung des »ontologischen Prinzips«: »›Entscheidung‹ ... macht gerade die Bedeutung von Aktualität aus. Eine aktuale Entität geht aus Entscheidungen *für* sie hervor, und sie besorgt gerade dadurch, daß sie existiert, Entscheidungen *für* andere aktuale Entitäten, die sie ablösen.« (*PR*, p. 43/dt. S. 97) Daß eine Entität aktual ist, besagt demnach, daß sie sich durch »Entscheidung« auf andere aktuale Entitäten bezieht, die ihr folgen. Wenn es über die Zeit hinaus, zu der sie selbst existiert, nicht noch weitere Zeit gäbe, zu der andere aktuale Entitäten existieren, wäre die Entität gar nicht aktual –

fragen hier nach dem Prinzip (*) und der »epochalen« Zeittheorie. Unsere Frage lautet: Müssen wir (*) voraussetzen, um annehmen zu können, daß es über jede jeweilige Zeit hinaus noch eine weitere gibt, und um deren Wirklichkeit erweisen zu können? Das heißt, wir stellen zwei Fragen: Ob das Prinzip (*)
– zur *naturphilosophischen* Deskription, und ob es
– zur *metaphysischen* Ausweisung
von Veränderung und eines Wechsels der Zeiten erforderlich ist.

Die erste Frage ist schnell beantwortet: Das Prinzip (*) wird zur naturphilosophischen Deskription, soweit deren Erfordernisse dargetan sind,[22] nicht benötigt. Denn gefordert ist nur, daß es über die jeweilige Zeit hinaus noch weitere Zeit gibt. Das Prinzip (*) behauptet mehr, als gefordert ist: daß es nicht nur weitere Zeit, sondern eine *unmittelbar nächste* Zeit gibt, so daß also zwischen der gegebenen und dieser nächsten Zeit nicht noch eine andere Zeit liegt. Erst diese Zusatzbehauptung ergibt die »epochale« Zeittheorie. Und Whitehead hat nicht gezeigt, daß sie zur naturphilosophischen Deskription von Veränderung und eines Wechsels der Zeiten erforderlich ist.

Um die Frage zu beantworten, ob das Prinzip (*) zur metaphysischen Ausweisung von Veränderung und eines Wechsels der Zeiten erforderlich ist, bieten sich zwei Wege an. Den ersten ist Whitehead selber gegangen: er führt durch das metaphysische System von *PR*. Wird nämlich das Prinzip (*) im Rahmen dieses Systems abgeleitet und wird darüber hinaus plausibel gemacht, daß die Behauptungen des Systems erforderlich sind, um überhaupt den Wirklichkeitsgehalt einer naturphilosophischen Deskription auszuweisen, dann ist (*) auch naturphilosophisch plausibel. Denn dann stünde jede naturphilosophische Deskription, bei der das Prinzip (*) verletzt ist, unter dem unwiderlegbaren Verdacht, gegenstandslos zu sein.

Ein weiterer Rekurs auf Zenon wäre hierbei nicht nötig. Whitehead hat in (D) die ›Dichotomie‹ zur Explikation der »epochalen« Zeittheorie als Konsequenz des Prinzips (*) sowie in (P) und (Z)

---

sie wäre nicht einmal eine Entität (vgl. das »Relativitätsprinzip«, *PR*, p. 22/dt. S. 64; hierzu auch Jung, S. 73 ff).

22 Die Frage, ob die »epochale« Zeittheorie zur Interpretation nicht-lokaler Charakteristika von Quantenereignissen erforderlich ist (s. o., Anm. 2), muß hier außer Betracht bleiben.

den ›Pfeil‹ zur Verdeutlichung von Fragen, auf die das System mit metaphysischen Prinzipien antwortet, herangezogen. Ist das naturphilosophische Prinzip (*) seinerseits im System ableitbar, dann kommt es nur noch darauf an, dieses System selbst metaphysisch plausibel zu machen.

Erst wenn uns dieses System als weiter begründungsbedürftig erscheint, haben wir Anlaß, einen anderen Weg einzuschlagen und zu fragen, *ob Whitehead den Gehalt der Paradoxa Zenons überhaupt ausgeschöpft hat.* Eine derartige Vermutung wird von Whiteheads eigenen Ausführungen immerhin nahegelegt. Denn Whitehead selber scheint einen viel engeren Zusammenhang zwischen dem Prinzip (*) und dem Zenonschen ›Pfeil‹ herstellen zu wollen als den, der sich aus seiner Argumentation dann tatsächlich ergibt.[23] Ob eine derartige Interpretation des ›Pfeils‹, den Whitehead demnach zwar intendiert, aber nicht ausführt, überhaupt möglich und sinnvoll ist, könnten wir nur anhand von Zenons eigenen Argumenten, soweit die Quellen das zulassen, untersuchen.

3.

Whitehead hat die Erkenntnismethode sowohl der Wissenschaften wie der Metaphysik mit dem Flug eines Aeroplans verglichen: dieser »startet vom Boden einzelner Beobachtungen; macht einen Flug in der dünnen Luft imaginativer Verallgemeinerung; und landet wieder zur erneuten, durch rationale Interpretation ge-

---

23 Im Überleitungssatz zu (P) schreibt Whitehead, Zenon habe im ›Pfeil‹ »dieses Argument dunkel erfaßt«. »Dieses Argument« kann sich nicht auf das ganze Argument (D) beziehen. Denn (D) hat mit dem ›Pfeil‹ nichts zu tun (s. o., Anm. 12). Das fragliche Argument ist nicht (D) insgesamt, sondern das Geltendmachen von (*) im Argumentationsgang von (D); vgl. *PR*, p. 68 l. 27-29, 32 f, 35 f/dt. S. 142, wo jeweils (*) als ein Argumentationsmittel von (D) *angewandt* wird. Was Zenon, glaubt man dem Überleitungssatz (*PR*, p. 68 l. 37/vgl. dt. S. 142 Z. 27), im ›Pfeil‹ »dunkel erfaßt« hat, kann also nur das Prinzip (*) sein.
Nach Russell, S. 179 f, ist das Prinzip (*) gerade der Grund, weshalb Zenons Pfeil stillstehen muß; für die Denkbarkeit von Bewegung muß demnach nicht (*), sondern gerade die Negation von (*) vorausgesetzt werden. Whiteheads Bewegungslehre versucht den Argumenten Zenons Rechnung zu tragen, ohne das Prinzip (*) aufgeben zu müssen.

schärften Beobachtung« (*PR*, p. 5/vgl. dt. S. 34). Dementsprechend lassen sich im Gedankengang seiner Metaphysik drei Stufen unterscheiden:

- Darstellung der »Beobachtungen« oder *Daten*,[24] von denen der metaphysische Höhenflug abhebt;
- Formulierung und Explikation des metaphysischen *Systems*;
- *Interpretation der Daten* durch das System (zugleich Erläuterung des Systems anhand der Daten).

In Anlehnung an Christian (1967, S. 3) können wir dies den *präsystematischen*, den *systematischen* und den *postsystematischen* Diskurs der Metaphysik nennen. Alle drei Diskurse machen insgesamt die Whiteheadsche Metaphysik aus.

Wenn wir versuchen, diesen Gedankengang als einen *Argumentationsgang* nachzuvollziehen, müssen wir von vornherein damit rechnen, daß dieser einen entscheidenden Bruch aufweist: Das metaphysische System ist durch keinerlei Argument aus den Daten ableitbar. Es ist eine *Hypothese*, »konstruiert, um die Daten zu interpretieren« (Christian 1983, S. 42). Durch Argumente kann nur gezeigt werden:

- präsystematisch: daß und inwiefern die Daten der Interpretation durch eine metaphysische Hypothese bedürfen;
- systematisch: daß diese Hypothese, als System, kohärent, wohldefiniert und widerspruchsfrei ist;
- postsystematisch: daß die metaphysische Hypothese zur Interpretation der Daten geeignet ist.

24 Von ›Daten‹ der Metaphysik spreche ich in Anlehnung an *PR*, p. 169/ dt. S. 297; vgl. auch Christian 1967, S. 3. Whitehead verwendet diesen Begriff vornehmlich im Rahmen seiner Prehensionslehre: für die »Daten«, auf die sich eine aktuale Entität, als Erfahrungsakt, bezieht (vgl. *PR*, p. 23/dt. S. 66). Im Zusammenhang der Methode der Metaphysik von ›Daten‹ zu sprechen ist wegen der Analogie zwischen der Struktur aktualer Entitäten, als Erfahrungsakten, und dem methodischen Vorgehen der Metaphysik legitim. Diese Analogie geht so weit, daß wir Whiteheads Bemerkung, es müsse »jede Obligation ... ein Spezialfall kategorialer Obligationen« sein (*PR*, p. 20/dt. S. 61) – also ein Anwendungsfall der Verbindlichkeiten, die die teleologische Binnenstruktur von Erfahrungsakten bestimmen –, ganz wörtlich zu nehmen haben: Die methodischen Regeln, die der metaphysischen Spekulation auferlegt sind (vgl. *PR*, p. 3 ff/dt. S. 31 ff), lassen sich auf die Regeln, ohne deren Einhaltung kein Erfahrungsakt zustande käme (vgl. die Prehensionstheorie, *PR*, p. 217 ff/dt. S. 399 ff), direkt zurückführen.

Sofern, wie ich hier voraussetze, die Aufgabe der Metaphysik insbesondere darin besteht, den Wirklichkeitsgehalt naturphilosophischer Deskriptionen auszuweisen, dann gehören diese, und mit ihnen alle naturwissenschaftlichen Theorien, zu den Daten der Metaphysik, auf die sie sich prä- und postsystematisch bezieht.

Gegenüber dem Metaphysikverständnis Whiteheads verschiebt mein Herangang jedenfalls die Gewichte. Für Whitehead kommen von vornherein nur Beschreibungen der Wirklichkeit, die wir erfahren, in Betracht. Sein Problem ist daher zunächst nicht deren Wirklichkeitsgehalt, sondern ihre mangelnde Konkretheit und die mangelnde Kohärenz der Beschreibungen verschiedener Erfahrungsbereiche. Die metaphysische Hypothese Whiteheads soll daher einerseits die konkreten Elemente unserer Erfahrung angeben und diese andererseits in einen einzigen »kosmologischen« Zusammenhang bringen, dessen Systematik die Inkohärenz unserer Erfahrung behebt. Das heißt: das System soll einerseits die *Wirklichkeit unserer jeweiligen Erfahrung* adäquat beschreiben und andererseits die *Wirklichkeit des umfassenden kosmischen Prozesses* darstellen, auf die hin wir unsere Erfahrung immer schon interpretieren. Unsere Erfahrung soll zugleich gerechtfertigt und korrigiert werden, sofern sie immer schon über ihre jeweiligen Gegenstände, die wir jeweils thematisieren, hinausgeht: sie ist immer schon »metaphysisch« interpretiert, aber dabei immer wieder auch »provinziell« (*SMW*, p. ix/dt. S. 7) und in »exzessiver« Weise subjektiv; sie ist »selektiv«, und »die Aufgabe der Philosophie ist, das durch die Selektion verundeutlichte Ganze (totality) zurückzugewinnen« (*PR*, p. 14 f/dt. S. 51 f). Dieses Ganze ist zugleich das Konkrete und das Universelle. Daß sie zugleich das Konkrete und das Universelle erfaßt, ist der Ausweis des Wirklichkeitsgehalts der metaphysischen Hypothese. Unsere Erfahrung und ihre zunächst provinziellen, selektiven und exzessiv subjektiven Interpretationen, die insgesamt die Daten der Metaphysik ausmachen, werden gerechtfertigt und dabei auch kritisiert, indem gezeigt wird, daß sie durch diese vereinheitlichende Hypothese interpretiert werden können, dieser Interpretation aber auch bedürfen. Sofern sie das Ganze sowohl als Konkretes wie als Universelles verfehlen, müssen die vorliegenden Interpretationen, indem sie ihrerseits durch die vereinheitlichende Hypothese interpretiert werden, an deren Wirklichkeitsgehalt partizipieren.

Dieses auf die Beschreibung von Totalität abzielende Vereinheit-
lichungsprogramm ist nicht unproblematisch.[25] Um der Problematik des Whiteheadschen Metaphysikverständnisses auszuweichen, habe ich mein Thema, die »epochale« Zeittheorie, von dem
metaphysischen System abgelöst und einem »provinziellen« Bereich der Erfahrung und Interpretation zugeschlagen: der naturphilosophischen Deskription eines Gegenstands der Naturwissenschaften. Und ich habe es vermieden, die metaphysische Frage
nach dem *Wirklichkeitsgehalt* einer solchen Deskription der
Frage nach einer *universellen* Deskription jeglicher Erfahrung in
einem kohärenten System unterzuordnen. Denn, anders als
Whitehead, sehe ich keinen Grund, Wirklichkeit mit Totalität zu
identifizieren und überdies Totalität für grundsätzlich beschreibbar zu halten.[26] Dabei will ich aber nicht von vornherein ausschließen, daß die metaphysische Hypothese Whiteheads zu der
Frage nach dem Wirklichkeitsgehalt einer naturphilosophischen

25 Ihm werden nicht nur die Themenbereiche der verschiedenen Wissen-
    schaften, sondern darüber hinaus auch alltagspraktische, gesellschaft-
    lich-politische, ästhetische und religiöse Erfahrungen, schließlich so-
    gar diejenigen philosophischen Reflexionen unterworfen, die unser
    In-der-Welt-Sein und somit Wirklichkeit und Erkenntnis betreffen.
    Daher ergibt sich ein Zirkel: Whiteheads eigene Reflexion auf die
    Situation der Metaphysik, in der diese nur hypothetisch verfahren
    kann, wird ihrerseits durch die metaphysische Hypothese interpre-
    tiert. Logisch ist dieser Zirkel vitiös. Whitehead kann ihn nur verteidi-
    gen, indem er sich auf »unhintergehbare« Hoffnungen und moralische
    Intuitionen beruft (vgl. *PR*, p. 42/dt. S. 96 sowie *FR*, p. 38/dt. S. 33).
    Die Frage, ob diese Verteidigung gelungen und ob das Verfahren
    Whiteheads zulässig ist, ist sehr schwer zu beantworten.
26 Die Differenz liegt möglicherweise in der Sprachtheorie: Für mich ist
    ›Wirklichkeit‹ ein *zeichenreflexiver* Begriff, und alle nicht zeichenre-
    flexiven Deskriptionen sind deshalb hinsichtlich ihres Wirklichkeits-
    gehalts zunächst unausgewiesen. Demgegenüber sieht Whitehead ge-
    rade im zeichenreflexiven Charakter der Sprache (*PR*, p. 43/dt. S. 98;
    vgl. *PR*, p. 260/dt. S. 474 sowie *PR*, p. 264 f/dt. S. 482 f) deren Unfä-
    higkeit, Totalität und somit Wirklichkeit adäquat zu erfassen. Die
    Konsequenz ist einerseits ein theologischer Wahrheitsbegriff (die Re-
    präsentation der Welt in Gott *ist* deren adäquate Beschreibung, vgl.
    PR, p. 12/dt. S. 48) und andererseits die unvermeidliche Revisionsbe-
    dürftigkeit jeder metaphysischen Hypothese (vgl. *PR*, p. 8/dt. S. 40;
    PR, p. 14/dt. S. 51), die den zeichenreflexiven Charakter sprachlicher
    Beschreibungen zu eliminieren versucht.

Deskription etwas beizutragen vermag. Die Metaphysik White-heads könnte sich ebenso für die Naturphilosophie als fruchtbar erweisen, wie umgekehrt die Prüfung der Whiteheadschen Meta-physik anhand eines fremden und vielleicht strengeren Maßstabs für deren Verständnis fruchtbar sein könnte.

Das metaphysische System Whiteheads ist in vier Gruppen von »Kategorien« zusammengefaßt:

– die »Kategorie des Unhintergehbaren« (*PR*, p. 21 f/vgl. dt. S. 61 ff): unhintergehbar ist das Wechselverhältnis von Einem und Vielen, und zwar derart, daß nicht Viele sein können, ohne zu Einem »zusammenzuwachsen«,[27] und nicht Eines, ohne die Vielen, aus denen es zusammengewachsen ist, um Eines zu vermehren, das Wechselspiel von Einem und Vielen ist somit ein »kreativer« Fortschritt zu immerzu Neuem;

– die »Kategorien der Existenz« (*PR*, p. 22/vgl. dt. S. 63 f): das sind die Klassen von Entitäten, auf die alle Realität zurückge-führt werden soll;

– die »Kategorien der Erklärung« (*PR*, p. 22 ff/vgl. dt. S. 64 ff): Aussagen (a) über den metaphysischen Primat einer Klasse von Entitäten, nämlich der aktualen Entitäten, (b) über deren Be-ziehungen untereinander und je zu sich selbst, (c) über die Beziehungen zwischen aktualen und nicht-aktualen Entitäten;

– die »kategorialen Obligationen« (*PR*, p. 26 ff/vgl. dt. S. 71 ff): Regeln, durch die die teleologische Binnenstruktur aktualer Entitäten bestimmt ist.

Die »epochale« Zeittheorie geht direkt aus der »Kategorie des Unhintergehbaren« hervor: »Die Vielen werden zu Einem, und sie werden um Eines vermehrt.« (*PR*, p. 21/vgl. dt. S. 63) Ein Entstehensakt ist nichts anderes als das Zusammenwachsen der vielen *res verae*, die unverbunden vorliegend insgesamt seine ver-gangene Welt ausmachen, zur Einheit. Sobald dieser Entstehens-akt aber vollzogen ist und eine neue *res vera* vorliegt, so ist diese nur eine weitere unter den vielen, und die erweiterte Vielheit ist so unverbunden wie je: Sie muß wieder zur Einheit zusammen-

27 Whiteheads Begriff für dieses Zusammenwachsen ist ›concrescence‹ (*PR*, p. 21/dt. S. 63). Im deutschen Text steht hierfür abwegigerweise ›Konkretisierung‹. Vgl. *AI*, p. 303/dt. S. 418, wo Whitehead die Be-deutung von ›concrescence‹ auf das lateinische ›concrescere‹ zurück-führt und auf Englisch durch das Verbalsubstantiv ›growing together‹ angibt.

wachsen, was einen weiteren Entstehensakt erfordert, der auf den früheren unmittelbar folgt.

Die »Kategorie des Unhintergehbaren« beschreibt den Zusammenhang des Konkreten und des Universellen im Prinzip »Kreativität«. Sie bestimmt *Wirklichkeit* als eine Form von *Geschichtlichkeit*. Die »epochale« Zeittheorie bestimmt die temporale Struktur alles Wirklichen als eine Struktur von Geschichte.

Als Beschreibung der unhintergehbaren Situation unserer Erfahrung ist dies wohl plausibel.[28] Aber warum soll die »epochale« Struktur von Geschichte zugleich eine unhintergehbare – und das heißt nun: allgemeinste – Struktur dessen sein, was wir ›Natur‹ nennen? Wirklichkeit ist insofern Geschichtlichkeit, als die unhintergehbare Situation unserer Erfahrung jeweils eine geschichtliche ist. Diese Situation ist, wie Whitehead unter Berufung auf Descartes sagt, die metaphysisch primäre (vgl. *PR*, p. 160/vgl. dt. S. 300). In einem primären Sinn wirklich können demnach nur solche Entitäten sein, die Erfahrungsakte in einer jeweiligen geschichtlichen Situation sind. Und insofern können wir mit Whitehead auch sagen: Jede aktuale, d. h. *metaphysisch primäre* Entität ist »ein Erfahrungsakt ..., der aus Daten hervorgeht« (*PR*, p. 40/vgl. dt. S. 93). Aber das hieße andererseits, daß nur die Erfahrungsakte, die *wir selber* vollziehen, aktuale Entitäten sein können. Denn nur weil wir es sind, die sie vollziehen, ist die Situation unserer Erfahrung die metaphysisch primäre, und müssen wir auf sie rekurrieren, wenn wir uns der Wirklichkeit dessen versichern wollen, was wir erfahren.

Um plausibel zu machen, daß die »epochale« Zeittheorie nicht nur auf unsere eigene Geschichte zutrifft, sondern auch auf das, was wir ›Natur‹ nennen, wäre zu zeigen: Die in der »Kategorie des Unhintergehbaren« beschriebene Struktur von Geschichtlichkeit charakterisiert nicht nur die Erfahrungsakte, die wir selber vollziehen, sondern auch alle *naturphilosophisch fundamentalen*

28 Vgl. hierzu den Beitrag von Lotter. – Insbesondere beschreibt die »Kategorie des Unhintergehbaren« die Situation, in der sich der Fortschritt der spekulativen Philosophie selber vollzieht: Der ganze prä-, post- und systematische metaphysische Gedankengang ist nichts anderes als ein »Zusammenwachsen« von jeweils vorliegenden Vielen (nämlich metaphysischen Interpretationen der Erfahrung) zu Einem. Er ist unabschließbar, weil dabei letztlich doch nur die Vielen um Eines vermehrt werden.

Entitäten – d. i. diejenigen Entitäten, die den Gegenstand naturwissenschaftlicher Begriffe und Theorien letztlich ausmachen und auf die naturwissenschaftliche Erklärungen letztlich zurückgeführt werden sollen. Whitehead kann dies erreichen, indem er fordert, daß nur metaphysisch primäre, d. h. im primären Sinn wirkliche Entitäten naturphilosophisch fundamental sind. Die »Kategorie des Unhintergehbaren« beschreibt gerade deshalb die naturphilosophisch fundamentalen Entitäten, weil sie die metaphysisch primären Entitäten beschreibt und weil die naturphilosophisch fundamentalen Entitäten zugleich metaphysisch primäre Entitäten sein müssen.

Tatsächlich läßt Whitehead die Begriffe der ›naturphilosophisch fundamentalen‹ und der ›metaphysisch primären‹ Entität im Begriff der ›aktualen‹ Entität zusammenfallen. Und dabei bestimmt der *metaphysische* Primat den Begriffs*inhalt*: aktuale Entitäten sind Erfahrungsakte in einer jeweiligen geschichtlichen Situation. Der *naturphilosophische* Primat bestimmt den Begriffs*umfang*: noch »das trivialste Paff von Existenz weit draußen im leeren Raum« (*PR*, p. 18/dt. S. 58) kann eine aktuale Entität sein – und somit ein Erfahrungsakt in einer jeweiligen geschichtlichen Situation, deren Struktur die »Kategorie des Unhintergehbaren« und die »epochale« Zeittheorie beschreibt.

Wenn wir den metaphysischen Primat von Erfahrungsakten in ihrer jeweiligen metaphysischen Situation akzeptieren, dann ist diese Identifizierung der naturphilosophisch fundamentalen mit den metaphysisch primären Entitäten freilich ebenso begründungsbedürftig, wie die »epochale« Zeittheorie, als naturphilosophisches Theorem, begründungsbedürftig ist. Das heißt, wenn wir keinen anderen Grund haben, die »epochale« Zeittheorie zu akzeptieren, als den, daß ohne sie die naturphilosophisch fundamentalen Entitäten nicht als im primären Sinn wirklich aufgefaßt werden können, dann kann dies ebenso auch ein Grund sein, diese Auffassung zu verwerfen und ein primäres Wirklichsein der naturphilosophisch fundamentalen Entitäten zu leugnen, weil wir die »epochale« Zeittheorie für naturphilosophisch unplausibel halten. Wir müßten dann freilich den Wirklichkeitsgehalt unserer naturphilosophischen Deskription in anderer Weise als durch Identifizierung der naturphilosophisch fundamentalen mit den primär wirklichen Entitäten auszuweisen versuchen.

Am Ende bleiben alle Fragen, die wir uns vorgelegt haben, offen:

– nach der naturphilosophischen Plausibilität der »epochalen«
Zeittheorie,
– ob die »epochale« Zeittheorie zur metaphysischen Ausweisung
einer naturphilosophischen Deskription erforderlich ist,
– wie wir bei der metaphysischen Ausweisung einer naturphilosophischen Deskription überhaupt vorgehen müssen.

Keine der Antworten Whiteheads hat sich als abwegig erwiesen,
aber auch keine – soweit wir seine Argumentationen nachzuvollziehen versuchten – als hinreichend begründet. Herausgestellt hat
sich freilich, daß das Problem der Plausibilität der »epochalen«
Zeittheorie für das Verständnis und die Beurteilung der Metaphysik Whiteheads kein beliebiges ist. Als ein Theorem des metaphysischen Systems kann diese Theorie nur so plausibel sein wie die
Verbindung von Naturphilosophie und Theorie der Erfahrung in
diesem System. Würde sie hingegen als ein Theorem der Naturphilosophie plausibel gemacht, so könnte evtl. eine Analogie zwischen naturphilosophisch fundamentalen Entitäten und Erfahrungsakten aufgezeigt werden, durch die jene Verbindung zwar
nicht begründet (denn das System bleibt eine Hypothese), aber
nachvollziehbarer würde.[29]

Literatur

Aristoteles, *Physica*. Opera, rec. I. Bekker, Berlin: Reimer 1831, S. 184-
267. Benutzte Ausgabe: Aristotelis *Physica*, rec. W. D. Ross, Oxford:
Clarendon 1950, repr. 1977 (Zitate mit Seiten-, Spalten- und Zeilenan-
gabe der Bekkerschen Ausgabe)

Aristoteles, *Metaphysica*. Opera, a.a.O., S. 980-1093. Benutzte Ausgabe:
Aristotelis *Metaphysica*, rec. W. Jaeger, Oxford: Clarendon 1957, repr.
1980 (Seiten-, Spalten- und Zeilenangaben wieder nach Bekker)

H. Bergson, *L'evolution créatrice*, 155e ed., Paris: PUF 1983

29 Vgl. hierzu auch Ford, 1974/75, S. 105: »Zwar nimmt Whitehead zur
Beschreibung allgemeiner Wesenszüge aller Entstehensakte eine Ver-
allgemeinerung von Charakteristika menschlicher Erfahrung und
Handlung vor ... Aber für ihn wäre es eindeutig zirkulär, irgendeine
Gleichsetzung von Ereignissen oder Geschehnissen (occasions or hap-
penings) mit Aktionen anzuführen, um die ›epochale‹ Theorie des
Entstehens zu begründen.« Vgl. ferner meinen Aufsatz »Zum ontolo-
gischen Primat der Gegenwart...«, 1990.

W. A. Christian, *An Interpretation of Whitehead's Metaphysics*, 2nd pr., New Haven: Yale Univ. Press 1967

W. A. Christian, »Some Aspects of Whitehead's Metaphysics«, in: *Explorations in Whitehead's Philosophy*, ed. by L. S. Ford and G. L. Kline, New York: Fordham Univ. Press 1983, p. 31-44

The Concise Oxford Dictionary of Current English (COD), 4th ed., Oxford: Clarendon 1952

L. S. Ford, »The Duration of the Present«, in: *Philosophy and Phenomenological Research* 35 (1974/75) p. 100-106

L. S. Ford, *The Emergence of Whitehead's Metaphysics 1925-1929*, Albany: SUNY Press 1984

M. Heidegger, *Sein und Zeit* (SuZ), 15. Aufl., Tübingen: Niemeyer 1979

G. Heinemann, »Zeit- und Prozeßstrukturen«, in: *Philosophisches Jahrbuch* 93 (1986) S. 110-134

G. Heinemann, »Welt und Natur«, in: *Bildung und Zukunft*, hg. von H. Dauber, Weinheim: Deutscher Studien Verlag 1989, S. 143-160

G. Heinemann, »Zum ontologischen Primat der Gegenwart in der spekulativen Kosmologie Alfred N. Whiteheads«, in: *Zeit-Zeichen*, hg. von G. C. Tholen und M. Scholl, Weinheim: VCH 1990, S. 109-126

W. Jung, »Über Whiteheads Atomistik der Ereignisse«, in: *Whitehead. Einführung in seine Kosmologie*, hg. von E. Wolf-Gazo, Freiburg/München: Alber 1980, S. 54-104

I. Kant, *Kritik der reinen Vernunft* (KrV). Werke, hg. von W. Weischedel, Bd. 2, Wiesbaden: Insel 1956

Th. S. Kuhn, *The Structure of Scientific Revolutions*, 2nd ed., Chicago/London: Univ. of Chicago Pr. 1970 (dt. Ausgabe: *Die Struktur wissenschaftlicher Revolutionen*, Frankfurt: Suhrkamp 1967, dritte mit der zweiten identische dt. Aufl. 1978)

H. D. P. Lee, *Zeno of Elea*. A Text, with Translation and Notes, repr., Amsterdam: Hakkert 1967

R. M. Palter, *Whitehead's Philosophy of Science*, Chicago: Univ. of Chicago Press 1960

B. Russell, *Our Knowledge of the External World*, 2nd ed. 1926, repr., London: Allen & Unwin 1961

Simplikios, *In Aristotelis Physicorum Commentaria*, ed. H. Diels (Commentaria in Aristotelem Graeca, Vol. IX, x), Berlin: Reimer 1882, 1895

R. Specht, »Zum Locke-Verständnis von ›Process and Reality‹«, in: *Whiteheads Metaphysik der Kreativität*, hg. von F. Rapp und R. Wiehl, Freiburg/München: Alber 1986, S. 47-68

H. P. Stapp, »Whiteheadian Approach to Quantum Theory and the Generalized Bell's Theorem«, in: *Foundations of Physics* 9 (1979) p. 1-25

J. A. Wheeler, Genesis and Observership, in: *Foundational Problems in the Special Sciences*, ed. by R. Butts and J. Hintikka, Dordrecht: Reidel 1977, p. 3-33

Alois Rust
Naturwissenschaft und Kosmologie bei Alfred N. Whitehead

Whiteheads Philosophie ist im Kern Naturphilosophie. Als solche steht sie im Spannungsfeld von Philosophie und Wissenschaft. In der Neuzeit ist die Thematisierung der Natur in erster Linie Sache der Naturwissenschaften. Naturphilosophie verschwindet zunehmend, und Philosophie befaßt sich mit Natur allenfalls noch in einer philosophischen Reflexion der Naturwissenschaften. Das neuzeitliche Weltbild ist ein wissenschaftliches. Die Philosophie Whiteheads bezieht sich als Naturphilosophie ebenfalls auf die Naturwissenschaften, jedoch gemäß seiner Einschätzung unter grundlegend gewandelten Umständen. Whitehead konstatiert, daß die Naturwissenschaften selbst zu einer kritischen Reflexion ihrer Grundlagen vorgestoßen sind, die zur Ablösung des neuzeitlichen Weltbildes führt. Er bezeichnet die neuzeitliche Kosmologie als provinziell, da sie das Schwergewicht ausschließlich auf die Wissenschaft setze (*SMW*, p. ix/dt. S. 7). Eine nach-neuzeitliche Kosmologie kann nicht mehr im gleichen Sinne eine wissenschaftliche sein, wie es die neuzeitliche war. Das heißt, die Grundbegriffe der Physik oder irgendeiner Wissenschaft können nicht mehr den allgemeinen Vorstellungshintergrund für das Wirklichkeitsverständnis abgeben, wie dies mit der newtonschen Mechanik für etwa »zehn Generationen« (*MT*, p. 211) der Fall war.

Für Whitehead, den Mathematiker und Physiker, ist es jedoch selbstverständlich, daß eine nachneuzeitliche Kosmologie in Auseinandersetzung mit den Naturwissenschaften formuliert werden muß. Diese bilden jedoch nicht mehr das Paradigma der vorherrschenden Erfahrung. Sie sind nur mehr ein Erfahrungsbereich neben andern, die alle in ein neues Weltbild zu integrieren sind.

Thema der folgenden Überlegungen ist die Rolle, die der Wissenschaft zukommt, wenn sie nicht mehr diesen fraglosen und zugleich provinziellen Vorrang genießt, wie dies über Jahrhunderte der Fall war. Gefragt wird damit zugleich nach dem Ort und der Bedeutung der Wissenschaften am Ende eines durch die Wissenschaft geprägten Zeitalters auf dem Hintergrund des philosophischen Naturverständnisses bei Whitehead. Dieses Naturverständnis gewinnt Whitehead in einer Auseinandersetzung mit der Kritik an der neuzeitlichen Kosmologie, die sich in drei Formen manifestiert hat: als frühe *metaphysische Kritik* von *Berkeley*, als Kritik, die in der *romantischen Naturerfahrung* implizit oder explizit am mechanischen Weltbild geäußert wird, und schließlich als *Selbstkritik der Wissenschaften* im ausgehenden neunzehnten und beginnenden zwanzigsten Jahrhundert.

I

Das neuzeitliche Weltbild kann hier selbst nur so weit dargestellt werden, wie es in seiner Kritik thematisch wird. In den drei Kritiken werden unterschiedliche Momente des neuzeitlichen Weltbildes hervorgehoben. Am folgenschwersten ist sicher die Selbstkritik der neuzeitlichen Wissenschaften, da diese Kritik zu einer Transformation dieses Weltbildes führen muß. Die romantische Kritik hat ihre Bedeutung darin, daß sie einen wesentlichen, aber unbeachteten Bereich der Naturerfahrung für die Integration in ein umfassendes Weltbild ausdrücklich zugänglich macht. Ihre Stärke liegt nicht im Argumentieren, sondern in der Evidenz der von ihr in erster Linie literarisch gestalteten sinnlichen Naturerfahrung.

Die metaphysische Kritik Berkeleys hat für die Whiteheadsche Konzeption eines neuen begrifflichen Systems für die Integration von wissenschaftlicher und romantischer oder auch alltäglicher Naturerfahrung eine grundlegende Bedeutung. Sie hat ihre Stärke in der kritischen Reflexion der begrifflichen Grundlagen der neuzeitlichen Kosmologie. Es ist das Anliegen Whiteheads, diese drei Kritikbewegungen in ein einheitliches Weltbild – Whitehead spricht von Kosmologie – zu integrieren. Die wissenschaftliche Selbstkritik gelangt nicht von selbst zur Einsicht in die Beschränktheit der Grundlagen der neuzeitlichen Kosmologie, wie sie in der metaphysischen Kritik Berkeleys thematisch ist. Ebensowenig muß eine wissenschaftsimmanente Kritik zur Erweiterung des Naturbegriffes im Sinne der romantischen Kritik führen. Somit gibt es hier eine Vermittlungsaufgabe für die Philosophie, die Whitehead wahrzunehmen versucht.

An der wissenschaftlichen Selbstkritik der neuzeitlichen Kosmologie sind Mathematik, Physik und Biologie beteiligt. Weil jedoch im neuzeitlichen Weltbild der Physik der erste Rang zukommt, ist auch in der Kritik der Anteil der Physik am zentralsten. Die Maxwellschen Feldgleichungen stellen für Whitehead einen ersten Bruch mit der newtonschen Vorstellung dar, die besagt, daß sich die fundamentalen Vorgänge in der Natur in Begriffen von Raum, Zeit und Bewegung von Körpern in Raum und Zeit, aufgefaßt als geometrische Punkte, beschreiben und erklären lassen. Der Feldbegriff ist nicht auf diese Momente zurückführbar, sondern stellt selbst ein letztes Erklärungsmuster dar. Dieses Muster gewinnt mit der allgemeinen Relativitätstheorie eine noch fundamentalere Bedeutung. Die Mathematik spielt mit der Entwicklung nicht-euklidischer Geometrien im 19. Jh. eine subsidiäre Rolle in dieser physikalischen Kritik des neuzeitlichen Weltbildes. Dieses Erklärungsmuster kann aber nicht mehr die gleiche kulturelle Bedeutung haben wie die Vorstellungen von Raum, Zeit, Materie und Bewegung in der newtonschen Mechanik. Dies ist schon deshalb nicht möglich, weil diesem Erklärungsmuster die Einfachheit der newtonschen Vorstellung abgeht, die diese zu einem kulturell prägenden Muster werden ließ. Die Einfachheit der newtonschen Mechanik gründet in ihrer geglückten Abstraktheit, die sie noch weit über Einstein hinaus als gültiges Denkmodell bewahrt, solange sich diese Abstraktheit in den Konsequenzen, die mit diesem Denkmodell gezogen werden, nicht negativ auswirkt. Auch die zunehmende Verschwisterung der Wissenschaft mit der Technik führt nicht zu einer Verstärkung der Weltbild-Funktion der nachneuzeitlichen Wissenschaft. Die Technik macht vielmehr eine wesentliche Umdeutung des Sinnes der Wissenschaft zu einem Handlungswissen deutlich.

Den zentralen Umschlagpunkt zwischen altem und neuem Weltbild sieht Whitehead nicht in der Physik, sondern in der Biologie, die nach Whitehead in der klassischen Mechanik nicht untergebracht werden kann. Whitehead beansprucht, in seine Kritik der Grundbegriffe eines wissenschaftlichenn Weltbildes nur die frühe Kritik Berkeleys aufzunehmen.

II

Für Whitehead sind die Grundkonzeptionen der Biologie nicht mehr im neuzeitlichen Weltbild formulierbar. Daß lebendige Prozesse in der newtonschen Mechanik nicht berücksichtigt werden können, ist bereits den französischen Materialisten im 18. Jh. aufgefallen. Stören kann dies nur dann, wenn die Mechanik als universelles Muster für wissenschaftliche Erklärung angesetzt und Erklärung in der Biologie als Reduktion auf mechanische Vorgänge verstanden wird. Gemäß der Auffassung Whiteheads kann insbesondere der Prozeß der Evolution im mechanischen Materialismus nicht verstanden werden. Der Begriff des Organismus dient Whitehead als Grundkonzept für seine neue Kosmologie. Evolution setzt Organismen voraus. »Evolution wird nach der materialistischen Theorie auf ein anderes Wort für die Beschreibung von Veränderungen in den externen Relationen zwischen Materiestücken reduziert. Hier gibt es nichts, was der Evolution fähig wäre, weil *eine* Menge von externen Relationen so gut ist wie irgendeine andere. Es kann nur bloßen Wechsel geben, der ziellos und nicht fortschreitend verläuft. Aber die ganze moderne Lehre der Evolution läuft darauf hinaus, daß eine Evolution der komplexen Organismen aus vorangehenden Zuständen von weniger komplexen Organismen stattfindet. Diese Lehre schreit damit laut nach einer Konzeption, in der Organismen fundamental sind für die Natur.« (*SMW*, p. 135/dt. S. 130).

Darauf kann freilich die reduktionistische Biologie mit dem Hinweis antworten, daß sie sich jeglicher Wertung enthalte. Das, was wir als tieferstehende und höherstehende Organismen bewerten, sind biologisch alles gleichwertige Organismen. Evolution wäre dann nur noch die Geschichte der Veränderung der Lebensformen. Und freilich muß man konsequenterweise auch auf den Begriff des Lebens verzichten und die Entstehung von lebendigen Organismen als physikalisch-chemischen Entwicklungsschritt begreifen, der mit der Entwicklung irgendwelcher andern Moleküle und Molekülverbände prinzipiell gleichwertig ist. Doch damit zeigt sich die Grenze dieser Betrachtungsweise: Die Basentriplets der Chromosomen spielen in der modernen Biologie die Rolle einer Erklärungsinstanz, hinter welche in der Erklärung der Evolution lebendiger Organismen sinnvollerweise nicht zurückgegangen werden kann. Diese Einheit nochmals reduktiv zu behandeln ergibt keinen Sinn, da das zu erklärende Phänomen durch die bloße Reduktion nicht mehr spezifisch erklärt werden kann. Aber auch mit dem genetischen Code kennt man bloß eine funktionale Beziehung von einzelnen Basensequenzen zu Erscheinungen am Organismus, ohne daß damit der Organismus als ganzer erklärt wäre.[1] An diesem Punkt wird der mechanische Materialismus dogmatisch. Die Reduktion auf Physik und Chemie ist für die Organismen nur mehr eine bloße Schablone. Die mechanistische Konzeption ist nur auf sehr abstrakte Gedankengebilde anwendbar (*MT*, p. 211). Whitehead hat später beiläufig erwähnt, daß man die Evolution nicht notwendig als Aufwärtsentwicklung auffassen müsse (*MT*, p. 153). Dies ändert jedoch nichts an seinem Argument. Mit Evolution ist doch ein sehr spezieller Vorgang von geschichtlicher Entwicklung gemeint, der mechanisch nicht erklärt werden kann.

Evolution kann nach Whitehead nicht mehr mechanisch erklärt werden, da sie den Begriff des Organismus voraussetzt. Der Begriff des Organismus ist zugleich konkreter und grundlegender als die Grundvorstellung der newtonschen Kosmologie, in der sich Materiestücke so in einem absoluten Raum und einer absoluten Zeit befinden, daß diese Lokalisierung in Raum und Zeit ihre innere Natur nicht berührt. Um ein Ding zu verstehen, sind in dieser Konzeption keine Bezüge zu andern Raum-Zeit-Punkten oder gar andern Materiestücken erforderlich, da die Bewegung, die ihnen von andern Materiestücken übertragen werden kann, eine ihnen äußerliche Bestimmung bleibt. Die Materiestücke, abstrahiert als bloße Punkte, kennen gar keine internen Bestimmungen. Diese Eigenschaft der newtonschen Grundkonzeption macht es unmöglich, in ihren Begriffen den Prozeß der Evolution zu denken.

Ein Organismus ist für Whitehead eine funktionale Einheit mit räumlicher und zeitlicher Ausdehnung. Zugleich ist ein solcher Organismus nicht in Raum und Zeit. Diese Vorstellung steht im Widerspruch zur newtonschen Bestimmung der einfachen Posi-

---

1 Es ist in der Biologie wieder zunehmend umstritten, ob die neodarwinistische Erklärung der Evolution von Organismen nicht in einer Sackgasse stecke. Die Biologen C. H. Waddington und Rupert Sheldrake beziehen sich in der Suche nach einer Erweiterung des begrifflichen Instrumentariums für die moderne Biologie auch auf Whitehead.

tionierung der Materie in Raum und Zeit.[2] Das Organische ist für Whitehead ebenso fundamental für die Physik wie für die Biologie. Nur ist dabei zu beachten, daß dieser Begriff allgemeiner ist als der geläufige Begriff des lebendigen Organismus. Es handelt sich hier um eine imaginative Generalisierung.[3]

Der Organismusbegriff ist ein Begriff, der einzelnen Wissenschaften vorausliegt. Indem ein Organismus nicht in Raum und Zeit ist, sondern als eine Einheit mit raum-zeitlicher Extension die Lokalisierung in Raum und Zeit erst ermöglicht, ist das, was in einem traditionellen Verständnis erst Sache der Biologie ist, der Begriff des Organischen, bereits in der Physik unabdingbar. ›Funktionieren‹ meint beim Organismus das Beziehen einer Vielheit äußerer Gegebenheiten auf die Einheit einer neuen Entität, die sich aus der Beziehung auf diese Vielheit ergibt. Was sich nicht aus dieser Vielheit ergibt, ist dieses ›Funktionieren‹ selbst und damit die Einheit als solche. Deshalb ist der Begriff des Organismus ein Grundbegriff, der sich nicht auf die newtonsche Konzeption der Bewegung von Materie in Raum und Zeit zurück-

2 »In der Biologie kann der Begriff eines Organismus nicht in Begriffen einer materiellen Distribution in einem Moment ausgedrückt werden. Das Wesen eines Organismus ist, daß er etwas ist, was ›funktioniert‹ und sich über Raum erstreckt. Nun beansprucht Funktionieren Zeit. Somit ist ein biologischer Organismus eine Einheit mit einer raum-zeitlichen Extension, die das Wesen seines Seins ausmacht. Diese biologische Konzeption ist offensichtlich inkompatibel mit den traditionellen Vorstellungen. Dies Argument hängt in keiner Weise von der Auffassung ab, daß biologische Phänomene im Vergleich mit andern physischen Phänomenen zu einer andern Kategorie gehören. Der wesentliche Punkt der Kritik an traditionellen Begriffen, die uns so weit beschäftigt haben, ist, daß der Begriff von Einheiten, die funktionieren und eine raum-zeitliche Ausdehnung haben, nicht aus den physikalischen Begriffen ausgestoßen werden kann. Der einzige Grund für die Beiziehung der Biologie ist, daß in diesen Wissenschaften die gleiche Notwendigkeit klarer wird.« (*PNK*, p. 3)

3 Dies ist im Sinne der methodischen Bemerkungen am Anfang von *PR* zu verstehen: »Im Rahmen dieser Beschreibung der philosophischen Methode bedeutet der Terminus ›Philosophische Verallgemeinerung‹ die ›Verwendung spezifischer Begriffe, die auf eine begrenzte Tatsachengruppe anwendbar sind, für die Erschließung von generischen Begriffen, deren Geltungsbereich alle Tatsachen umfaßt‹.« (*PR*, p. 5/dt. S. 35)

führen läßt. Auffällig ist, daß in dieser Konzeption nicht mehr ein zu einem abstrakten Punkt verdünntes Materiestück fundamental ist, sondern eine Relation, die einen Prozeß beinhaltet.

Es wäre denkbar, daß man den mechanischen Materialismus nochmals mit der Auffassung zu retten versuchte, der Begriff des Organismus komme erst für die lebendigen Vorgänge in Frage, und daß man für die Vorgänge, die in der Physik und der Chemie beschrieben werden, beim mechanischen Materialismus bleiben würde. Dagegen sind zwei Überlegungen geltend zu machen. Zunächst ist der Umstand zu nennen, daß in der Biologie nicht einfach ein zusätzliches Prinzip zu den Prozessen, die in Physik und Chemie beschrieben werden, hinzukommt. Das wäre die vitalistische Auffassung, die mit der mechanischen Erklärung bezüglich nicht lebendiger Vorgänge leicht zu vereinbaren wäre. Whitehead hat den Vitalismus, die Annahme einer naturwissenschaftlich nachweisbaren ›Lebenskraft‹, abgelehnt. Er kritisiert am Vitalismus, daß er grundsätzlich den mechanischen Materialismus akzeptiert und ihn für die Erklärung des Lebens bloß mit einer *Ad-hoc*-Annahme ergänzt (*SMW*, p. 128/dt. S. 124). Damit fällt der Vitalismus hinter die in der Physik mittlerweile erreichte Ablehnung des mechanischen Materialismus zurück. Diese Preisgabe des mechanischen Materialismus in der Physik selbst ist der zweite Grund, weshalb dieses Weltbild nicht nochmals zu retten ist. Wie schon erwähnt, ist es allerdings keineswegs so, daß die Physik selbst mit der Preisgabe des mechanischen Materialismus zu einer neuen Kosmologie vorgestoßen ist. Die Physik braucht gar keine explizite Kosmologie. Daß die newtonsche Mechanik zugleich auch eine kosmologische Funktion erhielt, gehört nicht zur Physik. Es kann deshalb auch nicht Sache der Physik sein, eine neue Kosmologie zu entwerfen. Sie wird dazu auf jeden Fall jedoch einen wesentlichen Beitrag leisten, da sie eine ganz spezifische Naturerfahrung namhaft macht, die in eine Kosmologie und in einen neuen Naturbegriff Eingang finden muß. Wie schon festgehalten, gehört zu einem neuen Weltbild neben der physikalischen Erfahrung auch noch die Naturerfahrung, die die Romantik beschreibt und die unser vorwissenschaftliches Naturverständnis, zusammen mit wissenschaftlichen Versatzstücken, prägt. Die Leistung einer neuen Kosmologie besteht darin, diese verschiedenen Erfahrungen in ihrer relativen Gültigkeit zu harmonisieren.

III

Es kann hier nicht der Ort sein, die Kosmologie Whiteheads in
ihrer ganzen Komplexität zu entfalten. Sie soll, wie das neuzeitliche Weltbild, auch nur so weit dargestellt werden, wie dies durch
die Problematik des Verhältnisses von Naturwissenschaft und
Kosmologie unabdingbar ist. Dazu gehört eine kurze Darlegung
der im Begriff des Organismus bei Whitehead gedachten spekulativen Verallgemeinerung naturwissenschaftlicher und alltäglicher
Erfahrung. Dabei interessiert insbesondere, wie diese beiden Elemente aufeinander bezogen sind. Wie schon erwähnt, ist für diese
begriffliche Konzeption einer neuen Kosmologie die frühe Kritik
Berkeleys wichtig. Whitehead bezieht sich bereits im *Enquiry
concerning the Principles of Natural Knowledge* auf Berkeleys
Protest gegen die Aufspaltung der Welt in eine mathematisch-
objektive und eine wahrnehmungsmäßig-subjektive Seite.

Natur wird von Whitehead in Übereinstimmung mit den Natur-
wissenschaften nicht mehr über den Begriff der Materie und der
Bewegung gedacht. Prozesse und Relationen treten ins Zentrum:
»Die Natur ist ein Schauplatz für die Wechselbeziehungen von
Aktivitäten. Alle Dinge sind im Wandel, die Aktivitäten und die
Wechselbeziehungen.« (*MT*, p. 191) Die Wirklichkeit wird als
Prozeß verstanden. Die kategoriale Entfaltung dieses Wirklich-
keitsverständnisses setzt den Begriff der *Kreativität* an den An-
fang (*PR*, p. 21/dt. S. 61 f). Die Wirklichkeit ist der kreative Über-
gang von vorhandener Vielheit zu einer neuen Einheit. Diese
Einheit gewinnt jedoch nicht Bestand oder Substantialität. Jede
Einheit ist ein neues Moment in einer neuen Vielheit, die wiederum durch einen Prozeß der Einigung über sich hinausgeht.
Die vielen Elemente, die in diesem Prozeß geeinigt werden, sind
von den Prozessen der Einigung durch die Differenz von Potentialität zu Aktualität charakterisiert. Potentialität hat immer auch
ein Moment der Unbestimmtheit. Diese drückt sich in der Externalität der Beziehungen zwischen den vielen Entitäten aus. Die
Vielheit beinhaltet diese Externalität als solche. Diese Unbestimmtheit wird im Prozeß der Einigung beseitigt.

Auch wenn die einzelnen entstehenden Entitäten, die aktualen
Entitäten, durch das Moment der Kreativität völlig singuläre Einheiten sind, die sich von allen andern Entitäten unterscheiden, so
sind sie gleichwohl nie völlig neu und einzigartig. Dieser Um-

stand, daß es im Universum stabile Beziehungen gibt, ermöglicht in der Kosmologie Whiteheads die Naturwissenschaften. In diesem unablässigen Geschehen, als welches die Natur gedacht wird, gibt es beständige Relationen. Wenn alles immer wieder neu wäre, wäre Evolution nicht denkbar. Etwas entwickelt sich zugleich in Beziehung und in Abhebung auf etwas anderes. Die Vielheit, die vorhandene Welt, die durch diese stabilen Beziehungen gekennzeichnet ist, ist mit leichten Unterschieden die gleiche Voraussetzung für viele neue Entitäten. Damit ist schon das äußere Bestimmungselement für die Fortpflanzung einer Verwandtschaft und dieser Stabilität selbst gegeben. Dieses äußere Element wird in der Evolutionstheorie im Begriff der Anpassung thematisiert. Aber Anpassung kann auch aktiver verstanden werden, als dies in dieser bloßen Rezeption von äußeren Impulsen der Fall ist. Dieses aktive Moment ist die geistige Initiative. Freilich kann geistige Initiative ein Charakteristikum der Umgebung einer neuen Entität sein. In diesem Fall gehört Kreativität auch zur Anpassung an diese Umgebung. Dieser zweite, von Whitehead beschriebene Typus der *Anpassung durch Kreativität* ist kennzeichnend für Organismen, die einen hohen Entwicklungsstand kennen. Whitehead schreckt an dieser Stelle vor einer Wertung nicht zurück. Die Höhe der Entwicklung bemißt sich an der Mannigfaltigkeit der Kontraste, die in einer Entität realisiert sind. Die Fähigkeit, Kontraste zu bilden und nicht durch Widerspruch Eigenschaften auszuschließen, kennzeichnet komplexe Organismen (cf. *PR*, p. 83/dt. S. 166 f).

Whitehead kennt eine hierarchische Typisierung solcher Mannigfaltigkeiten, die er Gesellschaften (*societies*) nennt. Die fundamentalste, allgemeinste Gesellschaft ist die extensive Gesellschaft. Auf dieser Gesellschaft beruht alle Möglichkeit des Messens. Die nächst allgemeinere ist die elektromagnetische Gesellschaft. Was hier ganz harmlos als Übergang von einer allgemeineren zu einer spezielleren Gesellschaft aussieht, markiert gleichzeitig den Übergang von metaphysischer Allgemeinheit zu wissenschaftlicher Thematisierung der Natur. Dies wird von Whitehead nur beiläufig erwähnt (*PR*, p. 96/dt. S. 189). Die Beiläufigkeit, mit der dieser Übergang gemacht wird, ist für uns – etwa in der kantischen Tradition des Verhältnisses von metaphysischen Anfangsgründen zu einzelwissenschaftlicher Darstellung – erstaunlich. Insbesondere scheint dieser Übergang ohne Konsequenzen für die Methode der Argumentation bei Whitehead zu sein. Dies ist aus seinem Philosophieverständnis, aus seiner Konzeption der *spekulativen Verallgemeinerung* einerseits und der *extensiven Abstraktion* andererseits, jedoch verständlich. Mit diesen beiden Konzeptionen wird bei Whitehead die neuzeitliche Distanz zwischen Philosophie und Wissenschaft eingeebnet und ihr Verhältnis neu bewertet. Unter Spekulation und Abstraktion versteht Whitehead zwei gegenläufige Formen der Bearbeitung gegebener Erfahrung.

Das spekulative Schema Whiteheads ist selbst eine spekulative Verallgemeinerung, die aus der Revision der Grundlagen der neuzeitlichen Wissenschaften gewonnen ist. Dies wird deutlich am Begriff des Organismus, der in der Allgemeinheit, mit der er bei Whitehead verwendet wird, kein naturwissenschaftlicher Begriff ist, sondern eine spekulative Verallgemeinerung von wissenschaftlichen Konzeptionen darstellt. Diese Verallgemeinerung macht von dem Umstand Gebrauch, daß jede Wissenschaft mit ihren fundamentalen Konzeptionen ein fundamentales und zugleich allgemeines Relationsgefüge in der Erfahrung herausgreift und abstrakt von diesem konkreten, aktualen Geschehen systematisiert. Die spekulative Verallgemeinerung hat die Intention, diese extensive Abstraktion, die in aller Wissenschaft am Werk ist, rückgängig zu machen. Das Resultat kann jedoch nicht wieder die konkrete Erfahrung sein, von der die Wissenschaft ausgeht. Weil wir diesem konkreten Geschehen, welches die Wirklichkeit ist, mit Begriffen, auf die auch die Philosophie verwiesen ist, nicht beikommen können, ohne es gleich wieder zu verlassen, müssen wir uns auf eine *Modellbildung* einlassen. In einem Modell oder Schema kann die konkrete Wirklichkeit spekulativ thematisiert werden. Die verschiedenen Weisen der Abstraktion erhalten hier eine zusammenhängende Deutung. Gegenüber dem neuzeitlichen Vorrang der Wissenschaft, aber auch gegenüber Plato, wo die beständigen Relationen in diesem dynamischen Geschehen herausgegriffen und zur eigentlichen Wirklichkeit erklärt werden, hat diese Modellbildung in der spekulativen Verallgemeinerung den Vorzug, daß sie das Modell nicht mit der erfahrenen Wirklichkeit verwechselt. Für Whitehead soll Philosophie jedoch nicht darin bestehen, die konkrete Wirklichkeit aus derartigen Abstraktionen zu rekonstruieren, sondern vielmehr darin, die Wirklichkeit als Geschehen modellhaft derart zu begreifen, daß das

Entspringen abstrakter Bestimmungen verstehbar wird. Von der Whiteheadschen Kosmologie darf also ihrem Anspruch nach erwartet werden, daß sie ein Licht auf die wissenschaftlichen Theorien und auch auf den konkreten Theoriewandel wirft, der in der Auflösung der fundamentalen Konzepte der neuzeitlichen Wissenschaft am Werk ist. Die Wissenschaften sind selbst nur zu einem Theoriewandel fähig, nicht jedoch zu einer Kritik ihrer spekulativen Grundlagen.

IV

Dieser Theoriewandel läßt sich an einem wichtigen Grundbegriff der Wissenschaft, dem Begriff der *Kausalität*, nachvollziehen. Kausalität meint, daß ein vorangehender Zustand der Natur den darauffolgenden in gesetzmäßiger Weise bestimmt. Auf der Grundlage der newtonschen Physik spielt die Zeit und damit die Ordnung in der Zeit allerdings keine Rolle. Aus der Konstellation der Massen und Kräfte zu einem Zeitpunkt muß sich der Zustand des Universums prinzipiell in die Vergangenheit und in die Zukunft bestimmen lassen. Allerdings stellt sich hier für Whitehead die Frage, was Geschwindigkeit oder Impetus zu einem bestimmten Zeitpunkt, ohne Beziehung zu andern Zeiten, bedeuten.[4] Der Begriff der Kausalität im neuzeitlichen Weltbild wurde von Hume einer konsequenten Kritik unterzogen. Er spielt in der neueren Physik kaum mehr eine Rolle. Das, was Whitehead die Fortpflanzung von Aktivitätsmustern (*MT*, p. 186 ff) nennt, ist an seine Stelle getreten. Wenn Whitehead feststellt, daß das Feld der Wissenschaft im 20. Jh. zu eng geworden sei und daß es darum gehe, die Wissenschaften wieder mit der konkreten Erfahrung zusammenzubringen, so kann dies am Kausalitätsbegriff, der seine Quelle in unsrer Erfahrung hat, veranschaulicht werden. Whiteheads Kausalitätsverständnis steht in engstem Zusammen-

4 Siehe *MT*, p. 146. Der Hinweis darauf, daß es sich dabei um eine Redeweise handelt, die durch die mathematische Methode der Analysis bedingt ist, mag nicht genügen. Whitehead macht mit dieser Frage auf die innere Inkonsistenz in der Grundkonzeption der newtonschen Mechanik aufmerksam. Es handelt sich bei diesem Problem nicht bloß um eine Redeweise, sondern um den Kern dessen, was Whitehead die Konzeption der *simple location* nennt.

hang mit der bereits erwähnten Thematik des Verhältnisses von internen und externen Relationen einer Entität.[5] Es ist die Formulierung des gleichen Sachverhalts in einer andern, vielleicht vertrauteren Terminologie. Folgende Feststellungen sind wichtig: Kein Ereignis und damit auch keine Entität kann vollständig und einzig die Ursache eines andern Ereignisses oder einer andern Entität sein. Die Kausalitätsauffassung Whiteheads ist an folgender Stelle prägnant zusammengefaßt: »Die einzige einsehbare Lehre von der Verursachung ist in der Doktrin der Immanenz fundiert. Jedes Geschehen setzt die vorangehende Welt als aktiv in seiner eigenen Natur voraus. Dies ist der Grund, weshalb Geschehnisse einen ganz bestimmten Status relativ zueinander haben. Es ist auch der Grund, weshalb die qualitativen Energien der Vergangenheit in einem Muster von qualitativen Energien in jedem gegenwärtigen Geschehen verbunden sind.« (*MT*, p. 226 f) Diese Auffassung der Kausalität als Verhältnis der *Immanenz der Vergangenheit in der Gegenwart* unterscheidet sich von der klassischen Kausalitätsauffassung dadurch, daß sie in doppelter Hinsicht nicht strikte Determination bedeuten kann. Einerseits können wir ein Ereignis nie strikt voraussagen, da wir die Gründe für ein Ereignis aus unserer notwendigerweise beschränkten Perspektive gar nicht vollständig kennen können. Es gibt aber auch eine objektive Unbestimmtheit der Gegenwart durch die Vergangenheit bzw. der Zukunft durch die Gegenwart. Es ist zwar nach Whitehead der Fall, daß die ganze Welt zur Bildung einer neuen Entität beiträgt, aber deswegen ist doch die neue Entität nie vollständig durch die vorangehende Welt determiniert.

Hier stoßen wir wieder auf das Moment der Kreativität, und es gewinnt an dieser Stelle vielleicht noch mehr Plausibilität, da wir, wenn wir darauf verzichten möchten, uns denken müßten, wie die Ursache für die Einzigartigkeit jeder neuen Entität beschaffen sein müßte. Diese Einzigartigkeit kann nicht als eine weitere externe Ursache verstanden werden, sondern nur als ein notwendiges Moment in der Integration der Multiplizität der wirkenden Momente der aktualen Welt in der Bildung der neuen Entität.

5 Im einzelnen kann man dieses Verhältnis in den ›Kategorien der Erklärung‹ xx–xxiv studieren (*PR*, p. 25/dt. S. 69 f). Siehe auch den Beitrag von Hans-Christian Lucas in diesem Band sowie Alois Rust, *Die organismische Kosmologie von Alfred N. Whitehead*, Frankfurt: Athenäum 1987, Kap. 6.

Notwendig deshalb, weil ohne dieses Moment der Kreativität überhaupt nicht denkbar wäre, wie eine neue Einheit aus dieser Vielheit entstehen kann. Das Einsetzen der Bestimmung dieser Einheitsstiftung ist zugleich der Übergang von Externalität zu Internalität, von Kausalität zu Finalität.

Diese Immanenz-Vorstellung der Kausalität ist eine metaphysische Doktrin in dem Sinne, daß sie nicht direkt aus der Wissenschaft selbst erschlossen werden kann, sondern eine spekulative Verallgemeinerung unserer alltäglichen und unserer wissenschaftlichen Vorstellungen darzustellen beansprucht. Ihre Kategorien sollen die verschiedenen Erfahrungen zwar nicht zu einer neuen Erfahrung, aber doch zumindest zu einem neuen Weltbild integrieren. Es ist hier daran zu erinnern, daß Whitehead das Zusammenbringen unserer alltäglichen Erfahrung mit den Leistungen der Wissenschaft für die Biologie als besonders dringlich erachtete. Die dargelegte Kausalitätsauffassung mag auch den einen oder andern Biologen mit Whitehead wieder versöhnen. Macht doch diese Auffassung erst wirklich die Rolle der Zeit in der Evolution begrifflich faßbar. Zeit ist nicht bloß die Ordnung des Früher/Später, sondern der Raum, in dem konkrete Bestimmtheiten ihre Wirksamkeit entfalten, nicht bloß als mechanischer Austausch von einfachen Lokalisierungen von Materie, sondern als Geschichte der Bestimmung konkreter Entitäten durch konkrete Voraussetzungen. Auch das spezifisch biologische Rätsel, wie eine Entität bei aller genetischen Determination doch immer auch eine irreduzible Qualität aufweist, erfährt durch diese Konzeption zumindest eine begriffliche Lösung. Als Modell beansprucht sie, korrigierbar und auch für empirische Forschung indirekt fruchtbar zu sein. Fruchtbar z. B. darin, daß sie zu einer Einsicht verhelfen kann, weshalb es sinnwidrig sein könnte, nach Genen für die Individualität zu suchen.

Die in der Thematik der Kausalität erörterte Immanenzauffassung, die uns hier dazu dient, die wissenschaftliche und die alltägliche Erfahrung in ein gemeinsames Schema zu bringen, kann auch als Hintergrund für die verschiedenen Ereignistypen dienen, mit denen wir es in Alltag und Wissenschaft zu tun haben. Whitehead unterscheidet grob sechs solche Ereignistypen in der Natur: Menschliche Existenz (Körper und Geist), tierisches Leben, pflanzliches Leben, einzelne lebendige Zellen, große inorganische Aggregate von der Größe tierischer Körper und schließlich die

Ereignisse auf einer infinitesimalen Ebene (*MT*, p. 215). Nach der Whiteheadschen Immanenzauffassung können alle diese Typen ineinander immanent sein, also nicht bloß das Atom im Felsen, sondern auch der Felsen im Atom. Die Unterscheidung dieser Typen ist eine grobe, unwissenschaftliche. Eine wissenschaftliche ist hier auch nicht möglich, da alle Wissenschaft bereits auf einer solchen Ordnung beruht und implizit zur weiteren Ausgestaltung einer solchen kosmologischen Sicht der Ordnung der Natur beiträgt.

Wenn diese Typen von Entitäten alle sich wechselseitig immanent sein können, so ist fraglich, was die mittels des Immanenzbegriffes gedachte Kausalität mit dem neuzeitlichen Kausalitätsbegriff noch gemeinsam hat. Zwei Momente sollen nochmals etwas systematischer herausgestellt werden: Die Immanenz der Bedingungen im Bedingten ist nur immer eine Hälfte der Wahrheit. Das Bedingte ist nie vollständig bedingt, sondern ist auch Grund seiner selbst. Dieses zweite Moment, die interne Selbstbestimmung, kann als Finalität verstanden werden. Allerdings ist hier zu beachten, daß es sich dabei nicht gemäß einem gängigen Mißverständnis um eine umgekehrte Kausalität, die Bestimmung der Gegenwart durch die Zukunft oder etwas Ähnliches handelt. Der Charakter der Unbedingtheit und Einzigartigkeit realisiert sich nicht in Umgehung der Kausalität, sondern macht sich diese dienstbar. Whitehead sieht im mentalen Pol der aktualen Entitäten eine Entscheidungsinstanz, die aus dem kausal wirksamen Gegebenen eine Auswahl trifft, so daß diese Elemente der vorhandenen Welt in der Konstitution der neuen Entität eine neue, einzigartige Rolle spielen (*PR*, p. 277/dt. S. 504). Der mentale Pol, der diese Selektion bewirkt, zeichnet sich aus durch ein Streben nach möglichst kontrastreicher Integration der in der vorhandenen Welt bestehenden Möglichkeiten. Die vernachlässigte Seite der internen Relationen bildet das duale Gegenstück zu den bloß externen Relationen.

V

Wissenschaft erscheint auf dem Hintergrund dieser metaphysischen Bestimmungen als Verallgemeinerung eines an sich völlig individuellen und einmaligen Geschehens. Ihre Realität hat diese Wissenschaft jedoch darin, daß in der Konstitution von neuen Entitäten ja auch nie die ganze vorhandene Welt in der vollen Konkretheit ihrer individuellen Momente wirksam wird. Die Whiteheadsche Kosmologie kann verständlich machen, daß die neueste Physik bei aller Unverständlichkeit (die sie in erster Linie ihrer Bindung an eine Mathematik verdankt, die nicht gemeines Bildungsgut ist) unserer alltäglichen Erfahrung näher ist, als dies für die newtonsche Physik der Fall ist, auch wenn noch und noch behauptet wird, die newtonsche Physik gelte für die meisten Erscheinungen nach wie vor. Solange die Resultate von Folgerungen nur innerhalb der Abstraktionen interpretiert werden, die mit den Voraussetzungen einer Theorie gegeben sind, ergeben sich aus ihr keine falschen Konsequenzen. Die Abstraktheit der Wissenschaft wird dann zu einem Problem, wenn ihre abstrakten Bestimmungen zu einem Weltbild erhoben werden. Dagegen richtete sich die Kritik der Romantiker. Diese haben die volle sinnliche Erfahrung gegenüber der Abstraktheit der Wissenschaft zur Geltung gebracht. Diese Kritik ist in erster Linie in der romantischen Poesie anzutreffen und nicht im philosophischen Diskurs. Darin unterscheidet sich die Kritik der Romantik von der Kritik Berkeleys. Berkeley argumentierte aus der Inkonsistenz des neuzeitlichen Weltbildes, die Romantik durch die literarische Vergegenwärtigung der Naturerfahrung.

Whitehead konstatiert zwei inkonsistente Geisteshaltungen im westlichen Denken: Dem wissenschaftlichen Realismus auf der Grundlage des Mechanismus steht der Glaube an die Welt des Menschen und höherer Tiere als sich selbst bestimmender Organismen gegenüber (*SMW*, p. 94/dt. S. 94).[6] Mit diesen zwei Geisteshaltungen sind zwei konkurrierende Erklärungsmuster ver-

---

6 Whitehead verweist hier darauf, daß wir oft mit Unverständnis reagieren, wenn wir in östlichen Gesellschaften das Nebeneinander verschiedener, insbesondere religiöser Traditionen feststellen. Die Koexistenz dieser beiden Geisteshaltungen über Jahrhunderte zeigt, daß wir für ähnliche Erscheinungen in der eigenen Kultur in der Regel gar nicht sensibilisiert sind.

bunden: der physikalistische Reduktionismus und die Erklärung mittels Zweckursachen. Als Erklärungsarten werden die beiden Geisteshaltungen für unvereinbar und konkurrierend angesehen. Whitehead geht es in seiner Reflexion auf die Selbstkorrektur der Wissenschaften um einen Naturbegriff, in welchem die beiden Geisteshaltungen zu ihrem relativen Recht gelangen und die beiden Erklärungsarten als nicht mehr unvereinbar integriert werden. Zweckursachen allein können nicht als genügend betrachtet werden, da sie sonst berechtigterweise in den Verdacht einer leeren, antiempirischen Universalerklärung geraten (*FR*, p. 16/dt. S. 16). Dieser oft gehörte und berechtigte Einwand gegen die Zweckursachen wird jedoch eingeschränkt durch den Vorwurf, den Whitehead gegen den Reduktionismus vorbringt: Wenn dieser als alleinige Erklärungsart für alle Phänomene in Anschlag gebracht wird, so verkommt er seinerseits zu einem antiempiristischen Dogmatismus (*FR*, p. 15/dt. S. 15).

Die Auflösung des neuzeitlichen Vorrangs wissenschaftlicher Erklärung mag demgemäß zunächst nur heißen, daß Wissenschaft nicht mehr am Leitmodell einer enggefaßten reduktionistischen Methode allein verstanden wird, sondern daß jede Wissenschaft ein kulturell eigenständiges Modell des Weltumgangs entwickelt, wobei dann freilich Gesichtspunkte der andern Wissenschaften immer auch noch beigezogen werden können. So kann der Begriff der Evolution in der Physik zumindest ebenso interessante Perspektiven eröffnen wie der Beizug des mechanistischen Denkens für die Biologie. Wenn es nicht mehr *die* Wissenschaft gibt, sondern verschiedene Weisen des wissenschaftlichen Weltumgangs, die ohne scharfe Grenze mit andern kulturellen Formen des Weltumgangs zusammenfließen, ist der Weg offen für eine neue Bestimmung des Spezifischen der Wissenschaft. Wissenschaft sieht ab vom Besonderen, Einzelnen und gewinnt dadurch, daß sie sich auf stabile Züge im Universum stützt, die allen Entitäten zukommen, eine große Bedeutung für unser Verhältnis zur Welt. Abstraktion, Vereinfachung, spielt eine reale Rolle für alle Entitäten. Im Denkmodell Whiteheads können die einzelnen Elemente der Vielheit der vorhandenen Welt immer nur unter einem bestimmten Aspekt zu einer neuen Einheit integriert werden. Es macht deshalb keinen Sinn, von den Wissenschaften als einem bloß abstrakten Weltzugang zu sprechen. Es wäre jedoch falsch, in ihnen die einzige Naturerfahrung zu sehen. Das Problem mit dem Singulären als Singulären ist seine Thematisierbarkeit. Die romantische Naturbetrachtung ist deshalb nicht Wissenschaft im neuzeitlichen Sinn und kann es auch nicht sein. Was möglich ist, sind Natur*beschreibung* und literarische Gestaltung singulärer Naturerfahrung, die trotz ihrer Singularität aufgrund eigener Erfahrung nachvollziehbar ist. »Die Wissenschaft ist dabei, eine neue Sichtweise anzunehmen, die weder rein physikalisch noch rein biologisch ist: Sie wird zur Untersuchung von Organismen. Die Biologie erforscht die größeren Organismen, die Physik untersucht die kleineren Organismen.« (*SMW*, p. 129/dt. S. 125) Hinter solchen Formulierungen Whiteheads könnte man die Ansicht vermuten, daß in dieser Kosmologie die Wissenschaften grundlegend umgekrempelt würden. Das ist jedoch nicht der Fall. Die Wissenschaften werden zum Studium von Organismen nicht nach all ihren Seiten, sondern bloß nach ihren ›objektiven‹ Aspekten. Im Bewußtsein, daß Wissenschaft immer nur abstrakte Bestimmungen zum Gegenstand hat, auch die Wissenschaft als Wissenschaft von Organismen, ist eine ständige Vorsichtsklausel fundiert, die besagt, daß beim Studium eines Typs von Organismen unter Umständen auch noch andere Typen von Organismen eine Rolle spielen könnten. Eine wissenschaftliche Disziplin kann nicht mehr als grundsätzlich abgeschlossen gelten. Ihren Abschluß könnte sie nur im weiteren Kontext aller Organismen finden, die sich durch ihre Individualität und wechselseitige Durchdringung (*interfusion*) auszeichnen. Beim Studium eines jeden Typs von Organismen können Aspekte relevant werden, die sich nicht auf diesen Typ von Organismen reduzieren lassen.

VI

Das in der wissenschaftlichen Abstraktion systematisch vernachlässigte Element der Kreativität ist zugleich Quell für *Wert*. In den neuzeitlichen Naturwissenschaften sind nur Fakten thematisierbar, d. h. äußere Relationen zwischen Entitäten. Werte sind nur den Geisteswissenschaften oder *moral sciences* zugänglich. In der Kosmologie Whiteheads wird diese dualistische Trennung von Fakten und Werten so aufgehoben, daß beide zu Aspekten eines Organismus herabgesetzt werden. Die Integrierung der Werterfahrung ist der zentrale Punkt, den Whitehead aus seiner

Auseinandersetzung mit der *romantischen Naturerfahrung* in Kapitel v von *SMW* gewinnt. »Wenn wir uns an die poetische Wiedergabe unserer konkreten Erfahrung erinnern, dann sehen wir, daß das Element des Werts, des Wertvollseins, des Werthabens, des Selbstzwecks und der Eigenständigkeit bei keiner Erklärung eines Geschehnisses als das konkreteste wirkliche Etwas vergessen werden darf. ›Wert‹ ist das Wort, das ich für die innere Realität eines Geschehnisses verwende. Wert ist ein Element, das die poetische Sicht der Natur ganz und gar durchdringt.« (*SMW*, p. 116/dt. S. 114)

Der Wertbegriff wird hier im Gegensatz zu gängigen Wertkonzeptionen entwickelt. Werte werden häufig als objektive Größen aufgefaßt, aber dann so, daß sie dem einzeln Existierenden transzendent sind. Solche Werte sind normative Größen, die es anzustreben gilt. Das einzeln Existierende ist von ihnen getrennt. Nach einer andern Auffassung sind Werte subjektive Größen, die in einer Beschreibung der Wirklichkeit keinen Platz finden. Beides ist nicht der Fall in der Konzeption Whiteheads. Werte sind in seinem spekulativen System nicht transzendent, sondern dem einzelnen aktual Existierenden immanent. »Wert ist Bestandteil der Wirklichkeit selbst. Eine aktuale Entität zu sein, heißt, ein Eigeninteresse zu haben. Dieses Eigeninteresse ist ein Empfinden der Selbstwertung; es ist eine emotionale Stimmung. Der Wert anderer Dinge außerhalb des eigenen Selbst ist der abgeleitete Wert, Elemente zu sein, die etwas zu diesem elementaren Eigeninteresse beitragen.« (*RM*, p. 87/dt. S. 77) Das Einzelne ist die Realisierung von Werten, die ansonsten bloße Möglichkeiten, Potentiale, sind. Eine Entität ist als aktuale wesentlich ein Wert, und dies in einem subjektiven und in einem objektiven Sinn. Für sich, subjektiv, ist jede Entität Selbstgenuß. »Unser Genuß von Aktualität ist eine Realisierung von Wert, gut oder schlecht. Sie ist eine Werterfahrung. Ihr grundlegender Ausdruck ist – Habe Sorge, hier ist etwas, auf das es ankommt!« (*MT*, p. 159) Nach ihrer objektiven Seite stellen aktuale Entitäten Verkörperung von Wert dar. Werterfahrung ist die wesentliche Natur jeglicher Aktualität. »Alles hat einen bestimmten Wert für sich, für andere und für das Ganze.« (*MT*, p. 151)

Die Werterfahrung ist eine ästhetische Erfahrung, die den Wissenschaften nicht zugänglich ist, die jedoch wesentlich ist für die Poesie. Die Poesie versucht die Werterfahrung nicht zu thematisieren, sondern hervorzubringen. Dabei leistet sie eigentlich ein Unmögliches, nämlich das, was etwas für sich selbst ist, für einen Rezipienten erfahrbar zu machen. Das heißt, in der Poesie liegt selbst schon die Vermittlung von dem, was etwas für sich ist, mit dem, was es für einen andern Organismus bedeuten kann. Diese Möglichkeit der vermittelten Thematisierung der intrinsischen oder inneren Natur der Dinge entzieht sich dem naturwissenschaftlichen Zugang gänzlich. Die neuzeitliche Natur von Newton und Hume ist eine Natur ohne Wert. Die neuzeitliche Wissenschaft kann nicht etwas thematisieren, das um seiner selbst willen existiert (*MT*, p. 185). Der Existenzbegriff der neuzeitlichen Wissenschaft umfaßt nur äußere Relationen. Wissenschaft abstrahiert von dem, was die Entitäten für sich selbst sind (*SMW*, p. 133/dt. S. 129). Deshalb sind im neuzeitlichen Weltbild Fakten und Werte getrennt. Unter dem Primat der Naturwissenschaften findet eine Subjektivierung der Wertsphäre statt. Es ist zwar richtig, daß die Wissenschaft in ihrer Abstraktheit nicht objektive Werte liefern kann. Gleichwohl kann die Trennung von Faktum und Wert nicht akzeptiert werden, die in der neuzeitlichen Auffassung von Wissenschaft enthalten ist und die Diskussion der Wertproblematik bis heute auch in der Philosophie prägt. ›Werten‹ ist bei Whitehead ein Moment in der Selbstrealisierung von Entitäten.

Es ist nicht allein die Poesie, die für Whitehead die Vorgabe für eine Vermittlung der Werterfahrung leistet. Whiteheads Thematisierung der religiösen Erfahrung setzt ebenfalls diesen Aspekt ins Zentrum. Seine Definition der Religion: »Religion ist das, was das Individuum aus seinem eigenen Solitärsein macht« (*RM*, p. 48/dt. S. 47), entfaltet Whitehead als Zusammenspiel dreier Begriffe. »Diese Begriffe sind: 1. Der des Selbstwertes eines Individuums. 2. Der des Werts der verschiedenen Individuen der Welt füreinander. 3. Der des Werts der objektiven Welt, die eine Gemeinschaft ist, welche sich von den wechselseitigen Beziehungen zwischen den diese Welt ausmachenden Individuen ableiten läßt, aber auch für die Existenz jedes einzelnen dieser Individuen notwendig ist.« (*RM*, p. 48/dt. S. 47 f) Daraus ergibt sich für Whitehead die Bestimmung von Religion als Welt-Loyalität. Diese religiöse Erfahrung wird erst dann möglich, wenn sich der einzelne allein dem Universum gegenübersieht. Das heißt aber, daß diese spezifische Werterfahrung erst möglich wird als Resultat der

Neuzeit, der neuzeitlichen Isolierung des Subjektes und seiner Entgegensetzung zu einer bloß in externen Bestimmungen thematisierten Natur.

Friedrich Rapp
Das Subjekt in Whiteheads kosmologischer Metaphysik

Seit den spekulativen Entwürfen des Deutschen Idealismus ist der Zeitgeist dem philosophischen Systemdenken abhold. Die technischen Erfolge der exakten Naturwissenschaften, die Fülle der gewonnenen Detailkenntnisse und die konkreten Probleme der industriellen Welt fördern den Sinn für das handgreiflich Nützliche. Die Empirie überschreitende Fragen nach dem Ganzen, seinem Sinn und seinem letzten Ursprung werden nicht gestellt – oder ad hoc und popularisierend mit einem Faible für das Irrationale beantwortet. Die Philosophie ist thematisch fixiert auf das Thema der Moderne: die Entfaltung der individuellen und kollektiven Subjektivität in allen Seinsbereichen. Von diesem Ansatz her führen nur transzendentale Fragestellungen in eine zwangsläufig abstrakte Universalität. Neben der Kulturkritik ist man in der systematischen Philosophie verwiesen auf partikuläre Themen, wie Unterschiede der Erkenntnismodi und die Kritik der Rationalität, die mit Subtilität und analytischem Scharfsinn abgehandelt werden. In dieser Situation stellt Whitehead eine Ausnahme dar. Er bietet heute wohl die einzige ernst zu nehmende und systematisch ausformulierte metaphysische Konzeption, die ausdrücklich auf eine umfassende Synthese abzielt.

An seiner Philosophie sind vor allem zwei Punkte bemerkenswert: die Berücksichtigung der modernen Naturwissenschaft und – eng damit zusammenhängend – die naturalistische und zugleich objektivistische Perspektive. Whitehead sieht, daß eine philosophische Synthese heute nicht mehr allein vom individuellen oder historischen Bewußtsein bzw. von der Alltagserfahrung her formuliert werden kann. In unserer modernen Welt muß auch die Philosophie mit den Ergebnissen der Naturwissenschaft rechnen. Deshalb läßt er sich, trotz seiner erklärten Gegenposition zur mechanistischen Naturauffassung, bei der Formulierung der grundlegenden Kategorien von den elektrodynamischen Prozessen der modernen Physik inspirieren (*AI*, p. 239/dt. S. 341; *PR*, p. 116/dt. S. 223 f). Sein Hauptwerk *Process and Reality* trägt den

Untertitel »An Essay in Cosmology«, doch seine Philosophie ist als universelle Metaphysik angelegt (*PR*, p. xii/dt. S. 22). Die Spuren der Kosmologie sind jedoch unverkennbar. Whiteheads Denken ist wesentlich durch die am Paradigma der Physik abgelesenen atomaren Wirkelemente der *actual entities* geprägt, so daß bei ihm die menschliche Person, die Lebewesen und kulturelle, soziale und historische Phänomene nur als emergente, abgeleitete Größen erscheinen. Im Rahmen seines weitgespannten, universellen Denkens findet Whitehead den Gegenpol zur modernen Naturwissenschaft in der ganzheitlichen, poetischen Naturauffassung der Romantik (*SMW*, Kap. 5). Seine Philosophie ist ein grandioser Versuch, beiden Positionen zu ihrem Recht zu verhelfen.

Der zweite für Whiteheads Philosophie charakteristische Punkt betrifft unmittelbar unser Thema. Whitehead formuliert seine Philosophie bewußt im Gegenzug zu der seit Descartes dominierenden reflexiven Rückwendung des Erkenntnisinteresses auf die konstituierenden Leistungen des erkennenden Subjekts. Vom Standpunkt des Kritizismus aus gesehen ist seine Philosophie in naiver Weise weltzugewandt. Whiteheads kosmologischer Zugang und sein Objektivitätsanspruch werden im Sinne eines erkenntnistheoretischen Realismus gemeinsam gegen die Subjektivität ins Feld geführt (*SMW*, p. 111/dt. S. 109). Die Orientierung an der Kosmologie dient dazu, die von Kant in der Erkenntnistheorie vollzogene ›kopernikanische Revolution‹ (*KrV*, B xvi) zu unterlaufen. Damit stellt sich – gerade auch im Hinblick auf die Rolle des Subjekts – die Frage, ob hier ein Rückfall in ein überholtes, vorkritisches Stadium des philosophischen Denkens vorliegt oder ob ein Weg aufgezeigt wird, auf dem man sich durch die Einordnung des erkennenden Subjekts in die Welt von der thematischen Fixierung auf die Subjektivität lösen und eine ›objektive‹ Sichtweise (zurück-)gewinnen kann.

Die Geschlossenheit von Whiteheads Denken kommt darin zum Ausdruck, daß er sich trotz unerwarteter Formulierungen und des souveränen Umgangs mit Einzelheiten auf einen systematisch strukturierten und durchgehaltenen Kernbestand von relativ einfachen logisch-kategorialen Schemata stützt, die ihrerseits auf ganz bestimmten Vorstellungen und Paradigmata beruhen (hier kommt offensichtlich die *forma mentis* des mathematischen Logikers zur Geltung). Darüber hinaus finden sich vielfältige Konkretisierungen und Varianten dieser grundlegenden Schemata sowie ad hoc entwickelte problem- und phänomenorientierte Ausführungen. Da es hier um die Essenz von Whiteheads Subjektbegriff geht, reicht es aus, wenn wir uns im folgenden auf die kategorialen Grundschemata konzentrieren.

Whitehead hat die Prämissen, auf die er seine Philosophie gründet, wiederholt nach erklärungsstrategischen Gesichtspunkten erläutert (CN, p. 2; PR, p. 3-9/dt. S. 31-42). Dieses Verfahren ist didaktisch hilfreich und intellektuell redlich, denn dadurch tritt das Wagnis des Denkens, der Entwurfscharakter und das spontane, voluntaristische Element jeder Theorie – und somit a fortiori auch jeder Philosophie –, deutlich zutage. Alle wissenschaftlichen Diskussionen stehen im Spannungsverhältnis zwischen dem Pathos der Wahrheit und dem ›pflichtgemäßen Ermessensspielraum‹ zu theoretischen Setzungen. Tatsächlich kann es bei jeder theoretischen Konzeption, sobald bestimmte Bedingungen erfüllt sind (hohes Abstraktionsniveau, interne Konsistenz, hinreichende Komplexität, Berücksichtigung der einschlägigen Phänomene), immer nur um ein Mehr oder Weniger an philosophischer Analyse, Erklärung, Begründung und Rechtfertigung gehen. Bei hinreichender Differenziertheit ist ein uneingeschränktes Gelingen ebenso unmöglich wie ein völliges Scheitern. Doch metaphysische Konzeptionen müssen sich, wie alle theoretischen Entwürfe, bei der Anwendung auf konkrete Probleme bewähren. Im Sinne einer Logik von Frage und Antwort und innerhalb des stets gegebenen Beurteilungsspielraums kommt es dann darauf an, die Erklärungs- und Systematisierungsleistungen zu beurteilen, wobei je nach intellektuellem Standort und individueller Akzentsetzung immer auch unterschiedliche Urteile möglich sind. Die Frage nach dem Subjekt in Whiteheads Kosmologie macht hiervon keine Ausnahme.

Welches sind die für unsere Fragestellung relevanten Grundpositionen Whiteheads? Das wohl auffälligste Merkmal seiner Philosophie besteht darin, daß er den Prozeßcharakter allen Geschehens ernst nimmt. Dementsprechend räumt er dem Werden gegenüber dem Sein, der Veränderung und der Kreativität gegenüber der Beharrung, auch begrifflich den Vorrang ein (PR, p. 21/dt. S. 62). Um die Vorstellung von verborgenen Fakultäten, von einer eigentlichen, wesentlichen, eminenten Realität hinter der konkreten, erfahrbaren Wirklichkeit und damit eine Weltverdoppelung zu vermeiden, vertritt Whitehead ferner eine konsequent einstufige Ontologie. Im Zuge seiner naturalistisch begründeten, streng aktualistischen Auffassung lehnt er die Vermögenspsychologie ebenso ab wie den traditionellen Substanzbegriff und die Auffassung eines von den einzelnen konkreten Seienden verschiedenen, übergeordneten Seins oder die Vorstellung von Gott als dem ens realissimum. In allen diesen Fällen sieht er den Trugschluß der »unangebrachten Konkretisierung«, den Kardinalfehler aller Philosophie, am Werk, weil eine abstrakte, theoretische, erschlossene Größe in den Rang eines realen, konkreten, wirkmächtigen, aktuellen Seienden erhoben wird (*PR*, p. 18 f/dt. S. 57).

Whitehead rückt in dieser Frage vom Rationalismus und Platonismus ab und nähert sich dem Empirismus und Pragmatismus an, indem er nur den konkreten, aktuellen Geschehens- und Erlebniseinheiten Wirkmächtigkeit zubilligt. Durch diese von vornherein als bipolar angesetzte Struktur der mit einem mentalen und einem physischen Pol ausgestatteten *actual entities* (*PR*, p. 244/dt. S. 446) vermeidet er die cartesianische Aufspaltung der Natur in raum-zeitlich ausgedehnte Prozesse und in Bewußtseinsprozesse. Als Gegengewicht gegen die Vereinfachung, die in dem einstufigen Atomismus der *actual entities* liegt, werden diese nicht als uniform, sondern als innerlich differenziert gedacht, um der phänomenalen Vielfalt und Strukturiertheit der Welt Rechnung tragen zu können. Sie übernehmen zwar die Funktion der traditionellen Substanzen. Doch sie sind nicht als unstrukturierte, beharrende Elemente gedacht, sondern als stets neu entstehende, sich konkretisierende und sich entwickelnde Wirkelemente, die ihre Vergangenheit aufnehmen und sich selbst in die Zukunft entwerfen. Um die Fülle der Phänomene der realen Welt erklären zu können, werden die *actual entities* sowohl mit Zügen der ›untersten‹ als auch der ›höchsten‹ Stufe ausgestattet. Sie weisen sowohl Merkmale der traditionellen Atome (Unteilbarkeit) als auch des menschlichen Selbstbewußtseins auf (Erinnerung, Identität, Selbstbestimmung) (*PR*, p. 22/dt. S. 64).

Die Art und Weise, wie sich die *actual entities* herausbilden, ist nicht nur von ›innen‹ durch interne Zielsetzungen bestimmt; sie werden darüber hinaus auch von ›außen‹ durch die je konkrete, individuelle Aufnahme von Wirkungen determiniert. Durch diese *prehensions* ist jede *actual entity* mit ihrer Umgebung und letzten

Endes mit dem gesamten Universum verknüpft. Die interne, teleologische Dynamik der *actual entities* wird auf diese Weise ergänzt durch einen durchgängigen Relationismus (*PR*, p. 18 f/dt. S. 57 f). Da die *actual entities* als von sich aus amorphe, nur durch Kreativität und Wirkmächtigkeit ausgezeichnete Einheiten konzipiert sind, bedarf es eines determinierenden, konkretisierenden und formenden Prinzips, durch das aus der Fülle der Möglichkeiten jeweils eine bestimmte Form selegiert wird. Dieses Prinzip sieht Whitehead in den *eternal objects*, die als Formelement das Werden und die Ausprägung einer konkreten *actual entity* bestimmen (*SMW*, p. 205/dt. S. 193; *PR*, p. 22 f/dt. S. 64 f). Insgesamt ergibt sich so das Bild eines prozeßhaften, in dynamischem Wandel begriffenen Universums, dessen makroskopische Objekte durch die spezifische Verbindung und beständige Reorganisation der Wirkungsquanten der *actual entities* zustande kommen. Alle konkreten Gebilde und alle Lebewesen, einschließlich des Menschen, sind aus *actual entities* aufgebaute *societies* und damit ontologisch abgeleitete Größen.

Noch diesseits jeder weiterführenden Spezifikation lassen sich aufgrund des bisher Gesagten bereits gewisse Feststellungen treffen. Indem die Kosmologie als Paradigma für die Metaphysik gewählt wird, ist von vornherein entschieden, daß insbesondere die Phänomene des Bewußtseins, der Subjektivität, die kulturellen Gestaltungen und die Geschichte, kurz: das Leben des Geistes, als abgeleitete Größen erscheinen müssen, weil der maßgebliche Bezugspunkt dem Seinsbereich des naturhaften Geschehens entstammt. Dies ist der Sache nach unvermeidlich, wenn man nicht, etwa nach Art von Schellings Identitätsphilosophie, auf einer noch höheren Abstraktionsebene eine spekulative Synthese erstrebt. Trotz aller Wechselbeziehungen sind die Welten der Natur und des Geistes unserem Verständnis nach durchaus verschieden, so daß sich hier eine Akzentsetzung kaum vermeiden läßt. Es ist nicht möglich, beiden Bereichen von vornherein das gleiche Gewicht zu geben und beiden in der kategorialen und theoretischen Erfassung in gleicher Weise gerecht zu werden. Dies wird deutlich, wenn man als extreme Gegenpositionen zu Whiteheads Naturalismus etwa Hegels Spiritualismus oder Heideggers Analyse des Daseins ins Auge faßt. In diesen Positionen erscheint die physische Welt nicht als die Grundlage allen Seins, sondern als eine abgeleitete, ihrerseits erst durch die Subjektivität bestimmte

Größe (wobei Hegels spekulative Naturphilosophie und das Fehlen des zweiten Teils von *Sein und Zeit* als Indiz dafür gelten können, wie schwer hier eine Vermittlung zu leisten ist).[1]

Dagegen könnte jedoch eingewandt werden, daß es Whitehead gerade darum geht, die unglückliche dichotomische Gegenüberstellung von Natur und Geist, von Körper und Bewußtsein zu überwinden. Hierfür bietet Whitehead durch die Konsequenz, mit der er Subjektivität und Bewußtsein nicht als von der Natur abgehobene, eigenständige Größen betrachtet, sondern sie als emergente Phänomene des Naturprozesses deutet, ein systematisch ausgearbeitetes Konzept an. Bei ihm tritt der stetige Übergang von der körperlichen Verfassung über das Unbewußte, die Empfindungen und Gefühle bis hin zum Bewußtsein nicht als beiläufiges Phänomen, sondern durch die umfassende Kategorie der *prehension* von vornherein als Grundgegebenheit auf. Und auf der Ebene der *actual entities* wird durch die gleichzeitige Präsenz des mentalen und des physischen Pols die unlösbare Einheit von Materie und Bewußtsein kategorial auf den Begriff gebracht. So gesehen bietet Whiteheads Philosophie gerade ein Konzept zur Formulierung der Einheit zwischen den in Wirklichkeit gar nicht scharf getrennten physischen und psychischen Phänomenen. Diese Vermittlung betrifft allerdings nicht die Ebene der direkt beobachtbaren Phänomene; sie gilt im Bereich der theoretisch postulierten Strukturelemente der *actual entities*, die ebenso wie Leibniz' Monaden und Kants »Ding an sich« immer nur indirekt, durch ihre Wirkungen erfaßbar sind.

Ähnlich allgemein gehaltene Überlegungen gelten für den monistischen Ansatz, den Whitehead einem Pluralismus vorzieht, wie er etwa kosmologisch in N. Hartmanns Formel von der Einheit der Welt als der Einheit eines Gefüges[2] oder erkenntnistheoretisch in E. Cassirers Vielfalt der symbolischen Formen[3] zum Ausdruck kommt. Für beide Positionen gibt es gute Gründe. Die Einheit der Welt ist ebenso unbestreitbar wie die Vielfalt ihrer Phänomene. Unser diskursives Denken bedarf der eindeutigen

---

1 Vgl. dazu F. Rapp, »Zur Geschlossenheit metaphysischer Konzeptionen«, in: H. H. Holz und E. Wolf-Gazo (Hg.), *Whitehead und der Prozeßbegriff*, Freiburg/München 1984, S. 424-443.

2 N. Hartmann, *Der Aufbau der realen Welt*, Berlin 1964.

3 E. Cassirer, *Philosophie der symbolischen Formen*, 3 Bde., ND Darmstadt 1956-58.

begrifflichen Fixierungen und der logisch stimmigen Schlußfolgerungen; wir sind auf theoretische Setzungen, klare Abgrenzungen und konsistente Ableitungen angewiesen. Doch in der Welt der Natur und in der Welt des Geistes sind solche Unterscheidungen in concreto ebensowenig anzutreffen wie der Nullmeridian in Greenwich oder der Äquator auf dem Meer. Dieser künstliche und gleichwohl unverzichtbare Status aller Distinktionen liegt noch diesseits aller konkreten Ausformulierungen, etwa in einer monistischen oder einer pluralistischen Metaphysik. So zeigt denn auch jeder Versuch, eine wissenschaftliche Theorie oder einen philosophischen Ansatz voll auszuschöpfen, wie sehr scharfe Abgrenzungen der Realität Unrecht tun. Whitehead hat das klar gesehen und abschließend (1941) fast resignierend erklärt: »Meine zentrale These besagt, daß es keine zureichende explizite Analyse gibt, auf die wir uns verlassen können« und »Die Exaktheit ist Täuschung«.[4]

Die Welt ist in ihrer konkreten Vielfalt und Fülle stets über unsere theoretischen Konzepte hinaus. Die Differenz zwischen Begriff und Sache ist unaufhebbar. Auch im Fall eines monistischen oder pluralistischen philosophischen Konzepts kann es also nicht um ein Alles oder Nichts, um ein eindeutiges ›wahr‹ oder ›falsch‹ gehen, sondern nur um die konkreten Erklärungsleistungen bzw. um die Desiderata, die offenbleiben. Dies gilt auch für die theoretische Fassung des Subjektbegriffs. Die Absolutsetzung des Subjekts bedeutet ebenso eine einseitige Festlegung wie eine durchgängig naturalistisch-kosmologische Betrachtungsweise. Entscheidend ist die Frage, inwieweit es gelingt, eine Subjekt-Objekt-Spaltung zu vermeiden bzw. zu überwinden, nachdem sie einmal eingeführt wurde und (begriffs-)geschichtlich wirksam geworden ist.

Aus dem Gesagten ergibt sich, daß der von Whitehead im Hinblick auf die mechanistische Naturauffassung des 17. Jahrhunderts zu Recht kritisierte Trugschluß der »unangebrachten Konkretisierung« (SMW, Kap. 3) sich i. w. S. und in moderater, gleichsam kontrollierter Form gar nicht vermeiden läßt. Dieser »Trugschluß« ist immer im Spiel, sobald überhaupt mit theoretischen Begriffen, wie *actual entities* oder Monaden (bzw. fachwis-

---

4 »Immortality«, in: P. A. Schilp (ed.), *The Philosophy of A. N. Whitehead*, La Salle, Ill. 1951, p. 699 f.

senschaftlich etwa mit Elementarteilchen oder dem Zeitgeist), operiert wird, die gleichwohl die eigentliche, letzte Realität zum Ausdruck bringen sollen. Die unmittelbare Erfassung der konkreten Wirklichkeit ist nur in einer mystischen Intuition möglich. Sobald man Kategorien einführt, Schlußfolgerungen vornimmt und argumentiert, bewegt man sich unvermeidbar in der Dimension der durch Gedanken und Begriffe vermittelten diskursiven Realitätserfassung, d. h. der Theorie. So kann man denn auch in den verschiedenen Formen des philosophischen Idealismus einen grandiosen, allumfassenden Trugschluß der unangebrachten Konkretisierung sehen, durch den sich die Sache dann letzten Endes im Medium des Begriffs auflöst.

Gerade weil die Wirklichkeit unsere begriffliche und theoretische Erfassung transzendiert, weil sie nicht in dieser Erfassung aufgeht, ist irgendeine Form des Ernstnehmens der Theorie und des Gegeneinanderausspielens und des wechselseitigen Anmessens von Begriff und Sache, von Theorie und Realität der unvermeidbare Preis, den man zahlen muß, um überhaupt in den Kreis derjenigen eintreten zu können, die die Welt durch Gedanken und Theorien – und nicht nur durch das Leben und die Tat – erfassen wollen. Diese grundsätzliche erkenntnistheoretische Differenz zwischen Begriff und Sache liegt noch diesseits aller konkreten kategorialen Ansätze, unabhängig davon, ob sie nun vom Begriff der Substanz, der Monade oder der *actual entity* ausgehen. Genau besehen kann es also nicht darum gehen, daß überhaupt mit Vereinfachungen, Abstraktionen und Begriffen gearbeitet wird, die dann in unserer Theoriebildung fast zwangsläufig an die Stelle der Sache selbst treten, sondern nur darum, wie und mit welchem Erfolg das jeweils geschieht. Dies gilt auch und insbesondere für die begriffliche Fassung des menschlichen Subjekts, das uns stets das Nächste und Vertrauteste ist, das bei jedem mentalen Akt immer schon im Spiel ist und sich doch, eben weil wir nicht neben oder hinter uns treten können, dem erkennenden, objektivierenden Zugriff mehr als jeder andere Gegenstand entzieht. Aus diesen Überlegungen ergibt sich ferner, daß es a priori, vor der Prüfung der tatsächlichen Erklärungsleistungen, nicht möglich ist, etwa den Begriff der Substanz oder der *actual entity* mit dem Verdikt der unangemessenen Konkretisierung zu belegen und dann daraus zu folgern, daß das menschliche Subjekt nicht als Substanz oder als *actual entity* gefaßt werden dürfe. Die

Entscheidung bemißt sich durch die aposteriorische Konfrontation von Begriff und Sache, d. h. die Frage bleibt im Stadium der allgemeinen Betrachtungen noch völlig offen; sie muß an den Phänomenen selbst entschieden werden.

Dies ist grundsätzlich auch die Auffassung Whiteheads. Für ihn ist die Philosophie stets in Gefahr zu übertreiben: »der Hauptfehler in der Philosophie ist die Überbetonung.« (PR, p. 7/dt. S. 39) Er sieht zwei Formen der Übertreibung. Erstens die erwähnte unangebrachte Konkretisierung, die dazu führt, daß der *Grad* der jeweils vorgenommenen Abstraktion verkannt wird und entscheidende Aspekte der Realität um des theoretischen Gedankengebäudes willen ignoriert werden. Die zweite Übertreibung besteht in der Überschätzung logischer Schlußfolgerungen und klarer, definitiver und sicherer Prämissen: »Metaphysische Kategorien sind nicht dogmatische Formulierungen des Offenkundigen; sie sind versuchsweise Formulierungen der letzten Allgemeinheiten« (PR, p. 8/dt. S. 40).

Entscheidend ist hier der Umstand, daß man nicht alles gleichzeitig und mit dem der Sache eigentlich angemessenen Gewicht zur Geltung bringen kann. Um überhaupt theoretisieren zu können, muß man abgrenzen, ausblenden und sich festlegen. Die einmal getroffenen Bestimmungen präjudizieren dann unvermeidbar das Folgende, so daß man schließlich – um der immanenten Konsistenz willen – womöglich dorthin geführt wird, wohin man eigentlich gar nicht gehen wollte. Dergleichen scheint Whitehead im Hinblick auf den Subjektbegriff widerfahren zu sein. Die Argumentationsmuster, auf die er sein philosophisches Gedankengebäude gründet, und die Art, wie er es systematisch ausbaut, legen diese Vermutung nahe. Natürlich läßt sich diese Hypothese nicht in strengem Sinne beweisen oder widerlegen; es kann nur darum gehen, ihre Plausibilität zu überprüfen.

Den Kardinalfehler sieht Whitehead im klassischen Substanzdenken, das zu einem verdinglichten, entsinnlichten, toten Naturverständnis führt: »Die Natur ist eine öde Sache, tonlos, geruchlos und farblos; nur das Hasten von Stoff, endlos und ohne Sinn« (SMW, p. 69/dt. S. 70).[5] Dieser einseitigen, reduzierten, mechani-

5 Der Frage, inwieweit der theoretische Ansatz der modernen Naturwissenschaft, etwa im Sinne von E. Cassirers *Substanzbegriff und Funktionsbegriff*, Berlin 1910, S. 200-249, auch andere Deutungen zuläßt, kann hier nicht nachgegangen werden.

stischen Naturauffassung, die sich an der Vorstellung von zeitlich überdauernden, mit sich selbst identisch bleibenden makroskopischen Körpern orientiert, stellt er seine *philosophy of organism* gegenüber. Die Beständigkeit der makroskopischen Dinge und der Lebewesen ist für Whitehead eine abgeleitete Größe, die aus der *historic route* der auf bestimmte Weise organisierten *actual entities* einer *society* resultiert. An die Stelle einer leblosen, statischen Welt tritt so der beständig fortschreitende kreative Werdeprozeß (*PR*, p. 35/dt. S. 56). Doch die Ablehnung des Substanzbegriffs und die Auflösung des Seins in das Werden reichen allein nicht aus, um die Natur wirklich zu beleben. Hinzu kommt eine besondere Form der Emergenztheorie, die in einen potentiellen Panpsychismus mündet: »Die Bewußtseinstätigkeit ist nur eine der Arten des Empfindens, das allen wirklichen Seinseinheiten in bestimmtem Maße zukommt, aber nur in einigen zu bewußter Verstandeskraft gelangt.« (*PR*, p. 56/dt. S. 121) Die verschiedenen *actual entities* erfassen einander wechselseitig durch *prehensions*, wodurch dann eine konkrete Verbindung oder Verknüpfung (*nexus*) zustande kommt. In den drei Elementen *actual entities, prehensions* and *nexus* sieht Whitehead »die konkretesten Elemente unserer Erfahrung« (*PR*, p. 18/dt. S. 57), aus denen alles andere abgeleitet ist. Dies sind die Grundelemente des Konzepts, durch das Whitehead die Cartesische Dichotomie aufhebt und Natur und Leben im Medium der Theorie als Einheit erfaßt.

Wie steht es nun in dieser Theorie mit dem Subjektbegriff? Wegen der einstufigen Ontologie, des fließenden Übergangs zwischen unbelebter, belebter und bewußter (menschlicher) Natur und der Anlehnung an die Emergenztheorie ist der Subjektbegriff bei Whitehead allgemeiner und damit zugleich auch schwächer gefaßt, als es dem gängigen Verständnis entspricht. Maßgeblich ist für ihn der teleologisch bestimmte Prozeß des kreativen »Zusammenwachsens« (*concrescence*) einer *actual entity*. Ziel dieses Werdeprozesses ist die Realisierung des jeweiligen subjektiven Ziels, wodurch die *actual entity* zum *superject* wird. Betrachten wir nun die unterschiedlichen Funktionen, in denen der Subjektcharakter bei der Selbstkonstitution einer *actual entity* in Erscheinung tritt, wobei stets das Spannungsverhältnis zwischen dem je aktuellen, kontingenten Zusammentreffen naturhafter Umstände einerseits und dem durch das Subjekt eingeführten ganzheitlichen, zielgerichteten Geschehen andererseits zu beachten ist.

Das Subjekt hat eine quasi reflexive Funktion, es bestimmt die Herausbildung, die Selbstkonstitution, die Ganzheit und die Identität einer *actual entity*. So gilt, »daß eine wirkliche Seinseinheit (*actual entity*), indem sie *im Hinblick auf sich selbst wirkt*, verschiedene Rollen in der *Selbstgestaltung* spielt, ohne ihre Selbstidentität zu verlieren. Sie erschafft sich selbst; und in ihrem Erschaffungsprozeß transformiert sie ihre Vielfalt von Rollen in *eine kohärente* Rolle.« (*PR*, p. 25/dt. S. 69; Sperrung F. R.) In demselben Sinne heißt es, »daß kein Erfassen (*prehension*) losgelöst von seinem Subjekt betrachtet werden kann«, obwohl dieses Erfassen »seinen Ursprung hat in dem Prozeß, der sein Subjekt hervorbringt« (*PR*, p. 27/dt. S. 73).

Im einzelnen gilt:

(1) Das Subjekt ist das *Ideal* seines eigenen Werdeprozesses: »Das ›*subjektive Ziel*‹, das das Werden eines Subjekts bestimmt, ist jenes Subjekt, das einen Satz mit der subjektiven Form des Zweckes empfindet, der in jenem Prozeß der Selbsterschaffung zu verwirklichen ist.« (*PR*, p. 25/dt. S. 69; Sperrung F. R.) In anderer Formulierung: »Die Konkretisierung wird von einem subjektiven Ziel beherrscht, das sich im wesentlichen auf das Gebilde als ein endgültiges Superjekt bezieht. Dieses subjektive Ziel ist dieses Subjekt, das seine eigene Selbst-Erschaffung als *ein* Gebilde selbst bestimmt.« (*PR*, p. 69/dt. S. 144) Dabei sind *subject* und *superject* nach Whitehead nur verschiedene Aspekte derselben Sache. Das *subject* betrifft die interne, physische Konstitution und das *superject* den externen, mentalen Aspekt. Das im Endstadium verwirklichte *superject* fließt dann in das weitere Geschehen ein und erlangt dadurch objektive Unsterblichkeit (*PR*, p. 29, 45, 245/dt. S. 76, 102, 447).

(2) Das Subjekt ist qua *subjektives Ziel* das koordinierende *Einheitsprinzip*: »Dies subjektive Ziel bleibt in seinen aufeinanderfolgenden Modifikationen der *vereinheitlichende Faktor*, der die sukzessiven Phasen des Wechselspiels von physischen und konzeptuellen Empfindungen beherrscht.« (*PR*, p. 224/dt. S. 411; Sperrung F. R.)

(3) Das Subjekt sorgt für die *Verträglichkeit* der konstituierenden Bestimmungselemente: »Die vielen Empfindungen, die zu einer unvollständigen Phase im Prozeß einer wirklichen Seinseinheit gehören, lassen sich aufgrund der *Einheit ihres Subjekts* für die Integration *vereinbaren*, auch wenn sie wegen der Unvollständig-

keit der Phase noch nicht integriert sind.« (*PR*, p. 26/dt. S. 71; Sperrung F. R.)

(4) Trotz der physischen Determination durch die innere Struktur einer *actual entity* entscheidet das Subjekt letztlich in *Freiheit*: »Die Konkretisierung jeder wirklichen Seinseinheit ist *innerlich determiniert* und *äußerlich frei*. / Diese Kategorie kann zu der Formel verdichtet werden, daß in jeder Konkretisierung alles Bestimmbare bestimmt ist, jedoch immer ein Rest verbleibt, über den das *Subjekt-Superjekt* dieser Konkretisierung *selbst entscheidet*. Dieses Subjekt-Superjekt ist das Universum in dieser Synthese, und darüber hinaus ist nichts. Die abschließende Entscheidung ist die Reaktion der Einheit des Ganzen auf seine eigene innere Determination.« (*PR*, p. 27 f/dt. S. 73 f; Sperrung F. R.) In anderer Formulierung: »Das so konstituierte Subjekt ist der *autonome Herr* seiner eigenen Konkretisierung zum Subjekt-Superjekt. Es geht von einem sich konkretisierenden subjektiven Ziel in ein Superjekt mit objektiver Unsterblichkeit über. Auf jeder Stufe ist es Subjekt-Superjekt. Nach dieser Erklärung ist *Selbst-Bestimmung* ihrem Ursprung nach immer imaginativ.« (*PR*, p. 245/dt. S. 447; Sperrung F. R.) »*Der mentale Pol ist das Subjekt*, wie es sein eigenes Ideal von sich selbst durch Bezug auf *zeitlose Wertungsgrundsätze* bestimmt, die in ihrer Anwendung auf sein eigenes objektives physisches Datum autonom modifiziert werden.« (*PR*, p. 248/dt. S. 453; Sperrung F. R.)

Diese Konzeption weist in doppelter Hinsicht Parallelen zu Kants Kausalität aus Freiheit auf, insofern (1) für das Subjekt ausdrücklich ein irreduzibler Freiheitsspielraum angesetzt wird, der (2) in einer eigenständigen, von der naturhaften Determination ausgenommenen überzeitlichen Sphäre angesiedelt ist, nämlich im Reich der Noumena bzw. der zeitlosen Wertungsgrundsätze. Daß trotz aller Gegensätzlichkeit bei differenzierten philosophischen Entwürfen von der Sache her immer auch unerwartete Überschneidungen auftreten, zeigt ferner die bemerkenswerte Analogie, die bei aller Verschiedenheit des Subjektbegriffs zwischen Whiteheads Konzeption der sich selbst entwerfenden *actual entities* und Fichtes »Tathandlung« besteht.

Ohne explizit eine grundlegende, eigenständige Subjektkategorie einzuführen, spricht Whitehead, wie die Punkte (1) bis (4) zeigen, jeder *actual entity* qua sich zielgerichtet selbst konstituierender Einheit einen Subjektcharakter zu, der an der Selbsterfahrung des zielstrebig handelnden Ich abgelesen wird. Bei rein naturhaften Prozessen außerhalb der Sphäre des Menschen sieht er, je nach den Umständen, einzelne Elemente, aber nicht die Gesamtheit der angeführten Merkmale am Werk. Das Paradigma der menschlichen Subjektivität wird insbesondere dort offenkundig, wo Whitehead den im eigentlichen Sinne nur vom selbstbewußten Ich prädizierbaren Freiheitsbegriff benutzt und wo er in seinen Ausführungen ohne argumentative Zäsur nahtlos von *actual entities* zu menschlichen Subjekten übergeht (*PR*, p. 27, 222, 255/dt. S. 73, 222, 465).

Charakteristisch für Whiteheads Konzeption ist der durchgängig als fließend gedachte Übergang zwischen allen Seinsbereichen: »... uns steht gegenüber die unscharfe Ausdehnung menschlichen Lebens, animalischen Lebens, pflanzlichen Lebens, lebender Zellen und materieller Daseiender *mit persönlicher Identität*, aber dem gängigen Wortgebrauch nach ohne Leben.«[6] Dieses Kontinuum gilt nicht nur systematisch, sondern auch genetisch; es ist kein Zufall, daß Samuel Alexander als Vertreter der Emergenztheorie von Whitehead zustimmend zitiert wird (*PR*, p. 41/dt. S. 94). In diesem Sinne heißt es: »Die organistische Philosophie ist die Umkehrung von Kants Philosophie. ... Für Kant entsteht die Welt aus dem Subjekt; für die organistische Philosophie entsteht das Subjekt aus der Welt – eher ein ›Superjekt‹ als ein ›Subjekt‹. Das Wort ›Objekt‹ bezeichnet daher eine wirkliche Seinseinheit, die eine Potentialität darstellt, ein Bestandteil im Empfinden zu sein; und das Wort ›Subjekt‹ bezieht sich auf die wirkliche Seinseinheit, die durch den Empfindungsprozeß konstituiert wird und diesen Prozeß einschließt.« (*PR*, p. 88/dt. S. 175; Sperrung F. R.) Seiner konsequenten Ablehnung der Bewußtseins- und Subjektivitätsphilosophie entsprechend betrachtet Whitehead Bewußtsein, Denken und Sinneswahrnehmung als »unwesentliche Elemente sowohl der physischen als auch der mentalen Erfahrung« (*PR*, p. 36/dt. S. 88). Sie entstehen als beiläufiges Produkt im kreativen kosmischen Werdeprozeß: »Descartes faßt den Denker in seiner eigenen Philosophie als den Schöpfer seiner zufälligen Gedanken auf. Die organistische Philosophie kehrt die Ordnung um und betrachtet das Denken als eine für die Erschaffung des zufälligen Denkers konstitutive Tätigkeit. Der Denker ist das ab-

6 »Immortality«, a.a.O., p. 691; Sperrung F. R.

schließende Ziel, aufgrund dessen es das Denken gibt. In dieser Umkehrung haben wir den endgültigen Kontrast zwischen einer Substanz-Philosophie und einer organistischen Philosophie.« (*PR*, p. 151/dt. S. 283)

Seinem kosmologischen Ansatz entsprechend sieht Whitehead in der menschlichen Person eine in doppelter Weise abgeleitete, spezifische Größe: Sie ist (1) eine aus *actual entities* aufgebaute »Gesellschaft (*society*)«, d. h. »ein Nexus mit sozialer Ordnung«, und sie ist (2) darüber hinaus, ebenso wie alle anderen »dauerhaften Gebilde« oder »dauerhaften Kreaturen«, gekennzeichnet durch die besondere Form der »personalen Ordnung«, die von einem Zustand auf den nächsten vererbt wird. Für alle *societies* gilt, daß die wechselseitigen Erfassungen (*prehensions*) aller an ihnen beteiligten *actual entities* ein gemeinsames Formelement aufweisen. Dieses durch »Vererbung« weitergegebene, die zeitliche Dauer verbürgende Formelement ist das »bestimmende Merkmal« der betreffenden *society* und insofern mit der aristotelischen *forma substantialis* verwandt (*PR*, p. 34, 92/dt. S. 84, 181).

Whitehead überträgt das für die *actual entities* entwickelte und am bewußten Wahlverhalten der Person orientierte Schema auch auf die Struktur einer *society*: »Eine Gesellschaft erzeugt in keinem Sinne den Komplex von zeitlosen Gegenständen, der ihr abgrenzendes Charakteristikum bildet. Sie wählt diesen Komplex nur aus, gibt ihm Bedeutung für ihre Glieder und sichert die Reproduktion seiner Mitgliedschaft.« (*PR*, p. 92/dt. S. 181) Für jede *society* gilt, »daß sie sich selbst erhält; mit anderen Worten, daß sie ihr eigener Grund ist« (*PR*, p. 89/dt. S. 177).

Whitehead erkennt das mit sich selbst identische Ich als Bezugspunkt aller bewußten Erfahrung an und deutet es mit einer abgewandelten Passage aus Platos *Timaios* als *receptaculum*: »Diese Einheit der Person ist das, was alle Vorgänge im Leben eines Menschen in sich aufnimmt ... Sie liegt gleichsam wie ein Knetstoff für alle Verwandlungen bereit und wird von den in sie eingehenden Dingen bewegt und umgeformt, so daß sie zu verschiedenen Zeiten auch verschieden aussieht ... Weil sie nun aber alle Arten von Erlebnissen in ihrer eigenen Einheit zusammenfaßt, kann sie selber keinerlei Form besitzen; und deshalb wollen wir sie formlos, unsichtbar und allempfänglich nennen« (*AI*, p. 240 f/dt. S. 343).

Whitehead sieht Identität und Selbstbewußtsein der menschlichen Person ganz unter dem Gesichtspunkt des Wandels und der Kreativität: »Die Lehre von der dauerhaften Seele mit ihren bleibenden Charakteristika ist genau die irrelevante Antwort auf das Problem, das das Leben stellt. Dieses Problem ist: Wie kann es Originalität geben? Und die Antwort erklärt, warum die Seele nicht origineller sein muß als ein Stein.« (*PR*, p. 104/dt. S. 203) Whitehead insistiert zu Recht auf der Freiheit, die untrennbar mit Personhaftigkeit und Selbstsein verbunden ist. Dabei sieht er den Menschen ganz in Analogie zu den *actual entities*: »Außerdem ist im Falle derjenigen Wirklichkeiten, deren unmittelbare Erfahrung uns, nämlich den menschlichen Wesen, am vollkommensten offensteht, die endgültige Entscheidung des Subjekt-Superjekts, auf der die letzte Modifikation des subjektiven Ziels beruht, die Grundlage für unsere Erfahrung mit Verantwortung, Zustimmung oder Ablehnung, Selbstachtung oder -verachtung, Freiheit und Emphase. Dieses Element der Erfahrung ist zu weitreichend, um als bloße Fehlkonstruktion abgetan zu werden. Es beherrscht die ganze Stimmung des menschlichen Lebens. Es läßt sich durch treffende Beispiele aus der Realität oder aus der Dichtung veranschaulichen. Diese Beispiele sind jedoch nur augenfällige Bilder für die menschliche Erfahrung während jeder Stunde und jeder Minute.« (*PR*, p. 47/dt. S. 104 f) Das hier betrachtete Subjekt-Superjekt bezieht sich offensichtlich auf die ganze Dauer eines Menschenlebens, denn das Selbstsein in Freiheit ist gebunden an ein bei allem zeitlichen Wandel mit sich selbst identisch bleibendes Subjekt. Andernfalls könnte man nur von beliebigen, zusammenhanglosen, in jedem Augenblick völlig neu und anders ablaufenden monadenhaften Ereignissen sprechen, aber nicht von freien Wahlakten einer Person, die im Rückgriff auf ihre Vergangenheit und im Vorgriff auf ihre Zukunft lebt und sich von diesem übergeordneten Horizont her überhaupt erst definiert.

Hier stellt sich nun die Frage, wie die Identität des Ich begrifflich gefaßt werden kann. Systematisch gesehen bin ich Träger aller *Bewußtseinsakte*, die *mir* zugehören. In diesem Sinne heißt es bei Kant: »Ich bin mir also des identischen Selbst bewußt, in Ansehung des Mannigfaltigen der mir in einer Anschauung gegebenen Vorstellungen, weil ich sie insgesamt meine Vorstellungen nenne, die eine ausmachen.« (*KrV*, B 135) Ohne diese synthetische Einheit, die die analytische Einheit überhaupt erst möglich macht, »würde ich ein so vielfärbiges verschiedenes Selbst haben, als ich

Vorstellungen habe, deren ich mir bewußt bin«. Diese synthetische Einheit der Apperzeption ist denn auch für Kant der höchste Punkt, an dem aller Verstandesgebrauch hängt, »ja dieses Vermögen ist der Verstand selbst« (*KrV*, B 134). Ferner bleibe ich zeitlich trotz allen biographischen Wandels *dieselbe Person*; alle Handlungen, Absichten und Wünsche, die ich je ausführte bzw. hatte, habe oder haben werde, werden mir von mir selbst und von anderen für die Dauer des gesamten Lebens zugerechnet. Wie bedeutsam diese systematische und zeitliche Einheit ist, zeigt sich ex negativo bei pathologischen Ausfallerscheinungen, die von leichten Absenzen und Verdrängungen bis zu schwersten Persönlichkeitsstörungen und Zerfallserscheinungen reichen können.

Aufschlußreich sind in diesem Zusammenhang die Argumente von P. A. Bertocci, der sich kritisch auseinandersetzt mit der Art, wie C. Hartshorne (und damit indirekt auch Whitehead) die Identität der Person deutet. Bertocci spricht sich gegen das Zustandekommen der *Einheit* durch die *zeitliche Abfolge* aus. Das tatsächliche Bedingungsverhältnis ist gerade umgekehrt: »Ich bin eine Erfahrung, die eine sich selbst identifizierende Einheit ist, ohne welche ›Sukzession‹ keinen Sinn hätte. Um mich selbst als eine Kontinuität zu wissen, muß ich mir selbst nachfolgen und nicht eine Folge von Einheiten sein.«[7] Und weiter: »Die Erfahrung der Sukzession ist die Erfahrung einer Einheit, die fähig ist, sich zu erinnern und zu antizipieren.«[8] Für die *Antizipation* der Zukunft, die eben dadurch in die jeweilige Gegenwart hineinwirkt, gesteht Whitehead die aktive Leistung des Subjekts auch zu: »Denn die Bestimmung der *relevanten* Zukunft und das *antizipatorische* Empfinden, das auf die Vorbereitung seines Intensitätsgrades abzielt, sind Elemente, die den unmittelbaren Komplex des Empfindens berühren. Moralität hängt weitgehend von der Bestimmung der Relevanz in der Zukunft ab.« (*PR*, p. 27/dt. S. 73) Whitehead sieht, daß hier eine – offensichtlich an der menschlichen Selbsterfahrung abgelesene – Integrationsleistung vorliegt, die er konzeptuell aber nur für die *actual entities* durch die Kategorie der »subjektiven Einheit« in Anschlag bringt: »Diese Kategorie ist ein Ausdruck des allgemeinen Prinzips, daß

---

7 P. A. Bertocci, »Hartshorne on Personal Identity: A Personalistic Critique«, in: *Process Studies* 2 (1972), p. 217.
8 Ibd., p. 219.

das *eine* Subjekt das abschließende Ziel ist, das jedes beteiligte Empfinden bedingt.« (*PR*, p. 223/dt. S. 409)

Im Zuge der Ablehnung des Substanzdenkens, der Aufhebung der Cartesianischen Dichotomie und der durchgängigen Verlebendigung der Natur lehnt Whitehead in Anlehnung an D. Hume und W. James die Vorstellung einer mit sich selbst identisch bleibenden Seelensubstanz ausdrücklich ab (*AI*, p. 240/dt. S. 342). Diese Position wird von Whitehead nicht nur, wie oben geschildert, *ontologisch* und *emergenztheoretisch* begründet. Seine objektbezogene Deutung, die sich auf das Hervorgehen des Ich aus der Welt bezieht, wird ergänzt durch entsprechende *erkenntnistheoretische* Überlegungen. Während im Fall der Ontologie der statische Seinsbegriff, das Substanzdenken, das mechanistische Weltbild und die Trennung zwischen Materie und Bewußtsein den Stein des Anstoßes bilden, wendet sich Whitehead bei seiner erkenntnistheoretischen Kritik gegen den solipsistisch bzw. idealistisch verstandenen Subjektivismus. Schon relativ früh (1920) hat Whitehead, orientiert an der Erfahrung der äußeren Welt der Natur, einen erkenntnistheoretischen Realismus vertreten: »Man kann sich die Natur als ein geschlossenes System denken, dessen wechselseitige Relationen es nicht erfordern, daß die Tatsache, daß an sie gedacht wird, zum Ausdruck kommt.« Diese Auffassung der Natur nennt Whitehead »homogen«. Das »inhomogene« Denken besteht darin, daß das Moment der Reflexivität, der Umstand, daß über die Natur nachgedacht wird, zum Gegenstand des Denkens wird (*CN*, p. 3). In der Formulierung »homogen« klingt bereits die Einordnung des Erkenntnissubjekts in das Naturgeschehen an, an der Whitehead dann Zeit seines Lebens festgehalten hat. Er beruft sich dabei auf die unmittelbare »unbefangene Erfahrung ...; wogegen der Subjektivist behauptet, daß wir in solcher Erfahrung lediglich etwas über unsere eigene Persönlichkeit erkennen« (*SMW*, p. 111/dt. S. 109). Dem stellt Whitehead seine einstufige Kosmologie der *actual entities* entgegen, die in gewissem Maße alle über Empfindungen (*feelings*) verfügen; und die Geistestätigkeit ist nur eine besondere Art dieser Empfindungen (*PR*, p. 56/dt. S. 121).

Wie trägt Whitehead der Identität, dem Selbstbewußtsein und der die Lebensspanne umfassenden Einheit der Person Rechnung? Er bestreitet diese Erfahrungen nicht, doch er deutet sie auf eigene Art. Sein Denksystem ist so ausdifferenziert, daß sich stets ein systematischer Kontext aufweisen läßt, von dem her im Prinzip eine Beantwortung erfolgen kann. Ein möglicher Dissens kann also immer nur die Frage betreffen, ob jeweils eigenständige Grundbegriffe oder abgeleitete Begriffe angemessener sind. Whitehead sieht hier stets nur abgeleitete Phänomene am Werk, die dementsprechend auch durch abgeleitete Kategorien zu beschreiben seien. Die *naturalistische* Antwort, mit der die menschliche Person von ihrer körperlichen Grundlage her als spezifische Form einer *society* gedeutet wird, wurde bereits oben diskutiert. Diese Interpretation ist ganz an der naturhaften, leiblichen Verfassung des Menschen orientiert: »Die allgemeinsten Beispiele für solche Gesellschaften sind die regelmäßigen Wellenzüge, einzelne Elektronen, Protonen, einzelne Moleküle, Gesellschaften von Molekülen, wie anorganische Körper, lebende Zellen und Gesellschaften von lebenden Zellen, wie die Körper der Pflanzen und Tiere.« (*PR*, p. 98/dt. S. 193)

Die dazu komplementäre Lösung besteht in der Bezugnahme auf das *Reich der Werte*: »Der Fortbestand der persönlichen Identität innerhalb der Unmittelbarkeit eines gegenwärtigen Ereignisses ist das erstaunlichste Merkmal der Welt der Fakten. Dieser Fortbestand ist eine partielle Negation ihres transitorischen Charakters. Er besteht in der Einführung von Stabilität durch den Einfluß des Wertes. ... Die Persönlichkeit ist das extreme Beispiel für die anhaltende Verwirklichung eines Werttyps.«[9] Doch dabei geht es nicht, wie man nach gängigem Verständnis, etwa im Sinne von Kant und insbesondere von Fichte, vermuten würde, um die Person als Subjekt moralischer Handlungen. Der Wertbegriff ist bei Whitehead primär *prozeß-* bzw. *modaltheoretisch* und nicht *ethisch* gedacht. Es geht um die Selbstkonstitution der *actual entities* durch eine bestimmte ›Auswahl‹ unter den vielen möglichen formbestimmenden Werten der *eternal objects*: »Jedes Beispiel persönlicher Identität ist eine spezielle Art der Koordinierung der idealen Welt in eine begrenzte Form der Wirksamkeit.« Dabei gilt allgemein: »Die Welt der Fakten würde sich in das Nichts der Unordnung auflösen, wenn sie getrennt wäre von den Modi ihrer Einheit, die sich aus ihrer Bewahrung dominierender Wertcharaktere ergibt.«[10] Kurz: die Werte sind hier ganz und gar determi-

9 »Immortality«, a.a.O., p. 689 f.
10 Ibd., p. 690 f.

nationstheoretisch gedacht; es geht um Ordnung und Chaos und nicht um Gut und Böse. In diesem Kontext sieht Whitehead auch das Bewußtsein: »Das Bewußtsein ist die Betonung, die auf eine Auswahl dieser Objekte [Faktoren des Erlebens, F. R.] gelegt wird.« (*AI*, p. 231/dt. S. 332) Und noch deutlicher: »Entscheidend kommt es darauf an, daß die wirkliche Seinseinheit ihre eigene elementare Abgegrenztheit in einem Stadium bestimmt, in dem sie noch nicht endgültig ist. *Darin steckt das ganze Problem der moralischen Verantwortlichkeit.*« (*PR*, p. 255/dt. S. 465; Sperrung F. R.) Whitehead verknüpft die naturalistische Deutung des Subjekts mit dessen modaltheoretisch gedachter wertbestimmender Funktion. Da die Werte als konkretisierende Formprinzipien gesehen werden, ergibt sich von dieser Position her gar kein Zugang zu einer eigenständigen Ethik, in der über die bloße Ordnung hinaus auch die Dimension des *Guten* zur Geltung gebracht wird. Für Whitehead ist die Bestimmtheit schon das moralisch Wertvolle; die Ordnung ist per se gut.

Als letzte Steigerung der Wertdimension kommt nach Whitehead der als Ordnungsprinzip der Werte verstandene *Gottesbegriff* ins Spiel; unser Selbstbewußtsein als Person »bedarf der Vervollständigung durch ihre Objektivierung in der Folgenatur Gottes«. Diese besteht darin, daß das Geschehen der Welt im überzeitlichen Sinne aufgehoben und damit unsterblich wird: »Die Folgenatur Gottes ist die fließende Welt, die durch ihre objektive Unsterblichkeit in Gott ›immerwährend‹ wird.« (*PR*, p. 347/dt. S. 620) In diesem Sinne gilt dann: »Eine dauernde Persönlichkeit in der zeitlichen Welt ist ein Weg von Ereignissen, auf dem die Nachfolger ihre Vorgänger mit einer besonderen Vollständigkeit zusammenfassen. Die entsprechende Tatsache in der Natur Gottes ist eine sogar noch vollständigere Einheit des Lebens in einer Kette von Elementen, für die Abfolge nicht den Verlust unmittelbaren Einklangs bedeutet. Dieses Element in Gottes Natur beerbt sein zeitliches Gegenstück nach demselben Prinzip, nach dem in der zeitlichen Welt die Vergangenheit von der Zukunft beerbt wird. Daher ist in dem Sinne, in dem das gegenwärtige Ereignis die *jetzige* Person ist und doch seine eigene Vergangenheit hat, das Gegenstück in Gott diese Person in Gott.« (*PR*, p. 350/dt. S. 625)

Hierbei ist zwischen einer ›passiven‹ und einer ›aktiven‹ Verknüpfung Gottes mit der Welt und insbesondere mit der menschlichen Person zu unterscheiden. Die *passive* Verbindung besteht darin, daß die Person in der »Folgenatur Gottes« vollendet und überzeitlich aufgehoben ist. Die *aktive* Beziehung ist von indirekter, höherstufiger, gleichsam metatheoretischer Art: Gott ist das Ordnungs- und Relevanzprinzip, das ›hinter‹ der Sphäre der überzeitlichen formbestimmenden Werte (*eternal objects*) steht, ohne doch die freien Entscheidungen der wirklichen Seinseinheiten zu präjudizieren: »Seine spezielle Relevanz für jeden kreativen Akt, wie sie aus dessen besonderem Standpunkt in der Welt erwächst, macht ihn zu dem anfänglichen ›Gegenstand der Begierde‹, der die Anfangsphase jedes subjektiven Ziels einrichtet.« (*PR*, p. 344/dt. S. 615)

Doch sowohl die Bewahrung der Vergangenheit als auch der normativ ausgerichtete Blick auf die Zukunft sichern noch nicht die Einheit und Identität der Person. Das überzeitliche Aufgehobensein in Gott erfolgt post factum und kann deshalb nur *nachträglich*, aber nicht im aktuellen Lebensvollzug die Einheit der Person gewährleisten; nach dieser Konzeption ist die ungeschmälerte Identität der Person erst nach dem irdischen Dasein in Gott möglich. Und die theologische These von der letzten Bezugnahme allen Tuns auf Gott trägt *nicht direkt* bei zu der vergleichsweise vordergründigen Frage nach der Konstitution des Ich und der Identität der Person. Überdies kommen die dabei angesprochenen Zielvorstellungen nach Whitehead primär den *actual entities* zu, und nur sehr vermittelt der Person, die sich als Spezialfall einer *society* aus ihnen aufbaut. Der Gedanke einer konkreten, aktuellen Mitwirkung Gottes bei der Bestimmung der Person (etwa im Sinne einer *creatio continua*) ist im Begriffssystem von Whitehead ausgeschlossen, weil nach seiner Auffassung Gott gerade nicht als *ens realissimum* zu verstehen ist, das direkt in die Welt eingreift.

Nur durch den internen Werdeprozeß und die externe Zusammenordnung der *actual entities* bzw. der aus ihnen aufgebauten *societies* und deren auf *inheritance* gegründete Kontinuität lassen sich das Selbstbewußtsein und die Einheit der Person kaum angemessen deuten. Whitehead hat trotz mancher Abwandlungen in den Einzelheiten stets an dem Konzept der *actual entities* festgehalten. So heißt es bereits 1920 in *The Concept of Nature*: »Die Welt, die wir kennen, ist ein kontinuierlicher Strom von Vorkommnissen, in dem wir begrenzte Ereignisse unterscheiden können, die durch ihre wechselseitigen Überlappungen und Einschließungen und ihre Abgrenzungen eine raum-zeitliche Struktur bilden« (*CN*, p. 172). Und 1938 wird in *Modes of Thought* eine Strophe von Shelley positiv zitiert, die denselben Gedanken in einer eindrucksvollen Metapher zum Ausdruck bringt: »Worlds on worlds are rolling ever / From creation to decay, / Like the bubbles on a river, / Sparkling, bursting, borne away.« (*MT*, p. 60) Daß Whitehead die Schwierigkeiten sah, die eine angemessene Fassung des Subjekts in seiner Philosophie bereitet, geht aus seiner Äußerung hervor, die vier Jahre *nach* dem Erscheinen von *Process and Reality* liegt: »Die beiden modernen Philosophen, die die Vorstellung einer sich gleichbleibenden substantiellen Seele am konsequentesten verworfen haben, sind Hume und William James gewesen. Aber auch ihnen stellte sich das Problem, vor dem hier die Organismus-Philosophie steht: eine adäquate Erklärung zu finden für die unbezweifelbare Einheit der Person, die sich durch alle Wechselfälle des Lebens hindurch erhält.« (*AI*, p. 240/dt. S. 342)

Noch deutlicher ist die abschließende (1941) indirekte Einschränkung des radikalen Prozeßdenkens: »Der Fortbestand der persönlichen Identität innerhalb der Unmittelbarkeit eines gegenwärtigen Ereignisses ist das *erstaunlichste* Merkmal der Welt der Fakten. Dieser Fortbestand ist eine *partielle Negation* ihres *transitorischen* Charakters. ... Wir können die persönliche Identität *nicht aufgeben*, ohne das *Ganze* des menschlichen Denkens aufzugeben, wie es in jeder Sprache ausgedrückt ist.«[11] Diese selbstkritische Äußerung spricht dafür, daß Whitehead bei der Fassung des Subjektbegriffs durch das konsequente Verfolgen des einmal eingeschlagenen Weges in der Tat zu einer rigoroseren Deutung geführt wurde, als ihm angesichts der tatsächlichen Phänomene eigentlich lieb sein konnte.

Wenn man die hier vorgetragene Analyse und die aus ihr gezogenen Schlußfolgerungen im wesentlichen akzeptiert, stellt sich die Frage, welche Konsequenzen sich daraus für Whiteheads Metaphysik ergeben. Zunächst ist festzuhalten, daß er den ursprünglich intendierten monistischen und aktualistischen Ansatz mit guten Gründen in Wirklichkeit nicht konsequent durchhält. Es gibt bei ihm neben den *actual entities* die *eternal objects*, die als un-

---

11 »Immortality«, a.a.O., p. 689 f; Sperrung F. R.

wandelbare Formen den Gegenpol bilden zum beständigen Wandel des realen Geschehens. Es gibt als oberstes normatives Ordnungsprinzip den unpersönlich gedachten Gott, der korrelativ auf die Welt bezogen und doch von ihr verschieden ist. Es gibt die Kreativität als ursprünglichstes und universellstes Prinzip allen Geschehens. Und es gibt die *societies* als abgeleitete und doch relativ eigenständige Einheiten. Sollte es dann nicht möglich sein, innerhalb von Whiteheads Konzeption den Subjektbegriff als eigenständige Kategorie zu akzeptieren, wobei Subjekte auch über der Zeit stehen (wie die *eternal objects* und der *mentale Pol*), für das Individuum als übergeordnetes Einheitsprinzip fungieren (wie Gott), Spontaneität und Aktivität aufweisen (wie die Kreativität) und eine strukturierende Funktion haben (wie die *societies*)? Der Subjektbegriff ließe sich also von der inneren Architektur her durchaus in Whiteheads differenziertes Gedankengebäude integrieren, ohne daß man in den Cartesianischen Dualismus zurückfallen oder auf höherer, spekulativer Ebene einen Monismus einführen müßte.

Dabei ist allerdings eine Art interner philosophischer Dynamik des Subjektbegriffs nicht zu verkennen, von der die gesamte moderne Philosophie, von Descartes über Kant und den Deutschen Idealismus bis zu Husserl, Heidegger, dem späten Wittgenstein und der Postmoderne, jeweils auf besondere Weise Zeugnis ablegt. Sobald man dem Subjekt überhaupt eine eigenständige Rolle zubilligt, besteht fast unvermeidbar die Tendenz, daß im Rahmen der philosophischen Erkenntnis die begriffliche Reflexivität gleichsam die Welt usurpiert und damit ein Monopolanspruch des Ich in der Fundierungsfrage entsteht. Sofern überhaupt die metatheoretische Dimension thematisiert wird, ist es kaum möglich, der ›Subjektivitätsfalle‹ zu entgehen. Whitehead hat diese Schwierigkeit gesehen; doch unter Berufung auf kontinuierliche Übergänge und die naturhafte Seite des Menschen entschließt er sich für seinen »homogenen«, an der unmittelbaren Erfahrung materieller Objekte orientierten Ansatz: »Entweder muß man sich zu einem – zumindest provisorischen – Dualismus bekennen, oder aber die Elemente aufzeigen, die dem menschlichen Erleben und der Physik gemeinsam sind.« (*AI*, p. 237/dt. S. 339) Letzteres hat Whitehead getan.

Es ist aufschlußreich, daß Whiteheads philosophische Konzeption in ihrer Grundtendenz weithin mit den Intentionen der *Evo-*

lutionären Erkenntnistheorie übereinstimmt. Während diese sich an einer biologisch und physiologisch gefaßten Anthropologie orientiert, bringt Whitehead in seiner Philosophie das Problem der naturalistischen Einordnung des Menschen philosophisch auf den Begriff. Seine grundsätzliche Argumentationsfigur, nämlich die Deutung aller höheren Gebilde, Gestalten und Subjekte als Grenzfall elementarer physischer Schichten bzw. Gebilde, kann als Verallgemeinerung der Thesen der Evolutionären Erkenntnistheorie aufgefaßt werden. Die Probleme, auf die man innerhalb von Whiteheads Ansatz geführt wird, wenn es z. B. darum geht, den Begriff und die Erkenntnisleistungen des Subjekts angemessen zu fassen, haben deshalb exemplarische und grundsätzliche Bedeutung. Sie gelten *per implicationem* für alle naturalistischen Konzeptionen.

Es ist ein großer und fruchtbarer Gedanke, sich selbst nicht zu wichtig zu nehmen und sich statt dessen an eine Aufgabe, an eine Sache, an die Welt zu verlieren. Wir können unser Ich niemals in direktem Zugriff fassen; es wird uns immer nur auf dem Umweg über ein Anderes, über ein Nicht-Ich faßbar. Das gilt sowohl für die äußere als auch für die innere Welt. Auch Augustinus' Aufforderung »noli in foras ire« zielt nicht unmittelbar auf das Ich, sondern auf die konkrete inhaltliche Fülle der ›inneren‹ Welt. Insofern trifft Whiteheads Insistieren auf der Welthaftigkeit und der Welthaltigkeit des Ich die Sache. Und sein Grundgedanke der Aktivität und der Kreativität als Wurzel allen Seins hat interessante Berührungspunkte mit Nietzsches Willen zur Macht, wobei in beiden Fällen das Subjekt als Element einer Ereignis- und Geschehensphilosophie erscheint.[12]

Von Whitehead wird das Subjekt in die Welt zurückgeholt, das durch die erkenntnistheoretisch gefaßte subjektivistische Wende der Moderne stets in Gefahr ist, sich in der theoretischen Variation der Möglichkeiten und in der bloßen Reflexion zu verlieren. Als Kompensation für den objektivistischen Naturalismus der *actual entities* führt Whitehead im Zusammenhang mit ihrem finalen Werdeprozeß denn auch einen abgeleiteten, ephemeren Subjektbegriff ein. Da dieser für alle real Seienden gelten soll, kommt auf diese Weise ein Zuviel an Subjektivität in die Welt, was zugleich ein Zuwenig an Subjektivität für die menschliche

12 Vgl. dazu G. Abel, *Nietzsche*, Berlin 1984.

Person bedeutet. Die durchgängige ›Subjektivierung‹ der *actual entities* kann in der Tat als Betonung des Subjektbegriffs verstanden werden. In diesem Sinne heißt es bei R. Wiehl: »Whiteheads Theorie der Wirklichkeit ist eine Theorie der Subjektivität« (Einleitung in *AI*, dt. S. 58). Durch die einstufige Ontologie und die Ubiquität der *actual entities* entsteht bei Whitehead die paradoxe Situation, daß gerade wegen der universellen Subjektivität im Strom des Geschehens das menschliche Ich, als das eigentliche Paradigma des Subjekts, kategorial nur als abgeleitete, beiläufige Größe auftritt.

Whitehead entwickelt mit seiner Konzeption des mentalen Pols und der Erfassungen in überzeugender Weise Übergänge zwischen den Extremen der *res cogitans* und der *res extensa*. Doch das Insistieren auf der naturhaften Genese des Subjekts und dessen konsequente Integration in den Weltprozeß, die nur durch die Teilhabe an Gott geistig aufgefangen wird, reichen nicht aus. Ein Rest von Descartes' Dichotomie bleibt, weil er in der Natur der Sache liegt. Nachdem die moderne Philosophie der Subjektivität den Blick auf die erfahrungs- und erkenntniskonstituierende Funktion des Subjekts gelenkt hat, können wir nicht mehr in den ›paradiesischen‹ Zustand der nur objektbezogenen Unbefangenheit zurück.

Möglich und notwendig ist dagegen eine phänomengerechte theoretische Artikulation der vielfältigen nichtbegrifflichen Modi unserer Welterfahrung, bzw. objektivistisch gewendet: der Arten, wie reale Seiende einander erfassen, etwa im Sinne der von Leibniz betonten unbewußten Perzeptionen (*Monadologie*, §§ 14-17). Whitehead wendet sich nachdrücklich gegen die Absolutsetzung der begrifflichen Erkenntnis durch Universalien, gegen eine Logifizierung der Sinne: »Wenn wir die bunte Geschichte unserer eigenen Erkenntnisfähigkeit überblicken, erlaubt uns dann der gesunde Menschenverstand wirklich, zu glauben, daß die Urteilstätigkeiten – Operationen, die im Sinne bewußter Erkenntnis definiert werden müssen –, daß sie die Existenz begründen, sei es als wesentliches Attribut eines wirklichen Einzelwesens oder als der endgültige Höhepunkt, durch den Einheit der Erfahrung erreicht wird?« (*PR*, p. 161/dt. S. 301 f) Um die Fülle der Welt theoretisch auf den Begriff zu bringen, ersetzt Whitehead – schlagwortartig vereinfacht – den Panlogismus durch einen Panpsychismus: »Anstelle der Hegelschen Hierarchie von

Kategorien des Denkens entdeckt die organistische Philosophie eine Hierarchie von Kategorien des Empfindens.« (*PR*, p. 166/dt. S. 310) Dennoch bleibt metatheoretisch, im Medium des Begriffs und auf der Ebene der Theorie, die kategoriale Artikulation der Gegenposition zum Panpsychismus an einen (scheinbaren) Panlogismus gebunden.

Doch das so notwendige Zurückholen des Menschen in die Natur kann die Differenz von Ich und Welt nicht aufheben. Das Einordnen unserer intellektuellen Leistungen in unsere körperliche Verfassung und in unsere vorbewußte und nichtrationale Welterfassung ist notwendig, um der rationalistischen Überzeichnung entgegenzutreten, die der konkreten Lebenserfahrung offenkundig widerspricht. Gleichwohl bleibt das Ich mit seiner Identität eine begrifflich nicht auflösbare und praktisch nicht hintergehbare *Urgegebenheit*, die bei allen Akten einer Person immer implizit mitgegeben ist. Jedwede Erkenntnis, alles Streben, jedes Ethos, die ganze Rätselhaftigkeit unseres Daseins hängt am Ich und damit am Subjektbegriff, der deshalb auch kategorial als eigenständige Größe auftreten sollte.

In weitergespannter Perspektive ist hier eine eigentümliche Verschränkung zwischen erkenntnistheoretischer Systematik und geistesgeschichtlichen Prozessen festzustellen. Glanz und Elend der Moderne beruhen auf der Entdeckung und Hochstilisierung des Individuums. K. Löwith berichtet, daß ihm ein Japaner erklärt habe: »Ihr Europäer seid durch die christliche Sorge um das Heil der Seele verdorben; ihr hängt zu sehr am individuellen Leben.«[13] Die Objektivierung der physischen Welt als Gegenpol zum Ich in Descartes' naturwissenschaftlichem Erkenntnisprogramm und das Sapere aude! der Aufklärung wären ohne die Betonung des Individuums ebensowenig denkbar wie Luther, Goethe, Nietzsche oder Kierkegaard – die Beispiele ließen sich beliebig vermehren, bis hin zum »herrschaftsfreien Diskurs«, der nur deshalb erforderlich wird, weil dem individualistischen modernen Menschen eine gleichsam vegetative, vorbewußte, fraglos als allgemeingültig akzeptierte Identität abhanden gekommen ist. Kurz: Die ›Entdeckung‹ der Person, des Individuums ist das Schicksal der europäischen Moderne – und vermittelt über die

13 K. Löwith, »Weltgeschichte und Heilsgeschehen«, in: *Anteile*. M. Heidegger zum 60. Geburtstag, Frankfurt a. M. 1950, S. 109.

europäische Technik und Kultur vielleicht der Menschheit überhaupt. Der Begriff des Ich kommt als philosophische Kategorie in
der antiken Philosophie vor Plotin kaum vor; für Augustinus und
die Scholastik ist das Ich der beseelte Mensch.[14]

Kulturhistorisch gesehen müssen die Ernüchterung, ja der Welt-
verlust und die Unbehaustheit der Gegenwart als Folge der radikalen Subjektzentrierung zu denken geben. Das an die Betonung
der Subjektivität gebundene Unendlichkeitsstreben, dem Naturwissenschaft und Technik die Mittel liefern, ist in vielfältiger
Hinsicht in Gefahr, kontraproduktiv zu werden. Die radikale,
ungezügelte Entfaltung der Subjektivität führt zu moralischem
Nihilismus, politischem Terror und ökologischer Naturzerstö-
rung. Cassirers Forderung nach einer Kritik der Kultur, die Kants
Kritik der reinen Vernunft ergänzen müsse, weist hier in eine
Richtung, die auch aus Whiteheads Metaphysik ablesbar ist: Das
Subjekt ist nicht nur durch Vernunft und Bewußtsein, sondern
weit mehr durch vorbewußte, affektive Impulse bestimmt, die
ihrerseits nicht wie die Vernunft als universelle, überzeitliche
Größen zu fassen sind, sondern stets als konkrete, historische,
kulturelle Gestaltungen wirksam werden. Das Herunterspielen
des Subjekts, genauer: seine von Whitehead demonstrierte Einordnung in die Welt, aus der es hervorgeht und an die es in seiner
physischen Existenz gebunden bleibt, zeigt an, wie hier die Gewichte neu und angemessener verteilt werden könnten.

14 Vgl. J. Hoffmeister, *Wörterbuch der philosophischen Begriffe*, Hamburg 1955, S. 314.

Maria-Sibylla Lotter
Subject-Superject:
Zum Verhältnis von Privatheit und Öffentlichkeit

1. Ein paar Vorbemerkungen[1] zu der Schwierigkeit, dem ›Subjekt‹ von *Process and Reality* beizukommen

Insofern sie ›Subjekte‹ sein sollen, scheinen die ›wirklichen Entitäten‹ von *Process and Reality* vielen Rezipienten nicht ganz geheuer zu sein: »Wir haben es mit etwas sehr Mysteriösem zu tun. Als *Subjekt* ihrer Empfindungen *existiert die Entität vor ihrer eigenen Existenz* ... Der *Satz vom Widerspruch* fällt ihr zum Opfer: ein *Ding* kann nicht gleichzeitig sein und nicht sein.«[2] »Mit der Einführung von Erfahrungskategorien verstrickt sich Whitehead in ein Knäuel unauflöslicher Schwierigkeiten und Verwirrungen...
Wenn er die Konsequenzen der Generalisierung von Kategorien wie *feeling, subjective aim,* etc. akzeptiert, muß er zwangsweise eine Position einnehmen, die sich unmöglich mit der Aussage vereinbaren läßt, daß die aktuale Entität eine ihrer Umwelt entspringende Funktion ist...

1 Dieser Aufsatz wäre nicht zustande gekommen, wenn mir nicht durch *Leonard Eslick* (St. Louis University) und *Peter Fuss* (University of St. Louis) ein Zugang zu den Texten von A. N. Whitehead gezeigt worden wäre; wenn ich diesen Zugang nicht durch viele Gespräche mit *Gottfried Heinemann* (Gesamthochschule Kassel) hätte erweitern können und wenn *Hans Poser* (TU Berlin) mir weniger fachlichen Rat hätte zuteil werden lassen. Auch *Friedrich Rapp* (Universität Dortmund) gab mir viele nützliche Hinweise. *Jan Van der Veken* danke ich für sein gastfreundliches Entgegenkommen bei der Benutzung des Whitehead-Archivs an der Katholischen Universität Leuven (Belgien). Es versteht sich von selbst, daß die Unzulänglichkeiten des Textes nicht etwa auf einen ›schlechten Rat‹ der genannten Personen, sondern auf die Verfasserin zurückzuführen sind.
2 Leonard Eslick, »Substance, Change and Causality in Whitehead«, in: *Philosophical and Phenomenological Research* 18, 4 (June 1958), p. 512 (meine Hervorhebung).

Wenn er diese Konsequenzen nicht akzeptiert, kann er nur eine offenkundig absurde und widersprüchliche Position einnehmen.«[3] »Wenn die *Begriffe, die einem Subjekt angemessen* sind, nur auf den Werdeprozeß angewandt werden, der ein Subjekt produziert, hat die Prozeßphilosophie Schwierigkeiten, dem Begriff eines Subjekts noch Sinn abzugewinnen.«[4] »Wenn die Entität *ganz und gar* das Produkt (Superject) einiger Geschehnisse ist, dann kann sie nicht auch das Subjekt sein, und man kann sie in der Tat schwer von irgendeinem zufälligen Geschehen unterscheiden.«[5] »Als *Kompensation* für den *objektivistischen Naturalismus* der *actual entities* führt Whitehead im Zusammenhang mit ihrem finalen Werdeprozeß denn auch einen *abgeleiteten, ephemeren Subjektbegriff* ein. Nachdem dieser für alle realen Seienden gelten soll, kommt auf diese Weise ein zuviel an Subjektivität in die Welt, was zugleich ein zuwenig an Subjektivität für die menschliche Person bedeutet.«[6]

Diese kritischen Beurteilungen stützen sich in der Regel auf eine Auslegung bestimmter Kategorien und Begriffe wie etwa *Subject-Superject, Subjective Aim, Concrescence,* etc. Über die Bedeutung dieser systematischen Begriffe[7] scheinen sich die Autoren im klaren zu sein; jedenfalls halten sie die Frage, ob es sich hier um eine adäquate Theorie des ›Subjekts‹ handelt, offenbar für sinnvoll und den erwähnten Begriffen angemessen. Denn ganz ohne Zweifel haben diese Begriffe in irgendeiner Weise mit den Fragen und Theorien zu tun, die wir heute mit dem Wort ›Subjektivität‹ verbinden – Fragen und Theorien der Erkenntnis und der Wissenschaft, der Freiheit und des Handelns, des menschlichen Daseins, etc.

---

3 G. Gentry, »Prehensions as Explanatory Principles«, in: *Journal of Philosophy* 35 (1938), p. 518 (meine Hervorhebung).

4 Frank G. Kirkpatrick, »Subjective Becoming: An Unwarranted Abstraction?«, in: *Process Studies* 3, Nr. 1 (1973), p. 15 (meine Hervorhebung).

5 Edward Pols, »Freedom and Agency: A Reply«, in: *Southern Journal of Philosophy* 7 (1969), p. 118 (Hervorhebung dort).

6 Friedrich Rapp, »Das Subjekt in Whiteheads kosmologischer Metaphysik«, in diesem Band (meine Hervorhebung).

7 Mit ›systematischen Begriffen‹ meine ich die Kategorien und diejenigen Begriffe, die nicht in der Alltagssprache oder der Sprache der Tradition formuliert sind und deren Definitionen sich logisch aus dem Kategorienschema herleiten lassen.

Das Problem ist nur, daß sich dem Wortlaut und den Definitionen der systematischen Begriffe von *Process and Reality* noch gar nicht entnehmen läßt, *wie die Fragen gestellt sind,* auf die sie eine Antwort geben sollen. Denn die Bedeutung eines systematischen Begriffs wird durch seine Beziehungen zu den anderen Elementen des Systems konstituiert[8] und kann uns daher auch noch keinen Hinweis darauf geben, ›was mit ihm gemeint sein könnte‹, d. h. für welche Fragen und Problemstellungen außerhalb des Whiteheadschen Systems er relevant ist. Erst dadurch, daß Whitehead die systematischen Begriffe in seinen Diskussionen naturphilosophischer, erkenntnistheoretischer u. a. Probleme der Tradition anwendet,[9] bekommt der Leser eine Vorstellung von ihrer inhaltlichen Bedeutung; darunter verstehe ich den Gegenstandsbereich, der durch die Problemstellungen von *Process and Reality* abgesteckt wird. Kritisierbar werden die Whiteheadschen Begriffe m. E. erst durch eine Klärung dieses Inhalts. Denn die Frage, wie adäquat die systematischen Begriffe als unhintergehbare Prinzipien aller Erfahrung *(ultimate notions)* sind, läßt sich nur dann positiv beantworten, wenn sich die Whiteheadschen Problemstellungen als adäquate Auffassungen der Probleme gegenüber anderen möglichen Auffassungen rechtfertigen lassen.

Letzteres würde jedoch eine Rekonstruktion der Whiteheadschen Problemstellungen voraussetzen – bei der Textlage von *Process and Reality* kein sonderlich leichtes Unterfangen; um die inhaltliche Bedeutung der ›unhintergehbaren Prinzipien‹ *aller* Erfahrungen der gegenwärtigen Welt klarzumachen, hätte Whitehead eigentlich *alle* Probleme diskutieren, also ein unendliches Buch schreiben müssen. Wir müssen davon ausgehen, daß viele Überlegungen, die für die Konzeption des Systems relevant sind, in *Process and Reality* kaum oder gar nicht explizit diskutiert sind. Einige Kritiker ziehen es daher vor, erst einmal die Frage nach der Konsistenz der Whiteheadschen Subjektivitätsauffassung zu stellen; denn schließlich kann eine Theorie nur dann zur Erklärung oder Beschreibung von Sachproblemen beitragen, wenn sie nicht

---

8 Systematische Aussagen sind analytisch, da sie Beziehungen zwischen Begriffen in einem geschlossenen Begriffsschema konstatieren. Vgl. hierzu William A. Christian, »Some Uses of Reason«, in: *The Relevance of Whitehead,* ed. by Ivor Leclerc, London 1961, p. 74 ff.

9 Vgl. *PR,* p. XII, XIV, 13/dt. S. 23, 26, 48 f.

schon in sich widersprüchlich oder sinnlos ist. Hier stellt sich jedoch das Problem, was den Maßstab der Konsistenz abgeben soll.

Für die systematischen Begriffe gilt das Kriterium der Kohärenz. Aber dieses systemspezifische Konsistenzkriterium kann nicht auf außersystematische Begriffe wie »Subjekt«[10] angewandt werden. Wenn man feststellen will, ob es sich bei bestimmten systematischen Begriffen wie dem Begriff *Subject-Superject* um eine konsistente Theorie des ›Subjekts‹ handelt, müßte daher zuerst geklärt werden, welche Konsistenzkriterien für eine Theorie des ›Subjekts‹ gelten sollen. Wer dabei eine eigene oder traditionelle Subjektivitätstheorie zum Maßstab nimmt, müßte zu allererst die allgemeine Anwendbarkeit und Gültigkeit dieses Maßstabs darlegen.

Wer hingegen die logischen Implikationen der Alltagssprache als unhintergehbare Schemata vernünftiger Argumentation auffaßt, kann bei einem Satz wie »die Empfindungen erzielen ihr Subjekt«[11] nur noch feststellen: »I understand the words, but I get no sense.«[12] Schließlich ist das Empfinden eine Tätigkeit, die einen Tätigen voraussetzt und nicht selbst tätig sein kann (geschweige denn in der Erzielung ihrer eigenen Voraussetzung). Auf *Process and Reality* kann sich offenbar nur einlassen, wer zum einen Whiteheads Einschätzung teilt, daß die logischen Schemata der Alltagssprache zu beschränkt zur Formulierung metaphysischer Prinzipien sind,[13] und zum anderen daraus nicht auf die gänzliche

10 Whitehead verwendet zwar den Terminus ›Subject‹, »weil er... in der Philosophie vertraut ist« (*PR*, p. 222/dt. S. 406), insistiert jedoch in seinem Kommentar zum Kategorienschema darauf, daß eine wirkliche Entität »ein Subject-Superject ist; wir dürfen keine dieser beiden Hälften auch nur für einen Moment aus dem Blick verlieren... ›Subject‹ *muß stets als eine Abkürzung von Subject-Superject verstanden werden*« (*PR*, p. 29/dt. S. 76; meine Hervorhebung).

11 Im Original: »The feelings aim at their Subject...« (*PR*, p. 222/dt. S. 406); hier wie auch bei den folgenden Zitaten weicht meine Übersetzung von der deutschen, von *H. G. Holl* erarbeiteten Fassung ab, da mir daran liegt, den Akzent der jeweiligen Textstellen möglichst deutlich herauszustellen.

12 So äußert sich Wilbur M. Urban, »Whiteheads Philosophy of Language«, in: *The Philosophy of A. N. Whitehead*, ed. by Paul A. Schilpp, La Salle/Illinois 1941, p. 315 f.

13 Vgl. *PR*, p. 4, 11 ff, 167 u. a./dt. S. 23, 45 ff, 312.

Sinnlosigkeit und Unkontrollierbarkeit einer metaphysischen Begrifflichkeit und Logik schließt. Ob diese Begriffe dann noch logisch nachvollziehbar sind, kann m. E. kaum beurteilt werden, ohne daß man zu den Problemen Stellung nimmt, die mit ihnen begriffen werden sollen. Denn nach Whiteheads Auffassung stellen sich die Probleme der Metaphysik ja auf eine Weise, in der sie nur durch eine Dehnung und Umkehrung unserer Sprachgewohnheiten begriffen werden können.

Kehren wir also zur Frage nach der Problemstellung zurück, die den obengenannten Begriffen zugrunde liegt. Whitehead scheint sie ja selbst auf das zu beziehen, was seit dem 18. Jahrhundert als ›Subjekt‹ bezeichnet wurde – jedenfalls verwendet er in den entsprechenden Textpassagen häufig das Wort *subject*. Wenn wir dieses Wort im Sinne eines traditionellen Subjektbegriffs auslegen, werden wir jedoch kaum begreifen, warum Whitehead systematisch gerade nicht von einem *subject,* sondern von einem *Subject-Superject* spricht (vgl. Anm. 10). Wer mit Blick auf Whiteheads biographische Entwicklung annimmt, die systematischen Begriffe von *Process and Reality* seien mehr aus naturtheoretischen als aus subjektivitätstheoretischen Erwägungen heraus erarbeitet worden, wird vielleicht von der Arbeitshypothese ausgehen, der Begriff *Subject-Superject* könne gar nicht aus einer Reflexion auf ›Subjektivität‹, sondern nur von einer physikalischen Vektor- und Bewegungstheorie (oder sonstigen subjektlosen Gegenständen) her verstanden werden. Damit würde jedoch schon vorausgesetzt, daß im Rahmen von *Process and Reality* keine ›eigentliche‹ Subjektivitätstheorie möglich ist. Und das würde auch bedeuten, daß die Kategorien – mögen sie auch für spezielle Fragen brauchbar sein – als metaphysische Begriffe gar nicht ernsthaft diskutierbar sind. Denn wenn es nicht möglich ist, die Relevanz der systematischen Begriffe für die Probleme zu zeigen, in deren Diskussion sie angewandt werden (und dazu gehört auch das sogenannte ›Subjekt‹!), reduziert sich der von Whitehead in *Process and Reality* intendierte Versuch einer ›imaginativen Verallgemeinerung‹ spezifischer Begriffe und Theorien zu allgemeinen metaphysischen Prinzipien[14] auf eine unkritische Übertragung einzelwissenschaftlicher Kategorien auf andere Ge-

14 Vgl. *PR*, p. 5, 8 ff/dt. S. 35, 39 ff.

genstandsbereiche, wie sie Whitehead an der neuzeitlichen Naturwissenschaft kritisierte.[15]

Im folgenden soll gezeigt werden, daß Whiteheads Rede vom *Subject-Superject* nicht nur metaphorisch gemeint ist, sondern kritisch auf eine Veränderung des neuzeitlichen Subjektivitätsverständnisses abzielt, und daß auch Whiteheads Begriff von Metaphysik darauf aufbaut.

11. Das subjektivistische Prinzip

Die deutlichsten Hinweise darauf, wie Whitehead die Subjektivitätsfrage stellt, die er mit seinem System beantwortet, sind m. E. in dem Kapitel von *Process and Reality* zu finden, das mit »Das subjektivistische Prinzip« betitelt ist. Dieses Kapitel handelt im wesentlichen von den primären Daten subjektiver Erfahrung und den primären Daten der Metaphysik. Whiteheads mehrdeutige und häufig widersprüchliche Verwendung der Bezeichnungen ›subjectivist bias‹, ›subjectivist principle‹ und ›reformed subjectivist principle‹[16] macht es allerdings nicht immer leicht, diese bei-

---

15 Vgl. *PR*, p. 5, 337/dt. S. 35 f, 603 f.

16 (i) Das ›subjektivistische Prinzip‹ wird (*PR*, p. 157/dt. S. 295) als eine Aussage über die *Daten subjektiver Erfahrung* eingeführt, die Whitehead eindeutig kritisiert. Dem scheinen die nächsten beiden Wortwendungen (*PR*, p. 158/dt. S. 195 f), nämlich »Descartes wendete das subjektivistische Prinzip... auf das Datum an...«, gemäß zu sein. Aber die Verwendung des Begriffs in *PR*, p. 166/dt. S. 311 und *PR*, p. 167/dt. S. 312 widerspricht der obigen Definition: Mit *PR*, p. 166/dt. S. 311 ist offensichtlich ein Prinzip gemeint, das die *primären Daten der Philosophie* betrifft und das von Whitehead bejaht wird; da die Definition als positive Fassung der negativen Definition des ›reformierten subjektivistischen Prinzips‹ (*PR*, p. 167/dt. S. 312) entspricht, gehe ich davon aus, daß hier das *reformierte subjektivistische Prinzip* gemeint ist. *PR*, p. 167/dt. S. 312 dagegen betrifft vermutlich den cartesischen Ansatz hinsichtlich der *primären Daten der Philosophie*, da der dort erhobene Vorwurf die auf *PR*, p. 159/dt. S. 297 f geäußerte Kritik wieder aufgreift.

(ii) Mit der ›subjektivistischen Neigung‹ (*subjectivist bias*) ist die cartesische Auffassung der *primären Daten der Philosophie* gemeint, die Whitehead ausdrücklich teilt: »Diejenigen Substanzen, welche Subjekte bewußter Erfahrung sind, liefern die primären Daten der Philoden Fragen auseinanderzuhalten (ein Anzeichen dafür, daß sie für Whitehead sachlich eng verbunden sind). Der Text bietet jedoch genügend explizite Anhaltspunkte für eine grobe Unterscheidung zwischen (i) *dem cartesischen Ansatz*, d. i. der methodischen Reflexion der Philosophie auf die subjektiven Bedingungen und Kriterien von Erkenntnis; (ii) einem *subjektivistischen Prinzip* der modernen Tradition, bei dem es sich um eine Aussage über die primären Daten subjektiver Erfahrung handelt; und (iii) einem *reformierten subjektivistischen Prinzip*, das ebenso von den primären Daten subjektiver Erfahrung wie von den primären Daten der Philosophie handelt.

Die Unterscheidung zwischen dem cartesischen Ansatz und dem subjektivistischen Prinzip betrifft nicht nur Whiteheads Interpretation der ›subjektivistischen‹ Moderne, die er in diesem Ka-

sophie: nämlich sich selbst im Vollzug dieser Erfahrung.« (*PR*, p. 159/ dt. S. 297)

(iii) Das *reformierte subjektivistische Prinzip* wird in *PR*, p. 157/dt. S. 294 als der Standpunkt der whiteheadschen Philosophie bezeichnet. In *PR*, p. 160/dt. S. 300 wird es scheinbar mit der *subjektivistischen Neigung* hinsichtlich der *Daten der Philosophie* gleichgesetzt: »Subjektive Erfahrung ist die primäre metaphysische Situation, die sich der Metaphysik zur Analyse darbietet. Diese Doktrin ist das reformierte subjektivistische Prinzip ...« Aus den unmittelbar vorhergehenden und nachfolgenden Sätzen wird jedoch deutlich, daß diese ›Doktrin‹ zugleich ein ›objektivistisches Prinzip‹ hinsichtlich der *Daten subjektiver Erfahrung* abgeben soll, also ein Gegenprinzip zu dem *subjektivistischen Prinzip* (wofür ja auch schon die Wortwahl spricht). Dies bestätigt sich m. E. zu Beginn der fünften Sektion des Kapitels: dort bezieht sich das *reformierte subjektivistische Prinzip* in seinen expliziten positiven (*PR*, p. 166/dt. S. 311) und negativen (*PR*, p. 167/dt. S. 310) Versionen zwar direkt nur auf die *Daten der Philosophie;* es wird jedoch als eine ›alternative Formulierung‹ des *Prinzips der Relativität* angekündigt und auch implizit ausgeführt (*PR*, p. 166/dt. S. 310): Nach dem *Prinzip der Relativität* gehen wirkliche Entitäten als Daten in die Erfahrungen anderer Entitäten ein. Die erkenntnistheoretische Diskussion der primären Daten subjektiver Erfahrung zieht sich freilich durch das ganze Buch hindurch. Vgl. die Diskussion bei Richard M. Rorty, »The Subjectivist Principle and the Linguistic Turn«, in: *A. N. Whitehead: Essays on his Philosophy,* Prentice-Hall 1963; James E. Lindsay, »The Misapprehension of Presentational Immediacy«, in: *Process Studies* 14, Nr. 4 (1984), p. 145 f; David R. Griffin, »The Subjectivist Principle«, in: *Process Studies* 7 (1977), p. 27 f.

pitel und anderswo kritisiert. Thema in allen Whiteheadschen Analysen der Tradition, und ganz besonders in dieser, ist der metaphysische Ansatz von *Process and Reality*. Die Bezeichnung ›*subjectivist*‹, die hier in einer Vielzahl von Begriffsverbindungen verwendet wird, spielt dabei offenbar eine *Doppelrolle:* Zum einen geht es Whitehead darum, seine ›Philosophie des Organismus‹ in der neuzeitlichen Tradition zu verankern, die auf Descartes zurückgeht. So stellt er den cartesischen Ansatz von vornherein als den *gemeinsamen* Ausgangspunkt seiner (Whiteheads) Metaphysik und der anti-dogmatischen modernen Schulen vor: »Subjektives Erfahren ist die *primäre metaphysische Situation,* die sich der Metaphysik zur Analyse darbietet.« (*PR,* p. 160/dt. S. 300; meine Hervorhebung) Zum anderen dient der Ausdruck ›subjectivist‹ zur Bezeichnung des erkenntnistheoretischen Ansatzes dieser Tradition, den Whitehead ablehnt.

Der cartesische Ansatz bei der primären metaphysischen Situation subjektiver Erfahrung, so Whiteheads Kritik der Moderne, sei nie konsequent verfolgt worden: Statt die Antwort auf die Frage nach dem Wesen einer wirklichen Entität bei der Wirklichkeit zu suchen, die uns in der konkreten Situation subjektiver Erfahrung gegeben ist, habe schon der ›Entdecker‹ des subjektivistischen Ansatzes, Descartes, den Akt des ›Ich denke‹ nach dem dingontologischen Modell von Substanz und Akzidenz interpretiert. Und auch seine modernen Kritiker hätten seine traditionelle Definition der Substanz als etwas, das nur Subjekt, nie Prädikat sein kann, in ihren erkenntnistheoretischen Prämissen beibehalten; die neuzeitliche Tradition habe sich daher nie von der Problematik dieser substanzmetaphysischen Prämisse lösen können: »Die Geschichte der modernen Philosophie ist eine Geschichte von Versuchen, den unausweichlichen Konsequenzen des subjektivistischen Prinzips zu entgehen, ob dieses nun explizit oder implizit vorausgesetzt wurde.« (*PR,* p. 157/dt. S. 294) Was versteht Whitehead unter dem subjektivistischen Prinzip und seinen Konsequenzen?

ziemlich dunkel

Das subjektivistische Prinzip besagt, daß »das Datum im Erfahrungsakt bei ausschließlicher Bezugnahme auf Universalien adäquat analysiert werden kann.« (*PR*, p. 157/dt. S. 295) Nach Whitehead basiert es auf drei Prämissen: »(i) Der Voraussetzung des ›Substanz-Akzidenz‹-Schemas als des unhintergehbaren ontologischen Prinzips. (ii) Der Voraussetzung der aristotelischen Definition einer ersten Substanz als etwas, das immer Subjekt und niemals Prädikat ist. (iii) Der Annahme, daß das erfahrende Subjekt eine erste Substanz ist. Die erste Prämisse legt fest, daß das endgültige metaphysische Faktum immer als ein Akzidenz aufzufassen ist, das einer Substanz innewohnt. Die zweite unterteilt Akzidenzen und erste Substanzen in zwei sich gegenseitig ausschließende Klassen. Die beiden Prämissen zusammen bilden die Grundlage für die traditionelle Unterscheidung zwischen Universalien und Besonderem.« (ibid.)

Das ›Substanz-Akzidenz‹-Modell entspricht der Unterscheidung zwischen Eigennamen und deiktischen Ausdrücken, die ein unwiederholbares Besonderes anzeigen sollen, und Prädikaten, die mit vielem verbunden werden können. In der aristotelischen Wahrnehmungslehre (vgl. *De Anima*) wurde es allerdings nie als alleiniges Erklärungsmodell für Vorgänge wie die Sinneswahrnehmung verwandt, die bei Aristoteles vielmehr mit Hilfe des Begriffspaars ›Dynamis-Energeia‹ dargestellt wird. Die erste Prämisse stellt also schon eine neuzeitliche Reduktion der aristotelischen Metaphysik dar. Wenn Descartes nun, wie ihm Whitehead zu Recht unterstellt, den Erfahrungsakt gemäß der ersten Prämisse bestimmt, erscheint er als eine jemeinige Substanz, die – wenn wir von der Common-Sense-Annahme ausgehen, daß wir wirkliche Dinge und Individuen wahrnehmen – andere Substanzen wahrnimmt. Nach der zweiten Prämisse sind meine Wahrnehmungen selbst keine Substanzen, sondern (universale) Prädikate. Als solche können sie mir aber auch keine Erkenntnis von anderen (individuellen) Substanzen als solchen vermitteln, sondern ich kann nur glauben, daß meine Wahrnehmungsprädikate den Eigenschaftsprädikaten anderer Substanzen entsprechen (sie repräsentieren). Wenn subjektive Erfahrung die *primäre metaphysische Situation* ist, mir in dieser Situation aber keine anderen Substanzen gegeben sind, ist die unvermeidliche Konsequenz:

Die einzige individuelle Substanz, von deren unbezweifelbarer Existenz die Philosophie ausgehen kann, bin ich selbst; solus ipse.

Eine solche Position ließe sich natürlich nicht mehr mit unserem Common Sense vermitteln. Descartes, so Whitehead, sei daher durch »verdeckte Folgewidrigkeiten« der solipsistischen Folgerung ausgewichen; sein Begriff von ›*Realitas Objectiva*‹, auf dem der Beweis der notwendigen Existenz eines Gottes aufbaut, der uns den realen Gehalt unserer Wahrnehmungen garantiert,[17] sei mit dem subjektivistischen Ansatz unverträglich. Der Konsequenz des subjektivistischen Prinzips, nämlich der Isolation des Subjekts in den unüberwindbaren Schranken seiner Sinneswahrnehmungen, hätten sich erst Hume und Kant offen gestellt. Whiteheads darüber hinausgehende Behauptung, alle modernen Schulen hätten auf ›irrationale‹ (d. h. von ihren eigenen Erklärungsansprüchen her unbegründbare) Voraussetzungen und Erklärungen zurückgreifen müssen,[18] ohne den Solipsismus überwinden zu können, kann an dieser Stelle freilich nicht auf ihre Berechtigung überprüft werden. Aus seiner Analyse des subjekti-

---

17 Whiteheads Kritik bezieht sich auf die cartesische Version des ontologischen Gottesbeweises: Während Descartes im ›*Discours de la Méthode*‹ einerseits davon auszugehen schien, man könne den Realitätsgehalt aller Wahrnehmungen und Common Sense-Annahmen grundsätzlich bezweifeln, behauptete er zugleich, die Idee eines vollkommenen Wesens müsse auch eine vollkommene Realität repräsentieren. Um diesen Schluß zu stützen, führte er später den Begriff eines ›*lumen naturale*‹ ein, das uns von einer Idee oder Vorstellung *(realitas objectiva)* auf die Existenz einer ihrem Sachgehalt entsprechenden substantiellen Ursache *(realitas formalis aut eminenter)* in uns oder außer uns zu schließen nötigt *(Principia,* Teil I, p. 17 ff.) Da die Idee eines vollkommenen Wesens keine Entsprechung in unserer unvollkommenen Natur haben kann, sind wir uns durch das ›natürliche Licht‹ eines unabhängig von uns existierenden vollkommenen Wesens gewiß. Es läßt sich jedoch nicht aus der skeptischen Selbstreflexion auf die unbezweifelbaren Elemente subjektiver Erfahrung begründen, warum uns das ›natürliche Licht‹ nicht zum Narren halten sollte: Nur durch die Gewißheit eines vollkommenen Gottes, der uns nicht mit einem grundsätzlich trügerischen Erkenntnisvermögen ausgestattet haben kann, können wir uns des Wahrheitsgehalts unserer klaren und deutlichen Erkenntnisse gewiß sein. (Vgl. auch *PR,* p. 144/dt. S. 271 f.)
18 Vgl. Teil II, Kap. v, vi, vii.

vistischen Prinzips werden jedoch die Folgerungen verständlich, die Whitehead zieht, um das Solipsismusproblem an der Wurzel zu vermeiden, ohne den subjektivistischen Ansatz dabei aufgeben zu müssen:

(i) Der subjektivistische Ansatz ist nur durchführbar, wenn wir davon ausgehen, daß es nichts gibt, was unserer Erfahrung nicht potentiell zugänglich ist. Whitehead nennt das an anderer Stelle einen ›Glauben‹ der Vernunft.[19] (Ein radikaler Zweifel wie die cartesische Erwägung eines *deus malignus* ist von diesem Ansatz her sinnlos, da er sich nur durch Rückgriff auf dogmatische Kriterien abweisen läßt.) Eine metaphysische Annahme unerfahrbarer ›Dinge an sich‹ oder Substanzen ist demnach unzulässig: wirkliche Individuen müssen als Entitäten verstanden werden, die ihrem eigenen Wesen nach erfahrbar sind. Die negative Version des *reformierten subjektivistischen Prinzips* lautet also: »Außer den Erfahrungen von Subjekten gibt es nichts, nichts, nichts, ein bloßes Nichts.« (*PR*, p. 167/dt. S. 312) Es ist dann Aufgabe der Erkenntnistheorie, aufzuzeigen, in welcher Hinsicht wirkliche Individuen gegebene Elemente subjektiver Erfahrung sind.

(ii) Whitehead bezeichnet das reformierte subjektivistische Prinzip auch als ein *Prinzip der Relativität* wirklicher Wesen (*PR*, p. 166/dt. S. 311). Ein wirkliches Wesen ist demnach in einem zweifachen Sinne auf andere wirkliche Wesen bezogen: einerseits, indem es sich als Subjekt durch deren Objektivierung konstituiert, und andererseits, indem es als Objekt selbst in die Konstitution anderer Subjekte eingeht. Mit dieser Auslegung des subjektivistischen Ansatzes will Whitehead m. E. weniger den cartesischen Begriff der ›denkenden Substanz‹ ›reformieren‹ (der wird nicht ›reformiert‹, sondern abgelehnt), als vielmehr den Ansatz bei einem singularen und immer schon verallgemeinerten ›Subjekt‹, das gegebene universale Sinnesdaten zu ›Objekten‹ verbindet. Wenn die rein theoretische Betrachtung von ›Objekten‹ als die primäre metaphysische Situation gefaßt wird, hat die Metaphysik nach Whiteheads Auffassung keine Chance, über die Analyse des *solus ipse* hinauszugelangen. Denn der Wahrnehmungsakt ist zunächst ein Besonderes. Wenn er auch ein Allgemeines sein soll – etwa in dem Sinne, daß bestimmte Formen der Wahrnehmung für Menschen überhaupt gelten sollen –, muß dies

19 *FR*, p. 38/dt. S. 33; vgl. *PR*, p. 42/dt. S. 96.

aus der primären metaphysischen Situation subjektiver Erfahrung einsichtig werden. Dies ist für Whitehead nicht möglich, wenn die Gestaltung der Erfahrungswelt ausschließlich auf den Akt des einzelnen ›Subjekts‹ zurückgeführt wird. Der Erfahrungsvorgang muß als ein wesentlich sozialer Vorgang verstanden werden, d. i. als ein Vorgang der Formung durch andere Subjekte, in dem bestimmte Formen durch *Übertragung* zu allgemeinen Charakteristika von Gesellschaften und Gattungen werden.

So knüpft Whitehead in seiner Erfahrungsanalyse an der Situation unseres vortheoretischen, innerweltlichen[20] Daseins an, in der wir uns gar nicht primär erkennend, aber immer schon erleidend und handelnd verhalten. Dies geht schon aus den Überlegungen hervor, die er 1924-26 in Harvard vortrug: »Wir erfahren uns als wirkliche Wesen in einer Gemeinschaft wirklicher Wesen«[21] ... »Die Beziehung [zwischen Subjekt und Objekt] ist eine der Pari-

20 Whiteheads Ansatz bei der *innerweltlichen* Situation wirklicher Entitäten weist starke Ähnlichkeiten zu *Heideggers* Analyse des Daseins in *Sein und Zeit* auf. Es wäre jedoch m. E. verfehlt, diese Ähnlichkeiten auf ein ›gemeinsames Anliegen‹ zurückzuführen. Zwar führt auch Heidegger das Verhältnis von ›Subjekt‹ und ›Objekt‹ auf ein In-der-Welt-sein zurück, in welchem mir die Welt immer schon praktisch und emotional erschlossen ist, bevor ich ›auch‹ in eine ›begaffende‹ oder erkennende Beziehung zu einzelnem Seienden treten kann. Seine über die Abgrenzung von Existenzialien gegen Kategorien vollzogene absolute Trennung zwischen der Wesensstruktur von ›Dasein‹ (im Singular) und der von anderem Seienden führt jedoch die Tradition der Substanzmetaphysik fort, insofern auch hier ›das Dasein‹ als ein Nur-Subjekt verstanden wird (freilich nicht im Sinne des ›Ich denke‹): Es existiert, ohne ›vorhanden‹ oder ›zuhanden‹ zu sein. Auch die öffentliche Welt der Menschen reduziert sich in *Sein und Zeit* tendenziell auf eine ›uneigentliche‹ Seinsweise des ›Verfallenseins an die Welt‹, der Heidegger eine ›eigentliche‹ Seinsweise des ausschließlich privaten Selbstbezugs (das nicht verdrängende, selbstbewußte Sein-zum-Tode) entgegenstellt. Der Gegensatz zu Whiteheads Konzeption eines wesentlichen sozialen Individuums, dessen Selbstbeziehung (Subjekt) immer zugleich Ausrichtung auf andere ist (Superjekt), ist unverkennbar.

21 Zitiert nach den Mitschriften der Harvard-Vorlesung von 1926, in: Lewis S. Ford, *The Emergence of Whiteheads Metaphysics*, Albany: Suny Press 1984, S. 315; eigene Übersetzung. (Diese Mitschriften wurden auch als »Whitehead's Harvard Lectures 1926-27« in den *Process Studies* 4 (1974), veröffentlicht. Das Zitat findet sich hier auf S. 204.)

tät. *Unmittelbare Erfassung meiner selbst in einer Welt [ist] das Axiom.* Wenn man das einmal fallenläßt, holt man es nie wieder ein.«[22]

Die *primäre metaphysische Situation* ist eine Erfahrung in der Welt. Damit verläßt Whitehead noch nicht den Ansatz der methodischen Reflexion darauf, daß die Welt des Subjekts, das ich je bin, immer *meine* ist. Sondern m. E. sollen die metaphysischen Prinzipien in der Situation unseres innerweltlichen Selbstinneseins verankert werden, in der wir die ›weltschöpferische‹ Tätigkeit des Individuums, das wir je sind, und seine Existenz in einer transzendenten Welt, in der es ein Faktor unter anderen und für andere ist, immer schon als irreduzible und wechselseitig bedingte Seinsweisen wissen: Als erkennendes und handelndes Subjekt beziehe ich mich nicht auf eine Welt, die so auch ohne mich wäre, sondern auf *meine* Erfahrungswelt, die durch *meine* Begriffe und *meine* Interessen abgesteckt ist; ein solches Subjekt, d. i. ein Individuum, das ›ich‹ sagen kann, bin ich jedoch nur, indem ich *in* einer mich transzendierenden *Wirklichkeit* und *für andere Subjekte* existiere. Wenn wir dies als die primäre metaphysische Situation annehmen, wird auch plausibel, daß das reformierte subjektivistische Prinzip ein Prinzip der Relativität wirklicher Individuen beinhalten muß.

Aber folgt daraus, daß dieses Prinzip der Relativität in gleicher Hinsicht für alle wirklichen Entitäten gelten soll? Wir könnten ebensogut zwei inkompatible Kategorien wirklicher Entitäten annehmen, von denen die einen als Entitäten gefaßt werden, die ebenso Subjekt wie Objekt von Erfahrung sind (etwa alle menschlichen Entitäten), und die anderen als Entitäten von ausschließlich objektivem Status. Aber Whitehead geht es freilich um die *Einsinnigkeit* dessen, was wir mit ›Wirklichkeit‹ meinen.

Daß andere Individuen und Dinge *im gleichen Sinne wirklich* sind wie wir selbst, ist für ihn eine unhintergehbare Intuition unseres Common Sense: »Wir nehmen andere Dinge wahr, die im gleichen Sinne zur Welt der Wirklichkeiten gehören wie wir.« (*PR*, p. 158/dt. S. 296) Dies könnte noch so verstanden werden, daß das, was wir mit ›Wirklichkeit‹ meinen (etwa ›alles, was der Fall ist‹, oder ›Wirken und Bewirktwerden‹), als Horizont allen Seins-

---

22 Zitiert nach den Mitschriften der Harvard-Vorlesungen von 1924-25; in: Ford, op. cit., p. 289; Hervorhebung dort; eigene Übersetzung.

verständnisses jede Differenzierung von Seiendem übergreift. Whitehead legt es jedoch in dem starken Sinne aus, daß wir, »wenn wir wissen wollen, was wir meinen, wenn wir von einem wirklichen Wesen sprechen, uns mit der Frage an uns selbst wenden sollten« (vgl. Anm. 21); d. h. wir sollten unsere eigene Erfahrung analysieren und ihr diejenigen allerallgemeinsten Prinzipien entnehmen, die auch zur Erklärung der Strukturen nicht-menschlicher wirklicher Entitäten angewandt werden können.

Mit der Entscheidung für diese zweite Alternative kehrt Whitehead den impliziten cartesischen *Analogieschluß* (die Übertragung des dingontologischen Substanzbegriffs auf den Erfahrungsakt) um: Es sind die allgemeinen Bedingungen subjektiver (menschlicher) Erfahrung, die das ontologische Paradigma zur Bestimmung des Wesens einer wirklichen Entität abgeben.[23] Die Situation innerweltlicher Erfahrung ist freilich keine einfache Prämisse philosophischer Deduktion. Sie stellt der Metaphysik erst ihre Aufgabe: nämlich eine Ontologie und Erkenntnistheorie zu konzipieren, mit der die Momente von Individualität und Kommunalität, Subjektivität und Objektivität als allgemeinste und wechselseitig bedingte Wesensbestimmungen wirklicher Entitäten begriffen werden können: »How can there be individuals with separate ends and yet combined in a solid community?«[24]

Whiteheads Rückführung der primären metaphysischen Situation auf die vortheoretische Gewißheit einer gemeinsamen Wirklichkeit mit anderen einzelnen Wesen hat nichts mit einem naiven Realismus in erkenntnistheoretischer Hinsicht zu tun. Seine Kritik der subjektivistischen Auffassung der primären Erfahrungsdaten gilt der solipsistischen Konsequenz des subjektivistischen Prinzips, wenn es als eine *metaphysische* Prämisse hinsichtlich der primären Daten subjektiver Erfahrung genommen wird, und nicht seiner Gültigkeit als *erkenntnistheoretische* Aussage über diejenigen Elemente menschlicher Sinneswahrnehmung, die dem Bewußtsein *klar* und *deutlich* erscheinen. Denn auch wenn wir vortheoretisch gewiß sind, daß wir mit wirklichen einzelnen Dingen zu tun haben, können wir, wenn wir *gefragt* werden, was wir

23 Vgl. *PR*, p. 112/dt. S. 217; *AI*, p. 237/dt. S. 339.
24 Zitiert nach den Mitschriften der Harvard-Vorlesungen von 1926; Ford, op. cit., S. 312; eigene Übersetzung (»Harvard Lectures«, op. cit., S. 203).

da genau wahrzunehmen meinen, nicht bestreiten, daß wir die einzelnen Dinge gar nicht als Individuen, sondern immer schon als *etwas von einer bestimmten Art* (etwa einen hellen Stein) wahrnehmen, zu der auch allerlei andere Dinge gehören. Und wenn wir weiter gefragt werden, was davon uns wirklich durch unsere Sinne gegeben ist, d. i. nicht unserer menschlichen Symbolwelt entstammt, so scheint sich der helle Stein auf eine räumliche Gestalt mit den Eigenschaften der Helle und Härte zu reduzieren – Eigenschaften, die wir zudem weniger den Dingen als der Beschaffenheit unserer Sinnesorgane zuzuschreiben haben.

Diese Reduktion der sinnlichen Daten unserer Erfahrung auf die Erscheinung von Universalien in räumlichen Beziehungen ist jedoch für Whitehead nur dann zwingend, wenn wir uns bei der Analyse von Erfahrung von vornherein auf die klaren und deutlichen[25] Elemente beschränken. Diese Einschränkung kann erkenntnistheoretisch sinnvoll sein. Wenn sie jedoch mit der primären metaphysischen Situation verwechselt wird, führt der subjektivistische Ansatz in die solipsistische Aporie. Denn in diesem Fall abstrahieren wir davon, daß die sinnliche und deutende (und nur hierdurch deutliche) Vorstellung von Dingen mit Eigenschaften in unserer konkreten Erfahrung stets von der *Empfindung* der »Welt der Wirklichkeiten« begleitet ist: Die *wirklichen* Dinge melden sich allererst, indem sie *wirken*. Dann sind sie für uns ›da‹.[26]

Verglichen mit der klaren Orientierung an Dingen mit Eigenschaften, die uns durch die immer schon gedeutete empirische Anschauung *(presentational immediacy)* gegeben ist, erscheint die bewußte Empfindung der Wirklichkeit freilich so dumpf und unbestimmt, daß wir uns in der alltäglichen Praxis relativ wenig nach ihr richten. Aber wenn wir zum Zwecke der Analyse bewußter Erfahrung von der ›Affektion‹ durch die sogenannten ›Dinge an sich‹ abstrahieren, d. h. sie als bloße Voraussetzung von Erfahrung aus deren Analyse ausklammern, bleiben uns nur noch

25 Vgl. *PR*, p. 162, 173 f, 236/dt. S. 303, 323 f, 432.
26 Whitehead verwendet die Ausdrücke *actual* entity und *actuality* (und nicht *real* entity oder *reality*, obgleich sein Buch den Titel *Process and Reality* trägt): Wirklichkeit soll primär als *wirken (to act upon)* und *handeln* (to act), also als ein *Tätigsein (activity)*, verstanden werden. Dies wird am deutlichsten bei Ivor Leclerq, *Whitehead's Metaphysics*, New York 1958, herausgestellt.

die Weisen zu analysieren, in denen uns die Dinge sinnlich *erscheinen;* das wirkliche Individuum, an dem wir in unserer nichtwissenschaftlichen Praxis nie zweifeln, erweist sich dann als ein Produkt der symbolischen Interpretation und Synthese von universalen Sinnesdaten. Auf diese Weise können wir zwar die Bedingungen der Möglichkeit der je meinigen – oder, wenn wir das *solus ipse* als ein allgemein-menschliches Subjekt voraussetzen, der menschlichen – *Erscheinungswelt* analysieren, aber nicht die Bedingungen der Möglichkeit einer *gemeinsamen Wirklichkeit* erfahrender und agierender Individuen.

Whitehead deutet die physische Empfindung des *Wirkl*ichen daher erkenntnistheoretisch als ein Moment in unserer bewußten Erfahrung, von dem aus wir hypothetisch auf ursprüngliche, vorbewußte Weisen des Erlebens schließen können – Weisen, in denen uns die Dinge noch nicht als Produkte unserer aktiven Synthesis *erscheinen,* sonddern selbst aktiv in uns weiter*wirken.* Erfahrung wäre dann in ihrem Ursprung kein mentaler, sondern ein physischer Vorgang, d. i. ein Bewirktwerden durch die wirklichen Dinge.

Diese metaphysische Erkenntnistheorie setzt eine ontologische Neukonzeption des Wesens wirklicher Individuen voraus: Das Individuum muß als eine Entität gefaßt werden, die nicht – wie eine Substanz – durch Eigenschaften, sondern durch kausale Beziehungen zu anderen wirklichen Individuen bestimmt ist. Whitehead begreift das Verhältnis zwischen dem erfahrenden und dem erfahrenen Individuum ontologisch als eines zwischen *Ereignissen,* d. i. zwischen einem sich ereignenden Ereignis und einem vorhergegangenen Ereignis, das sich auf seine Nachfolger auswirkt. Für die Erkenntnistheorie ist diese Kausalbeziehung die ursprünglichste nicht-bewußte und nicht-vorstellende Weise, in der das sich ereignende Ereignis seine Vorgänger aufnimmt. Das *Individuationsprinzip* der Ereignisse wird – analog zu der reflexiven Einheit menschlicher Erfahrung – als teleologische Einheit gefaßt. Wir haben es also mit *Erfahrungsereignissen* in einem freilich weit gedehnten Sinne von Erfahrung zu tun, der weder Bewußtsein, noch sinnliche Anschauung impliziert.

Die traditionellen ›Universalien‹, die unserer bewußten Vorstellung als Eigenschaften oder Begriffe von Dingen erscheinen, werden in der Whiteheadschen Ereignisontologie als ihrem Wesen nach relationale Entitäten gefaßt: sie sind die Weisen, in denen sich die wirklichen Individuen kausal aufeinander beziehen. Ihre kategoriale Differenz gegenüber den jeweils bezogenen wirklichen Individuen besteht nicht darin, daß sie sich auf viele wirkliche Individuen beziehen können,[27] sondern darin, daß sie sich aus allen konkreten Beziehungen abstrahieren, d. h. *als* bloße ›Universalien‹ vorstellen lassen. Auf der Basis der Ereignisontologie und der Bestimmung dieser ›ewigen Objekte‹ als relationaler Funktionen kann Whitehead das Verhältnis von *Wirk*lichkeit und Erscheinung (wie auch das von Erscheinung und Schein)[28] als eines von verschiedenen Ebenen menschlicher Erfahrung (und nicht von Nichterfahrbarem und Erfahrbarem) analysieren: unsere klaren und deutlichen Vorstellungen von Dingen mit Eigenschaften führt er in seiner Prehensionslehre auf die subjektive Transformation der kausalen Empfindungen in sinnliche Anschauungen zurück, die vom Bewußtsein immer schon symbolisch gedeutet werden. Die traditionelle Dingontologie ließe sich mit den Whiteheadschen Kategorien als eine derivative Ontologie der menschlichen Erscheinungswelt deuten. Whiteheads Metaphysik wäre also nicht als ein ›naiver‹, sondern als ein kritischer Realismus anzusehen; auf der Grundlage des *reformierten subjektivistischen Prinzips* können die Erkenntnisse des empiristischen und des transzendentalistischen Subjektivismus relativiert und integriert werden.

2. Die primäre Situation der Metaphysik

Whiteheads ontologische Bestimmung der wirklichen Individuen als *Erfahrungsereignisse* ruft bei vielen Lesern den Eindruck hervor, als werde dem Common Sense, auf den er sich in seiner Kritik des solipsistischen Subjektivismus beruft, auf neue Weise Gewalt angetan. Denn auch wenn wir uns als wirkliche Wesen in einer Welt mit anderen ebenso wirklichen Individuen verstehen, gehen wir doch keinesfalls davon aus, daß wir es auch bei den nichtmenschlichen Wesen mit erfahrenden ›Subjekten‹ zu tun ha-

27 Vgl. *PR*, p. 48/dt. S. 106.
28 Vgl. Whiteheads Differenzierung zwischen *imaginativen, authentischen perzeptiven* und *unauthentischen perzeptiven Empfindungen* auf der unbewußten Ebene, die entsprechende Konsequenzen für die bewußte Wahrnehmung haben (*PR*, p. 261 ff/dt. S. 488 ff).

ben. Warum bestimmt Whitehead die Ereignisentitäten nicht als rein ›natürliche‹ Wesen?

Im Rahmen der whiteheadschen *Metaphysik* ist diese Frage jedoch sinnlos. Wenn die primäre metaphysische Situation die Situation subjektiver Erfahrung ist, kann das Wesen der fundamentalen metaphysischen Entitäten nicht nach dem Modell eines *abstrakten* Substanz- oder Naturbegriffs bestimmt werden, sondern nur nach dem Maßstab der *Wirklichkeit*, die uns in der *konkreten* Situation subjektiver Erfahrung gegeben ist: »Wenn wir wissen wollen, was wir meinen, wenn wir von einer wirklichen Entität sprechen, sollten wir uns mit der Frage an uns selbst wenden.«[29] Damit wird ›Wirklichkeit‹ unabtrennbar von subjektiver Erfahrung. Dies hat zur Folge, daß die Begriffe, die bei der Analyse des Wesens einer wirklichen Entität verwendet werden, ›subjektiviert‹ d. h. als unhintergehbare Prinzipien subjektiver Erfahrung begriffen werden müssen. Wenn diese Prinzipien – wie es in *Process and Reality* geschieht – so allgemein gefaßt werden, daß sie nicht schon spezifisch menschliche Seinsweisen, wie Bewußtsein, implizieren, sondern eine kategoriale Grundlage zur Differenzierung verschiedener Stufen wirklicher und derivativer Entitäten abgeben, läßt sich auch ein eklatanter Widerspruch zwischen dem *reformierten subjektivistischen Prinzip* und unserer alltagspraktischen und wissenschaftlichen Unterscheidung von Arten und Stufen des Seienden vermeiden.

Die Verallgemeinerung der Strukturen subjektiver Erfahrung zu Prinzipien der wirklichen Entitäten der Metaphysik wird gelegentlich als ›naiv‹ oder ›anthropomorph‹ bezeichnet. Für Whitehead hingegen wäre jeder Versuch einer modernen Metaphysik ›naiv‹, bei dem von der Relativierung der Naturauffassung unserer Alltagspraxis durch die Naturwissenschaften und von der ständigen Ablösung scheinbar unhintergehbarer naturwissenschaftlicher Naturmodelle durch den wissenschaftlichen Fortschritt abstrahiert und der anachronistische Versuch unternommen würde, eine *übermenschliche* Sicht der Natur der Dinge einzunehmen: Über eine Natur, die ganz anders als unsere Erfahrung ist, könnten wir nichts wissen. Insofern ist jede metaphysische Erkenntnis ›subjektivistisch‹, d. h. *anthropozentrisch* oder *anthropomorph*. Wenn Whitehead die Prinzipien des Seienden aus der primären meta-

---

29 Siehe Anm. 21; vgl. *PR*, p. 112/dt. S. 217.

physischen Situation subjektiver Erfahrung auslegt, entspricht er nicht dem Bedürfnis, der Natur etwas mehr ›Seele‹ zu geben, sondern der Reflexion auf die Situation nicht-göttlicher (menschlicher) Erkenntnis: der cartesischen Situation unter Verzicht auf die »verdeckte Folgewidrigkeit« des Beweises der notwendigen Existenz eines Gottes, der, indem er die Wahrheit derjenigen Erkenntnisse garantiert, die unserer menschlichen Psyche klar und deutlich erscheinen, menschliche zu einer quasi göttlichen Erkenntnis erhebt.[30]

Aus diesem Grund kann der *subjektivistische* Ansatz Whiteheads auch kein subjektives Kriterium unbezweifelbar wahrer Erkenntnis liefern, sondern er bleibt – subjektivistisch. Er versteht sich jedoch als ein reflektierter Subjektivismus, der wesentlich die Funktion hat, den unreflektierten Subjektivismus vorherrschender Denkschemata zu kritisieren: »Philosophie ist die Selbstkorrektur, die das Bewußtsein an seinem eigenen anfänglichen Übermaß an Subjektivität vornimmt.« (*PR*, p. 15/dt. S. 52) Kritisiert und korrigiert wird die Reduktion subjektiver Erfahrung auf die Verbindung universaler Sinnesdaten durch den scheinbar *anthropozentrischen*, eigentlich *egozentrischen* Subjektivismus der Neuzeit, der die wesentliche Bezogenheit des ›Subjekts‹ auf einen Plural von ›Subjekten‹ begrifflich nicht einholen kann.

Dieser ›reformierte‹ Subjektivismus kann freilich nur dann plausibel werden, wenn man Whiteheads Kritik an seinen neuzeitlichen Vorgängern – unabhängig davon, wie man sie im einzelnen beurteilen mag – nicht schon im Ansatz für verfehlt hält. Wenn Whitehead Descartes ein ›Mißverständnis‹ des subjektivistischen Ansatzes vorwirft (und mit demselben Streich auch den kantischen Kritizismus zu treffen meint), hat es oft den Anschein, als werde hier der neuzeitliche Versuch, durch Reflexion auf die Bedingungen und Grenzen von Erkenntnis eine kritische Begründung und Methodik der Vernunfterkenntnis zu entwickeln, auf ein neuzeitliches Paradigma zur Bestimmung des Wesens einer wirklichen Entität reduziert.

Dieser Eindruck entsteht zwangsläufig, da Whitehead seine neuzeitlichen Vorgänger immer schon von seinem System und damit von einem anderen Begriff von Wissenschaft her kritisiert, der die Möglichkeit absoluter Grenzen des Wissens ebenso ausschließt

30 Vgl. *PR*, p. 173/dt. S. 324.

wie die Möglichkeit absoluten Wissens.[31] Die Reflexion auf die subjektiven Bedingungen und Grenzen von Erkenntnis kann ja nicht voraussetzungsfrei (etwa durch reine Introspektion) stattfinden, sondern orientiert sich stets an einer bestimmten Auffassung von Wissenschaft, die durch die Analyse der Prinzipien von Erkenntnis in ihrem Geltungsanspruch begründet oder verworfen werden soll. In der gleichen Hinsicht, in der sich Whiteheads Auffassung von Wissenschaft von der cartesischen, der kantischen u. a. unterscheidet, muß daher auch seine Analyse subjektiver Erfahrung von anderen Fragen geleitet sein. Während etwa Kant bei seiner Frage nach den subjektiven Prinzipien synthetischer Erkenntnisse a priori von dem vermeintlichen Faktum einer Mathematik und reinen Naturwissenschaft ausging, deren Fortschritt auf universell gültigen Axiomen aufbaute, orientiert sich Whitehead an einem wissenschaftlichen Fortschrittsdenken, das eine prinzipielle Revidierbarkeit[32] nicht nur empirischer Erkenntnisse, sondern auch wissenschaftlicher Paradigmata voraussetzt: »Der eigentliche Prüfstein ist nicht der der Endgültigkeit, sondern der des Fortschritts.« (*PR*, p. 14/dt. S. 51)[33] Seine Metaphysik ist m. E. nicht zuletzt als ein Versuch zu verstehen, eine metaphysische Erklärung der Möglichkeit einer fortschreitenden Wissenschaft zu geben, deren Geltungsanspruch nicht auf der Endgültigkeit von Axiomen, sondern auf der Falsifizierbarkeit ihrer Erkenntnisse aufbaut.

Ein solcher Versuch wäre paradox, würde Whitehead seinem System einen anderen Geltungsanspruch zugrunde legen als den der Wissenschaften, deren Methodik und Erkenntnisstand im System erfaßt werden sollen. Er begreift das Prinzipienschema von *Process and Reality* als eine *Hypothese* über die Welt, deren Relevanz und Gültigkeit nicht vorausgesetzt werden kann, sondern sich erst in der Anwendung auf bestimmte innerweltliche Fragen und Gegenstände erweisen muß: »Jede gesunde und folgerichtige Metaphysik muß an der Hypothese festhalten, sonst gäbe es keinen Irrtum... James hat sich der Metaphysik verdient ge-

31 Vgl. »Analysis of Meaning«, in: *Science and Philosophy*, New York 1948, p. 134.
32 Vgl. Hans Poser, »Whiteheads Kosmologie als revidierbare Metaphysik«, in: *Whiteheads Metaphysik der Kreativität*, hg. von Friedrich Rapp und Reiner Wiehl, Freiburg/München: Alber, 1986.
33 Vgl. *PR*, p. 8 f/dt. S. 40 f; vgl. *AI*, Kap. xv.

macht, indem er den Irrtum ans Tageslicht brachte und ihm auf die Schulter klopfte.«[34] »Der Appell richtet sich an zukünftige Erfahrungen, die durch die Hinterlassenschaft dieser theoretischen Hypothese adäquater sein können.«[35]

Whitehead begreift *spekulative Philosophie* als eine wesentlich *geschichtliche* Wissenschaft: Sie darf keine Teilhabe an einer allgemeinen Vernunft beanspruchen, die sich der Reflexion jedes menschlichen Individuums zu jeder Zeit in der gleichen Weise erschlösse und ein apriorisches Maß der Wahrheit abgäbe. Einerseits ist sie nicht voraussetzungsfrei, sondern wie jede Einzelwissenschaft angewiesen auf *vorliegende* Erkenntnisse und Denkschemata; dadurch, daß sie deren Unzulänglichkeiten aufzeigt, begründet sie ihre eigenen Hypothesen.[36] Sie kann daher auch nur den gegenwärtigen Zustand der Welt begrifflich erhellen.[37] Andererseits ist sie wesentlich auf eine gegenwärtige und zukünftige *Öffentlichkeit* hin ausgerichtet, da diese erst über die Relevanz des metaphysischen Schemas entscheidet. Whiteheads Auffassung der primären metaphysischen Situation als der Situation eines ›Subjekts‹, das nicht nur singulares Subjekt seiner Welt, sondern als innerweltliches Wesen auch immer schon Objekt, d. i. Erfahrungspotential für andere Subjekte ist, läßt sich also auch im Sinne der konkreten Situation des Metaphysikers verstehen. Sein Verzicht auf die Sicherung apriorischer Maßstäbe des Wissens begründet sich aus seiner Auffassung der Funktion von Philosophie und ist nicht mit einem historischen Relativismus der Wahrheit zu verwechseln: Nicht die Wahrheit ist relativ, sondern unsere Erkenntnis der Wahrheit.[38] Der Sinn einer theoretischen

34 Aus den Nachschriften der Harvard-Vorlesungen von 1924-25, übersetzt nach Ford, op. cit., p. 288.

35 Aus den Mitschriften von Whiteheads Diktat in seinem Logik-Seminar (März 1927); übersetzt nach Ford, op. cit., p. 318.

36 Vgl. *AI;* Kap. xv.

37 Vgl. *FR*, p. 76/dt. S. 62.

38 In seiner Prehensionenlehre unterscheidet Whitehead zwischen einer wahren (bzw. falschen) Proposition (*PR*, p. 256 ff/dt. S. 467 ff), die nur von Gott als eine endgültig wahre oder falsche prehendiert werden kann (*PR*, p. 12/dt. S. 48), und dem Sinn, den sie für die geschichtliche Perspektive eines endlichen Individuums hat. (Eine propositionale Empfindung einer falschen Proposition kann im Rahmen einer bestimmten Weltanschauung ebenso interessant sein wie richtig erscheinen.)

Erkenntnis liegt für Whitehead nicht primär in ihrem (absoluten oder nicht-absoluten) Wahrheitswert, sondern in ihrer Funktion, unsere Fähigkeit zur bewußten Aufnahme und Durchdringung komplexer Zusammenhänge zu erweitern.

III. Die systematischen Begriffe

1. Die unhintergehbare Natur
der Dinge

Mit dem System von *Process and Reality* gibt Whitehead eine Antwort auf die Frage: *How can there be individuals with separate ends and yet combined in a solid community?* Den allgemeinsten logischen Zusammenhang der Momente von Individualität und Kommunalität, Privatheit und Öffentlichkeit formuliert die Kategorie Kreativität, d. i. die sogenannte Kategorie des Unhintergehbaren *(Category of the Ultimate)*, auf die alle spezielleren Kategorien zurückgehen:

»»Kreativität‹, ›viele‹ und ›eins‹ sind die unhintergehbaren Begriffe, die in den Bedeutungen der synonymen Begriffe ›Ding‹, ›Seiendes‹ und ›Entität‹ impliziert sind... Der Terminus ›eins‹ steht nicht für ›die ganze Zahl *eins*‹... Er steht für die Einzigartigkeit einer Entität. Der Terminus ›viele‹ setzt den Terminus ›eins‹ voraus, und umgekehrt... ›Kreativität‹ ist die Universalie der Universalien und charakterisiert die unhintergehbare Natur des Tatsächlichen. Sie ist das unhintergehbare Prinzip, aufgrund dessen die vielen, die das Universum als zerstreutes sind, zu dem einen wirklichen Ereignis werden, das das Universum als vereintes ist. Es liegt in der Natur der Dinge, daß sich die vielen zu einer komplexen Einheit verbinden... Das unhintergehbare metaphysische Prinzip ist das Fortschreiten von der Getrenntheit zur Verbindung, wodurch eine neue Entität erschaffen wird, die etwas anderes ist als die vielen getrennt gegebenen Entitäten... Die vielen werden eins und werden um eins vermehrt.« *(PR,* p. 21/dt. S. 61 ff)

Bei dieser Whiteheadschen Kategorie des Unhintergehbaren handelt es sich nicht um ein einfaches elementares Prinzip, sondern um ein Prinzip, das mehrere Elemente enthält. Diese selbst können jedoch nicht als Prinzipien einer noch allgemeineren Stufe verstanden werden, da sie sich wechselseitig voraussetzen; die Bewegung dieser wechselseitigen Implikation, d. i. bei Whitehead die *akkumulative Bewegung* (Kreativität) des wechselseitigen

Übergangs von vielem zu einem, ist also selbst das irreduzible erste Prinzip. Daß ›Sein‹ oder ›Wirklichkeit‹ im Sinne einer *Pluralität* von wirklichen Entitäten zu verstehen ist, wird hiermit nicht erklärt, sondern vorausgesetzt; die plurale Wirklichkeit ist für Whitehead nicht begründungsbedürftig und schon gar nicht aus einem Prinzip herleitbar; sondern Prinzipien sind Verallgemeinerungen bestimmter Strukturen wirklicher Entitäten, die wesentlich auf eine Pluralität bezogen sind.

Auch die Verwendung der Begriffe *Werden*/Entstehen *(becoming)* und *Sein (being)* in *Process and Reality* wird von der *Kategorie Kreativität* geregelt: Die vielen *werden* zu einer Einheit, die (als diese Einheit dieser Vielheit) ein neues eines unter vielen *ist,* die ihrerseits zu einer neuen Einheit *werden.* Warum bezeichnet Whitehead eine derart komplexe Kategorie – und nicht etwa ›Sein‹ oder ›Seiendes‹ als die Kategorie des Unhintergehbaren?

Die Kategorie Kreativität wird m. E. als ein unhintergehbares Prinzip einsichtig, wenn wir die primäre metaphysische Situation subjektiver Erfahrung betrachten, die in der vorhergehenden Diskussion als die Situation eines nicht-solipsistischen, weltbezogenen ›Ich‹ gefaßt wurde: eines Individuums, das ebenso die Welt *für sich* einrichtet, wie es sich als ein Wesen unter vielen *für die (transzendente) Welt anderer* Subjekte ausrichtet. Während die spezielleren Kategorien die extensiven und intensiven Aspekte dieses Paradigmas wirklicher Entitäten ausführen, schreibt die Kategorie Kreativität das allgemeine Gesetz vor, das die Momente von Immanenz und Transzendenz, Individualität und Kommunalität verbindet: Indem ich mich als reflexive *Einheit* meiner *vielen* Erfahrungen konstituiere, bin ich *ein* besonderes Wesen unter den *vielen* in der Welt, die in die Erfahrungen anderer Subjekte eingehen. Dadurch, daß Whitehead mit dieser Kategorie die Begriffe Werden (Werden zu etwas Bestimmtem) und Sein (etwas Bestimmtes sein)[39] als irreduzible Erklärungsprinzipien von gleichem Status einführt, die sich aufeinander beziehen, werden auch die Differenz und der Zusammenhang der beiden Momente des subjektiven Für-sich-Seins und des objektiven Für-andere-Seins als unhintergehbar vorausgesetzt: Während wir uns

39 Vgl. die Diskussion des Werdens bei Reiner Wiehl, »Zeit und Zeitlosigkeit in der Philosophie A. N. Whiteheads«, in: *Natur und Geschichte,* K. Löwith zum 70. Geburtstag, hg. von M. Riedel, Stuttgart 1967, S. 381 ff.

in der *jemeinigen* Unmittelbarkeit des Handelns, Erfahrens, Wünschens in einem je unabgeschlossenen *Prozeß* befinden, sind wir *füreinander* bestimmte kausale *Faktoren* in der Welt (die sich unserer menschlichen Vorstellungsweise jeweils als die Selbstdarstellungen von personalen Substanzen mit dauerhaften und wechselnden Eigenschaften enthüllen). Diese Situation läßt sich nicht in zwei bloß differente, d. i. gleichgültige Seinsweisen auflösen, etwa in dem Sinne, daß wir *sowohl* unabgeschlossene subjektive Prozesse *als auch* soundso beschaffene Faktoren wären: durch unsere Erfahrungen und Handlungen *werden* wir ja erst zu den bestimmten Individuen, die wir jeweils *sind*: »Mein Prozeß des Selbstseins ist mein Hervorgehen aus meinem Besitz der Welt.« (*PR*, p. 81/dt. S. 164)

2. ›Subject-Superject‹ und ›Concrescence‹

Offenbar haben viele Leser (wie auch die obengenannten Kritiker des Whiteheadschen ›Subjekts‹) in *Process and Reality* vergeblich nach einem ›Subjekt‹ im Sinne einer autarken Substanz oder einer autarken Selbstbeziehung gesucht. Daß es einen solchen Begriff dort nicht gibt – oder jedenfalls keinen, der nicht schon die wesentliche Bezogenheit des ›Subjekts‹ auf einen Plural von ›Subjekten‹ implizierte –, kann vor dem Hintergrund der Whiteheadschen Kritik des neuzeitlichen Subjektivismus eigentlich kaum verwundern; daß es ihn im Rahmen des Whiteheadschen Systems auch nicht geben *kann*, folgt aus der *Kategorie des Unhintergehbaren*.

Das ›Subjekt‹ ist für Whitehead keine Entität (das wäre eine nur-subjektive Entität). Es kann auch nicht als eine Seinsweise von Entitäten verstanden werden (etwa die der subjektiven Selbstbeziehung), die ohne Bezugnahme auf die andere Seinsweise des (superjectiven) Seins-für-andere adäquat analysiert werden könnte. Der Bindestrich im Begriff *Subject-Superject* bringt jedoch zum Ausdruck, daß ›Subject‹ und ›Superject‹ zwar *eine* Entität, aber durchaus verschiedene Seinsweisen derselben bezeichnen: »Eine wirkliche Entität kann sowohl als ein Subjekt betrachtet werden, das seiner eigenen Unmittelbarkeit des Werdens vorsteht, wie auch als ein Superjekt, nämlich das atomare Geschöpf, das seine Funktion der objektiven Unsterblichkeit ausübt.« (*PR*, p. 45/dt. S. 101) Das Wort ›Subject‹ wird also in *Process and Reality* überhaupt nicht mehr im Sinne von ›unterliegen‹ (*hypokeimenon*) verwandt. Es steht für die unmittelbare *private* Tätigkeit der rezeptiven und kreativen Aneignung der Erfahrungswelt, die als reflexive Tätigkeit immer schon auf die Einheit des Subjekts gerichtet ist. Das Wort ›Superject‹ bezeichnet das *öffentliche* Dasein der wirklichen Entität, d. i. das *Übersichhinausgeworfensein* auf die transzendente Welt anderer Subjekte.

Während der Begriff *Subject-Superject* die beiden Seinsweisen der wirklichen Entität als differente zum Ausdruck bringt, macht der Begriff *Concrescence*[40] ihre wechselseitige Bedingtheit deutlich. Er steht für den subjektiven Prozeß der Selbstwerdung, in dem das ›Superject‹ als Finalursache immer schon präsent ist: »*Concrescence* ist der Name für den Prozeß, in dem das Universum der vielen Dinge eine individuelle Einheit erreicht, indem jedem Aspekt der vielen eine endgültige Bestimmung in der Konstitution des neuen ›einen‹ zugewiesen wird.« (*PR*, p. 211/dt. S. 390) Schon das Wort *Concrescence (Zusammenwachsen)* macht den unterschiedlichen transzendentallogischen[41] Charakter der bei-

40 In seinen Harvard-Vorlesungen von 1926 führt Whitehead den Begriff *Concrescence* gerade als den Begriff ein, der das ›Prinzip der Solidarität‹ mit dem ›Prinzip der kreativen Individualität‹ verbindet: »Die Doktrin der Concrescence leitet sich aus den ersten beiden Prinzipien her. Die aktuale Entität ist ohne ihren Zusammenhang mit dem ganzen Universum kein Individuum; sie ist ein Individuum aufgrund dieses Zusammenhangs. Seinen besonderen Wert erhält das individuelle Ereignis durch die einzigartige Realisierung des Ziels, aber seine Concrescence schließt die Bedeutsamkeit von Zielen ein, die über das individuelle Ereignis hinausgehen.« (Eigene Übersetzung nach den bei Ford, op. cit., p. 313, veröffentlichten Mitschriften; »Harvard Lectures«, op. cit., p. 204.)

41 Die von mir verwandte Bezeichnung ›transzendentallogisch‹ ist natürlich nicht im Sinne einer Transzendentalphilosophie zu verstehen, die auf die *apriorischen* Bedingungen der Möglichkeit von Erfahrung geht. Wenn wir jedoch ›Transzendentalphilosophie‹ in dem weiten Sinne der Frage nach den Bedingungen der Möglichkeit gegebener Fakten und deren logischen Voraussetzungen verstehen (vgl. etwa *Cassirer* in der Davoser Disputation mit *Heidegger*, in: Martin Heidegger, *Kant und das Problem der Metaphysik*, Frankfurt: Klostermann 1973, S. 266) kann *Process and Reality* m. E. durchaus als eine transzendentalphilosophische Hypothese über die Bedingungen der

den Voraussetzungen des subjektiven Prozesses deutlich: Während das objektive Gegebensein von *vielen* die Voraussetzung für ein *Zusammen*wachsen ist, kann das *Zusammen* (die subjektive Einheit der Erfahrung) nicht vor Beendigung des Vorgangs des *Zusammen*wachsens gegeben sein; es ist jedoch als Idee oder Telos dem Vorgang des *Zusammen*wachsens vorausgesetzt und in ihm präsent. Zum anderen drückt das Wort Concrescence aus, daß die subjektive Einheit nicht unabhängig von denen ist, die zusammenwachsen; sie ist zwar etwas anderes als jedes der vielen, die zusammenwachsen; sie ist auch etwas anderes als die bloße Vielheit der noch nicht zusammengewachsenen vielen; aber sie ist auf die vielen als einzelne und viele angewiesen, um diejenige Einheit zu sein, die sie ist.

Mit Blick auf die teleologische Präsens der subjektiven Einheit im Prozeß des Zusammenwachsens sagt Whitehead: »Indem sie für sich selbst tätig ist, spielt eine wirkliche Entität in ihrer Selbstausbildung verschiedene Rollen, ohne ihre Identität zu verlieren.« (*PR*, p. 25/dt. S. 69) Das ›ohne ihre Identität zu verlieren‹ wurde mitunter in dem Sinne verstanden, daß das ›Subjekt‹ als ein identisches Wesen auch vor und während des Erfahrungsprozesses existieren müsse. Diese Interpretation lehnt sich an unsere Alltagssprache an, in der jeder Satz, der mit ›ich‹ beginnt, sich auf einen existierenden, d. h. *auch für andere gegebenen* Menschen bezieht, über den das gleiche auch in einem ›er‹- oder ›sie‹-Satz ausgesagt werden kann. Die wechselseitige Bedingtheit von subjektiver Unmittelbarkeit und objektiver Existenz eines wirklichen Wesens, wie sie in dem Begriff Subject-Superject impliziert ist, darf jedoch nicht mit einer verdinglichten Auffassung subjektiver Erfahrung verwechselt werden. Daß die primäre metaphysische Situation, in der ich meine Welt erfahre, eine ist, in der ich als ein bestimmtes Wesen in der Welt für andere Subjekte existiere, bedeutet für Whitehead keinesfalls, daß der subjektive Werdeprozeß des wirklichen Individuums seine objektive Existenz in zeitlicher Hinsicht voraussetzt. Denn wenn das ›Subjekt‹ als ein bestimmtes, mit sich identisches Wesen seiner Erfahrung *präexistierte,* würde der prozessuale Charakter subjektiver Erfahrung schlichtweg unerklär-

Möglichkeit unserer *gegenwärtigen* Erfahrung der Welt gelesen werden.

lich: Eine schon gegebene Identität kann nicht noch werden;[42] das ›Subjekt‹ wäre gar nicht mehr wesentlich auf Erfahrung angewiesen, um zu sein.

Whitehead begreift daher – in Anlehnung an Kant[43] – das ›Subjekt‹ als eine *Tätigkeit* (Synthesis/*concrescence*), die nicht von einer präexistierenden Identität ausgeht, sondern sich auf eine bestimmte Form subjektiver Einheit hin ausrichtet. Während Kant bei der Analyse der verschiedenen Funktionen, die im Erfahrungsprozeß zusammenwirken, eine Begrifflichkeit (Synthesis, etc.) verwandte, die ein präexistierendes Subjekt, das synthetisiert, zu implizieren scheint, versucht Whitehead, seine Sprache der teleologischen Konzeption subjektiver Einheit anzupassen: »Es ist besser zu sagen, daß die Empfindungen ihr Subjekt *erzielen (aim at)*, als zu sagen, daß sie auf ihr Subjekt *gezielt sind (are aimed at)*. Denn durch die letztere Sprechweise wird das Subjekt aus dem Bereich der Empfindung herausgenommen und einer äußeren Macht zugewiesen.« (*PR*, p. 222/dt. S. 406; Hervorhebung dort)

Die subjektive Einheit ist in dreierlei Hinsicht für den Prozeß relevant: (i) als sogenanntes *anfängliches Ziel (initial aim)*, d. i. die bloße Möglichkeit ihrer selbst, die dem Prozeß ihrer Verwirklichung und ihrer objektiven Wirklichkeit vorausgesetzt ist; (ii) als *subjektives Ziel*, d. i. die teleologische Präsenz der subjektiven Einheit im Prozeß ihrer Verwirklichung; (iii) als *Satisfaktion*, d. i. die subjektive Einheit als ein *wirk*liches Faktum, das in die Welt

42 Vgl. Reiner Wiehl, a.a.O.
43 Vgl. die Mitschriften der Harvard-Vorlesungen von 1924-25 (Ford, op. cit., p. 280; eigene Übersetzung): »Kant – landet in der Sackgasse – aber außerordentlich brauchbar. Aber er hat solide Bedingungen der Organisation von Erfahrung… Versuchen Sie, das gleiche zu tun, was er tut, und machen Sie sich dabei von der subjektivistischen Tendenz frei.« Vgl. *PR*, p. 156/dt. S. 292: »Kant, der große Philosoph… führte als erster die Konzeption des Erfahrungsakts als einer konstruktiven Tätigkeit, die Subjektivität in Objektivität oder Objektivität in Subjektivität transformiert, in die Philosophie ein; die Reihenfolge ist unwesentlich, gemessen an der allgemeinen Idee.« Whitehead übernimmt den Kantischen Anspruch, die allgemeinen Kategorien zu entwickeln, unter denen alle konstruktiven Erfahrungsprozesse stehen (vgl. die *Categoreal Obligations*), und sieht seine ›Philosophie des Organismus‹ als eine Synthese der drei Kantischen Kritiken an (vgl. *PR*, p. 113/dt. S. 218).

anderer Subjekte *über sich hinausgeworfen* ist. Das subjektive Ziel bestimmt die Weise, in der sich das Subjekt die Welt aneignet. Whitehead führt dieses ›wie‹ des Erfahrens, die *subjektive Form,* auf die Repetition und Umbildung vorgegebener Schemata in der unmittelbaren *wirk*lichen Umgebung des Erfahrungsereignisses zurück (also bei einem Menschen etwa seine jeweilige unmittelbare physische und mentale Vergangenheit). Die aktive und formende Weise subjektiver Erfahrung bei höheren Lebewesen und Menschen besteht demnach nicht in der Anwendung (immergleicher) apriorischer Formen der Synthesis, sondern in der kreativen Aneignung und Umformung gegebener Wahrnehmungs- und Handlungsschemata. Daß einem Subjekt, das auf die *wirk*liche Welt nicht nur als Materie, sondern auch als gestaltete und *gestaltende Wirk*lichkeit angewiesen ist, kreative Potenz zugeschrieben wird, ist freilich nur einsichtig, wenn *Wirklichkeit* im Sinne von *Process and Reality* nicht nur als *Faktizität,* sondern ebenso als *Potentialität für Neues* begriffen wird: In dem, was der Fall ist, sind zugleich die Möglichkeiten all dessen mitgegeben, was nicht der Fall ist, was hätte eintreten können und was möglicherweise eintreten kann. In der ›Relevanzordnung‹, in der diese Fakten und kontrafaktischen Möglichkeiten für ein Erfahrungsereignis in einem bestimmten raumzeitlichen Kontext (auf den auch die Zukunft als antizipierte immer schon indirekt ein*wirkt*) interessant werden könnten, stecken sie den noch abstrakten Möglichkeitsspielraum ab, der das anfängliche subjektive Ziel ist. Der Prozeß der *Verwirklichung* des subjektiven Ziels kann ebenso in einer Reduktion des *Möglichen* auf die Repetition des *faktisch* Gegebenen, wie auch in einer radikalen Umgestaltung des faktisch Gegebenen im Sinne des Möglichen bestehen. Das anfängliche Ziel enthält also Alternativen; es muß sich erst durch einen Prozeß der *Entscheidung (decision)* zwischen Möglichkeiten des Seins konkretisieren, indem die ursprünglichen Empfindungen durch eine Analyse und neue Synthese ihrer allgemeinen Bestimmungen *(eternal objects),* die mit anderen möglichen Bestimmungen verbunden werden können, transformiert, bewertet, und auf die antizipierte Zukunft bezogen werden.

In diesem Sinne sagt Whitehead über die Empfindungen, die ihr Subjekt ›erzielen‹, sie seien selbst die »Schöpfung ihres eigenen Geschöpfs« *(PR,* p. 255/dt. S. 465).

Mit der Kategorie *Kreativität* und den ›Subjektivitätsbegriffen‹

subject-superject und *concrescence,* die auf sie zurückgehen, legt Whitehead ein Schema zugrunde, mit dem nicht nur Individualität und Kommunalität, sondern auch theoretische und praktische Vernunft als wechselseitig verbundene Seinsweisen analysiert werden können: Das ›Subjekt‹ ist als erfahrendes (eins aus vielen) immer auch schon handelndes (eins unter vielen) *subject-superject.* Daraus ließe sich ein weiter Begriff von Freiheit und Verantwortung konstruieren, der sich nicht nur auf das bezöge, was wir im engeren Sinne unter ›Handlung‹ verstehen, sondern auf ›Sein‹ überhaupt. Das *subject-superject* kann als ein Wesen, das immer schon in einer Welt ist, in die es sich einpassen muß, um zu sein, seinen Charakter nicht *frei von der Welt* bestimmen; aber da es aus den vorgegebenen Möglichkeiten auswählt und Neues bildet, ist es Ursache für die Folgen seiner Entschiedenheit, die es *über sich hinauswirft.*[44]

Die Konsequenzen, die sich aus Whiteheads Bestimmmung des ›Subjekts‹ aus der Dialektik von Privatheit und Öffentlichkeit im Erfahrungsereignis für eine Ethik ergäben, können an dieser Stelle allerdings nicht ausgeführt werden. In diesem Beitrag ging es ohnehin nicht darum, eine befriedigende Antwort auf die Frage nach der Adäquatheit der Whiteheadschen Subjektivitätsauffassung zu geben, sondern es sollte aufgezeigt werden, *in welcher Hinsicht Process and Reality* als Subjektivitätstheorie zu verstehen ist: Whiteheads Kritik des neuzeitlichen Subjektivismus zielt nicht auf eine (durch subjektivistische Vokabeln getarnte) ›Vernichtung‹ des Subjekts im Sinne einer Reduktion auf ›subjektlose‹ Geschehnisse oder Systeme, sondern bewahrt eine gar nicht so untraditionelle[45] Subjektivitätsauffassung in einer Ontologie und Erkenntnistheorie, die dem anthropozentrischen und solipsistischen Subjektivismus der Neuzeit eine Theorie der sozialen Subjektivität entgegensetzt. Seine Konzeption kann m. E. erst dann angemessen untersucht (und auch kritisiert) werden, wenn die Frage *How can there be individuals with separate ends and yet combined in a solid community* zum Ausgangspunkt genommen wird.

44 Vgl. *PR,* p. 255, 222 ff/dt. S. 465, 406 ff.
45 Der Ausdruck ›reformiert‹ (reformiertes subjektivistisches Prinzip) macht deutlich genug, daß Whitehead seine Analyse subjektiver Erfahrung keineswegs als einen Bruch mit der Tradition verstand.

Reiner Wiehl
Whiteheads Kant-Kritik
und Kants Kritik am Panpsychismus

1. Kants Kritik des Panpsychismus
als eines der »mancherlei Systeme
über die Zweckmäßigkeit der Natur«

In § 72 der »Kritik der Urteilskraft« hat Kant vier verschiedene Systeme über die Zweckmäßigkeit der Natur unterschieden und dabei den Panpsychismus zu diesen vier Systemen gerechnet. Jedes dieser Systeme entsprach einem gewissen Typus von Metaphysik, und alle diese vier Typen waren gleichermaßen dadurch bestimmt, daß in ihnen die Natur im ganzen teleologisch begriffen und die Wissenschaft von dieser Natur im ganzen, die Physik, auf teleologische Erklärungsprinzipien gegründet angesehen wurde. Den Panpsychismus, den er Hylozoismus nannte, hat Kant unter all diesen vier Systemen besonders gering geschätzt. Er hat in ihm einen begrifflichen Widerspruch gesehen, sofern die Möglichkeit einer lebenden Materie wie ein hölzernes Eisen den Begriff der Leblosigkeit in Gestalt des Prinzips der Trägheit in sich enthalte. Der Hylozoismus – so Kant – lasse sich wegen dieses inneren Widerspruches nicht einmal denken. Kant hat die vier verschiedenen Systeme über die Zweckmäßigkeit der Natur in zwei Klassen oder Idealtypen eingeteilt, nämlich in einen Idealismus und einen Realismus der Naturzwecke und den Panpsychismus unter die letztgenannte Klasse subsumiert. Der Idealismus sei »die Behauptung: daß alle Zweckmäßigkeit der Natur unabsichtlich«, der Realismus, »daß einige derselben (in organisierten Wesen) absichtlich sei«,[1] Absichtlichkeit und Unabsichtlichkeit bilden demnach die vollständige Disjunktion einer möglichen Begriffseinteilung aller Teleologie. Der Mangel des Panpsychismus erscheint hier von vornherein als ein zweifacher: einmal als Mangel der Undenkbarkeit überhaupt wegen des inneren Wi-

---

1 *Kritik der Urteilskraft* (2. Aufl. 1793), § 72. Von den mancherlei Systemen über die Zweckmäßigkeit der Natur, S. 322.

derspruches; und zum anderen durch eine nicht zureichend begründete Erweiterung des Geltungsbereiches der absichtlichen
Zweckmäßigkeit in der Natur von einigen auf alle Naturwesen
überhaupt. Kant verwirft demnach wegen des ersteren dieser
Mängel auch einen Hylozoismus, der sich auf einige Naturwesen,
nämlich auf diejenigen beschränkt, in denen die Materie in bestimmter Weise organisiert ist. Man ist – als Kenner der Kantischen Transzendentalphilosophie und angesichts von Kants eigener Proklamation eines transzendentalen Idealismus – geneigt,
den hauptsächlichen Mangel des Panpsychismus in dessen Realismus der Zwecke zu suchen. Eigentümlicherweise aber ist dies
hier nicht der Gesichtspunkt Kants. Denn unter den vier Systemen über die Zweckmäßigkeit der Natur ist es die andere vom
Panpsychismus unterschiedene Spielart des Realismus, nämlich
der Theismus, der in Kants Augen immer noch die größte Gnade
findet. Er habe vor allen Erklärungsgründen den besonderen
Vorzug, »daß er durch einen Verstand, den er dem Urwesen
beilegt, die Zweckmäßigkeit der Natur dem Idealismus am besten
entreißt und eine absichtliche Kausalität für die Erzeugung derselben einführt«.[2] Der theoretische Vorzug des Theismus vor
dem Panpsychismus besteht demnach darin, daß er keinen begrifflichen Widerspruch enthält bzw. einen solchen Widerspruch
nicht zwangsläufig enthalten muß, und daß er den kaum verständlichen Begriff einer Zwecksetzung ohne Absicht, wie ihn
der Idealismus verwendet, vermeiden kann. Tatsächlich hat Kant
den Idealismus der Naturzwecke einer ernsthaften Erörterung
kaum für würdig erachtet. Dies galt in erster Linie für dasjenige
System des Idealismus, welches er als Kasualismus bezeichnete
und welches er mit dem antiken Atomismus des Demokrit und
des Epikur identifizierte. Von diesem System meinte er, daß es
»nach dem Buchstaben genommen so offenbar ungereimt« sei,
»daß es uns nicht aufhalten darf«.[3]
Die »Ungereimtheit« dieses Systems des Kasualismus sah Kant
vor allem darin, daß hier »die Beziehung der Materie auf den
physischen Grund ihrer Form, nämlich die Bewegungsgesetze«[4],
allein auf die Vorstellung einer idealen, das ist einer unabsichtli-

2 A.a.O., S. 328.
3 A.a.O., S. 322.
4 A.a.O.

chen Zweckmäßigkeit gegründet, damit aber der Begriff und die Wirklichkeit einer Gesetzmäßigkeit selbst in Frage gestellt wurde. Dem zweiten System des Idealismus dagegen hat Kant eigentümlicherweise eine gewisse Würdigung nicht versagt. Er nannte dieses System den Fatalismus, erinnerte an die verbreitete Auffassung, die in Spinoza dessen Urheber sah, um darauf hinzuweisen, daß dieses System »allem Ansehen nach viel älter ist«.[5] Dieses System fand er nicht so leicht zu widerlegen, weil dieses einen hyperphysischen Grund der Form der Materie annahm und damit auf ein »Übersinnliches« verwies, »wohin unsere Einsicht so leicht nicht reicht«.[6] Aber Kant fand diesen Fatalismus nicht nur schwierig zu widerlegen, sondern er war ihm vor allem auch unverständlich angesichts des in Anspruch genommenen Begriffs eines Urwesens. Die Schwierigkeit, ein solches Urwesen zu denken, bestand für Kant darin, daß diesem Urwesen zwar Verstand (intellectus) zugeschrieben wurde, die unbestreitbare Zweckverbindung in der Welt aber nicht aus diesem Verstand, sondern aus der gesamten Natur dieses absoluten Wesens entsprungen gedacht werden sollte. In Kants kritischer Beurteilung der vier schematisch vorgestellten Systeme einer Zweckmäßigkeit der Natur kreuzen sich offensichtlich verschiedene Kriterien der Beurteilung. Zum einen haftet aus Kants Sicht dem Idealismus der Zweckmäßigkeit von vornherein eine gewisse Unverständlichkeit an, die im Begriffe einer Zwecksetzung ohne Absicht gelegen ist, eine Unverständlichkeit, die die Systeme des Kasualismus und des Fatalismus gleichermaßen, ungeachtet der Bevorzugung des letzteren, trifft. Diese Unverständlichkeit des Idealismus spricht zunächst für den Realismus der Zweckmäßigkeit. Andererseits fordern die Systeme des Idealismus und des Realismus das philosophische Nachdenken besonders heraus, da sie einen übersinnlichen Grund der Zweckmäßigkeit der Natur annehmen, der schwer zu widerlegen ist. Unter diesem Gesichtspunkt ist offenkundig mit dem Panpsychismus weniger Staat zu machen, der wegen seines inneren Widerspruches eine unmittelbare Handhabe für eine Widerlegung liefert. So bleibt unter allen vier Systemen der Theismus diejenige Annahme, welche die größte theoretische Aufmerksamkeit verdient. Und in der Tat hat Kant in seiner

5 A.a.O., S. 323.
6 A.a.O.

»Kritik der reinen Vernunft« vor allem sich der Widerlegung des Theismus gewidmet als desjenigen Systems einer Zweckmäßigkeit der Natur, welches am schwersten zu widerlegen und dessen Widerlegung daher am dringlichsten geboten sei.[7] Bekanntlich hat Kant alle vier Systeme einer Zweckmäßigkeit der Natur als unbegründet verworfen. Sucht man nach dem einheitlichen Grund einer solchen Zurückweisung, so liegt es nahe, diesen Grund in einer unerlaubten Erweiterung des Geltungsbereiches der Teleologie zu suchen, welche von der zulässigen Erklärung mehrerer Naturwesen zur unzulässigen Erklärung aller Naturwesen fortschreitet. Die Unzulässigkeit eines solchen Fortschritts, eines solchen erweiterten Gebrauches teleologischer Erklärungen, würde sich aus der einfachen Tatsache ergeben, daß die Unterscheidung zwischen lebendigen und nichtlebendigen Naturwesen durch die Erfahrung gesichert ist und daß allein die ersteren, die lebendigen Naturwesen, einer teleologischen Erklärung bedürfen, während leblose Naturwesen allein mechanisch und ohne eine zusätzliche teleologische Kausalität erklärt werden können. Die in Kants Theorie gestiftete Verbindung zwischen Teleologie und reflektierender Urteilskraft hätte demnach den Sinn, den Gebrauch teleologischer Erklärungsprinzipien auf Einzelfälle eines gegebenen Lebendigen einzuschränken und eine Erweiterung

7 »Daß im Hintergrund von Kants Denken auch im Opus Postumum höchst wahrscheinlich noch immer ebenso wie 1755 der von seinem theistischen Gottesbegriff geforderte Schöpfungsgedanke steht, wenn auch vielleicht nur verschwommen und selbstverständlich in einer Form, die zu seiner idealistischen Raum- und Zeittheorie wenigstens nicht in direktem Widerspruch stand«, betont Erich Adickes, in: *Kants Opus Postumum dargestellt und beurteilt*, Berlin 1920, S. 376. Adickes' Darstellung bleibt wegen ihrer Klarheit und Übersichtlichkeit verdienstvoll, auch wenn man seiner vorurteilsvollen Beurteilung kaum wird zustimmen können, daß »das Spätere hier wie so oft nicht zugleich das Bessere ist« und daß »der reife Mann« – Kant – »aus dem Jahrzehnt der drei Kritiken den überreifen Greis aus der Zeit des letzten Manuskripts überragt«, a.a.O., S. 394. Der Neukantianer Adickes möchte sich mit den Wandlungen im Denken des späten Kant gegenüber der klassischen Fassung der Transzendentalphilosophie nicht abfinden, auch wenn er diese Wandlung klar erkennt, in dieser aber immer den Rückfall in einen Dogmatismus brandmarkt. So verweist A. etwa darauf, »daß das Prinzip der Möglichkeit der Erfahrung« nunmehr »in einer ganz neuen Weise angewandt« werde, a.a.O., S. 389.

dieses Gebrauches auf alle Fälle der Gegebenheit von Naturwesen überhaupt zu verhindern.

Diese naheliegende und nicht gänzlich verkehrte Deutung der Kantischen »Kritik der teleologischen Urteilskraft« verdeckt aber durch ihre mangelnde Differenziertheit die eigentliche Problemlage, die durch die Bindung aller Teleologie an das Prinzip der reflektierenden Urteilskraft gelöst werden soll. Um diese Problemlage zu verdeutlichen, mögen die folgenden Überlegungen hier genügen. Zum einen wäre eine philosophische Kritik der Urteilskraft hinsichtlich möglicher Erklärungen der Natur unnötig, wenn empirische Beobachtung und Erfahrung ausreichten, um zwischen Lebendigem und Leblosem zu unterscheiden und aus dieser Unterscheidung selbst die gültigen Prinzipien zur Erklärung dieser verschiedenen Naturwesen zu gewinnen. Tatsächlich hält Kant eine solche Gewinnung der allgemeinen und objektiv gültigen Erklärungsprinzipien aus der Beobachtung und Erfahrung gegebener Naturwesen für unmöglich. Deswegen postuliert er auch für den Fall des Gebrauches teleologischer Erklärungsprinzipien ein hier zu Grunde liegendes Prinzip apriori, welches hinsichtlich seiner Gültigkeit vor aller Erfahrung und unabhängig von dieser eingesehen werden kann.[8] Nicht von ungefähr verwendet Kant in der »Kritik der teleologischen Urteilskraft« den Begriff eines organisierten Wesens. Dieser Begriff deckt sich keineswegs mit dem Begriff eines Lebewesens, wie oft irrtümlicherweise angenommen wird.[9] Ein Lebewesen ist zwar hinsichtlich seines Seins und seines Verhaltens ein organisiertes Wesen, ja ein organisiertes Wesen par excellence, an dem die philosophische Betrachtung die wesentlichen Charakteristika organisierter Wesen besonders gut ablesen kann. Aber: nicht alle

---

8 *Kritik der Urteilskraft*, Einleitung, S. 50.
9 So trägt der § 65 der *Kritik der Urteilskraft* die bezeichnende Überschrift: Dinge als Naturzwecke sind organisierte Wesen. Besonders repräsentativ für die Auffassung, daß Kants Kritik der teleologischen Urteilskraft auf eine philosophische Begründung der Biologie ziele, ist die von Ernst Cassirer. Cassirer betont, daß die Kritik der Urteilskraft »zwar die Verbindung der Biologie mit der mathematischen Physik nicht aufgibt, aber nichtsdestoweniger die ›Autonomie‹, die methodische Selbstgesetzlichkeit der letzteren behauptet«, in: *Das Erkenntnisproblem in der Philosophie und Wissenschaft der neueren Zeit*, IV. Bd., Darmstadt 1973 (Reprint der 2. Auflage), S. 127.

organisierten Wesen sind Lebewesen. Um organisierte Wesen handelt es sich im Falle gegebener Naturwesen dann und immer dann, wenn ein solches Naturwesen nicht als bloße Materie, sondern als eine bestimmte Einheit dieser Materie mit einer bestimmten Form gegeben ist. So ist uns Menschen die Natur im allgemeinen und im besonderen und einzelnen immer in solchen Einheiten von Materie und Form gegeben, zum Beispiel als Einheit einer bestimmten Materie mit der Form der Gesetzmäßigkeit von bestimmten Ortsbewegungen. Das philosophische Problem, welches durch den Begriff eines organisierten Wesens aufgeworfen wird, ist das Problem der Gesetzmäßigkeit ihres Bewegungsverhaltens unter der Bedingung einer Gesetzmäßigkeit der Einheit von Materie und Form. Bei diesem Problem handelt es sich darum, die Einheit einer bestimmten Materie und der Gesetzmäßigkeit dieser Einheit zu denken. Mit anderen Worten: es geht hier um das Problem verschiedener aufeinander bezogener Gesetzmäßigkeiten, einer ursprünglichen, apriori gültigen und einer empirischen Gesetzmäßigkeit der Bewegung.[10] So verlangt die Kantische Theorie eine Begründung der Gesetzmäßigkeit der Verbindung eines gegebenen newtonischen Körpers mit den allgemeinen Bewegungsgesetzen, die das Verhalten eines solchen Körpers bestimmen. Lebewesen als organisierte Wesen par excellence vermögen dieses Problem besonders gut zu veranschaulichen. Denn mag das Verhalten eines solchen Lebewesens als eines

10 Einer der wesentlichen Inhalte des Opus Postumum besteht in dem Entwurf »eines Werkes, das die bisher fehlende Brücke von den metaphysischen Anfangsgründen der Naturwissenschaft zur Physik schlagen sollte, und zwar durch eine Erweiterung des Kreises der transzendentalen (apriorischen) Erwägungen über den Begriff der Materie« (Adickes, a.a.O., S. 155). Adickes weist in diesem Zusammenhang auf Kants Unterscheidung zwischen einer Metaphysik der körperlichen Natur (metaphysische Körperlehre) und der allgemeinen Metaphysik der Natur (Metaphysik der Natur überhaupt) hin, von denen die letztere »ohne Beziehung auf irgendein bestimmtes Erfahrungsobjekt, mithin unbestimmt in Ansehung der Natur dieses oder jenes Dinges der Sinnenwelt, von den Gesetzen, die den Begriff einer Natur überhaupt möglich machen«, handle. Von dieser ist die Metaphysik der körperlichen Natur dadurch geschieden, »daß sie einen empirischen Begriff, und zwar den der Materie ... zugrunde legt und den ganzen Umfang der Erkenntnisse ausmißt, deren die Vernunft mit Bezug auf diesen Gegenstand apriori fähig ist« (Adickes, a.a.O., S. 156-157).

materiellen Körpers zu anderen materiellen Körpern immer mittels der allgemeinen, für alle materiellen Körper gültigen Bewegungsgesetze erklärt werden können, so wird der reale Zusammenhang der Teile dieses ganzheitlichen Lebewesens – ihre Bewegung miteinander und gegeneinander in dem gegebenen Ganzen – nicht zureichend durch diejenigen Bewegungsgesetze erklärt werden können, die das reale Verhalten dieses Lebewesens als eines ganzheitlichen materiellen Körpers gegenüber anderen materiellen Körpern zufriedenstellend erklären.

Lebewesen sind – wie gesagt – aus der Sicht von Kants »Kritik der teleologischen Urteilskraft« nur eine besondere Spezies der Klasse der organisierten Naturwesen. Mit dem Begriff eines solchen organisierten Wesens ist die Unterscheidung zwischen Innerlichkeit und Äußerlichkeit sowie einer zweifachen, dieser Unterscheidung entsprechenden Gesetzmäßigkeit verbunden. Ein organisiertes Wesen verfügt über eine innere Einheit in Gestalt der Einheit von Materie und Form; zugleich verhält ein solches Wesen sich als eine äußere Einheit gegenüber anderen vergleichbaren organisierten Wesen. Diese Unterscheidung zwischen innerer und äußerer Einheit gilt hinsichtlich aller möglichen unterschiedlichen Organisationsformen. Ihr entspricht eine Unterscheidung zwischen den Bewegungszuständen bzw. zwischen dem Bewegungsverhalten der Teile einerseits und des Ganzen gegenüber anderen Ganzheiten andererseits.[11] Dabei gilt zugleich, daß der Unterschied zwischen innerer und äußerer Bewegtheit nicht ohne weiteres auf den Unterschied zwischen relativer und absoluter Bewegung unter universalgültigen Bewegungsgesetzen reduziert werden kann. Kants berühmte Formel, daß in einem Organismus, d. i. in einem hinsichtlich seiner inneren Bewegtheit betrachteten organisierten Naturding, alles Zweck und zugleich wechselseitig Mittel sei, bringt diese Unmöglichkeit der Reduktion auf eine teleologische Begriffsform.

11 Wie in der Kritik der teleologischen Urteilskraft (§ 65) spricht Kant auch noch im Opus Postumum von einem organischen Körper als einem solchen, »an welchem die Idee des Ganzen vor der Möglichkeit seiner Teile in Ansehung ihrer vereinigt bewegenden Kräfte vorhergeht«, und von einem materiellen Prinzip in Ansehung eines solchen Körpers (nach Adickes, a.a.O., S. 226). Adickes erwähnt in diesem Zusammenhang Kants Verwendung des Ausdruckes »anima mundi« unter Verweis auf Schellings Werk von der Weltseele (1798).

Dabei hat jene Formel ihre Plausibilität zunächst im Blick auf lebendige Organismen. Aber wie schon gesagt: Lebewesen sind für Kant im Kontext der Kritik der teleologischen Urteilskraft lediglich Paradigmen für organisierte Naturdinge überhaupt, die alle durch eine innere Form der Zweckmäßigkeit bestimmt sind. Es kommt nun aber ein zweites Argument hinzu, welches deutlich werden läßt, daß es Kant keineswegs einfach darum geht, angesichts von Lebewesen, die in der Erfahrung gegeben sind, den Gebrauch teleologischer Erklärungsprinzipien auf die Gegebenheit derselben einzuschränken. Teleologische Erklärungen drängen sich keineswegs nur in den Fällen auf, wo das Verhalten gegebener Naturdinge erklärt werden soll und offenkundig nicht zureichend mechanisch erklärt werden kann. Das Bedürfnis nach teleologischen Erklärungen bildet sich demzuvor da aus, wo es um die Frage nach dem Ursprung von Naturdingen überhaupt geht, d. i. um die Frage nach den Prinzipien und Ursachen des Seins dieser Dinge.[12] Angesichts dieser Frage ist die Unterscheidung zwischen organisierten und nichtorganisierten Naturdingen sekundär. Denn selbst wenn wir den Ursprung der bloßen Materie erklären wollen, ist evident, daß wir diesen Ursprung nicht durch Rekurs auf Bewegungsgesetze erklären können, die allererst für organisierte Naturwesen gelten. Und wo wir deren Ursprung erklären wollen, können wir nicht auf diejenige Gesetzmäßigkeit zurückgreifen, welche die Formbestimmtheit dieser organisierten Naturdinge ausmacht, weil eine solche Erklärung im Kreise gehen würde. Man kann sich gut vorstellen, daß im Rahmen einer prinzipiellen Erklärung der Naturvorgänge noch andere Fragen auftreten, die das Bedürfnis nach einem Gebrauch

---

12 Vgl. *Kritik der Urteilskraft*, § 67: »Ein Ding, seiner inneren Form halber, als Naturzweck beurteilen, ist ganz etwas anderes, als die Existenz dieses Dinges für Zweck der Natur halten. Zu der letzteren Behauptung bedürfen wir nicht bloß den Begriff von einem möglichen Zweck, sondern die Erkenntnis des Endzwecks der Natur, welche einer Beziehung derselben auf etwas Übersinnliches bedarf, die alle unsere teleologische Naturerkenntnis weit übersteigt; denn der Zweck der Existenz der Natur selbst muß über die Natur hinaus gesucht werden«. (S. 299) Die Unterscheidung zwischen innerer und äußerer Zweckmäßigkeit, die in den §§ 65 und 66 eigens thematisch wird, bringt die Unterscheidung zwischen einem Idealismus und einem Realismus der Naturzwecke ins Spiel, von denen der § 72 spricht.

teleologischer Prinzipien wachrufen. Kant hat offensichtlich kein besonderes Interesse daran gehabt, diese verschiedenen möglichen Fragen einer allgemeinen Naturerkenntnis, deren Beantwortung auf teleologische Prinzipien hinzuführen scheint, hinsichtlich ihrer kategorialen Unterschiede systematisch zu ordnen. Ihm ging es vor einer solchen kategorialen Ordnung um die Frage, mit welchem Recht hier teleologische Prinzipien überhaupt Verwendung finden und welcher Status einer teleologischen Vorstellung zugeschrieben werden muß, wenn sich der Gebrauch solcher Prinzipien als unvermeidlich erweisen sollte.

Wenn, wie gesagt, Kants theoretische Begründung in der »Kritik der teleologischen Urteilskraft« nicht primär dahin geht, den Gebrauch teleologischer Prinzipien von allen möglichen Fällen einer Naturerkenntnis auf einige Fälle zu beschränken, nämlich auf diejenigen, in denen durch Erfahrung lebendige Organismen gegeben werden, so läßt sich hierfür ein drittes Argument und in diesem der Hauptgrund anführen. Dieser Grund ist im Begriff der menschlichen Urteilskraft als solcher gelegen, wie sie in jeder Urteils- und Erkenntnislogik vorausgesetzt wird. Es liegt – so Kant – im Wesen dieser Urteilskraft, das Gegebene einer möglichen Erkenntnis unter die Urteils- und Erkenntnisform des Einzelnen und Allgemeinen zu bringen, also das Einzelne und Allgemeine in der Erkenntnis einerseits zu unterscheiden, andererseits miteinander im Begriff zu verknüpfen. Insofern ist in jedem bestimmten Urteil immer die Vorstellung eines Allgemeinen und damit die Vorstellung einer gewissen Allheit enthalten, welcher Art auch immer das Urteil sein mag. An diesem Datum einer Allgemeinvorstellung, die sich mit jedem Urteil verbindet, ändert auch die berühmte Unterscheidung zwischen bestimmender und reflektierender Urteilskraft nichts, von denen die erstere ein Einzelnes unter das gegebene Allgemeine subsumiert, während die letztere von einem gegebenen Einzelnen ausgehend das Allgemeine zu finden bemüht ist, für welches jenes den Einzelfall darstellt. Wenn die Urteilskraft, die zum menschlichen Vernunftvermögen gehört, in einer Kritik der Vernunft einer Beschränkung zu unterwerfen ist, die gleichermaßen für bestimmende und reflektierende Urteilskraft Gültigkeit hat, so kann diese kritische Beschränkung nicht in einer noch höheren Allgemeinvorstellung gesucht werden, als sie die Urteilskraft schon ohnehin mitbringt. Vielmehr ist diese kritische Beschränkung – so der Lehrbegriff der Transzendentalphilosophie – in den allgemeinen Bedingungen möglicher menschlicher Erfahrungserkenntnis zu suchen. Diese allgemeinen Erkenntnisbedingungen einer möglichen Erfahrung aber führen in Anwendung auf das Sinnlich-Gegebene zur Erkenntnis einer Materie bzw. eines Beweglichen im Raume, sofern dieses nach allgemeinen Bewegungsgesetzen, d. i. nach Gesetzen einer universal-gültigen Mechanik, bestimmt ist. Wenn es hier angesichts einer solchen Erkenntnis der »Metaphysischen Anfangsgründe der Naturwissenschaft« für eine Kritik der teleologischen Urteilskraft überhaupt noch etwas zu fragen gibt, so ist es dies: wie die Einheit dieser gegebenen Natur gedacht werden könne, sofern dieselbe nicht nur die äußere Verknüpfung einer Materie mit allgemeinen Bewegungsgesetzen ist, sondern in einer solchen Verknüpfung zugleich eine innere Einheit von Materie und Form, deren Gesetzmäßigkeit teleologische Prinzipien erforderlich macht, um diese als Grund jener äußeren Verknüpfung begreifen zu können. Es war demnach die Frage nach der Möglichkeit einer Natur im ganzen, die Frage nach der inneren Einheit der gesamten Natur, welche die Kritik der teleologischen Urteilskraft bei ihrer Problemstellung leitete. Maßgeblich für die philosophische Erörterung im Rahmen dieser Kritik aber blieb das Resultat der »Kritik der reinen Vernunft«, demzufolge dem Menschen eine theoretische Einsicht in das Innere der Natur, eine Erfahrungserkenntnis der inneren Einheit der Dinge dieser Natur, aus prinzipiellen Gründen verwehrt ist.[13]

Wenn es einer Kritik der teleologischen Urteilskraft bedurfte, so aus der Einsicht heraus, daß einer möglichen Erkenntnis der Erscheinungen der Natur immer und notwendig der Gedanke eines inneren Wesens und einer Wesenseinheit zugrunde liegt, deren Charakter aufzuklären zu den Aufgaben einer philosophischen Vernunftkritik gehört. Kant hat dieses Problem einer inneren

---

13 Vgl. Kants berühmte Unterscheidung zwischen der Natur in formaler und materieller Bedeutung. Von der ersteren heißt es: »Wenn das Wort Natur bloß in formaler Bedeutung genommen wird, da es das erste innere Prinzip alles dessen bedeutet, was zum Dasein eines Dinges gehört, so kann es so vielerlei Naturwissenschaften geben als es spezifisch verschiedene Dinge gibt, deren jedes sein eigentümliches inneres Prinzip der zu seinem Dasein gehörigen Bestimmungen enthalten muß« (*Metaphysische Anfangsgründe der Naturwissenschaft*, Vorrede, A III).

Einheit der Natur angesichts der naturbestimmten Erscheinungen, die Gegenstand einer möglichen Erfahrungserkenntnis sind, dadurch zu lösen versucht, daß er die teleologischen Bestimmungsgründe einer solchen inneren Einheit als Prinzipien einer lediglich reflektierenden Urteilskraft auffaßte, die sich damit begnügt, ein Naturding als zweckmäßig zu beurteilen, ohne damit den Anspruch teleologischer Erklärungen angesichts natürlicher Phänomene zu verbinden. Auf diese Weise konnte Kant es vermeiden, eine zweifache Kausalität, nämlich eine mechanische und eine teleologische, der allgemeinen Naturerkenntnis zugrunde zu legen; mehr noch, er konnte auf diese Weise dem Widersinn entgehen, der darin liegt, daß die Gesetzmäßigkeit der inneren Einheit der Dinge der Natur aus der Gesetzmäßigkeit der allgemeinen Bewegungsgesetze erklärt werden mußte, die äußerlich mit einer gegebenen Materie in der Erscheinung verknüpft ist. Aber für die Vermeidung dieser beiden Widersinnigkeiten hat Kants Philosophie der Natur einen hohen und, wie seine Kritiker schon oft bemerkt haben, einen allzu hohen Preis gezahlt.[14] Denn für Kant führte die Kritik der teleologischen Urteilskraft weder zu einer Metaphysik des Lebendigen, welche die mannigfachen Spezifikationen des Lebens nach Gesetzen der Teleologie zu erkennen gestattet; noch war mit der Kritik der teleologischen Urteilskraft eine Methodenlehre der induktiven Naturerkenntnis ver-

14 Am gründlichsten dürfte die Hegelsche Würdigung der Kantischen Teleologie sein. So anerkennt Hegel einerseits: »Eines der großen Verdienste Kants um die Philosophie besteht in der Unterscheidung, die er zwischen relativer oder äußerer und zwischen innerer Zweckmäßigkeit aufgestellt hat; in letzterer hat er den Begriff des Lebens, die Idee aufgeschlossen und damit die Philosophie, was die Kritik der Vernunft nur unvollkommen, in einer sehr schiefen Wendung und nur negativ tut, positiv über die Reflexionsbestimmungen und die relative Welt der Metaphysik erhoben.« Auf der anderen Seite sieht Hegel mit unmißverständlicher Schärfe, daß Kant diese Entdeckung der Idee des Lebens in der Form der inneren Zweckmäßigkeit wieder aus der Hand gibt, indem er diese an die reflektierende Urteilskraft bindet mit der Folge: »– es ist vielmehr dies ein subjektives Erkennen, welches auf gelegentliche Veranlassung die eine oder andere Maxime anwendet, je nachdem es sie für gegebene Objekte für passend hält, übrigens nach der Wahrheit dieser Bestimmungen selbst, sie seien beide Bestimmungen der Objekte oder des Erkennens, nicht fragt« (*Wissenschaft der Logik,* II. Teil, hg. von G. Lasson, S. 387).

bunden, welche schrittweise von der Erkenntnis individueller Gesetzmäßigkeiten in der inneren Einheit von Materie und Form eines Individuums zu speziellen und allgemeinen Gesetzmäßigkeiten und schließlich zu den allgemeinsten Bewegungsgesetzen der Natur selbst überzugehen erlaubt. Denn dies war ja die eigentliche Pointe dieser Kritik der reflektierenden Urteilskraft, daß sie die Unmöglichkeit einer Erfahrungserkenntnis angesichts der unbestreitbaren Wesenseinheit einzelner Naturdinge festhält.[15] Deswegen spielt in der Argumentation dieser Kritik der teleologischen Urteilskraft auch die Unterscheidung verschiedener Typen der inneren Einheit der Natur, die Unterscheidung der Natur nach verschiedenen Typen der Dinghaftigkeit, überhaupt keine Rolle. Die Natur selbst im Ganzen kann und muß unter dem Gesichtspunkt der inneren Wesenseinheit eines Einzeldinges begriffen werden. Deswegen zielt Kants Kritik des Panpsychismus bzw. des Hylozoismus keineswegs darauf, daß hier fälschlicherweise die Vorstellung einer Zweckmäßigkeit der Natur auf das Ganze dieser Natur übertragen werde. Vielmehr trifft die Kritik dieses System wie alle Systeme der Zweckmäßigkeit der Natur, soweit diese irrtümlich das Prinzip der Zweckmäßigkeit als ein Prinzip der bestimmenden Urteilskraft ansehen, während in Wahrheit aus diesem Prinzip kein einziger Grundsatz einer möglichen Erfahrungserkenntnis und auch kein einziger Grundsatz für den Gebrauch der bestimmenden Urteilskraft in den »Metaphysischen Anfangsgründen der Naturwissenschaft« abgeleitet werden kann. So gesehen tritt gerade in der »Kritik der teleologischen Urteilskraft« der sprichwörtliche Formalismus der Kantischen Vernunftkritik über den Formalismus der theoretischen und praktischen Vernunft hinaus allererst mit der äußersten Schärfe hervor.

In gewisser Hinsicht bleibt es das paradoxe Ergebnis der »Kritik der teleologischen Urteilskraft«, daß hier die Notwendigkeit des Gebrauches teleologischer Prinzipien in der Naturerkenntnis gefordert, zugleich aber die Untauglichkeit dieser Prinzipien zu irgendeinem Grundsatz einer Naturerkenntnis apriori gelehrt

15 Kritik an Kants Phänomenalismus hat in der Metaphysik der Subjektivität in unserem Jahrhundert vor allem A. N. Whitehead geübt. Dieser hat in jenem Phänomenalismus eine unvermeidliche Konsequenz einer unglücklichen Verbindung von Subjektivismus und Sensualismus gesehen, vgl. *PR*, p. 157/dt. S. 294.

wird. Durch dieses paradoxe Ergebnis verschärft sich Kants Kritik des Panpsychismus. Es ist nicht der äußerste Punkt der Kritik, wenn dem Panpsychismus innere Widersprüchlichkeit und Undenkbarkeit bescheinigt wird. Offensichtlich läßt sich der Begriff einer belebten Materie und der einer Natur insgesamt, die als Tier vorgestellt wird, irgendwie denken.[16] Was Kant aber nunmehr gegen einen solchen Begriff vorbringt, ist dies, daß sein Gebrauch als »Hypothese der Zweckmäßigkeit im Großen der Natur« dürftig sei,[17] das aber heißt, daß dieser Gebrauch ohne Nutzen bleibe, eben deswegen, weil auch nicht ein einziger Grundsatz apriori aus einer solchen Hypothese gewonnen werden kann. Kants Kritik der teleologischen Urteilskraft stellt sich so als eine problematische Gratwanderung zwischen zwei Extremen dar, nämlich entweder den Gebrauch teleologischer Prinzipien in der Naturerkenntnis schlechthin zu verwerfen oder aber Bedingungen ihres grundsätzlichen Gebrauches zu entwickeln.

II. Whiteheads moderne Metaphysik der Subjektivität: Die Reflexion konkreter Prozesse anstelle der Setzung abstrakter Geltungen

Vor diesem Hintergrund ist nun A. N. Whiteheads spekulative Kosmologie zu betrachten, die als das bedeutendste Gedankengebäude einer Metaphysik des 20. Jahrhunderts angesehen werden muß. Diese Metaphysik zeigt sich uns zunächst unbestreitbar als ein grandioses Begriffsbild eines modernen Systems des Panpsychismus. Allein schon Whiteheads eigene Kennzeichnung seiner

---

16 So kann Kant im Zusammenhang mit seinem Entwurf eines Elementarsystems der bewegenden Kräfte im Opus Postumum, in welchem die Unentbehrlichkeit des Begriffes der Endursachen (organisch bildende Kräfte) in der apriorischen Einteilung und erschöpfenden Topik der bewegenden Kräfte festgestellt wird, zu der Aussage gelangen: »der Begriff eines Systems der bewegenden Kräfte der Materie erfordert doch, den Begriff einer belebten Materie, ohne daß wir für ihn Realität fordern oder erschleichen, apriori wenigstens zu denken und ihm eine Klasse der Möglichkeit nach anzuweisen« (zit. nach Adickes, a.a.O., S. 217).

17 *Kritik der Urteilskraft*, S. 328.

Philosophie als »Philosophie des Organismus« weist in diese Richtung. Ihr zufolge sind die ursprünglichsten Bausteine des Universums, die konkretesten aller konkreten aktualen Entitäten, als Organismen anzusehen. Und das ganze Universum, bestehend aus solchen Organismen und aus ungezählten organismischen Verbindungen solcher elementaren oder atomaren Organismen, erscheint selbst als ein riesiger Gesamtorganismus, als belebte Materie und als Tier (mit Kant zu reden). Aber damit nicht genug. Whitehead hat für diese Philosophie des Organismus ein philosophisches Programm entwickelt, das er im Rahmen dieser Philosophie selbst möglichst weitgehend einzulösen versuchte. Das Losungswort dieses Programmes lautete: »Against Bifurcation of Nature«. Dabei ging es vor allem um die durch den Cartesianismus in die moderne Philosophie und Wissenschaft hineingebrachte Zweiteilung aller Naturdinge in physische und geistige Dinge, darum, diese Zweiteilung und alle aus ihr resultierenden Dichotomien der Erfahrungen weitgehend zu überwinden. In der Absicht, über solche Zweiteilungen hinauszukommen, hat Whitehead für jene elementaren Organismen, die Atome des Universums, eine entsprechend elementare, eine irreduzible Polarität gefordert: eine Polarität des Physischen und des Mentalen. Er hat dementsprechend von einem physischen und einem mentalen Pol der ursprünglichen organismischen Atome gesprochen. Diese Redeweise vom Mentalen hinsichtlich der elementaren Bausteine des Universums war durchaus ernst und keineswegs metaphorisch gemeint. Whitehead war sich darüber im klaren, daß es angesichts der großen Umwälzungen in der Kultur der Moderne, nicht zuletzt in den philosophischen und wissenschaftlichen Revolutionen, ein Unding sein mußte, den Panpsychismus der Alten unverändert übernehmen und zur philosophischen Grundlage der Erfahrungen des modernen Menschen in Kultur und Wissenschaft machen zu wollen. So nimmt es nicht wunder, daß wir hier in Whiteheads spekulativer Metaphysik ausdrücklich eine Revision des alten Panpsychismus finden. Diese Revision zielt nicht in die Richtung einer Eliminierung der Seele und auf einen reinen Materialismus, sondern auf eine »Einführung des Subjektes«[18] in die Natur und in die Naturwissenschaft.

18 Ich verwende hier die bekannte Formulierung Victor von Weizsäkkers, in: *Der Gestaltkreis. Theorie der Einheit von Wahrnehmen und Bewegen*, Stuttgart 1968⁴, S. 168 ff.

Whiteheads revidierter Panpsychismus kann insofern als Pansubjektivismus bezeichnet werden. Demzufolge ist das Sein des Seienden als Subjektivität und jedes einzelne konkrete Seiende als Subjekt aufgefaßt. Revision des Panpsychismus bedeutet hier demnach nicht die Abschaffung desselben, sondern seine Transformation. Dabei bleibt aber in gewisser Hinsicht der alte Panpsychismus in modifizierter Form erhalten. Aber dieser Panpsychismus ist nicht nur das zeitlich und historisch Frühere, sondern das logisch und ontologisch Spätere im Vergleich zum Pansubjektivismus. Man wird nun Whiteheads Pansubjektivismus nicht gerecht, wenn man in ihm lediglich einen Ausdruck des kulturellen Selbstverständnisses der Moderne sieht, die alle ihre Erfahrungen, nicht zuletzt auch die Erfahrungen der Wissenschaft, dem Prinzip der Subjektivität des Menschen unterstellt. Es liegt nahe, Whiteheads Losung »Against bifurcation« im Sinne des spekulativen Idealismus zu verstehen, so als sollten alle philosophisch denkbaren Gegensätze und Dichotomien, vor allem der Gegensatz von Natur und Geist, in einer spekulativen Theorie der Subjektivität aufgehoben werden. Whiteheads programmatische Losung lautet: »Against bifurcation of Nature«. Diese aber richtet sich gegen alle Dichotomien, soweit sie in der Erfahrung von Natur auftreten und als solche in die moderne Naturwissenschaft hineingetragen werden.[19] Dabei geht Whitehead von der geschichtlichen Einsicht aus, daß gerade die Einführung des neuzeitlichen Prinzips der Subjektivität wesentlich zur Gabelung der Natur und zur Dichotomie in den Naturwissenschaften beigetragen hat. Pansubjektivismus heißt demnach bei Whitehead nicht nur Einführung des Subjektes in die Natur und in die Naturwissenschaft, sondern ebenso auch Naturalisierung der Subjektivität.[20] Das eine wie das andere muß man im Auge haben, wenn man Whiteheads Beitrag

19 Vgl. hierzu R. Wiehl, »Whiteheads Kosmologie der Gefühle zwischen Ontologie und Anthropologie«, in: *Whiteheads Metaphysik der Kreativität*, hg. von F. Rapp und R. Wiehl, Freiburg/München 1986, S. 141 ff. Zu Whiteheads Metaphysik als einer Metaphysik der Erfahrung vgl. die Beiträge von F. Rapp und H. Poser in demselben Band.
20 Starke Argumente zugunsten des Naturalismus der Whiteheadschen Metaphysik hat Michael Hampe gegeben, in: *Die Wahrnehmungen der Organismen. Über die Voraussetzungen einer naturalistischen Theorie der Erfahrung in der Metaphysik A. N. Whiteheads*, Göttingen 1990.

zum Problem von Natur- und Geisteswissenschaft angemessen Rechnung tragen will. Um Whiteheads Pansubjektivismus zu begreifen, gilt es aber nun vor allem, dies sich bewußt zu machen: Wie weit die Metaphysik für ihn mit ihrem Begriffssystem auch ausgreift, um die Fülle und die Vielfalt der menschlichen Erfahrung zu berücksichtigen, der Ausgangspunkt für dieses System ist und bleibt der eines Wissenschaftlers, für den das Paradigma der Wissenschaftlichkeit wie schon für Plato die mathematische Physik ist, wie immer sich Mathematik und Physik im Laufe der Jahrtausende und mit ihnen auch die menschliche Erfahrung und das Selbstverständnis derselben gewandelt haben mögen. Es ist dieser Ausgangspunkt, von dem aus die Revision des Panpsychismus, die Transformation desselben in einen Pansubjektivismus, allererst verständlich werden kann. Whiteheads Einführung des Subjekts in die Natur und in die Naturwissenschaft ist nicht nur unter dem Gesichtspunkt einer möglichen Philosophie der Biologie zu lesen. Seine philosophische Fragestellung ist für ihn selbst die Erneuerung der philosophischen Fragestellung der Alten und der Modernen unter den spezifisch veränderten Bedingungen und Grundlagen der Wissenschaft unseres Jahrhunderts, und zwar der Wissenschaft im allgemeinen und der Wissenschaft der mathematischen Physik im besonderen. Es ist die alte Frage des Plato und des Aristoteles und die in der Moderne durch Leibniz und Kant erneuerte Frage nach den allgemeinsten Prinzipien und Ursachen einer wissenschaftlichen Naturerkenntnis. Diese Frage ist, sofern sie die allgemeinsten Prinzipien und Ursachen als solche betrifft, die Frage der Metaphysik.

Whiteheads Pansubjektivismus ist demnach die philosophisch-systematische Antwort auf jene Grundfrage der Metaphysik. Dabei gilt dem Autor von »Process and Reality« als selbstverständlich, daß die Natur in ihrem ewigen »Sterben und Werden« – Whitehead spricht hier von Kreativität – die Natur in der Vielfalt ihrer Entwicklungen und dem Reichtum ihrer Gestalten das Universum aller Universen und als ein solches Universum in allem Wandel immer ein- und dasselbe allumfassende Ganze ist; und daß dieser Natur in ihrer allumfassenden Universalität auch eine identische Idee von Naturwissenschaft entsprechen muß, die sich in allem wissenschaftlichen Wandel, in allem Fortschritt dieser Wissenschaft in Richtung auf jene höchste und allumfassende Universalität durchhält. Physik ist hier demnach der Titel für diese einheitliche Wissenschaft von der einen universalen Natur; und diese ist Metaphysik, soweit ihre Prinzipien ein jeweiliges Maximum an universaler Gültigkeit erreichen. Das Verhältnis zwischen Physik und Metaphysik ist demnach das einer relativen Unterscheidung, einer Unterscheidung zwischen den jeweils allgemeinsten und den weniger allgemeinen Prinzipien der wissenschaftlichen Naturerkenntnis. Es macht deswegen – aus der Sicht Whiteheads – keinen Sinn, von einer Metaphysik der Natur zu sprechen. Denn dies wäre so, als ob man von einem hölzernen Holz oder von einem eisernen Eisen reden wollte. Daß es im Begriff der Metaphysik liegt, Metaphysik hinsichtlich der Physik zu sein, hierin liegt der problematischste Aspekt der Naturalisierung der Subjektivität. Indem Whitehead die metaphysischen Grundfragen des Plato und des Aristoteles, des Leibniz und des Kant in einer Epoche erneuert, in der die Elektrodynamik die klassische Mechanik als Paradigma der Physik abgelöst hatte, wiederholt sich ihm zunächst jene Frage nach der inneren Einheit von Materie und Form und nach der Gesetzmäßigkeit dieser Einheit, wenn auch unter anderen Bedingungen und mit wesentlichen Akzentverschiebungen. Whitehead hat die Lösungsversuche des Leibniz und des Kant, und in eins damit die philosophischen Voraussetzungen dieser Lösungsansätze, von seinem Pansubjektivismus aus der Kritik unterworfen. In seiner Kritik an der Leibnizschen Metaphysik lassen sich die Grundzüge jener klassischen Kritik ausmachen, die seit den Zeiten von Kant und Hegel immer wieder an diesem Typus einer Metaphysik der Subjektivität geübt worden ist. Diese Kritik richtete sich gegen eine Analyse, welche die absolute Trennung und Beziehungslosigkeit zwischen zwei ursprünglichen Seins- und Erkenntnisbereichen zur Folge hat. Sie richtete sich gegen die Dichotomie und vollständige Disjunktion von An-sich-Sein und Erscheinung; gegen die Trennung von Metaphysik und Physik und gegen die dadurch erzeugte Beziehungslosigkeit zwischen der einen und der anderen Erkenntnis. Sie richtete sich gegen die Beziehungslosigkeit zwischen einer reinen Erkenntnis apriori und einer empirischen Erfahrungserkenntnis, zwischen einer metaphysischen Teleologie und einer physikalischen Mechanik.

Vom Standpunkt dieser klassischen Kritik aus war eine kritische Analyse sinnwidrig, die solche Beziehungslosigkeiten zur Folge hatte. Denn die Unterscheidungen, welche die Analyse zutage förderte, waren ja dazu bestimmt, bestehende Zusammenhänge besser zu begreifen. Wenn die philosophische Analyse zur Beziehungslosigkeit von Metaphysik und Physik führte, so lag die Gefahr einer Skepsis gegenüber der Metaphysik nahe, da es schwerer ist, die Erfahrung skeptisch zu beurteilen als eine Erkenntnis, welche die Erfahrung transzendiert. Whiteheads Kritik an der rationalen, vorkantischen Metaphysik, speziell an der Metaphysik des Leibniz, bewegt sich weitgehend in den Bahnen dieser klassischen Kritik. Aber eigentümlicherweise ist in diese Kritik eine Kritik der Kantischen Vernunftkritik eingeschlossen. Whitehead hat diese Vernunftkritik als einen Beitrag zu einer neuzeitlichen Metaphysik der Subjektivität gelesen und in ihr weder einen epochalen noch einen epochemachenden Fortschritt gegenüber ihren Vorgängern gesehen. Insofern las er Kants Vernunftkritik von vornherein mit anderen Augen als ein Hegel, mit dem er in vielen Punkten der Kritik an jenen metaphysischen Konzepten der Subjektivität übereinstimmte. Aber er ging bewußt nicht den Weg von einer Metaphysik der Subjektivität zu einer Metaphysik des Geistes. Vielmehr blieb er in seiner Kritik an der Vernunftkritik Kants mit diesem auf ein- und demselben Boden der philosophischen Reflexion. Es ist dies der gemeinsame Boden der Natur und der Naturerkenntnis. Allerdings hat sich die Blickrichtung geändert. Whitehead wollte, wie er selbst betont hat, nicht so sehr eine Kritik der reinen Vernunft als vielmehr eine Kritik der reinen Gefühle (feeling), also eine Kritik des niederen anstelle des höheren Erkenntnisvermögens bzw. eine Kritik ursprünglicher Verhaltensweisen vor den abgeleiteten. Auch dies war eine Kritik der Vernunft, wenn auch nicht der reinen, sondern eine Kritik der – wenn man so will – unreinen Vernunft, die davon ausgeht, daß auch Gefühle und Empfindungen, auch die elementarsten Verhaltensweisen eine gewisse Rationalität aufweisen, sofern sie an allgemeine Ordnungsprinzipien gebunden sind.[21] Die Gefühle, die

---

21 In diesem Sinne hat Whitehead die eigene Philosophie des Organismus als eine »Kritik des reinen Gefühls« (a critique of pure feeling) gekennzeichnet, welche an die Stelle von Kants Kritik der reinen Vernunft trete, zugleich aber die Grundlage aller drei Kritiken von Kant bilden sollte (vgl. *PR*, p. 113/dt. S. 218). Mit dieser neuen metaphysischen Grundlegung einer Philosophie des reinen Gefühls war zwangsläufig eine weitgehende Revision des traditionellen Vernunftbegriffes verbunden.

den Gegenstand der Whiteheadschen Vernunftkritik ausmachen, sind ursprüngliche Aktivitäten einer Subjektivität, die nicht von vornherein in die Unterscheidung zwischen theoretischer und praktischer Vernunft und in ein drittes »Seelenvermögen« neben den beiden anderen Erkenntnisvermögen eingeteilt ist. Whitehead hat von seinem metaphysischen Standpunkt aus eine neue Lesart der Kantischen Vernunftkritik empfohlen, die für eine Metaphysik der Subjektivität höchst fruchtbar ist und in der sich seine eigene metaphysische Konzeption der Subjektivität ausdrückt. Die von Whitehead empfohlene Lektüre sollte die »transzendentale Ästhetik« aus der »Kritik der reinen Vernunft« direkt zusammenlesen mit der »Kritik der Urteilskraft«, speziell mit dem zweiten Teil, der »Kritik der teleologischen Urteilskraft«.[22] Folgt man dieser Leseempfehlung, wie dies andeutungsweise im ersten Abschnitt meiner Betrachtungen geschehen ist, so wird man sich von Whiteheads Standpunkt aus von der folgenden Frage leiten lassen müssen: Wie verbinden sich die mannigfachen Formen des Sinnlich-Gegebenen mit diesem Gegebenen selbst in der Sinneswahrnehmung unter der Bedingung allgemeiner teleologischer Prinzipien der Naturerkenntnis? Wie kommt jene eigentümliche Einheit organisierter Wesen unter der Voraussetzung einer solchen Synthesis von Form und Inhalt des sinnlich Gegebenen zustande? Welcher Art sind jene Formen, und wie fungieren die teleologischen Prinzipien in der Konstitution organisierter Wesen?

Wenn Whitehead die Kantische Vernunftkritik im allgemeinen und auch unter den spezifischen Bedingungen dieser von ihm empfohlenen Lesart kritisiert, so geschieht dies auf der Grundlage eines gemeinsamen Bodens, nämlich der gemeinsamen Annahme einer Einheit der Natur. Diese Gemeinsamkeit mag behilflich gewesen sein, um in Kants Vernunftkritik die Wiederholung des schwerstwiegenden Mangels der Leibnizschen Metaphysik zu sehen. Unter allen Beziehungslosigkeiten, die diese Metaphysik heraufbeschworen hat, ist die zwischen den Bereichen der Subjektivität und der Kausalität die gravierendste. Diese Beziehungslosigkeit hängt mit der zwischen Teleologie und Mechanik direkt

22 So hat Whitehead in Kants transzendentaler Ästhetik ein verzerrtes Bruchstück gesehen, welches eigentlich und in Wahrheit den Hauptgegenstand der Vernunftkritik hätte bilden müssen (*PR*, p. 113/dt. S. 218).

zusammen. Whitehead hat dem Schlüsselbegriff der Kantischen Vernunftkritik, dem Begriff des Transzendentalen, keine besondere Beachtung geschenkt. Er hat die neue, von Kant eingeführte, kritische Unterscheidung zwischen transzendentaler Idealität und empirischer Realität kaum gewürdigt, soweit diese die alte Unterscheidung zwischen einer metaphysischen und einer physischen Realität ablösen sollte. Aus seiner Sicht bedeutete es keineswegs einen prinzipiellen Gewinn, wenn man in transzendentaler Hinsicht die Subjektivität zum Fundament der Kausalität und in empirischer Hinsicht die Kausalität zum Erkenntnisgrund der Subjektivität machte. So oder so blieb die alte, von Leibniz geerbte Beziehungslosigkeit zwischen dem Prinzip Subjektivität und dem Prinzip Kausalität und damit auch die alte Beziehungslosigkeit zwischen teleologischen und mechanischen Prinzipien der Naturerkenntnis erhalten. Wir sind vielerorts – dank der Wirkungsgeschichte des Cartesianismus und des Kantianismus – gewohnt, eine epochale Trennungslinie zu ziehen zwischen dem Panpsychismus der Alten und dem Pansubjektivismus der Moderne, wo immer wir den Trennungsstrich in der Geschichte zwischen Altertum und Moderne ansetzen. Aber dies ist wiederum nicht die Sehweise Whiteheads. Für diesen hatte jene vermeintlich epochale Differenz eine lediglich relative und untergeordnete Bedeutung. Aus seiner Sicht war die neuzeitliche Metaphysik der Subjektivität lediglich eine Variante des alten Panpsychismus. Sie krankte wie dieser an ein- und derselben bzw. an einer verwandten theoretischen Unzulänglichkeit. Whitehead hat versucht, diese Unzulänglichkeit des alten und neuen Panpsychismus auf einen kleinsten gemeinsamen Nenner zu bringen. Diesen fand er in einer Unzulänglichkeit dessen, was er als ontologisches Prinzip bezeichnete; in einer Unzulänglichkeit der formalen Bestimmung dessen, was aller Metaphysik als Realität im ursprünglichsten und nicht weiter ableitbaren Sinne gilt. Die ganze überlieferte Metaphysik fand er von dem grammatischen Schema der Unterscheidung von Subjekt und Prädikat beherrscht und dieses partikulare und kontingente sprachliche Schema zu einem universalen ontologischen Prinzip hochstilisiert. Man kann sagen: Aus Whiteheads Sicht beruhen der alte und der neue Panpsychismus und die ganze traditionelle Metaphysik der Subjektivität auf einer unzulänglichen Ontologie der Dinge und der Substanzen. In dieser Ontologie ist das Sein des Seienden, das heißt die ursprüngliche und unableitbare Seinsweise des wahrhaft Seienden, das Sein der Dinge und Substanzen. Dinge sind in dieser Ontologie gedacht als »Subjekte« –, dem grammatischen Begriff des Subjektes entsprechend: als Subjekte, die bestimmte Eigenschaften an sich haben, durch die sie als diese und jene Subjekte so oder so bestimmt sind. Diese Eigenschaften werden von ihnen ausgesagt, wie Prädikate von einem Subjekt. Eine Substanz gilt in diesem Zusammenhang als eine Art »Superding«, welches sich von gewöhnlichen Dingen durch die Unabhängigkeit dem Wesen oder dem Grade nach unterscheidet.[23]

Der Gedanke, daß nicht nur Dinge und Substanzen als solche, sondern Dinge und Substanzen, denen wir eine gewisse Intentionalität und damit auch Subjektivität zuschreiben, abstrakte Gegebenheiten sind, bildet den Schlüssel zum Verständnis von Whiteheads Transformation des älteren und neueren Panpsychismus. Man kann in diesem Zusammenhang von einer prinzipiellen Kritik am Dogma der unmittelbaren Gegebenheit sprechen. Objektive Daten, in Whiteheads Terminologie »objektivierte Nexus«, sind immer und unvermeidlich Abstraktionen. Immer liegt ihnen ein konkretes Kausalgeschehen zugrunde, in welches sie eingebettet sind, ein Kausalgeschehen, aufgrund dessen sie ein so und so bestimmtes objektives Datum für ein bestimmtes konkretes Subjekt werden. Aber auch dieses Subjekt, dem ein Nexus als ein Datum gegeben ist, stellt keine unmittelbare Gegebenheit dar. Auch dieses Subjekt ist, was es ist und geworden ist, nur innerhalb eines umfassenden Wirkungszusammenhanges. So wie sein objektives Datum zunächst eine Mannigfaltigkeit anfänglicher Daten war, so war es zunächst ein anfängliches Subjekt, welches innerhalb seines Entwicklungsprozesses wird, was es seiner Möglichkeit nach ist, entsprechend dem Werden anfänglicher Daten zu einem bestimmten objektiven Datum. Mit der Gegebenheit eines objektivierten Nexus als eines solchen ist der unvermeidliche Schein einer unmittelbaren Gegebenheit verbunden, wenn in

23 Vom subjektivistischen Prinzip hat Whitehead im Sinne einer Vermengung von traditioneller Ding- und Substanzenontologie mit der neuzeitlichen Philosophie der Subjektivität im Sinne einer Philosophie der Erfahrung gesprochen. Dementsprechend heißt es von dem subjektivistischen Prinzip: »The subjectivist principle is, that the datum in the act of experience can be adequately analysed purely in terms of universals.« (*PR*, p. 157/dt. S. 294)

einem Geschehen, in einem Prozeß, das Gewordene von seinem Werden und Gewordensein getrennt wird. Wo diese Abstraktion und die Bedingungen derselben verkannt werden, kommt es, Whitehead zufolge, unvermeidlich zur Auffassung des Phänomenalismus, dem der Skeptizismus auf dem Fuße folgt. Von diesem Gesichtspunkt aus ist auch Kants Transzendentalphilosophie unter diese Rubrik des Phänomenalismus zu rechnen, ungeachtet ihrer gewaltigen Denkanstrengung, dem Humeschen Skeptizismus zu entgehen.[24] Man ist angesichts von Kants berühmter Proklamation seiner »Kopernikanischen Wende« versucht, von einer zweiten kopernikanischen Wende Whiteheads zu sprechen. Und zwar nicht nur deswegen, weil hier eine Kritik der Vernunft der oberen Erkenntnisvermögen durch eine Kritik der Vernunft der niederen Erkenntnisvermögen ergänzt und damit überhaupt erst die Voraussetzung für die erstere Vernunftkritik geschaffen worden ist. Um eine zweite, über Kant hinausweisende »Kopernikanische Wende« handelt es sich da, wo Whitehead das Dogma der unmittelbaren Gegebenheit als solches und in seinen verschiedenen metaphysischen Anwendungen der philosophischen Kritik unterwirft.[25] Eine wichtige Anwendung dieses Dogmas ist die Grundannahme der »simple location«, das ist der unmittelbaren raum-zeitlichen Bestimmtheit eines Physisch-Gegebenen inner-

24 Tatsächlich hat Whitehead immer betont, daß der Weg vom Phänomenalismus der Kantischen Transzendentalphilosophie zurück zum Humeschen Skeptizismus nur ein ganz kleiner Schritt sei, wie er im übrigen die Gründe des Phänomenalismus und Skeptizismus auf analoge Weise kritiscch analysiert hat, nämlich durch den Verweis auf eine kombinierte Verwendung des subjektivistischen und des sensualistischen Prinzips. Vgl. *PR*, p. 49 und 157/dt. S. 109 und 294.
25 Von einer zweiten Kopernikanischen Wende Whiteheads gegenüber der ersten Kopernikanischen Wende Kants ist nicht in dem Sinne einer Rückwendung vom Subjektbegriff zum Substanzbegriff zu reden. Wenn Whitehead Kant eine Verwechslung des Primären und des Abgeleiteten vorwirft, so in dem Sinne, daß jener immer das Klare, Deutliche und Bestimmte für das Primäre und dementsprechend das Dunkle und Unbestimmte für das Sekundäre gehalten habe. Diese Kritik Whiteheads entspricht dem, was ich später den Primat des Prinzips Genesis gegenüber dem Prinzip Geltung nenne. Vgl. *PR*, p. 88/dt. S. 175: Hier beschreibt Whitehead sein Verhältnis zu Kant als das einer Inversion, derzufolge anders als bei Kant die Welt nicht aus dem Subjekt, sondern das Subjekt aus der Welt »emergiere«.

halb des gesamten Universums; eine andere Anwendung ist die Annahme der unmittelbaren Gegebenheit von Subjekten und Objekten, von Seelen und Körpern. Allerdings darf man Whiteheads Kritik an jenem Dogma nicht mißverstehen: Die Kritik an der unmittelbaren raumzeitlichen Bestimmtheit aller physischen Realität innerhalb des Weltganzen ist nicht gleichbedeutend mit der Verneinung jeglicher möglichen raumzeitlichen Bestimmtheit. Und die Kritik an der Annahme einer unmittelbaren Gegebenheit von Subjekten und Objekten stellt keine absolute Überwindung der »Subjekt-Objekt-Spaltung« im philosophischen Denken dar. In gewisser Hinsicht hat Whiteheads Metaphysik die Bedeutsamkeit der Unterscheidung zwischen Subjektivität und Objektivität eher gestärkt als geschwächt. Wohl aber hat hier dank der Kritik am Dogma der unmittelbaren Gegebenheit diese onto-gnoseologische Differenz eine neue funktionale und methodische Bestimmung erhalten. Nicht nur, daß in Whiteheads neuer Metaphysik der Subjektivität wie immer schon dem Begriffe nach Subjekt und Objekt zusammengehören, sie sind auch in der Realität, innerhalb eines konkreten Geschehens- und Kausalzusammenhanges, untrennbar miteinander verbunden. Subjektivität und Objektivität greifen innerhalb eines solchen Geschehens ineinander. Es gibt keine wohlbestimmte eindeutige Grenze zwischen dem einen und dem anderen innerhalb eines konkreten Kausalzusammenhanges. Innerhalb eines jeden einzelnen Zusammenhanges dieser Art verlaufen die Grenzen zwischen Subjektivität und Objektivität auf andere Weise, greifen die beiden Sphären auf unterschiedliche Weise ineinander. Die Kritik am Dogma der unmittelbaren Gegebenheit beruht auf dem Grundsatz: Ein jegliches unmittelbar Gegebenes ist als ein solches geworden. Es ist als ein bestimmtes Datum das, was es ist, aufgrund seines Werdens und Gewordenseins und hinsichtlich dieses seines ihm eigentümlichen Gewordenseins. Die Erinnerung dieses Werdens und Gewordenseins ist das Prinzip der Kritik an der Abstraktion der Unmittelbarkeit. Subjektivität und Objektivität sind demnach funktionale Momente, die hinsichtlich ihrer bestimmend-bestimmten Funktion innerhalb eines konkreten Geschehens von Fall zu Fall mittels der Erinnerung des Gewordenseins dieses Geschehens bestimmt werden müssen.

Gerade unter diesem Gesichtspunkt der Kritik am Dogma der unmittelbaren Gegebenheit gewinnt Whiteheads Transformation des älteren und jüngeren Panpsychismus ihr besonderes Gewicht. Wenn es keinen Sinn macht, von der unmittelbaren Gegebenheit eines Seienden in Absehung von seinem Entstehen und Gewordensein zu sprechen, so kann es auch keinen Sinn machen zu sagen: Alles Gegebene ist in seiner unmittelbaren Gegebenheit beseelt und insofern lebendig; und auch nicht: Alles Seiende ist in seiner unmittelbaren Gegebenheit Subjekt. So wie von einer Funktionalisierung der onto-gnoseologischen Grundbegriffe von Subjekt und Objekt gesprochen wurde, kann auch von einer Funktionalisierung des Panpsychismus gesprochen werden.

Das aber heißt: Nicht gilt von allem Seienden, daß es ein Beseeltes und Lebendiges und als ein solches ein Sterbliches ist, welches dem Entstehen und Vergehen unterworfen gedacht werden muß, sondern: Damit ein bestimmtes konkretes Datum, eine objektive Gegebenheit, in ihrer Bestimmtheit erkannt und aufgrund dieser wie auch immer beschaffenen Erkenntnis bestimmt werden kann, bedarf es zunächst der Erinnerung; der Erinnerung des Werdens und des Gewordenseins dieses Gegebenen aus ursprünglichen und anfänglichen Daten. Diese Erinnerung kann expliziert werden in Form einer Geschichte der Abstraktionen, die dieses Werden und Gewordensein bedingen. Aber zur Bestimmtheit eines unmittelbar Gegebenen gehört noch mehr, nämlich die Antizipation des Werdens dieses Gegebenen über sein Gewordensein hinaus und die Erinnerung seiner Gegebenheit durch andere Gegebenheiten. Im Grunde gehört zur vollständigen Bestimmtheit eines Gegebenen eine ganze und vollständige Geschichte: die Geschichte der Vergangenheit, Gegenwart und Zukunft dieses Gegebenen. Diese Geschichte aber ist letzten Endes eine vielfältige Geschichte: Sie ist die Geschichte des betreffenden Datums selbst, seine eigene und ihm eigentümliche Geschichte. Aber zugleich ist sie diese Geschichte von einem anderen Standpunkt aus, der nicht der Standpunkt des fraglichen Datums ist. Zur vollständigen Bestimmtheit eines objektiven Datums gehören immer zumindest zwei Geschichten, eine innere und eine äußere.

Whiteheads Kritik am Dogma der unmittelbaren Gegebenheit verweist demnach auf ein Theorem der Komplementarität von Innerlichkeit und Äußerlichkeit, von Privatheit und Öffentlichkeit.[26] Ein besonders wichtiger Zug in dieser Kritik liegt in dem

26 Wo Kant Zweckmäßigkeit mittels der Reflexionsbestimmungen von

Hinweis, daß keineswegs nur die Subjekte, die sich auf bestimmte Daten beziehen, geschichtliche Subjekte sind, die ihre eigentümliche Geschichte haben, sondern daß das gleiche für die Daten gilt. Auch ein objektives Datum hat seine Geschichte, in die mannigfache Subjekte mitsamt ihren Objektivationen verwickelt sind. Damit ein geschichtliches Subjekt sich überhaupt auf Daten soll beziehen können, muß es mit diesen einen einheitlichen Geschehens- und Wirkungszusammenhang bilden. Whiteheads Kritik am Dogma der unmittelbaren Gegebenheit führt hier zu einer Umkehrung des Sinnes in dem Grundsatz des traditionellen Panpsychismus. In dieser Umkehrung liegt die tiefere Bedeutung der »zweiten kopernikanischen Wende«. Wenn gesagt wird, alles Gegebene ist in seiner unmittelbaren Gegebenheit als ein Lebendiges bestimmt, so verdeckt diese Aussage durch ihre Zweideutigkeit die wesentliche Differenz zwischen dem traditionellen und dem transformierten Panpsychismus. Denn der Akzent kann in jener Aussage teils auf der Lebendigkeit, teils auf der Bestimmtheit liegen. So kann jener Satz diesen Sinn haben: Alles unmittelbar Gegebene ist, sofern es vollständig bestimmt ist und unter den Bedingungen dieser vollständigen Bestimmtheit, ein Lebendiges. Er kann aber auch diesen Sinn annehmen: Alles unmittelbar Gegebene ist, sofern es ein Lebendiges ist und unter den Bedingungen dieser Form der Lebendigkeit, ein vollständig Bestimmtes. In dem zweiten Fall wird das Leben als Kategorie und diese als Bedingung der Möglichkeit einer vollständigen Bestimmtheit des Gegebenen angesehen. Zu dieser Kategorie des Lebens gehören zahlreiche Teilkategorien wie zum Beispiel »Entstehen«, »Dauern« und »Vergehen«, auch »Erinnern«, »Antizipieren« und »Vergegenwärtigen« etc. Whiteheads Transformation des älteren und des neueren Panpsychismus läuft nun auf eine Entscheidung zugunsten der zweiten Sinngebung jenes Satzes hinaus. Nun

Innerlichkeit und Äußerlichkeit unterscheidet, wird für Whitehead diese letztere Unterscheidung, auch unter den Titeln Privatheit und Öffentlichkeit, zu der metaphysischen Unterscheidung schlechthin, der alle konkrete Realität unterliegt. Vgl. insbesondere *PR*, p. 289 ff/ dt. S. 524 ff. Alle konkrete Realität verhält sich komplementär hinsichtlich Innerlichkeit und Äußerlichkeit. So ist, was innerlich den Charakter eines singulären Einzelwesens, einer aktualen Entität, hat, öffentlich betrachtet eine Gruppe, ein Nexus solcher singulären Entitäten.

möchte man meinen, daß mit dieser Sinngebung im Grund der eigentliche Sinn der Kantischen Vernunftkritik getroffen sei, insbesondere dann, wenn man Kants dritte Kritik, die »Kritik der Urteilskraft«, und in dieser speziell die Kritik der teleologischen Urteilskraft, als die eigentliche und wahre Grundlage der gesamten Kantischen Vernunftkritik ansieht.[27] Die Frage, ob Whitehead in seinem Entwurf einer neuen Metaphysik der Subjektivität am Ende Kant besser verstanden habe als dieser sich selbst, mag hier dahingestellt bleiben. Whiteheads kritischer Gesichtspunkt, demzufolge Kant sich nicht vollständig aus den Fesseln der traditionellen Ding- und Substanzenontologie habe befreien und sich deswegen auch nicht endgültig von dem Dogma der unmittelbaren Gegebenheiten habe lösen können, ungeachtet bedeutender Schritte in Richtung einer solchen Befreiung, hat mannigfache Aspekte. So hat das Dogma der unmittelbaren Gegebenheit in Kants Vernunftkritik seinen Niederschlag vor allem in Gestalt der unmittelbaren Gegebenheit all jener dogmatischen Grundunterscheidungen gefunden, die für diese Vernunftkritik das methodische Instrumentarium lieferten und deswegen selbst nie ernsthaft in Frage gestellt wurden. Es waren dies vor allem die Grundunterscheidungen zwischen einem niederen und einem höheren Erkenntnisvermögen, zwischen Sinnlichkeit und Verstand, d. h. zwischen der unmittelbaren Gegebenheit einer sinnlichen Erscheinung und der unmittelbaren Gegebenheit eines Gedankendinges an sich; ferner die Grundunterscheidung zwischen Determination und Reflexion als unterschiedener Funktion der Urteilskraft, von denen die erstere eine unmittelbar gegebene Erscheinung unter einen unmittelbar gegebenen Begriff subsumiert, während die letztere zu einer gegebenen sinnlichen Erscheinung einen Begriff allererst zu suchen bestimmt war. Hierher gehört auch die Grundunterscheidung zwischen (mechanischer) Kausalität und Teleologie.

Allen diesen unmittelbaren Gegebenheiten lag nun in Kants Ver-

---

27 Welche außerordentliche Bedeutung Kant dem Begriff des Organismus in seinen späten Überlegungen zuerkannt hat, wird nicht zuletzt aus der Problemstellung deutlich, ob dieser Begriff in die konzipierte Wissenschaft vom Übergang oder aber in die der Physik gehöre. Zugleich scheint sich Kant immer mehr der Auffassung genähert zu haben, daß es sich bei jenem Begriff um einen reinen Verstandesbegriff handelt. Vgl. Adickes, a.a.O., S. 226 f.

nunftkritik die unmittelbare Gegebenheit der Grundunterscheidung zwischen Apriorität und Aposteriorität der Erkenntnis zugrunde. Whiteheads Transformation des älteren und neueren
Panpsychismus hängt direkt mit seiner Absage an das Dogma der
unmittelbaren Gegebenheit zusammen. Was wie eine unmittelbare Gegebenheit aussieht, ist in Wahrheit immer das Werden
und Gewordensein einer objektiven Gegebenheit aus anfänglichen Gegebenheiten. Unter diesem Aspekt ist auch sein kritisches
Verhältnis zur Kantischen Vernunftkritik und zu anderen dort
unterstellten unmittelbaren Gegebenheiten zu sehen. Sinnliche
und gedankliche Gegebenheiten sind immer und notwendig wer-
dende und gewordene. Das gleiche gilt für Determinationen und
Reflexionen, für kausale und teleologische Zusammenhänge. Wo
Kant darum bemüht ist, einen Zusammenhang zwischen dem methodisch Unterschiedenen mit Hilfe einer philosophischen Theorie zu konstruieren, geht Whitehead davon aus, daß die genannten Differenzen relationale und funktionale Bedeutung haben
und in dieser Bedeutung immer durch andere Vorgegebenheiten
bedingt sind. Unter vorgegebenen Bedingungen sind physisch-
sinnliche und konzeptuelle Faktoren innerhalb eines konkreten
Geschehenszusammenhanges miteinander verbunden. Dabei ist
immer in einer Hinsicht der physisch-sinnliche, in anderer Hinsicht der konzeptuelle Faktor das erste. Wo begriffliche Faktoren
in einem Geschehenszusammenhang vorkommen, finden wir immer beide Funktionen, die der Determination und der Reflexion.
Das Physisch-Gegebene wird unter gegebenen Bedingungen
durch begriffliche Gegebenheiten bestimmt, und zugleich wird
zu jener Gegebenheit eine begriffliche Gegebenheit allererst gesucht. In einer Hinsicht ist die Determination, in anderer Hinsicht die Reflexion das erste. Jeder Geschehenszusammenhang ist
ein Kausalzusammenhang, ein kausales Geschehen des Physisch-
Gegebenen. Ein solches Geschehen hat als ein bestimmtes
Geschehen eine bestimmte Richtung. Es ist als ein bestimmtes
konkretes Geschehen auf ein bestimmtes Ziel ausgerichtet. Jedes
einzelne individuelle Kausalgeschehen hat sein ihm eigenes und
eigentümliches Ziel. Die Erreichung dieses Zieles macht seinen
immanenten Zweck aus. In die Erfüllung dieses Zweckes »investiert« die Kausalität eine bestimmte Aktivität bzw. Energie. In
der Erreichung dieses Ziels erschöpfen sich diese Aktivität und
Energie. Mit der Erreichung des Zieles findet die kausale Ge-

schichte ihr Ende. Mit der Aktualisierung, mit der Verwirklichung des immanenten Zweckes vollendet sich diese einzelne Geschichte. Es gibt unzählige solcher Geschichten. In jedem einzelnen individuellen Kausalgeschehen gehen Entstehen und Vergehen zusammen. Indem sich eine kausale Geschichte durch die Erreichung ihres Zieles vollendet, ist etwas Bestimmtes entstanden. Aber zugleich ist auch etwas zu Ende gegangen und vergangen: ein konkretes Werden, eine Entwicklung, in die Energie und Aktivität investiert wurden.

III. Kants Metaphysik der Subjektivität als sensualistische Variante des Panpsychismus

1. Kausale Geschichten und Schwingungen

In Whiteheads neuzeitlicher Metaphysik der Subjektivität sind demnach die elementarsten Gegebenheiten kausale Geschichten. Diese hängen von anderen kausalen Geschichten ab, durch die sie veranlaßt werden, wie sie selbst kausale Anlässe für andere kausale Geschichten zu bilden. Eine jede solche kausale Geschichte stellt als ein zielgerichtetes Geschehen einen teleologischen Prozeß dar. In manchen Geschichten überwiegt der kausale Faktor, in anderen der teleologische. Grundsätzlich bestehen hier zwei bedingte Prioritäten nebeneinander. In einer Hinsicht hat die Kausalität Priorität vor der Teleologie. Denn sowenig es überhaupt eine creatio ex nihilo geben kann, sowenig kann es eine bestimmte Zielsetzung, ein Streben oder Wollen oder Handeln aus dem Nichts heraus geben. Immer gibt es notwendigerweise kausale Anlässe für bestimmte Zielsetzungen, Strebungen und Handlungen. In anderer Hinsicht aber hat die Teleologie Priorität vor der Kausalität. Denn wie viele kausale Anlässe auch immer zusammenkommen mögen, sie führen nie zu einem bestimmten Geschehen, einer bestimmten Handlung, wenn sie nicht in der Einheit einer bestimmten Zielsetzung verbunden werden. Nur unter dieser Bedingung führen viele Anlässe zu einem bestimmten Geschehen. Die beiden Aspekte der beiden Prioritäten sind die der Äußerlichkeit und der Innerlichkeit. Von außen gesehen ist die Kausalität gegenüber der Teleologie das erste, von einer

Innenperspektive aus ist die letztere das erste. Man kann den Punkt nicht genau fixieren, an dem Kausalität und Teleologie ineinander übergehen, sowenig dies beim Übergang zwischen Äußerlichkeit und Innerlichkeit möglich ist. In Whiteheads Metaphysik der Subjektivität sind nun die elementarsten Organisationsformen des konkreten Kausalgeschehens die Schwingung und die Ortsbewegung. Jeder Schwingungsvorgang, jede Ortsbewegung stellt ein gerichtetes, ein intentionales Kausalgeschehen dar. Zu einem Schwingungsvorgang gehört eine gewisse Ausbreitung desselben, zu jeder Ortsbewegung die Erreichung eines jeweils wohlbestimmten Ortes. Diese beiden elementaren Bewegungen, die Schwingung und die Ortsbewegung, verhalten sich ihrerseits zueinander komplementär. Man kann ein elementares Kausalgeschehen auf die eine und auf die andere Weise beschreiben: als Schwingung und als Ortsbewegung; und man muß ein solches Geschehen unter gewissen unterschiedlichen Bedingungen entweder so oder so beschreiben. Wo Whitehead die konkreten elementaren Kausalprozesse in ihrer eigentümlichen Zielbestimmung als Ortsbewegung beschreibt, kann man sich des Eindrucks nicht erwehren, als sei die »zweite kopernikanische Wende« bei ihm eher eine bewußte Rückwendung zur Physik der Griechen, insbesondere zur Physik des Aristoteles, als ein philosophischer Schritt über Kants erste »kopernikanische Wende« hinaus. Und man ist in Versuchung, diese Rückwendung zur aristotelischen Physik eher als eine Erneuerung des Panpsychismus der Alten anzusehen denn als eine spezifisch neuzeitliche Umformung desselben. So ist Whitehead zufolge alles kausale Geschehen, sofern es Ortsbewegung ist, Entelechie; das heißt: Aktualisierung bzw. Verwirklichung eines wohlbestimmten raum-zeitlichen Datums aufgrund vorgegebener anfänglicher Daten, welche die bestimmten Möglichkeiten für eine solche Verwirklichung bereitstellen. Das kausale Geschehen einer bestimmten Ortsbewegung schließt insofern bestimmte Möglichkeiten einer solchen Bewegung als gegeben ein. In einer bestimmten Ortsbewegung findet ein kausaler Prozeß den ihm eigentümlichen, seinen natürlichen Ort und in diesem bzw. in seiner Erreichung die Erfüllung des eigenen Geschehens. Die Ortsbewegung als eine solche Entelechie ist nicht die einzige, wohl aber die elementarste Organisationsform eines bestimmten Kausalgeschehens. Der Panpsychismus der Alten bezieht sich auf solche elementaren Ortsbewegungen, indem in diesen eine jeweils bestimmte Selbstbewegung und in einer solchen, im Unterschied zu einer Bewegung durch Anderes, das ursprünglichste Kennzeichen des Lebens erkannt wird.

Man wird nun aber Whiteheads »zweiter kopernikanischen Wende« nicht gerecht, wenn man in ihr lediglich eine Rückwendung zur Physik des Aristoteles sieht. So kommt man vor allem nicht umhin, die von Whitehead postulierte Komplementarität von Schwingung und Ortsbewegung in ihrer theoretischen Bedeutsamkeit zu würdigen. Das Theorem dieser Komplementarität hängt direkt zusammen mit Whiteheads Kritik am Dogma der unmittelbaren Gegebenheit und an den Dogmen der Ding- und Substanzontologie. Diese Dogmen stehen nun aber im Zentrum der aristotelischen Physik. Hier sind die Dinge bzw. die ihnen entsprechenden materiellen Körper das unbestreitbar Erste und Grundlegende. Das heißt: ohne ihre unmittelbare Gegebenheit gibt es keine Bewegung und keine Bewegungsursache. Jede Bewegung, vorzüglich die Ortsbewegung, ist Bewegung eines Dinges bzw. Bewegung eines physisch-materiellen Körpers. Jeder solche Körper hat eine ihm eigentümliche Natur, die sich seinen natürlichen Elementen verdankt und welche den Grund der Bestimmtheit des natürlichen Ortes abgibt, auf den hin sich der natürliche Körper bewegt. Aber auch Ursachen der Bewegung und Bewegungskräfte gibt es nicht ohne die Voraussetzung von Dingen bzw. von materiellen Körpern. Die Suche nach einer bestimmten Bewegungsursache führt zwangsläufig immer auf ein oder mehrere Dinge, bzw. auf einen oder mehrere materielle Körper. So ist die bestimmte Ursache für die Bewegung eines materiellen Körpers in erster Linie in dessen Natur zu suchen, dann aber auch in einem zweiten Sinne in anderen materiellen Körpern. Auf der Grundlage der Kritik am Dogma der unmittelbaren Gegebenheit von Dingen und Substanzen vollzieht sich nun in Whiteheads Metaphysik und Physik eine Ablösung der Kausalprozesse und Ortsbewegungen von der Bindung an unmittelbar gegebene materielle Körper.[28] Daher ist hier jeder Kausalprozeß,

28 Materielle Körper werden von Whitehead als korpuskulare Gesellschaften begriffen und diese definiert als Gruppen von aktualen Entitäten, die in eine Mannigfaltigkeit von Gesellschaften mit einer personalen Ordnungsstruktur analysiert werden können. Der dabei verwendete Personenbegriff ist allerdings extrem formal und kann

jede Ortsbewegung ein natürliches Geschehen, welches darin seine Erfüllung findet, daß der entsprechende eigentümliche Ort, der »natürliche Ort« des Geschehens, erreicht wird. Indem Whitehead die Dogmen der älteren und jüngeren Metaphysik über Bord wirft, so vor allem das Dogma der unmittelbaren Gegebenheit und das Dogma des absoluten Primates der Dinge und Substanzen vor den Bewegungen und den Bewegungsursachen, wird es ihm möglich, ein neues Konzept der natürlichen Bewegung und der natürlichen Orte zu entwickeln. Innerhalb dieses Konzeptes werden die aristotelischen Begriffe der natürlichen Ortsbewegung und der natürlichen Orte in wesentlich veränderter Form festgehalten. Jeder einzelne, individuelle Kausalprozeß ist ein natürliches Geschehnis. Dieses enthält eine Tendenz, ein inneres Bestreben, welches darauf abzielt, ein bestimmtes Energiequantum in einer bestimmten raum-zeitlichen Region des extensiven Kontinuums zu verwirklichen. So gesehen stellt jede Besetzung einer bestimmten Gegend innerhalb des raum-zeitlichen Kontinuums durch ein bestimmtes Energiequantum die Aktualisierung eines natürlichen Ortes dar; und zwar desjenigen Ortes, auf den ein je bestimmter Kausalprozeß in seinem Streben nach Verwirklichung ausgerichtet ist. Zugleich aber gilt: Jede solche einzelne und einmalige Ortsbewegung ist eingebunden in einen umfassenden Bewegungszusammenhang. Die Aktualisierung eines Energiequantums in einer bestimmten Weltgegend stellt lediglich eine Durchgangsphase innerhalb dieses gesamten Bewegungsgeschehens dar. Dieses Geschehen hat den Charakter eines Schwingungsvorganges.

Schwingungen bzw. Pulsierungen oder Vibrationen bilden demnach in Whiteheads Metaphysik elementare kausale Bewegungsvorgänge.[29] Diese bilden ein polares Geschehen der Verinnerli-

nicht ohne weiteres mit unseren Vorstellungen von der menschlichen Personalität zusammengebracht werden. Vgl. *PR*, p. 34 f/dt. S. 84 f.

29 Bei Whitehead ergibt sich die Auszeichnung dieser Bewegungsform nicht zuletzt aus dem Paradigma der Elektrodynamik, welches die kosmologische Spekulation in der gegenwärtigen Weltepoche leitet. Es ist aber nicht schwer zu sehen, daß der Begriff der Schwingung und der des Rhythmus hier eine sehr viel weitergehende, über das Paradigma hinausreichende metaphysische Bedeutung hat. Unter diesem Gesichtspunkt ist es von erheblichem Interesse, zu sehen, daß auch Kant im Opus Postumum bei seinen Spekulationen über den Äther

chung und der Veräußerlichung, in welchem sich Innerlichkeit und Äußerlichkeit zueinander komplementär verhalten. Whiteheads universale Bewegungslehre orientiert sich demnach nicht primär, wie die des Aristoteles, an den paradigmatischen Bewegungen natürlicher Elemente und an den Selbstbewegungen der Tiere im Raum. Sie bezieht sich vielmehr in erster Linie auf ein neuzeitliches wissenschaftliches Paradigma, nämlich auf das der Elektrodynamik. So ist Whiteheads neue Metaphysik wesentlich bestimmt dadurch, daß sie das alte Paradigma der Newtonschen Physik durch dieses neue Paradigma abgelöst sieht. Wenn es hier überhaupt einen Sinn macht, von einem Panpsychismus zu reden, so ist dieser in einer metaphysischen Interpretation elektromagnetischer Schwingungen mit Hilfe der Kategorie der Subjektivität zu suchen. Gewiß wird man die Phänomene der Schwingung von der Elektrodynamik auf andere natürliche Vorgänge, insbesondere auf Vorgänge tierischen Lebens, übertragen können. Man denke an die Goetheschen Betrachtungen über die Diastole und Systole. Hier aber kommt es zunächst auf etwas anderes an: Man muß bei Whiteheads Transformation des Panpsychismus nämlich vor allem bedenken, daß dort nicht nur Kausalprozesse von dinghaften Substraten befreit werden, die ihnen die alte Substanzenontologie untergeschoben hatte. Vielmehr werden bei dieser Transformation wesentliche Prioritäten der alten Ontologie und Physik auf den Kopf gestellt. Wo einstmals die Dinge das Erste waren vor den Bewegungen und den Ursachen, werden nunmehr die Bewegungen das Erste und die Dinge das Zweite und Abgeleitete; und wo der materielle Körper als das Erste angenommen wurde vor der Ortsbewegung und den bewegenden Kräften, gilt nunmehr die Dynamik der kausalen Lokalisierungen als das Erste und die Gegebenheit materieller Körper als das Zweite und Abgeleitete.[30] Diese Umkehrung der traditionellen

zur Auffassung analoger Bewegungsformen gelangt ist. Vgl. Adickes, a.a.O., S. 363-375.

30 Da Whitehead zufolge materielle Körper komplexe Gesellschaften von ursprünglichen aktualen Entitäten sind, kann dementsprechend die Ortsveränderung dieser Körper nicht die ursprünglichste Bewegungsform sein. Im übrigen setzt eine solche Ortsveränderung die Gegebenheit von Orten im raum-zeitlichen Kontinuum als reale Gegebenheit voraus. Insofern bedarf es eines Prinzips der Realisation dieser Orte. Dieses fand Whitehead in Gestalt von Elementarprozes-

metaphysischen Prioritäten gehört zu den maßgeblichen Prämissen, die es Whitehead ermöglichen, unlebendige materielle Körper ebenso wie tierische Leiber als Formen der Organisation gegebener Gruppen von aktualen Entitäten, d. i. als Formen der konkreten Einheit zielgerichteter Kausalprozesse und Ortsbewegungen, anzusehen. Für diese Betrachtungsweise ist die Differenz zwischen einem mechanischen und einem organismischen System, die Differenz zwischen einem Leblosen und einem Lebendigen, lediglich eine Differenz hinsichtlich des bestimmten Grades der Komplexität verschiedener Organisationsformen und ihrer kausalen Bedingungen.[31] Unter diesem Gesichtspunkt wird die Aufstellung eines kategorialen Schemas und die Entfaltung desselben zu einer idealen Typik verschiedener mehr oder weniger komplexer Organisationsformen die vordringliche Aufgabe der Metaphysik. Diese ideale Typik der Organisationsformen ermöglicht eine begriffliche Deutung der Gegebenheiten der menschlichen Erfahrung. Mit der Orientierung am wissenschaftlichen Paradigma der Elektrodynamik verläßt Whitehead den Geltungsbereich eines möglichen Panpsychismus der Alten und der Neueren. Mit der Relativierung der Differenz zwischen Mechanismus und Organismus, zwischen dem Unlebendigen und dem Lebendigen, gewinnt er einen methodisch gesicherten Standpunkt jenseits des Panpsychismus und seiner Verneinung.

Whiteheads moderne Metaphysik der Subjektivität hat demzufolge auch wenig zu schaffen mit dem von Kant aufgestellten Begriff des Panpsychismus, nach welchem die Natur insgesamt als Lebewesen und als Tier vorgestellt wird. Zwar ist für Whitehead die Natur im ganzen und in jedem ihrer Teile eben das, was

sen, deren Produkt eben die Verwirklichung eines jeweils bestimmten Ortes ist. Wie schon bei Kant, so bleibt auch hier das Problem der Ortsveränderung materieller Körper ein offenes Problem. Vgl. Adikkes, a.a.O., S. 363 ff.

31 Whiteheads Kategoriensystem enthält ein Konstruktionsprinzip, welches es erlaubt, von einfachen Erfahrungsgegebenheiten ausgehend immer komplexere Einheiten der Organisation zu konstruieren. Dank dieses Konstruktionsprinzips wird es möglich, den Hiatus zwischen An-sich-Sein und Erscheinung zu überbrücken, den Whitehead als den theoretischen Hauptmangel in so heterogenen metaphysischen Entwürfen wie denen Leibnizens, Kants und Bradleys kritisiert hat. Vgl. *PR*, p. 190/dt. S. 353.

Kant in der »Kritik der teleologischen Urteilskraft« in Frage stellt, nämlich: ein System der Zweckmäßigkeit: Jede aktuale Entität, jeder einzelne Kausalprozeß ist ebenso wie eine jede Form der Organisation von Gruppen von Kausalprozessen ein solches System der Zweckmäßigkeit. Diese Systeme lassen sich hinsichtlich der Typik ihrer Organisationsformen unterscheiden. Tierheit ist nur eine abstrakte Form der Organisation unter anderen. Gegen die Annahme, daß die Natur im ganzen diese Form der Organisation aufweise, spricht nicht nur das Argument, welches besagt, daß so ohne zureichenden Grund eine der zahllosen Organisationsformen, welche die Natur hervorgebracht hat, absolut gesetzt und in dieser absoluten Setzung auf das Ganze der Natur angewandt wird. Gegen die Auffassung der Natur im ganzen als Tier spricht auch und insbesondere die wissenschaftliche Erfahrung. Dieser zufolge liegt es näher, daß in der Natur meistenteils die Organisationsform der Schwingung vorherrscht. Über diese hinaus findet sich selten genug in den unendlichen Weiten des Kosmos die Form des mechanischen Körpers, noch seltener die des mehr oder weniger entwickelten Organismus. Aber nicht darauf kommt es hier in erster Linie an, zu demonstrieren, daß Whiteheads Metaphysik der Subjektivität mit dem von Kant aufgestellten Begriff des Panpsychismus wenig zu tun hat. Wichtiger ist die Bedeutung, die jene Metaphysik dadurch gewinnt, daß sie eine Kritik an Kants kritischer Darstellung der Systeme der Zweckmäßigkeit und auf diesem Wege eine Kritik an Kants Metaphysik der Subjektivität ermöglicht. Es ist nicht schwer, mit Whiteheads Augen zu sehen, daß in den von Kant kritisierten vier Systemen einer Zweckmäßigkeit der Natur die alten Dogmen der unmittelbaren Gegebenheit und des Primats der Dinge und Substanzen vor den Bewegungen und den Bewegursachen ungebrochen in Kraft sind. So lebt der Okkasionalismus von der Annahme der unmittelbaren Gegebenheit einfacher materieller Körper und körperlicher Bewegungen, die der Form dieser Körper entsprechen, und der Fatalismus von der Annahme eines höchsten allumfassenden Naturwesens, welches die Form der Substanz besitzt und aufgrund dieser Form durch seine Attribute und deren Modifikationen alle endlichen Dinge in ihrem Verhalten determiniert. Für den Pantheismus wiederum ist das unmittelbar Gegebene nichts anderes als die Natur im ganzen, die unter der allgemeinen Form eines natürlichen Tieres begriffen wird. Der Theismus schließlich nimmt das unmittelbar Gegebene als absolutes Subjekt, d. h. als ein Ding oder eine Substanz, die mit der höchsten erdenklichen Form, der Form der Vernunft, begabt ist und aufgrund dieser Form nach vernünftigen Zwecken handelt. Aber wie gesagt: Aus Whiteheads Sicht ist nicht nur Kants Darstellung der mancherlei Systeme von der Zweckmäßigkeit der Natur durch jenes Dogma der unmittelbaren Gegebenheit bestimmt. Vielmehr steht auch dessen Kritik an jenen Systemen, ja seine eigene neue Metaphysik der Natur im Banne jenes Dogmas. Zwar sind für Kant nicht mehr in erster Linie Substanzen und materielle Körper das unmittelbar Gegebene.[32] Wohl aber muß im Blick auf die Möglichkeit menschlicher Naturerkenntnis aus der Sicht seiner Transzendentalphilsophie ein unmittelbar durch die menschlichen Sinne Gegebenes angenommen werden, aus dem der menschliche Verstand mittels seiner Gesetzmäßigkeit den Begriff eines materiellen Körpers als Gegenstand möglicher Erfahrung gewinnt.[33]

2. Geschichte oder Konstruktion der Erkenntnis

Das Fortwirken dieses Dogmas der unmittelbaren Gegebenheit in Form der Annahme der unmittelbaren Gegebenheit der Sinne bestimmt nun aber insbesondere das Verhältnis von Determination und Reflexion in Kants kritischer Transzendentalphilosophie, und damit insbesondere auch das Verhältnis von mechanischer und teleologischer Kausalität. Denn die bestimmende Urteilskraft setzt das Sinnlich-Gegebene voraus, um dieses mittels der allgemeinen Verstandesgesetze unter dem Begriff eines materiellen Körpers zu subsumieren, der den allgemeinsten Kausalgesetzen entsprechend sich verhält. Die reflektierende Urteilskraft ihrerseits setzt eben diese Sinnesgegebenheiten voraus, allerdings um für sie die konkreteste spezifische Gesetzmäßigkeit allererst zu finden. Vor allem aber bleibt in Kants kritischer Transzendental-

---

32 Maßgeblich ist statt dessen das Materiale der Bewegungen und der Kräfte.

33 Interessant ist in diesem Zusammenhang Kants Bemühung, den Äther bzw. den Wärmestoff als Objekt der Sinne aufzufassen, der aber nicht zugleich ein Gegenstand möglicher Erfahrung ist (Adickes, a.a.O., S. 384).

philosophie das neue Konzept der Subjektivität den alten Dogmen der Substanzontologie verhaftet. Subjekte sind für Kant letzten Endes nichts anderes als »Dinge mit einem Subjekt«. Das heißt: sie sind Dinge bzw. Substanzen, die sich von anderen Dingen, »Dingen ohne Subjekt«, durch spezifische Vermögen und Eigenschaften unterscheiden. Kants neue Metaphysik der Subjektivität – wenn von einer solchen zu reden erlaubt ist – unterscheidet sich von der Tradition nicht durch eine unmißverständliche Trennung zwischen Ding-Begriff und Subjekt-Begriff, sondern durch eine scharfe methodische Unterscheidung zwischen zwei zu trennenden Subjekt-Begriffen, die beide Begriffe von Dingen mit einem je spezifischen Subjekt sind. Es handelt sich hier um die Unterscheidung zwischen einer transzendental-idealen und einer empirisch-realen Subjektivität. Dabei gilt die transzendental-ideale Subjektivität als ein Ding, welches mit einem Erkenntnisvermögen ausgestattet ist, welches zu einer Erkenntnis apriori befähigt. Demgegenüber ist das empirisch-reale Subjekt ein vorstellendes Ding, in dessen Vorstellungen sich Sinnlichkeit und Verstand zu Wahrnehmungen und sonstigen empirischen Erkenntnissen verbunden haben. Dabei kam es Kant darauf an, dies vor allem zu beweisen, daß die transzendentale Subjektivität als ein Erkenntnisvermögen apriori den Denk- und Erkenntnisgrund der empirischen Subjektivität bilde; daß sie durch ihre Erkenntnisprinzipien die Bedingung apriori bereitstelle für die Möglichkeit einer empirischen Subjektivität und deren empirischer Erfahrungserkenntnisse. Empirische Subjekte wurden dabei mitsamt ihrer empirischen Erkenntnis als spezifische Gegenstände einer möglichen Erfahrung angesehen. Die fragliche Einheit zwischen der einen und der anderen Subjektivität und die Analyse des Erkenntnisvermögens dieser Subjektivitäten bilden den methodischen Leitfaden für eine Beantwortung der philosophischen Grundfrage nach dem Wesen des Menschen. Deswegen war das thematische Erkenntnisvermögen das sogenannte höhere Erkenntnisvermögen, dasjenige, in welchem Verstand und Vernunft im Prinzip die Herrschaft über die Sinnlichkeit ausüben und durch dessen Besitz der Mensch sich von anderen vernünftigen ebenso wie von vernunftlosen Wesen unterscheidet. Wenn hier von einer zweiten kopernikanischen Wende bei Whitehead die Rede ist, so ist damit die Aufgabe gestellt, diese auch in diesem Punkt mit der von Kant proklamierten ersten Wende zu vergleichen.

Kant hat die kopernikanische Wende in der Weise beschrieben, daß er angesichts der Aufgabe einer Grundlegung der metaphysischen Erkenntnis eine theoretische Alternative aufgestellt und diese zugunsten der einen der beiden Seiten entschieden hat. Entweder müsse sich die Erkenntnis nach dem Gegenstand oder aber dieser sich nach der Erkenntnis richten; und nur im zweiten Falle, dann also, wenn gesichert sei, daß der Gegenstand sich nach der Erkenntnis richte, sei die Möglichkeit einer metaphysischen Erkenntnis gewährleistet. Diese aber sei ihrer Begriffsbestimmung nach: reine Erkenntnis apriori. Wenn hier von Whiteheads zweiter kopernikanischer Wende im Unterschied zu Kants erster Wende gesprochen wird, so wird dadurch das Mißverständnis nahegelegt, als sei dadurch die erste Wende rückgängig gemacht und damit philosophisch Partei ergriffen zugunsten jener von Kant zurückgewiesenen Möglichkeit, derzufolge sich die Erkenntnis an den Gegenständen auszurichten habe. Zwar ist es richtig, daß in Whiteheads neuer Metaphysik der Subjektivität die Idee einer reinen Erkenntnis apriori allenfalls einen Grenzbegriff bildet, keineswegs aber den Schlüssel zum Begriff einer metaphysischen Erkenntnis abgibt. Daher ist es auch zutreffend, Whiteheads Metaphysik als eine Metaphysik der Erfahrung zu charakterisieren. Gerade deswegen aber ist es auch unmöglich, hier einfach eine Rückwendung zu der Metaphysik zu sehen, die Kant im Unterschied zu der eigenen kritischen die dogmatische genannt hat. Für Whitehead ist die von Kant aufgestellte theoretische Alternative in ihrer Ausschließlichkeit letztlich nicht gültig. Vielmehr steht dieselbe unter einer Reihe von problematischen Prämissen, deren fragwürdigste wiederum jenes immer wieder zu kritisierende Dogma der unmittelbaren Gegebenheit der Dinge ist. Denn in jener Alternative wird der Gegenstand als ein Ding ohne Vernunft, die Erkenntnis als ein Ding mit Vernunft vorgestellt: und es müssen sich demnach die Dinge ohne Vernunft nach den Dingen mit Vernunft richten, wenn Vernunfterkenntnis des Menschen, d. i. metaphysische Erkenntnis, möglich sein soll. Whitehead hat jene theoretische Alternative durch einen einfachen Gedankenzug unterlaufen: Der Gegenstand der Erkenntnis muß selbst den Charakter der Erkenntnis haben, wenn Erkenntnis überhaupt und somit auch metaphysische Erkenntnis möglich sein sollen. So finden wir in Whiteheads Metaphysik der Subjektivität an die Stelle des Grundverhältnisses von Gegenstand und

Erkenntnis das neue Grundverhältnis einer Erkenntnis der Erkenntnis gesetzt.[34] Für Kant war Erkenntnis ihrem allgemeinen Begriffe nach ein absolutes Ganzes, welches in seiner unmittelbaren begrifflichen Gegebenheit zum Gegenstand einer ausgezeichneten philosophischen Analysis, zum Gegenstand einer »transzendentalen Analytik«, gemacht werden konnte. Diese Analytik nahm die Elemente der Erkenntnis wiederum als unmittelbare Gegebenheiten, die in ihrem unmittelbaren Gegebensein überhaupt keine Erkenntnis darstellten. Auf diese Weise vermeinte die transzendentallogische Methode dartun zu können, wie aus gegebenen Nicht-Erkenntnissen Erkenntnisse werden: nämlich dadurch, daß sie als Elemente der Erkenntnis unter allgemeinen Bedingungen ihrer kategorialen Synthesis in der Einheit eines transzendentalen Subjektes verbunden gedacht werden. Whitehead hat ein solches methodisches Vorgehen der Konstruktion eines konkreten Seienden, hier der konkreten Erkenntnis, aus abstrakten Elementen als sinnlos angesehen; und zwar, weil – so sein Argument – dabei immer schon Erkenntnis vorausgesetzt ist und überhaupt nie das Konkrete aus dem Abstrakten abgeleitet und konstruiert werden kann. Aus Abstraktem wird immer nur wieder Abstraktes. Das Konkrete dagegen muß in seiner immer schon gegebenen Verbundenheit mit anderen gegebenen Konkreta genommen und verstanden werden.[35]

Wenn Whiteheads neue Metaphysik der Subjektivität nicht von der Differenz zwischen Gegenstand und Erkenntnis, sondern von der Differenz zwischen einer konkreten Erkenntnis und einer anderen konkreten Erkenntnis ausgeht, so bedeutet dies: Jede Erkenntnis setzt in ihrer jeweiligen konkreten Gegebenheit andere konkrete Erkenntnis voraus. Sie bezieht sich auf vorgegebene Erkenntnis. Sie ist durch vorgegebene Erkenntnis veranlaßt, wenn auch nicht durch diese determiniert. Jede einzelne konkrete

34 Deswegen kann Whitehead die These vertreten, daß die Differenz zwischen Korrespondenztheorie und Kohärenztheorie der Wahrheit keine absolute sei, vielmehr nur ein Unterschied der perspektivischen Deutung (*PR*, p. 191/dt. S. 354).

35 Whitehead spricht in diesem Zusammenhang von einem weitverbreiteten Mißverständnis hinsichtlich der explanatorischen Funktion der Philosophie. Philosophie sei prinzipiell nur als Explanation des Abstrakten, nicht als Explanation des Konkreten aus dem Abstrakten möglich (*PR*, p. 20/dt. S, 60 f).

Erkenntnis ist – wie schon bei Kant – eine Synthesis und eine synthetische Erkenntnis. Aber die Elemente, aus denen sie entsteht und besteht, sind ihrerseits immer je schon Erkenntnisse. Eine jede einzelne Erkenntnis ist demnach Synthesis vorgegebener Erkenntnis. Die Synthesis selbst ist Selektion und Verarbeitung der gegebenen Erkenntnisse. So gesehen ist Whiteheads Metaphysik der Subjektivität eine Metaphysik der Erkenntnis. Gerade hier mag der Abstand zum älteren und jüngeren Panpsychismus deutlicher werden. Diese Metaphysik der Erkenntnis ist keine andere als eine Metaphysik der Prozesse und des kausalen Geschehens. Jeder kausale Prozeß ist ein Erkenntnisprozeß. Ein solcher Erkenntnisprozeß bezieht sich auf gegebene andere Erkenntnisse, die ihn kausal veranlassen und deren kausale Veranlassung und Wirkung in dem fraglichen Prozeß selbst erkannt werden. Jeder einzelne Erkenntnisprozeß hat als ein konkreter Kausalprozeß sein eigenes unverwechselbares Selbst. Er ist ein einzigartiges Selbst- und Für-sich-Sein. Das Selbst-Sein eines solchen Prozesses bedeutet nichts anderes als dies: er ist dieser Prozeß selbst und als ein solcher nicht mit einem anderen Erkenntnisprozeß zu verwechseln. Indem jeder einzelne Erkenntnisprozeß er selbst ist, ist in ihm die Möglichkeit der Entwicklung von Selbst-Erkenntnis gegeben. Die Rede von dem ontologischen Grundverhältnis »Erkennen des Erkennens« verweist demnach auf eine Reflexion in diesem Erkenntnisverhältnis. Eine gegebene Erkenntnis reflektiert die gegebene Erkenntnis, die ihren kausalen Anlaß bildet. Sie geht – reflektierend – über gegebene Erkenntnisse hinaus, weil sie unmöglich dieselbe Erkenntnis wie die ihr vorgegebene Erkenntnis sein kann. Dieses Hinausgehen einer jeden einzelnen Erkenntnis über die vorgegebenen Erkenntnisse hinaus darf nun nicht als Überlegenheit der einen Erkenntnis gegenüber den alten Erkenntnissen aufgefaßt und schon gar nicht mit einer transzendentalen Reflexion verwechselt werden, welche eine ontologische Differenz zwischen Transzendentalität und Empirie statuiert. Die hier im Verhältnis konkreter einzelner Erkenntnisse auftretende Reflexion statuiert zunächst immer nur ein Anderssein und eine neue Einzigartigkeit und Unverwechselbarkeit. Fortentwicklung kann eine Höherentwicklung sein. Aber sie ist es nicht notwendig. Ebensogut kann sie eine Rückentwicklung sein. Um im Blick auf verschiedene zusammenhängende und vergleichbare Erkenntnisse von Fortschritt oder Rückschritt, von Höherentwicklung oder Rückentwicklung sprechen zu können, müssen gültige Normen für eine entsprechende Beurteilung vorliegen, deren Gültigkeit zumindest für die verglichenen Erkenntnisse irgendwie sich muß ausweisen können. Zweifellos gibt es auch in der bestimmten Hinsicht eines konkreten Vergleichs verschiedene mögliche Normen der Beurteilung und der Bewertung; und einer jeglichen äußeren Vergleichung und Bewertung zuvor hat jeder einzelne konkrete Erkenntnisprozeß seine spezifische ihm eigentümliche Bedeutsamkeit, seinen eigenen Wert. Deswegen ist es höchst problematisch, von der unmittelbaren Gegebenheit eines höheren Erkenntnisvermögens bzw. von dem Begriff eines Vernunftwesens auszugehen. Die Gegebenheit möglicher höherer Erkenntnisse setzt voraus, daß die Gegebenheit einfacher und elementarer Erkenntnisse vorliegt, aus der jene Gegebenheit unter gewissen Bedingungen verständlich werden kann.

Vom Standpunkt der neuen Metaphysik der Subjektivität Whiteheads aus zeigt sich, daß Kant dort am dogmatischsten ist, wo er am kritischsten sein will, nämlich in der Grundannahme der unmittelbaren Gegebenheit der Vernunft. Whiteheads Transformation des älteren und des jüngeren Panpsychismus geht Hand in Hand mit einer tiefgreifenden Revision des traditionellen Vernunftbegriffes. Vernunft ist nicht mehr allererst in Verbindung mit einem höheren Erkenntnisvermögen gegeben und überhaupt nicht an die Voraussetzung der Existenz eines hochentwickelten Dinges mit Vernunft geknüpft. Vernunft findet sich vielmehr in jedem einzelnen Erkenntnisgeschehen, in jedem Kausalprozeß der Erkenntnis, sofern dieser immer eine je eigene Bedeutsamkeit für sich und für andere Erkenntnisse hat. Vernunft ist daher auch und immer schon im einfachsten Spüren und Fühlen, in der elementarsten Empfindung. »Kritik des reinen Gefühls« hat Whitehead seine philosophische Unternehmung in ausdrücklichem Kontrast zu Kants »Kritik der reinen Vernunft« genannt.[36] Whiteheads Ausgangspunkt in der Metaphysik der Subjektivität ist demnach die Grundbeziehung »Erkennen des Erkennens« in der einfachsten und elementarsten Form, nämlich als Fühlen von Gefühlen, als Spüren von Spuren, als Empfindung von Empfindungen. Von dieser Grundrelation aus wird nun Kants Entscheidung

36 Vgl. Anm. 21.

fragwürdig, welche fordert, es müsse der Gegenstand sich nach der Erkenntnis richten.[37] Whiteheads zweite kopernikanische Wende ersetzt dieses dogmatische Diktum eines vermeintlichen Kritizismus durch eine differenziertere Betrachtungsweise. Es muß nämlich beides gelten: Der Gegenstand muß sich nach der Erkenntnis und die Erkenntnis muß sich nach dem Gegenstand richten. Beides muß gelten im Hinblick auf jede einzelne Erkenntnis und ihre Beziehung auf andere Erkenntnisse, die ihren kausalen Anlaß und am Ende ihren Gegenstand bildet. Aber damit nicht genug: Wenn für jede einzelne konkrete Erkenntnis gilt, daß sie ein einmaliges und unverwechselbares Geschehen, ein einzigartiger Kausalprozeß ist, so bedarf es einer weiteren korrigierenden Ergänzung jenes transzendental-philosophischen Diktums, dem zufolge sich die Gegenstände nach der Erkenntnis richten müssen. Nicht nur muß die Erkenntnis sich ebenso auch nach den Gegenständen richten, sondern: keine Erkenntnis »kann und will und darf«[38] sich vollständig nach denjenigen Erkenntnissen richten, die ihren kausalen Anlaß bilden und aus denen sie ihren Gegenstand formt. Und wiederum gilt: kein Gegenstand, keine vergegenständlichte Erkenntnis darf sich nach einer Erkenntnis allein richten, für die sie Gegenstand ist. Sie muß sich auch auf andere mögliche Erkenntnisse ausrichten, für die sie Gegenstand sein oder werden kann. Whitehead hat dementsprechend von der äußeren Freiheit und der inneren Determination der aktualen Entitäten gesprochen. Das bedeutet: Jeder einzelne Kausalprozeß, jeder konkrete Erkenntnisprozeß ist in ebenjenem Sinne äußerlich frei und innerlich determiniert. Kants transzendentale Analyse kann diesem Sachverhalt aufgrund seines Dogmas der unmittelbaren Gegebenheit nicht gerecht werden. Da die Elemente der transzendentalen Analytik per definitionem keine Erkenntnisse sind, kann die Konstruktion einer Erkenntnis von Gegenständen möglicher Erfahrung lediglich als logische Konstruktion und der Erkenntnisprozeß somit als idealiter determiniert gedacht werden.

Whiteheads Revision des traditionellen Vernunftbegriffes er-

37 Vgl. Anm. 34.
38 Dies ist eine Anspielung auf das Pentagramm der Pathosophie Viktor von Weizsäckers in Gestalt der pathischen Kategorien des Dürfens, Müssens, Wollens, Sollens, Könnens (vgl. dessen *Pathosophie*, Göttingen 1956, S. 60 ff).

schöpft sich nicht in der Abkoppelung der Vernunft von der Bindung an ein höheres menschliches Erkenntnisvermögen und in der Verankerung der Vernunft in den elementaren Zusammenhängen des spürenden Erkennens von etwas. Die Vernunft ist vorzüglich in jenem Spannungsverhältnis, in der Komplementarität von äußerer Freiheit und innerer Determination. Vernunft ist nicht nur in der äußeren kausalen Abhängigkeit eines konkreten Erkenntnisprozesses von anderen ihm vorgegebenen Erkenntnisprozessen. Sie ist auch in der inneren Eigengesetzlichkeit, in der unverwechselbaren Eigentümlichkeit eines jeden singulären Geschehens. Diese Vernunft in der Freiheit und in der Determination kann auch als Prinzip der Irreduzibilität konkreter Erkenntnisse aufgefaßt werden. Kein konkretes Geschehen, kein einzelner Erkenntnisprozeß läßt sich ohne zusätzliche Bedingungen der Erkenntnis auf abstrakte Elemente reduzieren. Ebensowenig ist es möglich, ihn schlechthin auf andere Erkenntnisprozesse oder auf Erkenntnisprozesse anderer Art zu reduzieren. Jede solche Reduktion geht unvermeidlich auf Kosten der jeweiligen Eigengesetzlichkeit. Sie ist zwangsläufig eine Reduktion dieser Eigengesetzlichkeit auf eine äußere allgemeine Gesetzmäßigkeit. Whiteheads zweite kopernikanische Wende ist eine prinzipielle Revision der Begriffe der Vernunft und der vernünftigen Subjektivität in Kants Transzendentalphilosophie. Diese Revision bleibt nicht dabei stehen, in Kants Subjekt- und Vernunftbegriff das Fortwirken des Dogmas der unmittelbaren Gegebenheit der Dinge und Substanzen nachzuweisen. Die beschriebene Revision des Vernunftbegriffes berührt auch ganz direkt den transzendentalen Subjektbegriff. Für Kant ist die wichtigste Seite der Vernünftigkeit der transzendentalen Subjektivität ihre Universalität. Anders als die empirische Subjektivität in ihrer komparativen Allgemeinheit und in der komparativen Allgemeinheit ihrer empirischen Erkenntnisse gilt die transzendentale Subjektivität als schlechthin universal. Das heißt: diese Subjektivität bildet den logischen Ort für alle universalen Prädikate, die wir einem Gegenstand zuschreiben müssen, wenn dieser als ein Gegenstand möglicher Erfahrungserkenntnis soll gedacht werden können. So kommt gerade in Kants Idee der Universalität des transzendentalen Subjektes jenes Dogma der unmittelbaren Gegebenheit der Subjektivität als vernünftiger Substanz besonders kraß zum Vorschein.

Christoph Wassermann
Mathematische Grundlagen
von Whiteheads Religionsphilosophie

Will man die Theorie Whiteheads verstehen, kommt man nicht umhin, seine mathematischen Werke zu untersuchen. Da sie umfangreicher als seine philosophischen Werke sind, kann man sie mit dem verborgenen Teil eines Eisbergs vergleichen. Wie bei einem Eisberg nur ein Bruchteil über der Wasseroberfläche sichtbar ist und der größere Teil im Wasser verborgen schwimmt, so ist in der Theorie Whiteheads nur ein Bruchteil der Motivationskraft für bestimmte Elemente seiner Theorie in den philosophischen Schriften sichtbar. Tragende Einsichten, die der Theorie Whiteheads ihren spezifischen Charakter gegeben haben, sind im mathematischen Teil seines Werks verborgen.

Das Bild vom Eisberg setzt natürlich voraus, daß beide Teile von Whiteheads Werk, nämlich der mathematische und der philosophische Teil, gemeinsame Strukturmerkmale aufweisen. Denn nur dann kann der Versuch gelingen, für Theorieelemente, die in der philosophischen Theorie Whiteheads eine wichtige Rolle spielen, eine Grundlage im mathematischen Teil seines Werkes zu finden.

Die vorliegende Arbeit sucht diesen genetischen Zusammenhang exemplarisch aufzudecken, indem sie einen Teil der Theorie Whiteheads, seine Religionsphilosophie (besonders das 1926 veröffentlichte Werk *Religion in the Making*), auf ihre Abhängigkeit von solchen Elementen analysiert, die in seinem frühen mathematischen Werk (besonders in dem 1898 veröffentlichten *A Treatise on Universal Algebra with Applications*) eine strukturgebende Funktion haben. Dabei soll untersucht werden, ob die Mathematik und die Philosophie Whiteheads Gemeinsamkeiten aufweisen und ob in den frühen mathematischen Einsichten eine treibende Kraft bei der Gestaltung und Kontrolle späterer philosophischer Gedanken zu sehen ist.

A. Universale Algebra als Koordinierung
unterschiedlicher Arten von Multiperspektivität

In der ersten großen mathematischen Publikation Whiteheads finden wir eine komplexe theoretische Struktur, die erweitert und verallgemeinert bis in seine philosophischen Publikationen hinein nachgewirkt hat. Es handelt sich um die differenzierte Vernetzung und Koordination abstraktiver Elemente, die es erlaubten, unterschiedliche Algebren auf dem Hintergrund ihrer Interpretation in speziellen Mannigfaltigkeiten zu einer universalen Algebra zu verbinden. Diese Struktur findet sich in Buch 1 seines 1898 erschienenen opus magnum *A Treatise on Universal Algebra with Applications*. Der dort unter der Überschrift »Prinzipien des algebraischen Symbolismus« (*UA*, p. XIII) verwendete Ansatz zur Integration diverser Algebren zu einer universalen Algebra kann als die Aufstellung einer kontrollierten Verbindung unterschiedlicher Arten von Multiperspektivität oder Polykontextualität umschrieben werden.

Wichtige Elemente dieser komplexen Denkfigur sind bereits in der allgemeinsten Definition eines (mathematischen) Kalküls angedeutet: »Die Kunst der Manipulation substitutiver Zeichen nach feststehenden Regeln und der Ableitung daraus von wahren Aussagen ist ein Kalkül« (*UA*, p. 4). Whiteheads entfaltende Erklärung der Bestandteile dieser Definition erlaubt die Unterscheidung von mindestens vier Arten der Multiperspektivität oder Polykontextualität. Die Analyse der üblichen Form von Aussagen in einem Kalkül führt zur *formativen* Multiperspektivität von Äquivalenzaussagen. In der allgemeinsten Auffassung der Manipulation von Zeichen eines Kalküls begründet ist die *operative* Multiperspektivität von synthetisierenden Ableitungen. Die kontrollierte Kombination dieser beiden Arten der Multiperspektivität in sich wechselseitig konkretisierenden oder abstrahierenden Schemata und Mannigfaltigkeiten stellt eine Reduktion der multiperspektivischen Komplexität von Kalkülen dar. Die konstrollierte Erhöhung der Komplexität solcher Kalküle kommt in der *relativistischen* Multiperspektivität der (durch die Einführung von sekundären Eigenschaften ermöglichten) kreuzweisen Klassifikation von Elementen einer Mannigfaltigkeit und in der *vernetzenden* Multiperspektivität der (durch die Einbeziehung unterschiedlicher Mannigfaltigkeiten ermöglichten) Komplexion des Wirkungsbereichs von Operationen eines Kalküls zum Ausdruck. Vor einer Explikation dieser speziellen Arten von Multiperspektivität muß jedoch noch eine sie alle mitprägende *systematische* Multiperspektivität angesprochen werden.

1. Systematische Multiperspektivität im Geflecht von zeichenhafter Substitution und dinglicher Interpretation

Whitehead gehört zu den Mathematikern von Rang, die in der Mathematik nicht eine von der sinnlich wahrnehmbaren Realität unabhängige künstliche Sprache sehen, sondern die ihre partiell konstitutive Relation zur Wirklichkeit und deren Erfahrbarkeit ernst nehmen. Dies zeigt sich bereits bei seinen Bemerkungen zur »Definition eines (mathematischen) Kalküls« (*UA*, p. 4). Die manipulierbaren substitutiven Zeichen, die das Denken erleichtern, indem sie »über die symbolisierten Bedeutungen nicht zu denken« (*UA*, p. 4) erlauben, und deren Manipulationsregeln einen mathematischen Kalkül ausmachen, sind dann von »ernsthaftem wissenschaftlichen Wert, wenn eine Typus-Verwandtschaft zu Zeichen und Manipulationsregeln irgendeines Kalküls besteht, bei dem die verwendeten Markierungen substitutive Zeichen für Dinge und Relationen zwischen Dingen sind« (*UA*, p. 4). Die Dinge und die Relationen zwischen ihnen interpretieren dann die substitutiven Zeichen und die Relationen, die sie verknüpfen.

Whitehead unterscheidet hier drei Systeme, die hinsichtlich eines auf sie anwendbaren Kalküls gleichwertig sind. Es sind dies das System der (nicht weiter definierten) Dinge, dann ein System von substitutiven Zeichen, bei dem jedes verwendete Zeichen ein Ding oder eine Relation zwischen den Dingen des ersten Systems ersetzen kann, und zuletzt ein weiteres System substitutiver Zeichen, das eine Korrelation zu den Zeichen des zweiten Systems aufweist. Diese drei Systeme sind untereinander über die Operationen von Substitution und Interpretation verknüpft. Whitehead hat hier also nicht nur die Substitution eines Zeichens für ein anderes im Blickfeld, sondern auch die Substitution eines Zeichens für ein Ding. Die Dinge können dann als eine Interpretation der sie ersetzenden substitutiven Zeichen aufgefaßt werden.

Dieser Prozeß ist wichtig, weil nach Whiteheads Ansicht nur über diese zweiwegige Operation von Substitution und Interpretation beurteilt werden kann, ob die Manipulationsregeln für ein System substitutiver Zeichen von (natur-)wissenschaftlichem Wert sind oder nicht. Gleichzeitig werden damit die Bedingungen expliziert, mit deren Hilfe die Äquivalenz gewisser Eigenschaften eines Systems von Zeichen und eines Systems von Dingen behauptet werden kann.

Dieses komplementäre Paar von Operationen, Substitution und Interpretation, darf nicht mit einem anderen für Whitehead gleichfalls wichtigen Paar von Operationen, Abstraktion und Applikation, verwechselt werden. Bei der Abstraktion ist die Existenz von sich wechselseitig unter bestimmten Aspekten ersetzenden und interpretierenden Systemen die Grundlage für die Möglichkeit der Aufstellung eines alle diese so verbundenen Systeme zusammenfassenden abstrakten Systems. Das abstrakte System kann dann in jedem dieser konkreten Systeme angewandt werden. Später erweitert Whitehead diese Denkfigur so, daß nicht nur sich wechselseitig ersetzende und interpretierende Systeme, sondern auch Systeme, die zueinander in Kontrast stehen, auf einer höheren Stufe der Abstraktion zusammengefaßt werden. So z. B. wenn Algebra und Geometrie in der analytischen Geometrie zusammengefaßt werden, wo geometrische Figuren durch algebraische Gleichungen dargestellt werden können, da jeder geometrische Punkt einer bestimmten Anzahl von Werten, den Koordinaten dieses Punktes, zugeordnet wird (vgl. *IM*, p. 81 ff). Allgemein stellt Whitehead dazu fest: »Es ist nicht zuviel wenn man sagt, daß die verschiedenen Teile der Mathematik eine ständige Generalisierung durchlaufen, und daß sie, indem sie generalisiert werden, verschmelzen« (*IM*, p. 84). Die konzeptionelle Grundlage für diesen Zusammenhang bildet Whiteheads Analyse der Äquivalenz.

2. Die formative Multiperspektivität
der limitierenden Universalisierung
in Äquivalenzaussagen

Whitehead weicht auch in einem zweiten fundamentalen Punkt von vielen Mathematikern ab. Für ihn ist die Behauptung der Äquivalenz zwischen zwei unterschiedlichen Dingen oder Fakten, als die gebräuchlichste Form im Gefüge eines mathematischen Kalküls und meist durch das Gleichheitszeichen (=) symbolisiert, nicht einfach die Behauptung ihrer Identität (*UA*, p. 5 f). Die Aufgabe eines Kalküls besteht also für Whitehead nicht darin, Regeln für die Aufstellung und Deduktion von Tautologien zu erstellen. Vielmehr ist für ihn jede Behauptung von Äquivalenz in eine abstrakte Verflechtung eingebettet, deren wichtigstes Kennzeichen hier mit dem Begriff formative Multiperspektivität umschrieben werden soll. Diese Art von Multiperspektivität hat zwei Aspekte. Der erste wird hier gedankliche Limitierung, der zweite konzeptionelle Universalisierung genannt.

»Zwei Dinge sind äquivalent, wenn sie in einer bestimmten Absicht in gleicher Weise (indifferently) benutzt werden können. Somit impliziert die Äquivalenz separater (distinct) Dinge eine bestimmte festgelegte Absicht bei der Betrachtung, eine bestimmte Limitierung des Denkens oder des Handelns. Dann existiert innerhalb dieses limitierten Feldes keine Unterscheidung der Eigenschaft zwischen den beiden Dingen« (*UA*, p. 5). Diese *Einschränkung des Blickfeldes* bei der Behauptung von Äquivalenz erlaubt die Feststellung einer Identität von bestimmten Eigenschaften zweier Dinge auf dem Hintergrund der Unterscheidung und damit Nicht-Identität derselben Dinge in einem breiteren Kontext.

Dies ist jedoch nur der eine Aspekt. Der andere sieht in Äquivalenzbehauptungen den Ausdruck einer Kovarianz zwischen Ähnlichkeit und konzeptioneller Universalisierung. »...alle Dinge, die in irgendeiner Absicht als äquivalent begriffen werden können, bilden die Ausdehnung (im logischen Sinne) einer universalen Konzeption. Und umgekehrt, die Ansammlung von Objekten, die zusammen die Ausdehnung einer universalen Konzeption bilden, kann in einer bestimmten Absicht als äquivalent betrachtet werden« (*UA*, p. 6). Dieser Aspekt ist dem ersten entgegengesetzt. Er thematisiert nicht eine Limitierung, sondern eine *Erwei-*

terung des Blickfeldes, jedoch innerhalb des durch die Limitierung des Blickfeldes sich ergebenden Zusammenhangs. Beide Aspekte sind für das Verständnis von Äquivalenzbehauptungen konstitutiv.[1]

Beide Aspekte basieren auf einer für Whitehead elementaren Distinktion in Äquivalenzbehauptungen. »...die (Äquivalenz-) Aussage, die mit der Gleichung b = b' behauptet wird, besteht aus zwei Elementen, die wir, um der Pointierung willen, ›Truismus‹ und ›Paradoxon‹ nennen und bezeichnen wollen. Der Truismus ist die partielle Identität der beiden (Dinge) b und b', ihre gemeinsame B-heit. Das Paradoxon ist die Unterscheidung zwischen b und b', so daß b ein Ding ist und b' ein anderes Ding ist; und diese Dinge, indem sie unterschiedlich sind, müssen in einer bestimmten Relation diverse Eigenschaften haben« (*UA*, p. 6 f). Diese zwei Elemente, *Truismus und Paradoxon,* haben unterschiedliche Funktionen in einem mathematischen Kalkül. Bei der Interpretation von Äquivalenzaussagen im Rahmen eines Kalküls wird die ganze Aufmerksamkeit auf das Paradoxon in der jeweiligen Behauptung gelegt. Bei der Suche nach Regeln, mit deren Hilfe neue Äquivalenzaussagen auf ihre Äquivalenz hin untersucht werden können, tritt der Truismus in den Vordergrund.[2]

1 In seinen späteren Werken setzt Whitehead eine Kovarianz zwischen diesen beiden Aspekten voraus; d. h. je größer die gedankliche Limitierung bei der Betrachtung von unterschiedlichen Systemen, desto größer der Ausdehnungsbereich der beteiligten Konzeptionen.

2 Vgl. allgemein zu Whiteheads Analyse von Äquivalenzaussagen: W. Mays, »Whitehead and the Idea of Equivalence«, in: *Revue Internationale de Philosophie* 15 (1961), S. 167-184. Es ist nicht zufällig, daß Whitehead diese Gedanken später im Rahmen einer Diskussion des Relativitätsprinzips wiederaufnimmt (vgl. *R*, p. 40 f). Denn die hier vorgetragene Analyse von Äquivalenz ist ein konstitutives Element für Whiteheads später entwickelte Interpretation des Relativitätsprinzips. Die relativistischen Transformationsgleichungen, die die Invarianz der physikalischen Naturgesetze beim Übergang von einem Bezugssystem zu einem anderen in relativer Bewegung befindlichen Bezugssystem sichern, sind für Whitehead Äquivalenzaussagen im oben explizierten Sinne. Sie kontrollieren die Koordination eines Truismus mit einem Paradoxon und garantieren damit die einheitliche Sicht eines Systems, das als Verknüpfung verschiedener konfligierender Beschreibungen betrachtet werden muß.

3. Operative Multiperspektivität bei der relationalen Synthese und Komplexion von Elementen in einem gemeinsamen Feld

Zur Überprüfung der partiellen Identität zweier Dinge in einer Äquivalenzbehauptung gibt es nach Whitehead zwei Wege. Auf dem ersten, direkten Weg ist es durch indirekte Inspektion möglich, das Identische an den beiden Dingen festzustellen. Auf dem zweiten, indirekten Weg stützt sich diese Einsicht in die Teil-Identität zweier Dinge auf deren respektive Herleitung aus anderen Dingen, die ihrerseits entweder identisch oder äquivalent sind. Dieser zweite Weg ist für einen mathematischen Kalkül konstitutiv. Whitehead stellt fest, daß im letzteren Weg eine allgemeine Idee zum Ausdruck kommt, die wahlweise als »Operation, Kombination, Herleitung oder Synthese« (*UA*, p. 8) bezeichnet werden kann. Er definiert sie wie folgt: »Ein Ding a wird als Resultat einer Operation auf andere Dinge c, d, e, usw. bezeichnet, wenn a dem Intellekt präsentiert wird, als das Resultat der Präsentation von c, d und e, usw. unter bestimmten Bedingungen; und diese Bedingungen sind phänomenale Ereignisse oder geistige Aktivitäten, die in sinnvoller Weise gedanklich zu einer Gruppe für sich getrennt werden können, und die so aufgefaßt werden können, daß sie die Natur der Operation, die auf c, d, e, usw. wirkt, definieren.« (*UA*, p. 8) In dieser allgemeinen Idee sind drei wichtige Aspekte verbunden, die auch in Whiteheads später entwickelten Theorie eine Rolle spielen.

a) Die Herleitung eines Dings aus anderen Dingen kann als das Ergebnis einer Operation auf diese anderen Dinge betrachtet werden (*UA*, p. 7). Bei der *Herleitung* wird die interne Komplexion des resultierenden Dings hervorgehoben, bei der *Operation* liegt die kombinierende Synthese der verbundenen Dinge im Zentrum des Interesses. Auch hier sind, wie bei der Analyse von Äquivalenzaussagen, zwei Aspekte so koordiniert, daß jeder von beiden nur auf Kosten der Vollständigkeit des ganzen Sachverhaltes ausgeblendet werden kann.

b) Daß ein Ding aus anderen Dingen hergeleitet werden kann, oder daß verschiedene Dinge durch eine Operation ein weiteres Ding hervorbringen, setzt voraus, daß Whitehead sein Augenmerk nie auf zwei Dinge allein lenkt, wie dies bei der Analyse der Äquivalenz hätte angenommen werden können. Vielmehr ist immer eine *Klasse von Dingen* im Blickfeld, die im Zusammenhang mit bestimmten Eigenschaften Äquivalenzaussagen zulassen und deren Elemente Bausteine in anderen Elementen derselben Klasse oder Komplexionen aus anderen Elementen derselben Klasse sind. Weder eine simple dipolare Grundrelation noch eine durch die Operation kontrollierte lineare Höherentwicklung noch eine hierarchische Grundstruktur sind kennzeichnend für Whitehead, obwohl jede von diesen einfacheren Strukturen als bestimmte Vereinfachung aus dem gesamten Feld hervorgehoben werden kann. Vielmehr erlaubt die Minimalstruktur von Whiteheads Ansatz in *UA* eine vielseitige und teilweise komplexe Verknüpfung der Elemente in einem gemeinsamen Feld, dessen Ausdehnungsbereich durch gemeinsame Merkmale festgelegt ist.

c) Daß gewisse Dinge einer bestimmten Operation unterworfen werden oder in einer bestimmten Herleitung involviert werden können, ist für Whitehead gleichbedeutend mit der Aufstellung einer *Relation* zwischen diesen Dingen (*UA*, p. 8). Und wenn ein Ding einer gewissen Operation unterworfen werden kann, so ist dies Ausdruck einer bestimmten *Eigenschaft* dieses Dings. Die Operation hat das gemeinsame Feld der kombinierten Dinge im Blickfeld, weil sie nicht nur die verknüpften Dinge, sondern auch das Resultat der Verknüpfung im Auge hat. Die Relation und Eigenschaft haben die im Kombinationsprozeß beteiligten Elemente im Blickfeld. Whitehead führt also Relationen zwischen und Eigenschaften von Dingen so ein, daß sie als Ausdruck einer durch Operationen herbeigeführten Strukturierung eines ganzen Feldes von Dingen aufgefaßt werden können. Diese Sicht ist notwendig, um die diese Relationen oder Operationen begleitenden Regeln finden zu können. Weder das Ding allein mit seiner Eigenschaft noch die Relation allein, die zwischen unterschiedlichen Dingen bestehen kann, reichen aus, um die für einen mathematischen Kalkül entscheidenden Charakteristiken des gemeinsamen Feldes beschreiben zu können, die dann wiederum die Aufstellung von neuen Äquivalenzaussagen kontrollieren.

4. Die kontrollierte Koordinierung
formativer und operativer Multiperspektivität
in substitutiven Schemata

Wenn die bisher angeführten Aspekte von Whiteheads frühem mathematischen Denken verknüpft werden, erlauben sie die Erstellung eines Systems von kaum übersehbarer Komplexität. Die ›externe‹ Substitution und Interpretation unter Verwendung substitutiver Zeichen, verbunden mit einer auf der Grundlage möglicherweise unterschiedlicher Äquivalenzarten kontrollierbaren ›internen‹ Substitution sowie der Möglichkeit, unterschiedliche Verknüpfungsweisen prinzipiell beliebig vieler Elemente eines Äquivalenzbereichs mit Elementen eines anderen Äquivalenzbereichs durchzuführen, bringt eine Komplexität mit sich, die für Whiteheads unmittelbare mathematische Probleme unnötig überladen ist. Aus diesem Grund führt er eine Struktur ein, die die einfachste Art darstellt, wie diese drei unverzichtbaren Elemente seines Denkens, nämlich Substitution, Äquivalenz und Operation, verknüpft werden können. Diese Struktur nennt er einfach ein *Schema von Dingen*. Für Whiteheads Entwicklung ist jedoch festzuhalten, daß er die volle Komplexität der Grundstruktur seines Denkens in *UA* nicht ausgeschöpft hat und daß er in seinen späteren Werken diese Anlage weiter ausnutzt und zum Teil auch weiter ausbaut. Im folgenden sind die konstitutiven Merkmale solcher Schemata zusammengefaßt:

a) Ein »Schema von Dingen« ist »eine beliebige Menge von Objekten, die in bezug auf irgendeine gemeinsame Eigenschaft betrachtet wird... wobei die gemeinsame Eigenschaft unterschiedlichen Mitgliedern der Menge nicht im gleichen Modus zukommen muß« (*UA,* p. 8).

b) Die gemeinsame Eigenschaft bestimmt den Ausdehnungsbereich der betrachteten Menge von Objekten. Die unterschiedlichen Modi der Eigenschaft erlauben Äquivalenzaussagen, denn »die Objekte, die zum gleichen Schema gehören, sind äquivalent, wenn sie die bestimmende Eigenschaft im gleichen Modus besitzen« (*UA,* p. 8).

c) Zwischen nicht-äquivalenten Dingen eines Schemas können Relationen bestehen, die nur von den unterschiedlichen Modi abhängen, in denen die betrachteten Elemente die bestimmende Eigenschaft besitzen. Auf der Grundlage dieser Relationen lassen sich Operationen definieren, so daß aus bestimmten Elementen des Schemas ein anderes Element desselben Schemas abgeleitet werden kann.

d) »Die Weisen, in denen Ableitungsprozesse äquivalenter Dinge (wie) m und m' aus anderen Dingen des Schemas voneinander abweichen können, ohne die Äquivalenz von m und m' zu zerstören, werden als Charakteristiken des Schemas bezeichnet« (*UA*, p. 9).

e) Auf der Grundlage unterschiedlicher bestimmender Eigenschaften können verschiedene Schemata von Dingen aufgestellt werden, die die gleichen Charakteristiken haben können oder nicht. Sind die Charakteristiken gleich, und besteht eine eindeutige Korrespondenz zwischen den Elementen zweier Schemata, dann kann das eine Schema für das andere substituiert werden, so daß auf der Grundlage der Eigenschaften des substituierten Schemas Äquivalenzaussagen aufgestellt werden können, die dann am Ende im Rahmen der bestimmenden Eigenschaft des ursprünglichen Schemas interpretiert werden können.

f) Die Aufgabe eines Kalküls besteht nun darin, die logischen Deduktionen aus den Charakteristiken solcher sich wechselseitig ersetzenden und interpretierenden Schemata zu untersuchen.

In einem System substitutiver Schemata werden also die drei oben dargelegten Aspekte Äquivalenz, Operation und Substitution in kontrollierbarer Weise verknüpft, indem nur eine bestimmende und in einfacher Weise variierbare Eigenschaft in jedem Schema eingeführt wird. Sobald ein Schema aufgestellt wird, bei dem mehr als eine bestimmende Eigenschaft vorhanden ist, treten wesentlich komplexere Verflechtungen auf. Solche Schemata untersuchte Whitehead später in seiner Naturphilosophie und relativistischen Kosmologie. In *UA* beschränkt er sich auf Schemata mit nur einer primären bestimmenden Eigenschaft, in denen die Operationen Addition und Multiplikation, allerdings in verallgemeinerter Weise, bestimmend sind.

5. Die kontrollierte Erhöhung der Komplexität substitutiver Schemata und die resultierende relativistische und vernetzende Multiperspektivität

Aber bereits in *UA* geht Whitehead einen Schritt weiter, indem er die Komplexität der beteiligten Strukturen gegenüber den oben eingeführten Schemata in zweifacher Hinsicht erhöht. Zu diesem Zweck führt er zwei neue Konzeptionen ein: Mannigfaltigkeiten und algebraische Systeme. Eine Analyse der Mannigfaltigkeiten deckt eine relativistische Multiperspektivität auf. Wesentlich an der Konzeption algebraischer Systeme beteiligt ist eine vernetzende Multiperspektivität.

Beiden gemeinsam ist ihr Bezug zu Schemata. Mannigfaltigkeiten erlauben die interne Komplexität eines bestimmten Schemas weiter auszubauen. An jedem algebraischen System sind mehrere Schemata beteiligt, was den Ausbau der externen Komplexität der beteiligten Schemata bedeutet.

Eine *Mannigfaltigkeit* definiert Whitehead wie folgt. »Betrachten wir eine beliebige Anzahl von Dingen, die eine gemeinsame Eigenschaft besitzen. Diese Eigenschaft kann von verschiedenen Dingen in unterschiedlichen Modi besessen werden. Nun soll jeder separate Modus, in dem die Eigenschaft besessen werden kann, ein Element genannt werden. Das Aggregat aller solcher Elemente wird die Mannigfaltigkeit der Eigenschaft genannt« (*UA*, p. 13). Eine Mannigfaltigkeit ist also das Schema der Modi einer Eigenschaft, die eine Menge von Dingen gemeinsam besitzt. Sie verhält sich zu einem korrespondierenden Schema von Dingen wie das Abstrakte zum Konkreten. Die Betrachtung wird hinsichtlich jedes Modus der Eigenschaft eingeschränkt und unter der Bedingung dieser Einengung gleichzeitig erweitert, denn die äquivalenten Elemente eines Schemas werden zu einem Element der Mannigfaltigkeit zusammengefaßt, indem nur der ihnen gemeinsame Modus und nicht die anderen Umstände, die sie voneinander unterscheiden, festgehalten wird. Gleichzeitig ist ein Element einer Mannigfaltigkeit ein relativ universales Charakteristikum, das auf alle dem korrespondierenden Schema zugeordneten äquivalenten Dinge angewandt werden kann. Ein Beispiel für eine Mannigfaltigkeit ist der leere Raum, sofern er auf Koordinatenachsen bezogen wird.

Die interne Komplexität einer Mannigfaltigkeit wird dadurch erhöht, daß zusätzlich zur primären Äquivalenzart, die die Mannigfaltigkeit kennzeichnet, eine oder mehrere sekundäre Äquivalenzarten eingeführt werden (vgl. *UA*, p. 14 f). Diese erlauben die isolierende Betrachtung von Unter-Mannigfaltigkeiten. Da die beteiligten Elemente verschiedener Unter-Mannigfaltigkeiten teilweise identisch sein können, ist diese Konzeption die Basis für die *kreuzweise Klassifikation* der Elemente einer Mannigfaltigkeit.[3] Diese Eigenschaft ist wiederum das Hauptkennzeichen einer relativistischen Multiperspektivität. Zwei möglicherweise sich teilweise überlappende Unter-Mannigfaltigkeiten der Mannigfaltigkeit von Punkten eines dreidimensionalen Raumes sind eine Ebene in diesem Raum und eine Kreisfläche, die in einer anderen Ebene desselben Raumes liegt.

Whiteheads Definition eines *algebraischen Systems* (vgl. *UA*, p. 27) soll hier aus Platzgründen nicht angeführt werden. Statt dessen soll angedeutet werden, inwiefern das wichtigste Merkmal eines algebraischen Systems in seiner vernetzenden Multiperspektivität zu suchen ist.

Die externe Komplexität der an einem algebraischen System beteiligten Schemata wird dadurch erhöht, daß zusätzlich zur Grundoperation der generalisierten Addition, die eine Mannigfaltigkeit zu einer algebraischen Mannigfaltigkeit macht, eine weitere Grundoperation eingeführt wird, und zwar die generalisierte Multiplikation. Die Multiplikation vernetzt mehrere nicht notwendigerweise identische Mannigfaltigkeiten miteinander, indem sie die Aufstellung von Relationen zwischen Elementen erlaubt, die zu unterschiedlichen Mannigfaltigkeiten gehören. Diese operationale Vernetzung von Elementen verschiedener Mannigfaltigkeiten ist das Hauptmerkmal der vernetzenden Multiperspektivität. Denn jetzt können die beteiligten Elemente nicht mehr allein im Zusammenhang von Relationen und Operationen betrachtet werden, die nur das Innere einer Mannigfaltigkeit strukturieren, sondern sie können jetzt auch als an Operationen beteiligt betrachtet werden, die die Grenzen der beteiligten Mannigfaltigkeit überschreiten, und so zu einer *strukturierenden Vernetzung* des Bereichs außerhalb einer gegebenen Mannigfaltigkeit beitragen.

---

3 Vgl. Whiteheads Definition der Geometrie als »Wissenschaft der kreuzweisen Klassifikation« in *The Axioms of Projective Geometry*, London: Cambridge University Press, 1913, p. 5.

Sobald mehr als eine Mannigfaltigkeit im Spiel ist, können teilweise komplexe Situationen aufkommen, so z. B. wenn die Addition oder Multiplikation eines Elements aus einer Mannigfaltigkeit von Punkten mit einem Element aus einer Mannigfaltigkeit von Linien betrachtet wird, wie es Whitehead in Anlehnung an Grassmann in seinem »Kalkül der Ausdehnung« thematisiert (vgl. *UA*, p. 31 und p. 171 ff). Daß solche ansonsten eher der Geometrie zuzurechnenden Operationen im Zusammenhang mit einer universalen Algebra verhandelt werden, ist eines der leistungsfähigsten Ergebnisse von Whiteheads komplexem Ansatz. »Das Ergebnis ... ist, daß eine Abhandlung über universale Algebra in mancher Hinsicht auch eine Abhandlung über bestimmte generalisierte Ideen des Raumes ist« (*UA*, p. 32). Der Ansatz Whiteheads in *UA* ist damit die systematische Verallgemeinerung der auf Descartes zurückgehenden Vereinigung von Algebra und Geometrie. Darum ist es nicht verwunderlich, daß Whitehead, ähnlich wie Descartes, nicht nur bei einer innermathematischen Integration stehengeblieben ist, sondern sich auch auf das schwierige Gebiet einer extra-mathematischen Integration hinausgewagt hat.

B. Die Koordinierung von Multiperspektivität in Whiteheads Religionsphilosophie

Der Einfluß dieser mathematischen Denkstruktur auf das religionsphilosophische Werk Whiteheads kann hier nicht ausführlich untersucht werden. Wir beschränken uns deshalb auf einige allgemeine Hinweise, die es aber ermöglichen sollten, zumindest im Umriß deutlich zu machen, welchen Stellenwert die oben entfaltete Koordination mehrerer Arten von Multiperspektivität in der Religionsphilosophie Whiteheads hat.

1. Allgemeine religiöse Wahrheiten als Konstanten im Geflecht sich wandelnder historischer Religionsformen

Ähnlich wie am Anfang der *Universalen Algebra* geht Whitehead in seiner 1926 veröffentlichten ersten größeren Publikation mit religionsphilosophischem Inhalt, *Religion in the Making*, von zwei Grundsätzen aus, die normalerweise nicht zusammengedacht werden.

Der erste Grundsatz besteht darin, am Anfang einer Erörterung, die bestimmte spezielle Unterdisziplinen zusammenfaßt, eine möglichst allgemeine Bestimmung des Grundcharakters der Disziplin aufzustellen, die dann später erweitert und expliziert wird. Wie in *UA* die allgemeine Definition eines Kalküls an den Anfang gestellt wird, so bildet auch in *RM* die »Definition der Religion« (*RM,* p. 3/dt. S. 13) den Anfang. »Eine Religion läßt sich... als ein System von allgemeinen Wahrheiten definieren, die eine Charakterveränderung bewirken, sofern sie aufrichtig eingehalten und lebhaft aufgefaßt werden« (*RM,* p. 5/dt. S. 14f). Mit Hilfe dieser allgemeinsten Form sucht Whitehead die unterschiedlichen positiven Religionen in einer universalen Religionsphilosophie zusammenzufassen. Natürlich stellt diese Religionsphilosophie keinen Kalkül mit substitutiven Zeichen dar, denn Mathematik und Religion unterscheiden sich grundlegend. »Arithmetik wendet man an, aber man ist religiös« (*RM,* p. 4f/dt. S. 14), und die Weise, wie beide in unsere Natur eingehen, unterscheidet sich darin, daß die Arithmetik dort als »notwendige Bedingung« existiert, die Religion aber »als eine verändernde Kraft« (*RM,* p. 5/dt. S. 14). Aber obwohl sie unterschiedlichen Charakters sind, beansprucht Whitehead für die allgemeinen religiösen Wahrheiten den gleichen Grad an Universalität wie für die allgemeinen arithmetischen Wahrheiten.

Der zweite Grundsatz besteht in der Forderung, »die Religion als eine fraglose Gegebenheit überall in der langen Spanne der menschlichen Geschichte zu untersuchen, um sicherzustellen, daß der Diskussion ihrer allgemeinen Prinzipien überhaupt Relevanz zukommt« (*RM,* p. 4/dt. S. 13f). Wie in der Mathematik der wissenschaftliche Wert eines Kalküls nur festgestellt werden kann im Geflecht von zeichenhafter Substitution und dinglicher Interpretation, also durch seine Einbindung in die Welt der erfahrbaren Dinge, so sind auch allgemeine religiöse Wahrheiten nur dann von Relevanz, wenn ihre Beziehungen zu historisch auftretenden Religionen thematisiert werden können. Zu diesem Zweck werden bei der Entwicklung von Whiteheads Religionsphilosophie immer wieder Beobachtungen aus der Religionsgeschichte und -phänomenologie herangezogen. Konstitutiv werden dabei vor allem die beiden Weltreligionen Christentum und Buddhismus berücksichtigt. Allgemeine religiöse Wahrheiten, die sich nicht in erfahrenen und erfahrbaren Religionsformen überprüfen lassen, sind Whitehead suspekt.

Auf diese Weise nimmt Whitehead die erstmals in *UA* beobachtbare *systematische Multiperspektivität* in seiner Religionsphilosophie wieder auf, jetzt aber in einer auf *PM* zurückgehenden Weiterentwicklung dieser Art von Multiperspektivität. Denn die Hauptreligionsformen lassen sich nicht einfach als sich wechselseitig ersetzende und interpretierende Schemata darstellen, sondern sie bilden untereinander Kontraste. Sie können daher nur auf einer höheren Stufe der Abstraktion integriert werden. Diese Integration ist nach Whiteheads Ansicht nur dann kontrollierbar, wenn sie im Zusammenhang mit einer umfassenden Theorie, in seinem Fall der organistischen Theorie, durchgeführt wird.

2. Die mathematische Grundlage der metaphysischen Beschreibung in Whiteheads Religionsphilosophie

Eines der Charakteristika von Whiteheads Religionsphilosophie besteht darin, daß sie als Exemplifikation einer abstrakten Theorie entwickelt und dargestellt wurde, deren Theorie-Elemente aber einen kontrollierbaren Zusammenhang mit konkreten Erfahrungen haben. Whitehead nennt diese Theorie einfach eine »metaphysische Beschreibung« (*RM,* p. 76 ff/dt. S. 69 ff). Da sie die Entwicklung seiner Religionsphilosophie bis in einzelne Punkte hinein prägte und kontrollierte, ist es notwendig, bei der Beurteilung des Einflusses der frühen Mathematik Whiteheads auf seine Religionsphilosophie ihren Einfluß auf diese »metaphysische Beschreibung« zu untersuchen. Auf diesem Hintergrund könnte man dann die mathematische Grundlage einzelner religionsphilosophischer Topoi – des Menschen, des Bösen oder der

Eigenschaften Gottes – entfalten. Für die Zwecke dieser Arbeit beschränken wir uns aber darauf, den Einfluß der oben explizierten mathematischen Denkfigur auf die der Religionsphilosophie Whiteheads zugrundeliegenden metaphysischen Beschreibung hervorzuheben. Da diese bereits die Gotteskonzeption enthält, wird damit aber gleichzeitig auch material die Beziehung zwischen Mathematik und Religionsphilosophie thematisiert.

Die »metaphysische Beschreibung« Whiteheads kann als eine abgestufte Komplexion von vier unterschiedlichen Elementen aufgefaßt werden: die Mannigfaltigkeit der wirklichen und zeitlichen *Ereignisse*; das Reich der ideellen und zeitlosen Formen oder *Objekte*; das ideelle, aber zeitliche Prinzip der Kreativität, Garant der *Variation*, das Whitehead auch einfach Prozeß nennen kann; sowie das wirkliche, aber zeitlose Einzelwesen, Garant der *Ordnung* in der Variation, das Whitehead Gott nennt (vgl. *RM*, p. 76 f/dt. S. 69 f). Die unterschiedlichen Weisen der Komplexion dieser Elemente sowie ihre unterschiedliche Näherbestimmung in verschiedenen Kontexten bilden nach Whiteheads Ansicht eine zuverlässige Grundlage für die Beschreibung aller Formen privilegierter Erfahrung, auch der religiösen Erfahrung.

Im folgenden soll nun untersucht werden, wie die in der frühen Mathematik Whiteheads verwurzelte Unterscheidung von vier Arten der Multiperspektivität oder Polykontextualität in dieser Unterscheidung von vier metaphysischen Elementen nachgewirkt hat. Es wird dabei die These vertreten, daß jede Form von Multiperspektivität hauptsächlich nur ein korrespondierendes metaphysisches Element geprägt hat, daß also ein spezielles Charakteristikum jedes metaphysischen Elements hauptsächlich nur eine korrespondierende Art von Polykontextualität ist. Dabei muß aber ständig bedacht werden, daß in jedem konkreten Zusammenhang alle vier metaphysischen Elemente sowie alle Arten der Polykontextualität zusammengedacht werden müssen. Bei dieser Untersuchung beschränken wir uns auf die beiden Elemente ›zeitlicher, aber ideeller Prozeß‹ und ›zeitloser, aber realer Gott‹.

a) In Whiteheads Konzeption des *zeitlichen, aber ideellen schöpferischen Prozesses* wirkt in besonderer Weise die operative Multiperspektivität der relationalen Synthese nach.

Wichtige Eigenschaften des Prozesses faßt Whitehead folgendermaßen zusammen: »Der schöpferische Prozeß läßt sich . . . in jenem Übergang erkennen, durch den ein bereits wirkliches Ereignis in die Geburt eines anderen Falles von Werterfahrung eingeht« (*RM*, p. 99/dt. S. 85). Und: »Ein wirkliches Ereignis ist... das Ergebnis einer kreativen, individuellen und vergänglichen Synthese. Die vielfältigen Elemente, die so in eine Einheit gebracht werden, sind die anderen Geschöpfe, die ideellen Formen und Gott« (*RM*, p. 80/dt. S. 71 f). Genau wie bei mathematischen Operationen diverse Elemente verknüpft werden, so werden auch hier im universalen Prozeß unterschiedliche Elemente zu einer Einheit integriert. Der zeitliche, aber ideelle Prozeß kann in dieser Hinsicht als Generalisierung mathematischer Operationen aufgefaßt werden. Aber gegenüber der Konzeption einer mathematischen Operation oder Herleitung, wie sie Whitehead in *UA* dargelegt hatte, sind bei dieser Konzeption eines schöpferischen Prozesses mindestens zwei Dinge geändert oder weiterentwickelt worden.

War in *UA* noch ganz vage davon die Rede, daß Operationen als die Kombination von verschiedenen Dingen »unter bestimmten Bedingungen (aufgefaßt werden können); und diese Bedingungen sind phänomenale Ereignisse oder geistige Aktivitäten« (*UA*, p. 8), so hebt Whitehead in seiner metaphysischen Beschreibung die Tatsache hervor, daß der universale Prozeß ganz von allein abläuft und unaufhaltsam fortschreitet. Und waren die Operationen oder Herleitungen in *UA* noch im Rahmen menschlicher Aktivitäten gedacht, so ist im Prozeß der naturhafte Ablauf in den Vordergrund getreten. Damit ist die personalistische Einengung zugunsten eines mehrere Erfahrungszentren zulassenden Interaktionsprozesses aufgegeben worden. Aber auch wenn in diesem Punkt eine deutliche Weiterentwicklung feststellbar ist, so muß doch festgehalten werden, daß bereits in *UA* die allgemeinste Definition einer Operation natürliche Abläufe von Ereignissen im Blickfeld hatte.

Ein zweiter Aspekt, der weiterentwickelt wurde, ist, daß jetzt nicht mehr nur Elemente einer Art durch eine Operation verbunden werden, sondern Elemente, die so unterschiedlich sind wie Ereignisse, ideelle Formen und Gott. In seiner metaphysischen Beschreibung hat Whitehead also das Potential seiner allgemeinsten Auffassung von Operationen bzw. Herleitungen, das er in *UA* bei der Definition substitutiver Schemata bewußt limitiert und eingeschränkt hatte, weiter ausgeschöpft. Operationen, als

Grundmittel der Variation und Komplexion, sind jetzt hinsichtlich ihres Wirkungsbereiches nicht mehr nur auf Mannigfaltigkeiten beschränkt, die durch die kontrollierte Variation nur einer Eigenschaft Äquivalenzaussagen zulassen, sondern im Prozeß, der als Verallgemeinerung des Begriffs der Operation aufgefaßt werden kann, werden Elemente aus zwei grundverschiedenen Mengen oder Reichen zugelassen, die so komplex sind, daß Whitehead im Prinzip zur Ordnung der resultierenden unendlichen Vielfalt von Kombinationsmöglichkeiten die Grundlage für eine Gotteskonzeption sah. Jede dieser beteiligten Mengen oder Reiche, die jetzt nicht mehr nur einfache Mannigfaltigkeiten darstellen, sondern eine sehr viel komplexere Binnenstruktur aufweisen, wird durch ein gemeinsames Merkmal aus dem Gesamtzusammenhang der Erfahrung hervorgehoben: Ereignisse durch ihre Zeitlichkeit und Wirklichkeit, ideelle Formen durch ihre Zeitlosigkeit und Idealität. Die Binnenstruktur der Ereignisse nennt Whitehead »Ausdehnungszusammenhang«, die der ideellen Formen »abstraktive Hierarchie«. Da bei jeder Exemplifikation des Prozesses in jede konkrete Erfahrung Elemente aus beiden Mengen unter Mitberücksichtigung ihrer jeweiligen Binnenstruktur eingehen, ist es nicht verwunderlich, daß Whiteheads metaphysische Beschreibung eine solch hohe Komplexität aufweist.

Wenden wir uns jetzt noch kurz den einzelnen Aspekten zu, die bei der operativen Multiperspektivität bestimmend sind.

(i) In der *Universalen Algebra* hatte Whitehead betont, daß die Herleitung eines Dings aus anderen Dingen auch als das Ergebnis einer Operation auf diese anderen Dinge betrachtet werden kann. Dieselbe Denkstruktur erlaubte Whitehead den Prozeß der Konkretion eines wirklichen Ereignisses aus zwei verschiedenen Blickwinkeln zu analysieren, einmal aus dem Blickwinkel des gerade entstehenden wirklichen Ereignisses und einmal vom Standpunkt der in diesem Ereignis zusammengefaßten Ereignisse.[4]

(ii) In Whiteheads Konzeption einer Operation ist immer eine Klasse von Dingen im Blickfeld, nie nur zwei Dinge allein. Ähn-

---

4 Vgl. dazu Michael Welker, »Alfred North Whitehead's Basic Philosophical Problem: The Development of a Relativistic Cosmology«, in: *Process Studies* 16.1 (1987), p. 15 ff.

lich sind auch am universalen Prozeß immer ganze Klassen von Elementen beteiligt, von denen jedes Element als Komplexion aus anderen Elementen entsteht oder als an der Komplexion eines werdenden Elements beteiligt gedacht werden kann. Das in komplexer Weise entstandene Element wirkt bei der Entstehung einer neuen Komplexion mit. Neu gegenüber *UA* ist, daß der Prozeß der Komplexion ausgedehnt ist, so daß nicht nur nach der Beteiligung abgeschlossener Konkretionen bei der Entstehung neuer Konkretionen gefragt werden kann, sondern ebenso auch nach der Wirkung von noch im Prozeß der Entstehung befindlichen Konkretionen auf andere solche unabgeschlossene Integrationen.

(iii) Mathematische Operationen oder Herleitungen, wenn sie aus der Sicht einzelner Elemente betrachtet werden, erlauben die Einführung von Relationen oder Eigenschaften. Genauso können alle Relationen bzw. Eigenschaften der Ereignisse und ideellen Formen als im Prozeß zusammengefaßt gedacht werden. Denn diese Relationen und Eigenschaften treten ja nur im und durch den Prozeß in der Erfahrung auf. Auf diese Weise sind nicht nur die Operationen Addition und Multiplikation, sondern auch so komplexe Relationen wie Extension, Kontrastbildung und Abstraktion im Prozeß mit inbegriffen.

b) In Whiteheads Konzeption des *wirklichen und zeitlosen Einzelwesens* (oder der zeitlosen Wirklichkeit Gott) wirkt in besonderer Weise die formative Multiperspektivität von Äquivalenzaussagen nach.

Allgemein gilt für Whitehead: »Die Einbeziehung Gottes in jedes Geschöpf zeigt sich in der Bestimmung, durch welche ein eindeutiges Resultat auftaucht... (Jede schöpferische Phase des Prozesses) zeigt in dieser Bestimmung ihren Einklang mit einer gemeinsamen Ordnung« (*RM*, p. 81/dt. S. 72). Daher kann man den Beitrag Gottes bei einer Analyse konkreter Erfahrung besonders deutlich in der Ausbildung privilegierter Entwicklungsstränge oder -wege innerhalb des schöpferischen Prozesses ablesen. Ein einfaches Beispiel soll dies illustrieren. Ein Stein wird, obwohl die Umstände seiner Wahrnehmung sehr unterschiedlich sein können (von Sonne beschienen, mit Schnee bedeckt, rollend oder ruhend, andere Körper stützend), nicht plötzlich zu einem Auto oder zu einer Blume. Vielmehr zeigt er trotz der mannigfachen Umstände seiner Wahrnehmung eine die Zeit überdauernde Identität. Diesen Sachverhalt beschreibt Whitehead wie folgt. Der Stein stellt eine Menge von Ereignissen dar, genauer einen Entwicklungsweg von Ereignissen, von denen jedes zwar in einem schöpferischen Übergang selbständig entsteht, die aber dennoch bei ihrer Entstehung einen gemeinsamen Charakter haben, nämlich die Steinheit des Steins. Daß dieser Charakter im Prozeß der Entstehung sich durchhält, ist dem Eintreten der zeitlosen Wirklichkeit Gott in den Prozeß zuzuschreiben. Natürlich hat Whitehead bei dieser Gotteskonzeption nicht nur körperliche Ordnungszustände im Auge, sondern ebenso »die Schönheit der Welt, die Würze des Lebens, der[n] Friede[n] des Lebens und die Meisterung des Übels« (*RM*, p. 105/dt. S. 90).

Die formative Multiperspektivität von Äquivalenzaussagen wirkt hier in dem Sinne nach, daß das Eintreten Gottes in den Entwicklungsprozeß, genau wie das Auftreten von Äquivalenzaussagen in einem mathematischen Kalkül, nur als Verbindung eines Truismus mit einem Paradoxon aufgefaßt werden kann. Der Truismus im Beispiel mit dem Stein ist die gemeinsame »Steinheit« aller beteiligten Ereignisse. Das Paradoxon ist die Unterscheidbarkeit dieser einzelnen Ereignisse, so daß ein Ereignis etwa die Wahrnehmung von Sonnenstrahlen, ein anderes die Wahrnehmung von Schneeflocken bei der Wahrnehmung der »Steinheit« mit ein- oder ausschließt. Die Konzentration auf die »Steinheit«, ein in sich bereits komplexer Begriff, ist die Limitierung des Blickfeldes auf diese eine gemeinsame Eigenschaft von zwei Ereignissen. Der Zusammenschluß aller Ereignisse mit dieser gemeinsamen Eigenschaft zu einem Entwicklungsweg ist die Erweiterung des Blickfeldes unter der durch die Limitierung des Blickfeldes gegebenen Bedingung. Dies sind die Charakteristika der oben dargestellten formativen Multiperspektivität.

c) In Whiteheads Konzeption der *wirklichen und zeitlichen Ereignisse* wirkt in besonderer Weise die relativistische Multiperspektivität der kreuzweisen Klassifikation von Mannigfaltigkeiten nach. Dieser Zusammenhang ist aber zu komplex, um ihn im Rahmen dieser Arbeit ausführen zu können. Es soll lediglich darauf hingewiesen werden, daß Whiteheads Analyse des Ausdehnungszusammenhangs von Ereignissen durch die Methode der extensiven Abstraktion es erlaubt, die relativistische Struktur der Raum-Zeit im Zusammenhang mit seiner metaphysischen Beschreibung zu explizieren. Dadurch ist Whiteheads Theorie eine der wenigen umfassenden philosophischen Theorien unseres

Jahrhunderts, die Grundeinsichten der modernen Physik mitberücksichtigen.

d) In Whiteheads Konzeption der *zeitlosen und ideellen Formen* wirkt in besonderer Weise die vernetzende Multiperspektivität algebraischer Systeme nach. Auch dieser Zusammenhang kann hier nicht weiter ausgeführt werden. Es soll nur der Hinweis gegeben werden, daß der Anstoß zur Ausbildung der Konzeption eines partiell in der Wirklichkeit zur Auswirkung kommenden, aber dennoch unabhängigen Reiches zeitloser Formen in Whiteheads Analyse des Zusammenhangs von Mathematik und Physik zu suchen ist und daß eines der Hauptkennzeichen dieses Zusammenhangs in der schrittweisen Verknüpfung vorher nicht verbindbarer Theorien zu suchen ist. Dadurch werden nicht nur verschiedene Mannigfaltigkeiten, sondern ganze Theorien vernetzt.

Konklusion

Wir haben gesehen, daß seit seinem frühen mathematischen Werk das Denken Whiteheads von einer komplexen Denkstruktur geleitet wurde. Die in ihr verbundenen Arten von Multiperspektivität oder Polykontextualität haben seine später entwickelte Religionsphilosophie mitgeprägt, indem sie Whitehead davor bewahrten, bei ihrer theoretischen Durchdringung eine unzulässige Reduktion der Komplexität wirklicher Erfahrung vorzunehmen. Sie sorgt aber auch dafür, daß seine metaphysische Theorie, und damit auch seine Religionsphilosophie, gedanklich nicht leicht zugänglich und kontrollierbar sind. Von seinem frühen mathematischen Schaffen her betrachtet, ist es schwer einsehbar, wie Whitehead bei der Entwicklung seiner Theorie die Komplexität ihrer Anlage hätte kontrollieren können, wenn er nicht bereits in seiner Mathematik eine ähnlich anspruchsvolle Gesamtkonzeption gehabt hätte. Daß man bereits im Ansatz, wie ihn Whitehead in *UA* vorgelegt hat, eine solche komplexe Struktur freilegen kann, deutet unseres Erachtens darauf hin, daß die Mathematik und die Philosophie Whiteheads nicht nur gemeinsame Merkmale besitzen, sondern daß im mathematischen Werk Whiteheads die generative und kontrollierende Kraft bei der Entwicklung seiner philosophischen Theorie verborgen ist.

Es bleibt darauf hinzuweisen, daß jede Art von Multiperspektivität unterschiedliche Abstraktionsvorgänge erlaubt. Denn jedesmal wenn in einem von Multiperspektivität gekennzeichneten Zusammenhang eine oder mehrere Perspektiven ausgeblendet werden, kann von einer Abstraktion gesprochen werden. Whiteheads Anliegen war es seit seinen frühen mathematischen Werken, ein multiperspektivisches Schema zu entwickeln, das erlaubt, diese Vielfalt von Abstraktionen oder Ausblendungen zusammenzufassen. Denn erst auf dem Hintergrund eines alle solche Abstraktionen integrierenden Schemas ist es nach Whitehead möglich, die relative Bedeutung, aber auch die relative Beschränkung jeder Abstraktion herauszuarbeiten, d. h. die Abstraktionen, die oft ein zähes Eigenleben führen, effektiv und fruchtbar zu kritisieren. Auf diesem Hintergrund kann man einsehen, daß der mehrere Arten von Multiperspektivität koordinierende Ansatz von *UA* den ersten Schritt in der Durchführung dessen darstellt, was Whitehead als die Hauptaufgabe der Philosophie ansah: »Ich bin der Ansicht, daß die Philosophie ein Kritiker der Abstraktionen ist« (*SMW*, p. 108/dt. S. 106).

Helmut Maaßen
Gottes Beziehung zum Guten und Bösen in Whiteheads relationaler Wertethik

Whitehead wollte seinen metaphysischen Entwurf von ethischen und religiösen Interessen nicht beeinflussen lassen, wie das in der Geschichte der Metaphysik mit dem Werk des Aristoteles geschah. Nur die völlig leidenschaftslose Untersuchung metaphysischer Sachverhalte macht Sinn (*SMW*, p. 215/dt. S. 202). Whitehead selber bestreitet aber nicht die Berechtigung, im Rahmen einer Metaphysik auch eine Ethik zu entwickeln, nur darf letztere mit ihren (durchaus) berechtigten Interessen die metaphysische Einsicht nicht trüben.

Der Konflikt, dem sich jede Epoche, jede Zivilisation gegenübersieht, ist der Wunsch, an dem erreichten Guten festzuhalten, die Angst, die »Vergangenheit mit ihren Vertrautheiten und ihren Geliebten«[1] zu verlieren, andererseits des Neuen dringend zu bedürfen, denn so etwas wie wirkliche Stabilität gibt es nicht. »Was wie Stabilität aussieht, ist ein relativ langsamer Prozeß der Atrophie und des Verfalls.« (*FR*, p. 82/dt. S. 67) Gutes und Böses haben gemeinsam, daß sie eine positive Erfahrung des Erlebensvorgangs sind, der Unterschied liegt in ihrem Verhältnis zur Umgebung. »Übel ist positiv und zerstörerisch; das Gute ist positiv und schöpferisch.« (*RM*, p. 83/dt. S. 74)

Gut und Böse können hinsichtlich ihrer objektiven Seite beschrieben werden, das macht ihren formalen Aspekt aus. Sie können mit Hilfe des ästhetischen Maßstabes beurteilt werden, dergestalt, daß die Synthetisierung verschiedener Elemente um so schöner ist, je weiter die Elemente auseinander bzw. gegeneinander streben. Die Unvereinbarkeit verschiedener Elemente zeigt das Böse an.[2]

---

1 *PR*, p. 340/dt. S. 608; vgl. auch *MT*, p. 119: »The essence of life is to be found in the frustrations of established order. The universe refuses the deadening influence of complete conformity. And yet in its refusal, it passes towards novel order as a primary requisite for important experience.«

2 Zur genaueren Bestimmung des Guten und Bösen hinsichtlich der ob-

Dem so äußerlich beschriebenen Vorgang entspricht ein innerer, der des Empfindens. Er stellt die subjektive Seite des Geschehens dar. Je kontrastreicher die in die Ereignisse eingehenden Elemente sind, um so stärker die Intensität der Erfüllung des jeweiligen wirklichen Ereignisses (ebd.).

Die höchste Form der Kontrastierung, die jede Form des Guten und des Bösen in sich einschließt, geschieht im wirklichen Einzelwesen Gott.

Die Ubiquität Gottes ermöglicht jedem wirklichen Ereignis, die höchste Form der Schönheit, d. h. das Gute wie auch dessen Gegenteil, in stärkster Intensität der Erfüllung zu erfassen, d. h. jedes wirkliche Ereignis hat immer einen Maßstab, ethische Werte in objektiver (formaler) wie subjektiver (empfindungsmäßiger) Hinsicht zu beurteilen.

Jedes Ereignis bzw. jede Person fängt dabei nicht leer an, sondern die historische Erinnerung vermittelt Formen, denen ethische Prädikate zugesprochen werden, z. B. den Tugenden, aber auch Ordnungsstrukturen in der Gesellschaft, die das Zusammenleben von Menschen mit verschiedenen Interessen usw. ermöglichen.[3]

Jeder Handlungsträger hat die prinzipielle Möglichkeit, jeden Wert mit dem jedem zugänglichen Maßstab zu messen. Dieser Maßstab ist nicht nur in Gott, denn jedes Ereignis der Vergangenheit gibt Aufschluß darüber, welche Werte zu einer Synthese, zu Kontrasten oder zum Auseinanderbrechen der Kultur führten.

Den höchsten Maßstab, hinsichtlich der objektiven wie subjektiven Seite, stellt das wirkliche Einzelwesen Gott dar.

Im Prozeß des Zusammenwachsens antizipiert das wirkliche Ereignis sein subjektives Ziel, ausgerichtet auf sein Universum, gegründet in den Ereignissen der Vergangenheit. Es entwickelt sich also in Relation zur eigenen Vergangenheit und zum zukünftigen Universum. Dabei ermöglicht Gott die Fülle des vergangenen sowie des zukünftigen Universums, als Grund des Gegebenen und Vision des Zukünftigen.

Die relational bestimmten Werte leiten den Prozeß der wirkli-

jektiven wie auch der subjektiven Seite vgl. H. Maaßen, *Gott, das Gute und das Böse in der Philosophie A. N. Whiteheads,* Frankfurt 1988, S. 84-128.

3 Eine Analyse solcher grundlegenden Ordnungsstrukturen erfolgt bei Whitehead nicht, deutet sich aber als Möglichkeit seines philosophischen Systems in seinen sozialphilosophischen Aufsätzen an.

chen Ereignisse. Sie entstehen im Wechselspiel zwischen Gottes
›idealer Vision‹ und der Selbstbestimmung der wirklichen Ereignisse. Sowohl für den mikro- wie makrokosmischen Prozeß lassen sich die Werte mit einem allgemeinen Maßstab beurteilen. Die
Bedeutsamkeit liefert sowohl objektive, d. h. die Form betreffende, als auch subjektive, d. h. das Empfinden betreffende Kriterien zur Unterscheidung. Das Gute läßt sich mithin durchaus
nicht nur durch sich selbst bestimmen.

Neben der abstrakten Bestimmung der Werte durch Kontrast
und Intensität läßt sich auch eine konkrete (historische) Bestimmung von Gut und Böse durchführen.[4] Analog zu den für die
Zivilisation leitenden Ideen könnte eine historische Kritik etwa
der Tugenden erfolgen. Für die Tugend würde im konkreten Fall
nach Whitehead gelten, was schon Kant gefordert hat, daß sie
»...niemals zur Gewohnheit werden, sondern immer ganz neu
und ursprünglich aus der Denkungsart hervorgehen soll«.[5]

Die von Whitehead mit Absicht aufgehobenen Grenzziehungen
zwischen Mensch und Tier, organischer und anorganischer Materie usw., die aber für ethische Entscheidungen bei Wertkonflikten
von erheblicher Bedeutung sein können, ließen sich durch die
diese Grenzziehung voraussetzenden historischen Ideen von Gerechtigkeit, Tapferkeit usw. für praktische (moralische) Zwecke,
ohne dem Whiteheadschen Kategoriensystem zu widersprechen,
aufheben.

Die Bedeutung der religiösen Intuition für die Ethik sollte nicht
überschätzt werden. Zwar kann sich in ihr ›Ganzheit‹ zeigen (wie
auch in mystischen Erfahrungen), aber Whitehead hat selber in
Process and Reality deutlich die Bedeutung des religiösen Empfindens insgesamt, also auch für die moralischen Vorstellungen,
eingeschränkt: »Der Gottesgedanke ist sicherlich ein wesentliches
Element im religiösen Empfinden. Aber die Umkehrung trifft
nicht zu; der Begriff des religiösen Empfindens bildet kein wesentliches Element in der Vorstellung des göttlichen Wirkens im
Universum.«[6]

4 Vgl. Maaßen, a.a.O.
5 Kant, *Anthropologie in pragmatischer Hinsicht*. Werke, hg. von
  W. Weischedel, Bd. 10, S. 437.
6 *PR*, p. 207/dt. S. 384: der erste Satz fehlt in der Übersetzung.

1. Gott und das moralisch Gute und Böse

a) Gottes begrenzte Macht als Bedingung
der Möglichkeit des moralisch Guten und Bösen

Gottes Macht ist in dreifacher Hinsicht beschränkt. Einmal wirkt Gott als ein wirkliches Einzelwesen unter vielen auf jedes neu entstehende Ereignis ein. Dabei übt er, wie andere Ereignisse, kausale Wirksamkeit auf den Prozeß des Zusammenwachsens aus.[7] »Seine [erg. Gottes] ›superjektive‹ Natur liefert ebenso ›Wirkursachen‹ wie jedes andere wirkliche Einzelwesen.« Das bedeutet aber für das entstehende Ereignis, daß es den Einfluß des wirklichen Einzelwesens Gott in Selbstbestimmung zur vollen Geltung kommen lassen oder, mittels negativen Erfassens, auf sein Minimum reduzieren kann.

Der Einfluß Gottes als wirklichen Einzelwesens ist begrenzt durch die Selbstbestimmung des Subjekts, auf das er eine kausale Wirkung ausübt. Damit hat das wirkliche Ereignis die Möglichkeit, die Fülle des Vergangenen und der daraus resultierenden Vision für die Zukunft (i. e. Gottes Folge- bzw. Urnatur) in sich zur Wirkung kommen zu lassen und mittels Fülle, Kontrasten und Intensität ein höchstmögliches Gutes zu wirken. Andererseits kann es für seine Perspektive des mikro- und makrokosmischen Prozesses die Fülle des wirklichen Einzelwesens Gott auf ein Minimum reduzieren und dadurch notwendig entweder zu Trivialität, Hemmung oder Destruktion gelangen.

Die zweite Hinsicht der Begrenzung bezieht sich auf die Unmittelbarkeit Gottes. Nur in der Form der Objektivierung kann ein wirkliches Einzelwesen Einfluß auf ein anderes nehmen, d. h. daß Gott nicht in der Form der Unmittelbarkeit, sondern nur in der des Superjekts physisch empfunden werden kann. Andererseits gelingt die Unmittelbarkeit des Einzelwesens Gott nur, wenn das in es eingehende Ereignis seine Unmittelbarkeit verloren hat.[8]

---

7 Vgl. *PR*, p. 65, 88/dt. S. 137, 174 u. ö. Vgl. auch die Aufzeichnungen von A. H. Johnson in *Explorations in Whitehead's Philosophy*, ed. by L. S. Ford and G. L. Kline, New York 1983, p. 3-13, in denen Whitehead die kausale Wirklichkeit Gottes, die er nur als wirkliches Einzelwesen leisten kann, unterstreicht (das folgende Zitat ebd., p. 8).

8 Vgl. die 24. Kategorie der Erklärung.

Die Trennung der wirklichen Einzelwesen voneinander, d. h. auch jedes beliebigen Ereignisses von Gott, sichert die jeweilige bedingte Unabhängigkeit und führt beim Übergehen ineinander zum Verlust der Unmittelbarkeit: entweder verliert Gott die Unmittelbarkeit (beim Übergang in ein beliebiges Ereignis), oder ein beliebiges Ereignis verliert seine Unmittelbarkeit beim Übergang in das Einzelwesen Gott.

Zum dritten ist Gott auf die von ihm getrennten wirklichen Ereignisse insofern angewiesen, als er nur durch sie ›wirklich‹, d. h. überhaupt zu einem wirklichen Einzelwesen werden kann (*PR*, p. 349, 350/dt. S. 623, 624). Er erhält gewissermaßen die Möglichkeit der kausalen Einflußnahme (so begrenzt sie auch sein mag) durch andere wirkliche Ereignisse. Seine Urnatur drängt zwar zur Wirklichkeit, kann diese aber aus sich selbst heraus nicht erlangen. Gott ist auf die von ihm getrennten Ereignisse angewiesen und ihnen andererseits ausgeliefert, er nimmt alle Ereignisse, seien sie zum Guten oder Bösen, in sich auf, i. e. Gott erfaßt nicht negativ (*PR*, p. 345/dt. S. 616).

Ob ein solcher Begriff der begrenzten Macht Gottes mit traditionellen Vorstellungen der Allmacht Gottes vereinbar ist, wird viel diskutiert, kann aber im Rahmen dieses Beitrags nicht weiter erörtert werden.[9]

b) Gottes modi operandi bezüglich des moralisch Guten und Bösen: Überreden (persuasion) und Bewahren

Beim Prozeß des Zusammenwachsens der wirklichen Ereignisse (concrescence) fungiert Gott als ein wirkliches Einzelwesen unter vielen. Seine Besonderheit liegt darin, daß in ihm alle vergangenen wirklichen Ereignisse objektive Unsterblichkeit haben (*PR*,

9 Vgl. Ch. Hartshorne, *The Divine Relativity*. A Social Conception of God, New Haven 1948, bes. p. 134-142; ders., *Omnipotence and other Theological Mistakes*, Albany 1984, p. 10-26; E. H. Madden/ P. H. Hare, *Evil and unlimited Power*, in: *Review of Metaphysics* 20 (1966), p. 278-289; die kleine und luzide Studie von M. B. Ahorn, *The Problem of Evil*, London 1971, und D. R. Griffin, *God, Power and Evil: A Process Theodicy*, Philadelphia 1976; besonders die Prozeß-Theologen haben sich diesem Thema gewidmet.

p. 345/dt. S. 616), er ist mithin Garant für die (objektivierte) Gegenwart aller vergangenen Ereignisse.[10]

»Durch die Erfahrung Gottes werden die vielen Aktualitäten der Welt und die Einheit der Welt offensichtlich...« (We owe to the sense of Deity the obviousness of the many actualities of the world, and the obviousness of the unity of the world...«) (*MT*, p. 140). Und an anderer Stelle heißt es: »Da Gott wirklich ist, muß er in sich eine Synthese des gesamten Universums einschließen.« (*RM*, p. 85/dt. S. 75)

Weil Gott die Fülle aller vergangenen Ereignisse in sich aufgenommen hat, kann er auch das der Vergangenheit und der Zukunft angemessendste Ideal für das entstehende Ereignis bereitstellen.[11]

Die subjektiven Ziele der wirklichen Ereignisse bereitzustellen, ist die Art, wie Gott als Superjekt in der Welt wirkt. Weil jedes wirkliche Ereignis aber auch immer causa sui ist, kann es das subjektive Ziel modifizieren (*PR*, p. 86, 88/dt. S. 171, 175 u. ö.). Diese begrenzte Einflußnahme Gottes im Prozeß des Zusammenwachsens der wirklichen Ereignisse sieht Whitehead »im galiläischen Ursprung des Christentums«, das nicht »den herrschenden Kaiser, noch... den unbewegten Beweger«, sondern den »in aller Stille durch Liebe« wirkenden Gott kennt (*PR*, p. 343/dt. S. 612).

»Das Leben Christi ist keine Darlegung ausgeübter Macht. Seine Herrlichkeit existiert für diejenigen, die sie entdecken können, aber nicht für alle Welt. Seine Macht liegt in der Gewaltlosigkeit. Sie hat die Maßgeblichkeit eines höchsten Ideals, und genau deshalb spaltet sich die Weltgeschichte in diesem Zeitpunkt auf.« (*RM*, p. 47/dt. S. 46)

Jedem wirklichen Ereignis steht somit auch sein ›moralisches Ideal‹ durch Gott zur Verfügung, ohne ihn wäre eine solche ideale Vision nicht möglich (*RM*, p. 140/dt. S. 116). Das wirkliche Ereignis bestimmt nun selbst, wie weit es diesem Ideal im Selbstwerdungsprozeß entspricht. Beurteilt werden kann dies mittels Bedeutsamkeit, d. h. an dem Grad von Intensität und Kontrast, den das wirkliche Ereignis erzeugt.[12]

10 Vgl. dazu die ausführliche Beschreibung bei W. A. Christian, *An Interpretation of Whitehead's Metaphysics,* New Haven 1967, p. 322-330.
11 Vgl. dazu D. W. Sherburne, *A Key to Whitehead's Process and Reality,* Bloomington 1966, p. 244.
12 Vgl. dazu das 1. Kapitel »Importance« von *MT*, p. 1-27.

Für den Prozeß des Vergehens *(perishing)* hat Gott eine bewahrende Funktion. Er nimmt, in seiner Folgenatur, jedes entstandene Ereignis in sich auf, verleiht ihm damit objektive Unsterblichkeit.[13]

Für diejenigen, die das Gute verwirklichen oder verwirklichen wollen, mag es tröstlich sein, in Gott (allerdings objektive und nicht subjektive) Unsterblichkeit zu erlangen; dem mißlungenen Versuch wird in Gott durch eine »neue Folge« begegnet, »was zur Wiederherstellung des Guten beiträgt« (*RM*, p. 139/dt. S. 115), die Opfer des Bösen erlangen in Gott ›Dauer‹ und erhalten den Wert, die Bedeutsamkeit, die ihnen im Gesamtprozeß der Wirklichkeit zukommt.

Kann aber Gott auch das Böse selber in sich aufnehmen, mithin unterschiedslos alles? Dann schiene die Beschreibung Gottes bei Whitehead (als liebender, mitleidender, durch seine Güte begrenzter Gott) leer, ohne eine Möglichkeit der Bestimmung; dann hätte er die Erkenntnis sträflich vernachlässigt, die sich in seinen Schriften selber findet: »Etwas Wirkliches zu sein heißt, begrenzt zu sein.« (*RM*, p. 135/dt. S. 112)

Kann Gott wirklich sein und unterschiedslos Gutes und Böses in sich aufnehmen und überwinden?

2. Gut und Böse im Konkretisierungsprozeß des wirklichen Einzelwesens Gott

Während Whitehead noch in *Science and the Modern World* davon ausging, daß es in der Natur Gottes liege, als höchste Ursache der Begrenzung »das Gute vom Bösen zu scheiden« (*SMW*, p. 223/dt. S. 209), ändert er diese Vorstellung schon in *Religion in the Making:* »Das Himmelreich ist nicht die Scheidung des Guten vom Bösen« (*RM*, p. 139/dt. S. 115). Wie lassen sich aber die Güte Gottes und das moralisch, radikale Böse in Gott (seiner Folgenatur) eingehend denken?

Einige Passagen in *Religion in the Making* scheinen nahezulegen, daß Whitehead ein radikal Böses überhaupt leugnet. Wenn das Böse, gerade auch das moralisch Böse, ganz und gar überwunden

---

13 Vgl. Teil III.4 von Maaßen, a.a.O.; *PR*, p. 347, 351/dt. S. 620, 626 und die ganze Vorlesung *Immortality.*

wird, ja wenn jedes Böse eine Stufe zu den Idealen Gottes wird (»Was an ihr böse ist, wird zu einem Trittstein in den allumfassenden Idealen Gottes.« *RM,* p. 140/dt. S. 116), dann liegt es nahe, sowohl jeder ethischen Überlegung als auch Handlung zu entsagen.

Gegenüber dieser Vorstellung, »Gott werde schon alles richten« (vgl. dazu u. a. *AI,* p. 15/dt. S. 93), die notwendigerweise die beschriebenen Folgen haben müßte, betont Whitehead ausdrücklich die Funktion Gottes als Richter (vgl. *PR,* p. 34/dt. S. 618; *AI,* p. 346/dt. S. 468). Die Wertung Gottes kann unerbittlich sein, sie zielt ab auf Ordnung, das Böse auf das Gegenteil. »Die Spreu ist verbrannt.« (*PR,* p. 244/dt. S. 446) Wenn in Gott kein negatives Erfassen geschieht, wie kann Whitehead dennoch davon sprechen, daß die Revolten des zerstörerischen Übels in ihrer Trivialität als »bloß individuelle Tatsachen abgewiesen« werden? (*PR,* p. 346/dt. S. 617 f)

Wenn Gottes Folgenatur, sein »Urteil über die Welt«, von solcher Zartheit ist, »die nichts verliert, was gerettet werden kann« (*PR,* p. 346/dt. S. 618), bedeutet das, daß es auch etwas radikal Böses gibt, was eben nicht gerettet werden kann?

Die Aussagen Whiteheads hierzu sind mehrdeutig und entbehren letzter Klarheit. Auch wenn man berücksichtigt, daß Whitehead es vermeiden will, starre Grenzen zwischen verschiedenen Kategorien aufzurichten, birgt das für eine aus der Kosmologie Whiteheads zu entwickelnde Ethik die Gefahr, zwischen verantwortlichem Subjekt und moralisch Gutem und Bösem einerseits und elementarem Guten und Bösen andererseits in ihrer wechselseitigen Beziehung zu Gott nicht mehr hinreichend unterscheiden zu können.

Diese Unschärfe wird auch im Manuskript von A. H. Johnson deutlich, in dem sich ohne die sonst erfolgten Anmerkungen Whiteheads folgende Passage findet: »Während es in Gottes Natur als solcher keine Elimination gibt, werden selbstverständlich einige Daten vom Eintreten in Gottes Natur ausgeschlossen.«[14]

Wie läßt sich mithin die einheitsstiftende Natur Gottes, deshalb ohne negatives Erfassen, zusammendenken mit dem moralisch Bösen, wenn für letzteres gilt, daß Selektion »zugleich der Maß-

14 A. H. Johnson, *Whitehead's Theory of Reality,* New York 1962, p. 217.

stab des Bösen und der Prozeß, der aus ihm herausführt« (*PR*, p. 340/dt. S. 609), ist?

Whiteheads Absicht scheint es m. E. zu sein, das Böse, als Negation des Seins, dennoch als eine Art des Seins zu verstehen (*MT*, p. 74). Alle Wirklichkeit, auch das moralisch Böse, wird in Gottes Folgenatur aufgenommen. »Da Gott wirklich ist, muß Er in sich eine Synthese des gesamten Universums einschließen.« (*RM*, p. 85/dt. S. 75) In der Folgenatur kommt es weder zu Verlusten noch zu Vereitelungen, jede Wirklichkeit in der zeitlichen Welt wird in Gottes Natur aufgenommen (*PR*, p. 346/dt. S. 617). Die Folgenatur ist die »zärtliche Fürsorge« *(tender patience)* dafür, daß nichts verlorengeht (*PR*, p. 346/dt. S. 618).

Mir scheint es möglich, die aufgeworfenen Fragen hinreichend klären zu können, wenn, wie verschiedentlich mit Recht gefordert,[15] Gott als ein wirkliches Einzelwesen gedacht wird.[16]

Das Eingehen des Guten und Bösen in das wirkliche Einzelwesen Gott soll deshalb gemäß den für alle Konkretisierungsprozesse wirklicher Einzelwesen gültigen Phasen beschrieben werden.

a) Die konforme Phase

Jedes wirkliche Ereignis beginnt mit einem einfachen physischen Erfassen. »Es ist ein Empfinden von der Ursache aus, das die Subjektivität der neuen Wirkung erlangt, ohne seine ursprüngliche Subjektivität in der Ursache zu verlieren.« (*PR*, p. 238/dt. S. 435) Die einfachen physischen Empfindungen verkörpern den re-produktiven Charakter der Natur und die objektive Unsterblichkeit, insoweit Vergangenes im Neuen reproduziert wird. Whitehead nennt diese Phase der Konkretisierung deshalb konforme Phase (*PR*, p. 212/dt. S. 392 u. ö.). Das einfache physische Empfinden verfügt über ein Charakteristikum, das verschiedentlich als »Reaktivierung«, »Reproduktion« und »Anpassung« beschrieben wurde (vgl. *PR*, p. 238/dt. S. 435).

Dies soll auch für Gott gelten, denn er soll ein wirkliches Einzelwesen sein. Hierauf beziehen sich die verschiedenen Aussagen Whiteheads, daß Gott der Mitleidende ist, der versteht, daß in Gott nichts verlorengeht, das gerettet werden kann.

---

15 So z. B. M. Welker, *Universalität Gottes und Relativität der Welt,* Neukirchen-Vluyn, 2. Aufl. 1986, S. 134 u. ö.

16 Vgl. dazu die klassische Interpretation von W. A. Christian, *An Interpretation of Whitehead's Metaphysics,* New Haven 1967.

Einfaches kausales Empfinden, oder auch physisches Empfinden, jedes wirklichen Einzelwesens einschließlich Gott kann perfekt genannt werden, und zwar insofern, als jedes wirkliche Einzelwesen in der wirklichen Welt eines Subjekts durch irgendein einfaches kausales Empfinden, »sei es auch noch so vage, trivial und unterdrückt« (PR, p. 239/dt. S. 437), in die Konkretisierung dieses Subjekts eingehen muß. Jedes wirkliche Einzelwesen gewährleistet mithin in seiner Konkretisierung die objektive Unsterblichkeit aller wirklichen Einzelwesen seiner wirklichen Welt.

Gott unterscheidet sich von den wirklichen Einzelwesen dadurch, daß er mit dem geistigen Pol beginnt, während für die anderen Einzelwesen die Konkretisierung mit dem physischen anhebt (PR, p. 36/dt. S. 88 u. ö.). Aber auch in diesem Zusammenhang kann Whitehead feststellen: »Jedes zeitliche Einzelwesen geht in einem Sinne, analog zu Gott selbst, aus seinem geistigen Pol hervor. Es leitet von Gott sein grundlegendes begriffliches Ziel ab, das für seine wirkliche Welt relevant ist, jedoch noch Unbestimmtheiten enthält, die seiner eigenen Entscheidung bedürfen. Dieses subjektive Ziel bleibt in seinen folgenden Modifikationen der vereinigende Faktor, der die späteren Phasen des Wechselspiels zwischen physischen und begrifflichen Empfindungen beherrscht.« (PR, p. 224/dt. S. 411)

Jede Konkretisierung läßt sich als teleologischer Prozeß verstehen, so daß das jeweilige Telos vorgegeben ist, in dieser Hinsicht also nicht nur Gott mit dem geistigen Pol beginnt. Auch dann, wenn man die Unterschiede zwischen dem Einzelwesen Gott, das mit dem geistigen, und den anderen Ereignissen, die mit dem physischen Pol beginnen, für stärker erachtet, als es aus dem angeführten Sachverhalt naheliegt anzunehmen, gilt die konforme Phase in der beschriebenen Weise für alle wirklichen Einzelwesen, Gott eingeschlossen. Erst in der folgenden, der ergänzenden Phase, sind Unterschiede angezeigt.

b) Die ergänzende Phase

Die ergänzende Phase läßt sich in drei Formen der Empfindungen gliedern: begriffliche, einfach-vergleichende und schließlich komplex-vergleichende Empfindungen.[17]

---

17 Vgl. dazu das Schaubild bei D. W. Sherburne, *A Key to Whitehead's Process and Reality*, Bloomington 1966, p. 40.

Während die wirklichen Einzelwesen der wirklichen Welt eines Subjekts in dieses eingehen müssen, gilt dies nicht für die Form-elemente des Prozesses; die reinen Potentiale können abgewiesen werden (*PR*, p. 239/dt. S. 438).

Erst durch die Formelemente erhält die Wirklichkeit den Charakter des ›Dieses‹ und nicht ›Jenes‹. »Dem Wirklichen kommt allein der Charakter zu, durch ausgewählte zeitlose Gegenstände aus-schließlich bestimmt zu werden. Die Abgegrenztheit des Wirkli-chen beruht auf der Ausschließlichkeit zeitloser Gegenstände in ihrer Funktion als Determinanten.« (*PR*, p. 240/dt. S. 439) Der Ausschluß zeitloser Gegenstände geschieht im Prozeß der Kon-kretisierung, indem im begrifflichen Empfinden zeitlose Gegen-stände von einer Wirkung auf die Konkretisierung ausgeschlossen werden können (Whitehead nennt das negatives Erfassen), und dadurch, daß positiv erfaßte zeitlose Gegenstände andere von der Einflußnahme auf diese Konkretisierung ausschließen. Für das wirkliche Einzelwesen Gott gilt dies nicht, kann es nicht gelten, denn es soll ja gerade das ›Reservoir‹ der Potentialität sein.[18]

In Gottes Urnatur findet sich das absolute und vollständige *Reich der zeitlosen Gegenstände* (*PR*, p. 31, 32, 164/dt. S. 79, 80, 306). Gott erfaßt nicht negativ, sein begriffliches Erfassen ist unbe-grenzt (*PR*, p. 346/dt. S. 618). Das Reservoir der Potentialität, das Reich der zeitlosen Gegenstände in Gottes Urnatur, darf nicht mißverstanden werden dahingehend, als gäbe es eine feste Klasse von zeitlosen Gegenständen. »Wenn wir nämlich irgendeine Klasse von zeitlosen Gegenständen in Betracht ziehen, gibt es zusätzliche zeitlose Gegenstände, die diese Klasse voraussetzen, ihr aber nicht angehören.« (*PR*, p. 46/dt. S. 103)

Deshalb spricht Whitehead von der Vielfalt der Formen und nicht der Klasse der Formen. Gottes Urnatur entspricht dem Worin (*hypodochē*) aus Platons Timaios (*AI*, p. 241/dt. S. 343). Es gibt nicht eine ideale Ordnung der zeitlosen Gegenstände (*PR*, p. 84/dt. S. 167), im Reich der zeitlosen Gegenstände (der Urnatur Got-tes) gibt es, so könnte man sagen, keinen Herrscher.[19]

Für jedes wirkliche Ereignis wird das Reich der zeitlosen Gegen-stände der Relevanz nach geordnet. Jede spezifische Ordnung der

18 *MT*, p. 128; vgl. auch L. S. Ford/G. L. Kline (eds.), a.a.O. (Anm. 7), p. 5 u. ö.
19 So Christian, a.a.O., p. 273; vgl. *PR*, p. 84/dt. S. 167.

zeitlosen Gegenstände erfolgt durch die Beziehung zu einem bestimmten Entstehungsprozeß eines wirklichen Ereignisses. Während jedes wirkliche Ereignis seine Bestimmtheit durch Ausschluß von zeitlosen Objekten erhält (Spinozas »determinatio est negatio«[20]), gilt dies für Gott nicht, er umfaßt alle zeitlosen Objekte, erhält aber seine Bestimmtheit durch die Begrenzung, i. e. Bestimmtheit, des je in ihn eingehenden wirklichen Ereignisses; durch dieses Ereignis wird aus der reinen Potentialität (Whitehead spricht auch von abstrakter oder genereller Potentialität)[21] die reale Möglichkeit.[22]

Gottes Bestimmtheit ist mithin eine abgeleitete; weil er sie durch negatives Erfassen, d. h. Einschränkung der eigenen Möglichkeiten, nicht erreichen kann, geschieht sie durch die begrenzten, endlichen Ereignisse, die in ihn eingehen. Die notwendige Bestimmung, ohne die es Gott an Wirklichkeit fehlte, kann durch Gutes wie Böses, Täter wie Opfer erfolgen; insofern das eine wie das andere Bestimmtheit Gottes bewirkt, gehen sie ›unterschiedslos‹ in Gott ein.[23]

Wie vorher festgestellt, entspricht das auch der Funktion der konformen Phase, in der eben keine Empfindung ausgeschlossen wird.

Das Mitfühlen, die Konformität Gottes mit jedem Fühlen, ist vollständig, perfekt.[24] Jedes Empfinden wird genau als das wahrgenommen, was es war, und was es jetzt ist, ohne Wertung und ohne Verzerrung, ohne Übertreibung oder Verniedlichung, es geschieht eine perfekte Re-Produktion, Re-Aktivierung (s. o.).

Aber der Prozeß der Konkretisierung bricht hier nicht ab. Gerichtet auf sein Telos, die Erfüllung, werden die physischen Empfindungen durch begriffliche ergänzt, derart, daß eine Zuordnung zum subjektiven Ziel des Ereignisses ermöglicht wird durch sogenannte begriffliche Wertungen, propositionale Empfindungen,

---

20 Spinoza, Brief Nr. 50 an Jarig Jelles vom 2. 6. 1674.
21 5. Kategorie der Existenz (*PR*, p. 22/dt. S. 63).
22 6. Kategorie der Existenz (*PR*, p. 23/dt. S. 63).
23 Dies erinnert an S. Alexander, *Space, Time and Deity*, 2 vols., London ²1927, Vol. II, p. 419: »Value is in the above sense conserved in deity. But withal we have to recognize that, not in deity, but in God, unvalues also are contained...«
24 So Christian, a.a.O., p. 351.

die schließlich zu Kontrastempfindungen wie Bewußtsein führen können.[25]

Die physischen Daten, unter Umständen Täter und Opfer, Gut und Böse, die in der Wirklichkeit einander ausschließen bzw. ausgeschlossen haben, gehen in die Folgenatur Gottes ein. Gottes Vision schließt alle zeitlosen Gegenstände ein, alle möglichen Kontraste werden empfunden, und zwar mit größter Intensität. Alle Gegensätze im »objektiven Anreiz« *(objective lure)* zum Empfinden werden empfunden. Auch die zeitlosen Gegenstände des in Gott aufgenommenen Ereignisses, die dieses ausgeschlossen hat, werden vollständig erfaßt. Auch Gottes begriffliche Ergänzung der in ihn aufgenommenen physischen Daten ist vollständig, perfekt. Nur so kann er alle physischen Daten in sich aufnehmen, auch die, die sich ansonsten ausschließen (vgl. *PR*, p. 346/dt. S. 617).

Die leicht mißverständlichen Aussagen, daß in den »höheren Aspekten« *(finer side)* (*RM*, p. 140/dt. S. 116) der Tatsachen Gott in die Welt kommt, ja daß Vergnügen und Freude, Leid und Schmerz ein Stück auf dem Weg zu den allumfassenden Idealen Gottes sind (ebd.), wird dann verständlich.

Gut und Böse werden als Wirklichkeit der Welt nicht zu einer Synthese gebracht, auf dunkle Weise miteinander versöhnt, sondern zu jedem schafft Gott eine »ideale Ergänzung«: zum Bösen, so daß das Böse mit seiner »idealen Ergänzung« zum Kontrast wird, ebenso wie das Gute mit seiner »idealen Ergänzung«. Gut und Böse werden als solche in Gott aufgenommen, aber nicht aufgehoben. Die jeweilige »ideale Ergänzung« erweist dann das Böse in absoluter Klarheit als das, was es ist, ebenso wie sich das Gute als solches erweist.

»Der Gedanke, daß es Unmögliches gibt, was Gott selbst nicht möglich machen kann, ist den Theologen seit Jahrhunderten geläufig.« (*AI*, p. 357/ dt. S. 481) Wenn man diesen Gedanken einer möglichen Unverträglichkeit auf die im Wesen Gottes verwirklichten Ideale anwendet, »muß man sich den göttlichen Eros als ein aktives Gegenwärtighaben aller Ideale vorstellen, das von dem Drang begleitet wird, jedes von ihm zu seiner Zeit in einer endlichen Form zu realisieren« (ebd.).

---

25 Vgl. hierzu das Schaubild bei E. M. Kraus, *The Metaphysics of Experience. A Companion to Whitehead's Process and Reality,* New York 1979, p. 118, und Kapitel x (Process) von Teil II aus *PR*.

c) Die Erfüllung

Gottes Erfüllung ist, wie bei jedem Konkretisierungsprozeß, das Erreichen des Telos.[26] Damit ist es eine vollständig bestimmte Erfüllung (*PR*, p. 85/dt. S. 169). Auf diese Weise geht die Kreativität in die primäre Phase eines anderen wirklichen Ereignisses über. Wirkliche Ereignisse, insofern sie in Gott eingehen, beeinflussen damit Gott in bestimmter Weise. »Die organistische Philosophie möchte zeigen, wie objektive Daten in die subjektive Erfüllung übergehen und wie die Ordnung in den objektiven Daten für Intensität in der subjektiven Erfüllung sorgt.« (*PR*, p. 88/dt. S. 175) Whitehead beschreibt nirgendwo genau, wie dieser Vorgang bei dem wirklichen Einzelwesen Gott aussieht, speziell was es für Gut und Böse bedeutet.

Gottes Erfüllung ist ein vollständiges Empfinden, für das, wie für jede andere subjektive Form, gilt, daß es zwei Faktoren hat, nämlich ein qualitatives Muster und ein Muster der intensiven Quantität (*PR*, p. 233/dt. S. 426 f.). Um die Frage zu beantworten, wie die wirklichen Ereignisse Gottes Empfinden beeinflussen, gilt es die beiden Faktoren zu unterscheiden.

Daß das qualitative Muster seiner Empfindungen durch wirkliche Ereignisse beeinflußt wird, bedarf keiner Frage; sie bewirken gerade seine Bestimmtheit (s. o.). Beeinflussen die wirklichen Ereignisse aber auch die Intensität der Erfüllung Gottes? Welche Auswirkung hätte dann die Tatsache, daß Gut und Böse in Gott eingehen?

Zu Gottes Erfüllung gehören seine physischen Empfindungen, die durch die wirklichen Ereignisse gegeben sind: Freude und Leid, Gut und Böse etc., und seine begrifflichen Empfindungen, die die physischen ergänzen (s. o.). Dies ähnelt einer Vorstellung, die sich bei Samuel Alexander findet:

»Wert, im oben erklärten Sinn, wird in der Gottheit bewahrt, aber obendrein müssen wir erkennen, daß nicht in der Gottheit, sondern in Gott auch Unwerte enthalten sind ... Obwohl Gottes Gottheit mit Werten zusammenhängt, schließt er gut und böse in seiner Struktur ein. Das Böse, dadurch, daß es durch Erlösung zu einem Teil Gottes wird, gehört zu seiner Natur. Und weil seine ganze Person seine Göttlichkeit stützt, wird das Böse der niedrigeren, materiellen Ebene (der menschlichen) so verwandelt, daß es das Göttliche unterstützt...

26 Vgl. Teil III.3 von Maaßen, a.a.O.

So ist das Böse wirklich und hat seine endliche Existenz, und dadurch, daß es in das unbegrenzte Ganze, woraus es entsprungen ist, zurückgeführt wird, wird es in einen Wert umgewandelt...«[27]

Die Ergänzung der physischen Empfindungen durch Gottes begriffliches Empfinden ist unbegrenzt, weil in Gott kein negatives Erfassen geschieht. Er schafft die Einheit seiner Erfüllung nicht durch Ausschluß, wie die wirklichen Ereignisse, sondern durch begriffliche Ergänzung.[28] Seine begriffliche Ergänzung ist unbegrenzt, weil er in seiner Urnatur alle zeitlosen Gegenstände einschließt (vgl. *PR*, p. 343/dt. S. 614 u. ö.).
Die Kontraste, von denen die Intensität der Erfüllung abhängt (vgl. *PR*, p. 278/dt. S. 505), entstehen durch die begriffliche Ergänzung von u. U. unvereinbaren Daten des physischen Erfassens (z. B. Täter und Opfer). Nicht die unvereinbaren Gegensätze von Gut und Böse, Opfer und Täter werden in Gott zu Kontrasten synthetisiert, sondern die physischen Empfindungen mit den begrifflichen. Daraus läßt sich folgern, daß die Intensität der Erfüllung Gottes unabhängig von den in ihn eingehenden physischen Daten ist.
Er ist darauf angewiesen, daß physische Daten in ihn eingehen, sonst könnte keine Erfüllung geschehen. Sind sie (welche auch immer) in ihn eingegangen, entsteht durch seine unbegrenzte begriffliche Ergänzung eine höchstmögliche Intensität der Erfüllung, die sich zwar verschiedenen qualitativen Mustern, verursacht durch die unterschiedlichen physischen Daten, verdankt, nicht aber ihrer Intensität. »Die absolute Norm für diese Intensität ist die der Urnatur Gottes, die weder groß noch klein ist, da sie aus keiner wirklichen Welt hervorgeht. Sie enthält keine Bestandteile, aus denen sich Normen für den Vergleich ergeben.« (*PR*, p. 47/dt. S. 105)
Wenn die Intensität der Erfüllung Gottes unabhängig von der Art der wirklichen Ereignisse ist, die in ihn eingehen, wenn seine Intensität durch den Kontrast seiner physischen und begrifflichen Empfindungen entsteht, dann ist der Hauptvorwurf von S. L. Ely, daß Gott durch die in ihm zu Kontrasten synthetisierten Gegenstände von Gut und Böse etc. größere Freude erlangt

27 Alexander, a.a.O., vol. II, p. 419.
28 L. S. Ford, »The Non-Temporality of Whitehead's God, in: *Intern. Philosophical Quarterly* 13 (1973), p. 347-376, zit. 349.

und mithin eher das Bild eines Sadisten als eines Gottes abgibt, entkräftet.[29]

d) Gott als Subject-Superject:
seine Wirkung auf die Zukunft (Vorsorge)

Trotz der gleichen Intensität der Erfüllung Gottes haben die unterschiedlichen in ihn eingehenden Ereignisse Wirkungen über Gott hinaus.

Wie gezeigt, bestimmen die in Gott eingehenden Ereignisse zwar nicht die Intensität seines Empfindens, wohl aber dessen qualitatives Muster. Damit bestimmen sie die Struktur der subjektiven Ziele, die Gott für zukünftige Ereignisse gibt, »denn die vollkommene Wirklichkeit geht wieder über in die zeitliche Welt und qualifiziert diese Welt so, daß jede zeitliche Wirklichkeit sie als eine unmittelbare relevante Erfahrungstatsache einschließt.« (*PR*, p. 351/dt. S. 626) Die besondere Vorsorge Gottes für besondere Ereignisse, von der Whitehead im Anschluß an dieses Zitat spricht, heißt dann, daß geschehenes Böses eine besondere Art der begrifflichen Empfindung in Gott ausgelöst hat, die dann auch die Struktur der neuen Ausgangsdaten für wirkliche Ereignisse prägt. Der Einfluß Gottes geschieht nicht durch physische Gewalt, sondern durch von jeweils Vergangenem (Gut oder Böse) bestimmte neue Ideale für zukünftige Ereignisse. In diesem Sinne ist auch Whiteheads Rede von der Liebe Gottes für die Welt zu verstehen. Mitleidender ist er, insofern das Böse in ihn eingeht.[30] Dies gelingt nur, wenn – wie geschehen – die beiden letzten Seiten von *Process and Reality* konsequent als die vier Phasen der Konkretisierung des wirklichen Einzelwesens Gott interpretiert werden.

In einer Whiteheadschen Ethik, verstanden als relationale Wertethik, läßt sich die Beziehung Gottes zum Guten und Bösen angemessen bestimmen. Whiteheads metaphysischer Entwurf wird dabei durch ethische und religiöse Interessen nicht getrübt – wie es, nach Whiteheads Aussage, mit dem Werk des Aristoteles geschehen ist –, sondern erweist auch in ethisch-religiöser Hinsicht seine Logik und Kohärenz.

---

29 Die klassische Kritik von Ely, »The Religious Availability of Whitehead's God« (1942) ist jetzt wieder abgedruckt in Ford/Kline, a.a.O. (Anm. 7), p. 170-211.
30 Darin stimme ich D. R. Griffin, *God, Power and Evil: A Process Theodicy*, Philadelphia 1976, p. 305, zu.

Reto Luzius Fetz
Whiteheads Begriff einer Religion im Werden und die Theorie der Moderne
Eine Interpretation Whiteheadscher Religionstheorie im Kontext gegenwärtiger Sozialwissenschaft

1. Umriß und Absicht dieses Interpretationsversuches

Der Titel dieses Beitrags setzt Whiteheads evolutionäre Religionstheorie zur Theorie der Moderne in Beziehung. Unter ›Theorie der Moderne‹ wird hier in erster Linie jene Deutungsform der europäischen Aufklärungsbewegung oder des ›okzidentalen Rationalismus‹ verstanden, die wir Max Weber verdanken und deren heute wohl meistbeachtete Interpretation und Fortentwicklung Jürgen Habermas im ersten Band seiner ›Theorie des kommunikativen Handelns‹ (1981 1: 205-366) vorgelegt hat. Hält man sich vor Augen, daß Habermas den Geschichtsprozeß der »Entstehung moderner Bewußtseinsstrukturen« ex negativo als den Prozeß der »Entzauberung religiös-metaphysischer Weltbilder« beschreibt (1981 1: 262), so wird deutlich, daß die Inbeziehungsetzung von Whiteheads evolutionärer Religionstheorie mit der so verstandenen Theorie der Moderne einen Gegensatz beinhaltet. Whitehead deutet in der Tat den Zivilisationsprozeß ganz anders als Weber und Habermas: Religion und Metaphysik sind unter der Voraussetzung moderner Rationalisierung nicht zum Verschwinden verurteilt, sondern stellen selbst in letzter Instanz eine fundamentale Voraussetzung ausgewogener rationaler Modernisierung dar. Dieser Kontrast sei zunächst näher beleuchtet, um Whiteheads einzigartige Stellung unter den Theoretikern der Moderne sichtbar zu machen und die Absicht dieses Beitrages darzulegen.

1.1 Nach Weber und seinem Interpreten Habermas ist die Heraufkunft der Moderne durch die Autonomisierung von Wissenschaft, Moral und Kunst bestimmt. Die Religion gilt dabei als ein Kulturphänomen, das in den vorneuzeitlichen Kulturen integra-

tive Funktion hatte, in der Moderne jedoch zum Untergang verurteilt ist. Ihre Erben sind nach der kognitiven Seite hin die Wissenschaft, nach der normativen Seite hin die sich autonomisie-
rende und universalisierende Moral, nach der expressiven Seite
hin die Kunst. Whitehead faßt im Unterschied dazu die Religion
selbst als einen Kulturfaktor auf, der ›in the Making‹ ist, d. h. eine
ihm eigene Entwicklung oder Evolution kennt, die in der Moderne nicht abbricht, sondern ihre Erfüllung findet (vgl. bes. *RM*,
p. 6/dt. S. 15). Diese sich entwickelnde Religion ist zudem nicht
etwas Irrationales, der neuzeitlichen Vernunft Entgegenstehen-
des, wie Kierkegaard oder Bergson es wollen; der Entwicklungsprozeß der Religion ist vielmehr für Whitehead in eins ihr Rationalisierungsprozeß, d. h. ein Prozeß der Kritik, in dem sie sich
von ihren irrationalen, barbarischen Elementen befreit: er mündet in die ›rationale Religion‹ als deren Höchstform ein.

1.2 Unter den großen Denkern der ersten Jahrhunderthälfte steht
Whitehead mit seiner Auffassung einer werdenden Religion nicht
allein; er teilt sie insbesondere mit dem führenden französischen
Idealisten Léon Brunschvicg. Auch Whiteheads Zuordnung dieser werdenden Religion zu einer neuen Bewußtseinsstufe des
Geistes ist im Hinblick auf Brunschvicg (und verwandte Geister)
keine singuläre Leistung. Man wird sich hier vielmehr fragen
müssen, ob Whitehead, der sonst (d. h. außerhalb von *RM*) die
Rolle des Bewußtseins zu relativieren pflegt, nicht in diesem
Punkt direkt oder indirekt von einer Bewußtseinsphilosophie wie
jener Brunschvicgs abhängig ist. Seine Einzigartigkeit liegt nicht
in der Verbindung einer evolutionären Bewußtseinsphilosophie
mit einer evolutionären Religionstheorie, sondern in der Fundierung der letzteren in einer Metaphysik und Kosmologie. Metaphysische Weltbilder sollen nach Habermas angesichts der sich
ausdifferenzierenden Formen moderner Wissenschaft, Moral und
Kunst keine fundamentale Rolle mehr spielen können. Auch ein
Bewußtseinsphilosoph und Idealist wie Brunschvicg hält die Verbindung einer neuen Religion mit einer neuen Metaphysik, geschweige denn mit einer neuen Kosmologie, für ein Ding der
Unmöglichkeit: Die Dimension des Religiösen liegt für ihn allein
in der Immanenz des Geistes. Whiteheads eigentliche Provoka-
tion ist sein Plädoyer für ein neues Religionskonzept, das zwar
einer neuen Bewußtseinslage entsprechen soll, aber diese Bewußtseinslage metaphysisch und kosmologisch fundieren will.

1.3 Whiteheads Grundlegung einer neuen Kosmologie und Metaphysik knüpft am sichtbarsten an die Umwälzungen innerhalb der Naturwissenschaften an. Das sollte jedoch nicht übersehen lassen, daß der systematische Ausgangspunkt seiner Theorie zu einem wesentlichen Teil – wenn nicht sogar hauptsächlich – in der Auslegung menschlicher Subjekterfahrung liegt und daß ganze Teile seiner Schriften sich als Zivilisationstheorie (*AI*, Teil IV), ja als eine »soziologische« Theorie (*AI*, Teil I) präsentieren. Whiteheads Theorie erfüllt damit eine Brückenfunktion nicht nur zu den Naturwissenschaften, sondern auch zu den Sozialwissenschaften, mit dem Unterschied, daß Whitehead aufgrund seiner geschichtlichen Situation bezüglich der Naturwissenschaften als ein Nach-Denker, bezüglich der Sozialwissenschaften hingegen als ein Vor-Denker zu betrachten ist: Umwälzungen im Bereich der Naturwissenschaften reflektiert er als bereits geschehene, revolutionäre Erkenntnisse der Sozialwissenschaften nimmt er intuitiv vorweg, wie noch zu zeigen sein wird. Diese im weitesten Sinn ›sozialwissenschaftliche‹ Seite von Whiteheads Theorie steht in einem echten Kontinuitäts- und Komplementaritätsverhältnis zu ihrer ›naturwissenschaftlichen‹ Seite, weil die ganze Theorie im Grunde eine Sozialontologie ist und es für Whitehead – im Unterschied zur Tradition seit Kant – letztlich nicht den radikalen Unterschied von ›Personen‹ und ›Sachen‹ gibt.

1.4 Der folgende Vergleich von Whiteheads Religionstheorie mit der Theorie der Moderne konzentriert sich auf diese ›sozialwissenschaftliche‹ Seite von Whiteheads Theorie, und zwar aus inneren Gründen: Einerseits hat Whitehead selbst eindeutig klargestellt, daß nicht bloß die Fundierung einer Kosmologie, sondern auch das tiefere rationale Verständnis der Zivilisationsgeschichte das »Geschäft« einer »philosophischen Theologie« sei (*AI*, p. 218). Andererseits versteht sich die Theorie der Moderne, wie sie durch Habermas und andere repräsentiert wird, als eine wenn nicht ausschließlich, so doch wesentlich sozialwissenschaftliche oder zumindest sozialwissenschaftlich abgestützte Theorie. Whiteheads Religionstheorie oder ›philosophische Theologie‹ scheint mir nur dann als eine fruchtbare Alternative zu einer Theorie der Moderne ohne Gott gelten zu können, wenn sie ihr auf dem gleichen sozialwissenschaftlichen Felde zu begegnen vermag. Daß sie dazu tatsächlich imstande ist, liegt daran, daß der leitende Gesichtspunkt, unter dem Whitehead in *RM* die Entwicklung der Religion begreift, ein genuin sozialwissenschaftlicher ist, nämlich jener, für den sich im Gefolge Meads vor allem die Bezeichnung ›soziale Perspektive‹ (social perspective) eingebürgert hat: Whiteheads evolutionäre Religionstheorie ist, wie zu zeigen sein wird, von ihrem Ansatz her eine Abwandlung des Themas ›Individuum und Gesellschaft‹.

1.5 Die Inbeziehungsetzung Whiteheads zu dem sich von Mead herleitenden Strang sozialwissenschaftlicher Entwicklungstheorien, zu dem auf seine Weise, unter Einschluß des von Piaget begründeten strukturgenetischen Ansatzes, auch Kohlberg mit seiner Theorie der Moralentwicklung gehört und der auch für Habermas von zentraler Bedeutung geworden ist, sehe ich nicht als ein äußerliches Zusammenbringen grundverschiedener Theoriestücke an. Und zwar zunächst aus einem historischen Grund: Bei der Gründerfigur, bei Mead, gibt es eine verborgene Wirkungsgeschichte Whiteheads. In Meads Hauptwerk *Mind, Self and Society*, das zwar erst 1934 erschien, aber im wesentlichen auf einer Vorlesungsnachschrift von 1927 – also ein Jahr nach der Veröffentlichung von *RM* – beruht, findet sich der Name Whitehead zwar nicht. Aber es gibt Sätze in diesem Buch, die nur unter dem Einfluß Whiteheads so formuliert werden konnten, weil in ihnen der Whiteheadsche Neologismus ›prehend‹ vorkommt, und zwar in seinem genuinen Sinn, allerdings nun bezogen auf die Sozialwelt, welche das sich entwickelnde Selbst von seinem Standpunkt aus ›prehendiert‹ (vgl. Mead 1934: 201, 320).

Was Mead speziell von der »religious attitude« als »the carrying-over of the social attitude to the larger world« (1934: 275) sagt, deckt sich sehr genau mit Whiteheads Beschreibung der Religionsentwicklung. Mead zeigt sich an einer Religionstheorie wie der Whiteheadschen interessiert, weil er in der Religion wie im Patriotismus die typischen Phänomene der »Fusion« der individuellen mit der sozietären Seite des Selbst (von ›I‹ und ›Me‹) erblickt (vgl. Mead 1934: 273-275). Die Religion bildet schließlich mit der Wirtschaft für Mead einen entscheidenden Faktor für den Durchbruch zu einer universellen sozialen Perspektive (1934: 281-298). Aber der »mystische Charakter« der »religiösen Haltung« (1934: 275) hält Mead – wie Dewey – offenbar davon ab, der Religion eine rationale Fundierungsfunktion zuzugestehen. Es ist zu vermuten, daß Mead aus diesem Grunde Whitehead nicht folgen wollte und konnte. Statt dessen hat Mead bekanntlich den für eine Diskursethik konstitutiven, von Apel (1973 II) und Habermas (1981; 1983) aufgegriffenen Entwurf einer idealen Kommunikationsgemeinschaft vorgelegt.

1.6 Die Ausklammerung der Religion unter der impliziten oder expliziten Voraussetzung, daß sie in einer wirklich modernen Bewußtseinsstruktur keinen Platz mehr finden könne und für Fundierungsfunktionen hinsichtlich einer autonomen Moral u. ä. überflüssig oder untauglich sei, ist seither weitgehend *opinio communis* geworden, auch in dem vorhin erwähnten Theoriestrang der Sozialwissenschaften. Kohlberg, hinsichtlich der Moralentwicklung ihr bedeutendster Vertreter, ist allerdings auf den Sachverhalt gestoßen, daß die höchste moralische Entwicklungsstufe (Stufe 6 der Kohlberg-Skala), welche eine prinzipienorientierte Ethik mit einer Haltung universeller Solidarität verbindet, und dies notfalls unter dem Einsatz des eigenen Lebens, unweigerlich Fragen aufwirft wie »Warum überhaupt moralisch sein?«, »Wozu will ich leben?«, welche als metaethische Fragen nur noch religiös beantwortet werden können, weil sie nach dem letzten Wirklichkeitsgrund fragen, der moralisches Handeln in einer Welt der Ungerechtigkeit, des Leidens, des Todes dennoch sinnvoll macht (vgl. Kohlberg 1981: 368, 370). Im Unterschied zu Dewey und Mead hält Kohlberg dafür, daß die Beantwortung solcher Fragen gemäß empirischen Befunden nicht durch einen vagen Mystizismus, sondern mittels religiös-metaphysischer Annahmen erfolgt, welche zwar nicht auf die Wissenschaft und Moral der betreffenden Person reduzierbar, aber mit ihr konsistent sind (Kohlberg 1981: 359, 371). Und als Beispiel eines Theoretikers, der eine mit den empirischen Daten vereinbare spekulative Philosophie vorgelegt habe, wird an erster Stelle kein anderer als Whitehead genannt (vgl. Kohlberg 1981: 359).

1.7 Dieser Beitrag will deshalb die Möglichkeit erkunden, Whitehead unter Bezugnahme auf sozialwissenschaftliche Erkenntnisse der erwähnten Richtung als den Vordenker einer Theorie der Moderne zu betrachten, welche als Alternative zu den a-religiösen, a-theistischen Theorien der Moderne Religion und Theismus als etwas sich wesentlich Entwickelndes ansieht, das erst in der Moderne seine eigentliche »Erfüllung« (vgl. *RM,* p. 16/dt. S. 15) und tiefste (potentielle) Fundierungsfunktion gewinnt. Es ist, um es vorweg zu sagen, der Versuch, Whiteheads Konzeption Gottes als des »ideal companion« (*RM,* p. 148/dt. S. 115) als Aufdeckung eines religiös-metaphysischen »Aprioris« oder Sinnfundaments der »idealen Kommunikationsgemeinschaft« zu deuten. Dabei wird davon ausgegangen, daß Whiteheads Entwicklungstheorie der Religion a) sich zwanglos dem heute verfügbaren Wissen über Entwicklung zuordnen läßt und dabei inhaltlich bereichert und präzisiert werden kann, b) der Anstoß zu einer umfassenderen Theorie der Moderne durch die Reintegration von Religion und Metaphysik sein könnte. Es geht, in Abwandlung Whiteheads (vgl. *PR*, p. 343/dt. S. 613), darum, *to add another speaker to that universe of discourse,* welches über das, worüber Whitehead spricht, gemeinhin schweigt.

2. Whiteheads Begriff einer sich entwickelnden Religion: die deskriptive und die präskriptive Seite seiner Theorie

Whitehead legt eine explizit evolutionäre Religionstheorie vor. Schon im Religionskapitel von *SMW* hatte Whitehead von einer »evolution of religion« (*SMW*, p. 234/dt. S. 219, vgl. p. 236/dt. S. 220 f) sowie von einem »upward trend« (*SMW*, p. 238/dt. S. 223) gesprochen. In *RM* ist dann wiederholt die Rede von einer »Emergenz« der Religion (*RM*, p. 8 f, p. 37/dt. S. 16 f, S. 39) sowie von »Stadien« der religiösen Evolution (*RM*, p. 16 f/dt. S. 23 f). Whiteheads präziseste diesbezügliche Aussage ist der Satz: »Religion ... durchläuft, wenn sie sich bis zu ihrer abschließenden Erfüllung entwickelt, drei Phasen.« (*RM*, p. 6/dt. S. 15)
Was hier natürlich sofort auffällt, ist einerseits Whiteheads Vorstellung seiner Religionstheorie als einer Stadientheorie im üblichen Sinn, mittels einer durchaus geläufigen Nomenklatur, und andererseits der Gebrauch eines terminus technicus aus seiner ureigensten Metaphysik, nämlich ›satisfaction‹, zur Bezeichnung der ›Endphase‹ (final phase; vgl. *RM*, p. 16/dt. S. 24) dieser religiösen Entwicklung. Beides verdient besondere Beachtung.
Mit der Annahme, Religion kenne eine Entwicklung, die in Stadien verlaufe, bringt sich Whitehead in eine signifikante Gegenposition zu jenen Theorien der Moderne, die auch Entwicklungstheorien im Sinne von Stadientheorien sind, aber dabei gerade Religion als etwas auffassen, das nicht die ganze Entwicklung der

Menschheit mitmacht, sondern nur in dem (oder den) frühen Stadium (Stadien) der Menschheitsgeschichte anzutreffen ist und durch die Heraufkunft der Moderne überwunden wird. Für diese Theorien bildet die Religion selbst nur einen – durch die Moderne definitiv überholten – Entwicklungsstand der Menschheit. Whitehead bringt dagegen die Alternative einer Religionsauffassung ins Spiel, welche der Religion selbst eine Entwicklung in Stadien zugesteht, die mit dem Eintritt der Menschheit in die Moderne nicht an ihr Ende kommt, sondern erst hier ihre Endstufe hervortreibt.

Diese – mögliche – Endstufe der Religion auf dem Boden der Moderne und – genereller gefaßt – unter den Bedingungen der Rationalität wird von Whitehead, wie wir sahen, als ihre ›final satisfaction‹ (*RM*, p. 6/dt. S. 15) bezeichnet. Die ›satisfaction‹ meint bei Whitehead bekanntlich die Endphase erfüllter Selbstverwirklichung, in der dem schöpferischen Drang und Zielstreben eines Wesens »Genüge getan« ist, und steht damit eindeutig im Zusammenhang seiner teleologischen Betrachtung des Wirklichen. Die Verwendung dieses Terms wirft die Frage auf, wie wir Whiteheads Religionstheorie überhaupt zu verstehen haben. Handelt es sich um eine Beschreibung tatsächlicher Entwicklung von Religion oder um das Aufstellen einer idealtypischen Entwicklungsordnung, ist seine Theorie, anders gesagt, deskriptiv oder präskriptiv oder beides zusammen, eventuell sogar in einer unstatthaften Vermischung (naturalistischer Fehlschluß)?

Beim Lesen von Whiteheads Schriften zur Religion gewinnt man zunächst den Eindruck, seine Religionstheorie sei vornehmlich eine verallgemeinernde Beschreibung dessen, was Religion ist, also deskriptiver Natur, und nicht eine präskriptive oder normative Bestimmung dessen, was Religion sein sollte. Sprachlich gesehen herrschen bei Whitehead eindeutig Ist-Sätze vor und nicht etwa Soll-Sätze. Vergleicht man jedoch, was Religion nach Whitehead angeblich alles ist, so drängt sich bald der Schluß auf, daß Religion das alles nicht auf die gleiche Weise sein kann, anders gesagt, daß das generell verwendete »Religion is…« nicht immer den gleichen deskriptiven Sinn haben kann. Diese Unterschiede hängen mit dem Status von Whiteheads Religionstheorie als einer Stadientheorie zusammen, und ihre Offenlegung ist hilfreich, um das mehrschichtige Anspruchsniveau dieser Theorie zu ergründen.

Stadientheorien haben die logische Konsequenz, daß ihre Begriffsbestimmungen je nach dem oder den Stadien, auf die sie zutreffen, nicht den gleichen Umfang haben können. Als grobe Regel gilt, daß die mittleren Stufen einer Sequenz den größten Umfang haben, d. h. die meisten Vertreter aufweisen, die höchsten Stufen hingegen den kleinsten Umfang, die wenigsten Vertreter. Whitehead ist sich wohl bewußt, daß die häufigste Erscheinungsform, das verbreitetste Stadium der Religion ihr konventioneller, gesellschaftlich-kirchlich geprägter Typus ist. Seine Beschreibung fällt, wie Whitehead etwas verächtlich ausführt, ins Gebiet der Massenpsychologie oder der »Herdenpsychologie« (vgl. *RM*, p. 6 u. 18/dt. S. 15 u. 25). Die ›final phase‹ der Religion hingegen ist die Sache weniger. Statt ein Massenphänomen zu sein, beruht sie auf den tieferen *intuitions of the few* (*RM*, p. 18/dt. S. 25).

Es kann nun kein Zweifel bestehen, daß Whiteheads eigene Religionstheorie auf diese »intuitions of the few« als Terminus ad quem der Religionsentwicklung blickt und diese kritisch von überholten Elementen reinigen will. Hieraus ergibt sich die Antwort auf die Frage nach dem deskriptiven respektive präskriptiven Status von Whiteheads Religionstheorie. Sie ist auf eine generelle Weise deskriptiv dort, wo sie Religion als geschichtliche Erscheinung von Breitenwirkung, d. h. als gemeinschaftlich-gesellschaftliches Phänomen beschreibt. Sie ist in einem sehr eingeschränkten Sinne deskriptiv, wo sie ihre Thematisierung des Religiösen auf die Wenigen abstellt, welche nach Whitehead Religion in ihrer höchstentwickelten Form repräsentieren. Und sie ist nicht mehr deskriptiv, sondern wird präskriptiv (normativ), wo sie das, was Religion im Höchstsinn sein kann, kritisch, idealtypisch zu rekonstruieren und zu begründen versucht.

Überall dort, wo Whitehead »seine« Theorie des Religiösen vorlegt, d. h. seine eigenen Bestimmungen der eigentlichen Religion, bewegt er sich auf dieser eingeschränkt deskriptiven und letztlich implizit oder explizit präskriptiven Ebene; er beschreibt keineswegs, was Religion im Normalfall ist (vgl. *RM,* p. 5-7/dt. S. 15-16).

Aus diesen Überlegungen resultiert erstens das Gebot, bei der Lektüre auf den unterschiedlichen Status von Whiteheads Aussagen zu achten. Es ist vor allem zu vermeiden, daß Whiteheads beschränkt deskriptive oder präskriptive Aussagen als deskriptive

Aussagen im üblichen Sinn gelesen werden, als die sie nur falsch sein können. Denn das, was Whitehead von der »wahren« Religion behauptet, trifft auf die tatsächliche(n) Religion(en) in den seltensten Fällen zu. Zweitens führt dies zur Einsicht, daß es sich bei Whiteheads Religionstheorie um eine komplexe Theorie handelt, bei der zu unterscheiden ist zwischen a) einer deskriptiven Komponente, nämlich der Beschreibung tatsächlicher Entwicklungsverläufe von Religion, sowohl in geschichtlicher (phylogenetischer) als auch in individueller (ontogenetischer) Hinsicht, und b) einer präskriptiven oder normativen Komponente, die in einer Wertung der Entwicklungsstufen von Religion besteht und zur Erhebung der Endstufe in den Rang eines eigentlichen Entwicklungszieles führt. Eine klare Unterscheidung ist deswegen unabdingbar, weil für die beiden Komponenten nicht die gleichen Kriterien gelten: eine Beschreibung kann nur wahr oder falsch sein, im Sinne von zutreffend oder nichtzutreffend, die Wertung hingegen wirft Geltungsfragen auf.

Die Erkenntnis dieser Komplexität von Whiteheads Religionstheorie ist in unserem Interpretationszusammenhang deswegen von besonderem Interesse, weil sich hierin die Ähnlichkeit mit der Problemlage in den komplexeren sozialwissenschaftlichen Entwicklungstheorien des unter 1.5 erwähnten Typs, insbesondere mit den strukturgenetischen Theorien Piagets und Kohlbergs, bekundet. Sowohl bei Piaget als auch bei Kohlberg hat die – durch den Vorwurf des Psychologismus oder des naturalistischen Fehlschlusses forcierte – Einsicht in den unterschiedlichen Charakter der Tatsachen- und der Geltungsfragen von Stufenordnungen der Entwicklung am Ende zu einer klaren Trennung des deskriptiven (empirischen) und des präskriptiven (normativen) Theorieteils geführt. Habermas (1983: 49, 129) hat in diesem Zusammenhang gezeigt, daß eine Verbindung solcher unterschiedlicher Theorieteile nur über eine beide erfassende und zusammenfassende Metatheorie erfolgen kann. Es kann wohl kein Zweifel bestehen, daß es bei Whitehead eine solche, wenn auch nicht ausdrücklich abgehobene ›Metatheorie‹ gibt. Sie liegt in seiner Metaphysik, genauer in seiner Verankerung des Idealen (der reinen platonischen Formen) in Gott, sowie in seiner Wertlehre, die zwischen dem bloßen Möglichsein von Werten und deren gradueller Verwirklichung im Welt- und Zivilisationsprozeß unterscheidet. Letztere ist der Grund, warum eine Entwicklungstheorie sensu Whitehead sowohl in der phylogenetischen als auch in der ontogenetischen Perspektive nicht nur beschreibende, sondern unweigerlich auch wertende Züge aufweist.

Generell betrachtet drängt sich am Ende die Frage auf, ob Whiteheads Zivilisationstheorie im allgemeinen und seine Religionstheorie im besonderen durch eine stärkere Differenzierung der unterschiedenen Theorieteile und -ebenen nicht gewinnen könnten. Das hieße Whitehead auf verschiedene Weise ernst nehmen: als Universalhistoriker, als Theoretiker der Individualentwicklung, als Normativisten und Metatheoretiker, und zwar gemäß den unterschiedlichen, jeweils einschlägigen Kriterien. In diesem Beitrag wird, gemäß 1.7, bloß der Versuch unternommen, Whitehead als Theoretiker der Individualentwicklung im Kontext gegenwärtiger Sozialwissenschaft ernst zu nehmen.

3. Der Zusammenhang der Religionsentwicklung mit dem Individuations- und Sozialisationsprozeß: von den sozietären Religionsstufen zur Stufe des Solitärseins

Die eingangs (1.4) aufgestellte Behauptung, Whiteheads Religionstheorie wandle das Thema ›Individuum und Gesellschaft‹ ab, soll nun in diesem Abschnitt begründet werden. Der eindeutigste Beleg für die Richtigkeit einer solchen Behauptung ist der Satz: »Das Thema der Religion ist Individualität in der Gemeinschaft.« (*RM*, p. 76/dt. S. 68) Er macht deutlich, daß die Religionsentwicklung für Whitehead in Zusammenhang mit dem Individuations- und dem Sozialisationsprozeß des Menschen steht. Die Religionsentwicklung stellt gleichsam die dritte Dimension eines Prozeßkomplexes dar, dessen erste Dimension durch die Tiefendimension der Individuation und dessen zweite Dimension durch die Breitendimension der Sozialisation gebildet wird.

Whitehead nimmt an, daß die Religionsentwicklung zunächst Stufen durchläuft, die wesentlich gemeinschaftlich-gesellschaftlicher Natur sind, so daß hier die Religion hauptsächlich als ein soziales Phänomen im engeren Sinn, d. h. als ein sozietäres Phänomen, zu betrachten ist. Die ›Endstufe‹ (final phase) der »wahren« Religion beginnt für Whitehead aber erst dann, wenn eine

Person sich aus der Einbettung in ein fraglos hingenommenes Gemeinschafts- oder Gesellschaftsleben zu lösen beginnt, sein Sozialbezug universeller Natur wird und sich die Person auf prinzipielle Einsichten stützt. Dieser Vorgang läßt eine Person ›solitär‹ werden, und entsprechend ist die Religion der ›Endstufe‹ das, was der Mensch aus diesem Solitärsein ›macht« (*RM*, p. 6 u. 48/dt. S. 15 u. 47). Ihre erfüllteste Form besteht darin, daß der Mensch zu Gott als dem ›ideal companion‹ findet.

Falls die Religion sich bis zu ihrer abschließenden ›Erfüllung‹ entwickelt, durchläuft sie nach Whitehead drei Stadien: sie vollzieht den »Übergang von Gott dem leeren (God the void) zu Gott dem Feind (God the enemy), und von Gott dem Feind zu Gott dem Gefährten (God the companion)« (*RM*, p. 6/dt. S. 15). Whitehead unterscheidet zusätzlich vier ›Faktoren‹ oder ›Seiten‹ der sich entwickelnden Religion, nämlich Ritual, Gefühl (emotion), Glaube im Sinne von Fürwahrhalten (belief) und Rationalisierung (rationalization). Sie sollen geschichtlich in dieser Reihenfolge auftreten, wobei die Tiefe ihrer religiösen Bedeutung im umgekehrten Verhältnis zu ihrem Erscheinen steht. Die letzte und eigentliche Religionsstufe, die gemäß Whitehead beim solitär gewordenen Menschen beginnt, setzt ein Wirksamwerden des dritten und vierten Faktors, von Glaube und Rationalisierung, voraus (*RM*, p. 8 f/dt. S. 16 f).

Der ursprünglichste Faktor, das Ritual, ist eine Verhaltensweise, die Whitehead schon bei den Tieren beginnen sieht. Das Ritual und die durch es hervorgebrachte Emotion sind zumindest in den Anfängen der Religionsgeschichte wesentlich sozietäre Phänomene. Der Mythos erklärt, worum es beim Ritual und der mit ihm verbundenen Emotion geht (*RM*, p. 13/dt. S. 21). Mit dem Mythos tritt der Glaube der Religionen als ihr dritter Faktor auf den Platz. Religion als Glaube ist insofern ein neues Bildungsprinzip im Aufstieg der Menschheit, als sie ein Denken über die Grenzen des unmittelbar Gegebenen hinaus erzeugt (*RM*, p. 16/dt. S. 23). Insofern es sich beim Glauben um ein Stadium unkoordinierter, unkritisch miteinander verbundener Vorstellungen handelt, ist die Religion hier immer noch ein durchgehend sozietäres Phänomen: solche Glaubensvorstellungen sind wesentlich die Sache eines Kollektivs (*RM*, p. 17/dt. S. 24). Auf diesem Niveau sollen sich die »halb-zivilisierten Massen der Menschheit« (*RM*, p. 17/dt. S. 24) befinden.

Der Einbruch der Rationalisierung, des vierten und letzten Faktors, bedeutet insofern einen Bruch mit der bisherigen Entwicklung, als die Religion damit aufhört, ein wesentlich sozietäres Phänomen zu sein. Wir treten in die ›Endphase‹ der Religion ein, welche »die Note des Solitärseins einführt« (*RM*, p. 18/dt. S. 24). Whitehead läßt die Epoche der ›rationalen Religion‹ bereits vor sechstausend Jahren beginnen (*RM*, p. 18/dt. S. 25). Zu ihrer Charakterisierung stützt er sich vor allem auf die Bibel. Die Propheten und Jesus haben als Individuen die Prinzipien einer allgemeinen Kritik an den Gewohnheiten einer religiös-politischen Gemeinschaft zur Geltung gebracht und sich auf unmittelbare ethische Einsichten berufen (*RM*, p. 22 f u. 25/dt. S. 28 u. 30). Damit verlor die Religion ihren früheren, ausschließlich sozietären, gemeinschaftlichen Charakter und nahm individualistische Züge an. Religiosität verbindet sich mit dem Bemühen um individuelle Einsicht (vgl. *RM*, p. 25/dt. S. 30). Die ›rationale Religion‹ kann deshalb von Whitehead definiert werden als »eine Religion, deren Glaubensvorstellungen und Rituale mit dem Ziel reorganisiert worden sind, sie zum zentralen Element einer kohärenten Lebensordnung zu machen« (*RM*, p. 20/dt. S. 26).

Entscheidend wird nun, wie Whitehead dieser »modernen«, rationalen Religion, die er bei den alttestamentlichen Propheten beginnen läßt, deren Vollendung aber für ihn offensichtlich in die Gegenwart und Zukunft fällt, ein neues religiöses Bewußtsein zuschreibt (*RM*, p. 37/dt. S. 39). Whitehead interpretiert die Heraufkunft der rationalen Religion als Folgeerscheinung eines Weltbewußtseins (world-consciousness) (*RM*, p. 30/dt. S. 34). Dieses ist universell orientiert, statt wie die vorangehenden Bewußtseinsformen stammes- oder gesellschaftsbezogen zu sein (*RM*, p. 37/ dt. S. 39). Die Religion hört damit auf, ein wesentlich sozietäres Phänomen im bisher beschriebenen Sinn zu sein. Der Religiöse ist nicht mehr ein ›sozietärer‹, sondern der ›solitäre‹ Mensch.

Was meinen Whiteheads emphatisch vorgetragene Aussagen, Religion sei *solitariness* (*RM*, p. 7/dt. S. 15 f), und jener, der nie *solitary* sei, sei nie religiös (ebd.), sowie Religion sei das, was das Individuum mit seiner *solitariness* mache (*RM*, p. 37/dt. S. 39)? Zunächst ist man versucht, hier einfach eine Religionsbeschreibung zu sehen, welche die Religion als Antwort auf die Einsamkeitserfahrung des modernen Menschen begreift. Eine solche Er-

klärung ist richtig, insofern Whitehead dieses Solitärsein als das
einführt, was übrigbleibt, wenn man von den »kollektiven Emo-
tionen« des modernen Herdenmenschen absieht (vgl. *RM*, p. 6/
dt. S. 15); sie greift jedoch eindeutig zu kurz. Denn Whitehead
versteht zwar die ›solitariness‹ als ein entwicklungsspezifisches
Wesensmoment der Religion, macht aber nicht eine spezielle Ge-
sellschaftsform, sondern den Rationalisierungsprozeß des Glau-
bens zu ihrer Voraussetzung. Der springende Punkt ist die Universalisierung des religiösen Bewußtseins als Weltbewußtsein.
Eine naive Sicht ließe erwarten, daß ein universelles Weltbewußtsein gewissermaßen als die »Aufhebung« des Solitärseins
eingeführt würde. Aber der Zusammenhang ist gerade umgekehrt: *Weil* dieses Bewußtsein universell ist, hat es die ›solitariness‹ zur Folge (vgl. *RM*, p. 37/dt. S. 39). Universalität im Sinne
eines rational-religiösen Denkens, das nicht mehr den Vorstel-
lungsweisen der unmittelbaren sozialen Umwelt folgt, sondern
sich als Weltbewußtsein an allgemeinen Prinzipien orientiert, hat
eine Ablösung von dieser Umwelt zur Folge. Whitehead weist auf
die »Szenen der Solitariness« hin, in der die maßgeblichen Reli-
gionsbegründer im Moment ihrer Entscheidung stehen (*RM*, p. 9/
dt. S. 18).

Die »religiöse Antwort«, welche der Mensch in diesem Solitärsein
finden kann, besteht nach Whitehead letztlich darin, daß er zu
God the companion (*RM*, p. 6/dt. S. 15), *the ideal companion*
(*RM*, p. 139/dt. S. 115), findet. Die Tiefe und Aktualität dieser
religiösen Antwort läßt sich meines Erachtens im Rahmen einer
Theorie der Moderne nur durch den Rekurs auf Entwicklungstheorien des Selbst und der Moral würdigen, welche einer entsprechenden »religiösen« Entwicklung nicht von vorneherein einen gleichwertigen Platz einräumen.

4. Solitärsein, Selbstentwicklung (Mead), Moralentwicklung (Kohlberg) und Gottesbeziehung

Der Anknüpfungspunkt liegt bei George Herbert Mead. Bei ihm
findet sich die generelle Antwort auf die Frage, warum ein Individuum, das sich an höheren Allgemeinheitsprinzipien orientiert
und damit seiner eigenen Gesellschaft kritisch, eventuell sogar
ablehnend gegenübersteht, sich nicht in der Position einer splen-

did isolation halten kann. Mead (1934: 167f; vgl. 199) macht geltend, daß sich der einzelne nur durch den Appell an eine höhere Gemeinschaft in seiner im Whiteheadschen Sinn ›solitären‹ Auseinandersetzung mit einer gegebenen Gesellschaft behaupten kann. Diese höhere Gemeinschaft ist jene einer universellen Vernunft; der ›solitäre‹ einzelne versteht sich als Vernunftwesen, als Dialogpartner eines ›universellen Diskurses‹, als Mitglied einer ›idealen Kommunikationsgemeinschaft‹. Er ist, anders gesagt, zwar ›solitär‹ hinsichtlich seiner ›sozietären‹ Stellung, versteht sich aber dennoch als in einer ›Sozialordnung‹ stehend, die nicht jene der realen, sondern einer idealen Welt ist. Diese ideale Welt sieht Mead als etwas im rational-gedanklichen Verfahren zu Konstruierendes an und nicht als etwas, das in der Wirklichkeit selbst einen substantiellen Rückhalt hätte (vgl. Mead 1964: 404f). Meads Konzeption des sich entwickelnden Selbst scheint sogar die Möglichkeit offenzulassen, daß das einmal entwickelte Selbst in völliger Einsamkeit allein im Gespräch mit sich diese ideale Kommunikationsgemeinschaft sein kann. Der folgende Text liest sich geradezu als die direkte Verneinung der Antwort, die Whitehead in *RM* mit *God the companion* auf die Frage der ›solitariness‹ gibt, und zwar unter Benützung der gleichen Stichworte ›solitary‹ und ›companion‹:

»Das Selbst... ist wesentlich eine soziale Struktur, und es erwächst aus der sozialen Erfahrung. Wenn sich ein Selbst einmal entwickelt hat, schafft es sich gewissermaßen selbst seine sozialen Erfahrungen, und somit können wir uns ein absolut solitäres Selbst (an absolutely solitary self) vorstellen. ... Wenn es [das Selbst] sich bereits entwickelt hat, können wir uns vorstellen, daß die betreffende Person, wenn sie in lebenslängliche Einzelhaft gerät, immer noch sich selbst als Gefährten (companion) hat und mit sich selbst denken und sprechen kann, so wie sie es vorher mit anderen konnte.« (Mead 1934: 140; dt. 182, abgeändert)

Diskursethiker wie Habermas insistieren darauf, daß Meads Entwurf einer idealen Kommunikationsgemeinschaft verstanden werden müsse »als Leitfaden für die *Einrichtung* von Diskursen, die tatsächlich durchgeführt werden müssen und nicht durch monologisierte Scheindialoge ersetzt werden können« (Habermas 1981 II: 145). Whitehead geht viel weiter. Seine Religionstheorie läßt sich als der Versuch interpretieren, in letzter Instanz die Beziehung zu Gott als dem *ideal companion* (*RM*, p. 139/dt. S. 115) als das unabdingbare Sinnfundament einer idealen Kommunikationsgemeinschaft zu postulieren. Eine solche Interpretation bedarf zu ihrer Rechtfertigung zunächst des Nachweises, daß Whitehead das Problem der ›solitariness‹ auf einer ähnlichen Ebene situiert wie Mead.

Für Mead wie vor ihm für Whitehead sind es vornehmlich die großen religiösen Erneuerer, welche am besten diesen Appell an eine umfassendere und gleichzeitig tiefere, weil an letzten ethischen Prinzipien orientierte Sozialordnung illustrieren (vgl. *RM*, p. 29 u. 32 f/dt. S. 33 u. 36 und Mead 1934: 216, 217). Der entscheidende Punkt ist jedoch Whiteheads Einsicht in den Wandel der Gerechtigkeitsauffassung, der ihn intuitiv fundamentale Stufenunterschiede erkennen läßt, welche sich bei Mead in der Unterscheidung des ›conventional individual‹ von dem seinen eigenen Prinzipien folgenden Individuum wiederfinden (vgl. Mead 1934: 200). Kohlberg hat später solche Stufenunterschiede empirisch verifiziert, was zu seiner Unterscheidung der ›postkonventionellen‹ Ebene der Moralentwicklung von der ›konventionellen‹ führte.

Ein sozietäres Bewußtsein bezieht sich im Unterschied zu einem Weltbewußtsein Whitehead zufolge auf Menschen, die man individuell kennt und liebt. Der Begriff dessen, was recht ist, geht deshalb mit dem Begriff der Systemerhaltung zusammen (*PR*, p. 29 f/dt. S. 33). Das sind genau Wesenszüge dessen, was Kohlberg als ›konventionelle‹ Ebene der Moralentwicklung beschreibt, nur mit dem Unterschied, daß Kohlberg das persönliche Sich-Kennen und Schätzen der unteren, ›gemeinschaftlichen‹ Stufe dieser ›konventionellen Ebene‹ zuweist (Stufe 3 der Kohlberg-Skala), die ›Systemerhaltung‹ hingegen zu einem Hauptmerkmal ihrer oberen, ›gesellschaftlichen‹ Stufe erklärt (Stufe 4 der Kohlberg-Skala). Das Weltbewußtsein löst sich hingegen laut Whitehead aus einer sozietären Bindung, um sich zum Begriff einer *essential rightness of things* zu erheben (*RM*, p. 30/dt. S. 34). In Kohlbergs Theorie entspricht dem der Übergang auf die ›postkonventionelle Ebene‹ mit ihrer prinzipiengeleiteten Moral.

Aber ist diese Inbeziehungsetzung von Whiteheads Religionsentwicklungstheorie zu Kohlbergs Moralentwicklungstheorie überhaupt zulässig? Sie setzt voraus, daß Whitehead gleich Kohlberg die ›solitariness‹ als eine Situation gesehen hat, in welche der einzelne gerät, wenn er als moralisch vollentwickelte Person sich einer als unmoralisch empfundenen Gesellschaftsordnung entgegenstellt, sich auf nichts anderes als auf seine tiefere ethische Einsicht berufend. Aber gerade diese Seite des Problems war Whitehead offenbar voll bewußt, wie sein *An Appeal to Sanity* (sein Manifest für einen jüdisch-arabischen Staat) zeigt: »We have developed a moral individuality; and in that respect we face the universe – *alone*« (*ESP*, p. 65, Hervorhebung im Text). Auch der Rückzug in eine religiöse Gemeinschaft mit ihren – verständlichen – Kompromissen kommt, weil sie auf ihre Weise auf der Ebene des Konventionellen bleibt, als Lösung nicht mehr in Frage: »Even a religious community is inadequate« (ebd.). Das einzige, was bleibt, ist eine zutiefst persönliche Beziehung zu Gott: »There always remains *solus cum solo*« (ebd.).

Warum zieht nun aber Whitehead gerade eine religiöse »Bewältigung« der ›solitariness‹ in Betracht? Die Antwort, warum Whitehead es so und nicht anders sieht, wird man auf mindestens drei Ebenen suchen müssen. Whitehead reflektiert erstens eine geschichtliche Erfahrung; er bezeugt zweitens seine eigene Lebenserfahrung; er liefert drittens systematische Gründe nach, welche es erklärlich machen, warum letztlich nur eine religiöse Lösung der Frage der ›solitariness‹ befriedigen kann.

Zur ersten Ebene: Die geschichtliche Erfahrung lehrt, daß jene Menschen, die es wagten, aufgrund ihrer tiefsten ethischen Überzeugungen unter den Zeichen einer universellen Solidarität einer als unmoralisch empfundenen Gesellschaft entgegenzutreten, und die bereit waren, ihren Einsatz mit dem Leben zu bezahlen, in der Mehrzahl religiöse Menschen waren. Auf Beispiele solcher Art weist Whitehead nachdrücklich hin (vgl. *AI*, p. 205/dt. S. 306), am eindringlichsten (und gleichzeitig am verhaltensten) wohl auf Jesus (vgl. *RM*, pp. 9, 20, 40 f, 45 f, 60 f/dt. S. 18, 26, 41, 45 f, 56 f). Für das, was wir mit dem – leider zum Modewort gewordenen – Ausdruck ›universelle Solidarität‹ bezeichneten, steht bei Whitehead ›world-loyalty‹ (vgl. *RM*, p. 49/dt. S. 48). In diesem Kontext ist daran zu erinnern (vgl. 1.6), daß auch Kohlberg auf diesen Zusammenhang zwischen Gerechtigkeit als universeller Solidarität und einer religiösen Beziehung aufmerksam geworden ist und deshalb der höchsten Moralstufe eine entsprechende »religiöse« Stufe zuordnet (vgl. Kohlberg 1981: 311-372, bes. 344 f).

Zur zweiten Ebene: Es ist hier nicht der Ort, Whiteheads eigene religiöse Entwicklung nachzuzeichnen. Der Hinweis muß genügen, daß Whitehead von einem so anders orientierten Geist wie

Bertrand Russell (vgl. 1956: 96) als ein Mensch gesehen worden ist, der »zu allen Zeiten sich der Bedeutung der Religion tief bewußt war«, vor allem aber nach dem Verlust seines jüngeren Sohnes Eric, der im ersten Weltkrieg als Kampfflieger fiel (vgl. Russell 1956: 94). Diesen Verlust hat Whitehead offenbar nie verwunden (vgl. die Widmung in *PNK* sowie das Zeugnis von Nahestehenden in Parmentier 1968: 440); er ist wohl als der biographische Hintergrund von *PR*, p. 340/dt. S. 608 zu sehen: »Die Welt wird von Grauen gepackt angesichts des Verlusts der Vergangenheit, mit ihren Vertrautheiten und geliebten Wesen.« Die Zerstörbarkeit und, allgemeiner gefaßt, die Vergänglichkeit sind, wie wir sehen werden, für Whitehead das eigentliche *malum metaphysicum* des Zeitlichen.

Wie sich das Problem auf der dritten, der theoretischen Ebene stellt, wird ausführlicher zu erörtern sein. Doch bevor wir die Gründe anführen, welche nach Whitehead nur eine Gottesbeziehung als zureichende Antwort auf das Problem der ›solitariness‹ in Frage kommen lassen, muß zuerst die Art dieser Gottesbeziehung spezifiziert werden.

Die Beziehung zu Gott als dem ideal companion kommt keineswegs der Gottesbeziehung auf den sozietären, konventionellen Ebenen der Religion gleich. Die sozietäre Religion ist, wie Whitehead pointiert sagt, ein »Zweig der Diplomatie« (*RM*, p. 30/dt. S. 33). Eine solche Religion erforscht den Willen Gottes, um durch seine Befolgung vor Unheil bewahrt zu werden. Eine auf dem Weltbewußtsein beruhende Religion hingegen betont nicht mehr den Willen Gottes, sondern versucht seine Güte zu ergründen, das heißt das Ideal der in ihm grundgelegten Ordnung, mit dem Ziel, diesem Ideal zu entsprechen (*RM*, p. 30/dt. S. 34). Schon in *SMW*, p. 238/dt. S. 223 heißt es, die wahre religiöse Vision verlange nichts anderes als Verehrung (worship), und Verehrung sei die Selbstübergabe an Gott als Antwort auf seinen Anspruch auf Angleichung an ihn (a surrender to the claim for assimilation), gemäß der Intention einer gegenseitigen Liebe. In die Stufentheorie der religiösen Entwicklung von *RM* wird diese Idee nun in der Form eines Übergangs vom zu versöhnenden Feindgott der sozietär-konventionellen Religion zu dem als Gefährten erfahrenen Gott der gereinigten universellen Religion integriert (vgl. *RM*, p. 6 u. 30/dt. S. 15 u. 33 f). Die bedeutsamsten Gegensatzpaare, mittels deren Whitehead immer wieder diesen

Wandel des Gottesbildes beschreibt, sind jene von Macht (power) und Liebe (love), von brutaler Kraft (brute force), welche selbst nicht vor der Zerstörung zurückschreckt einerseits, und eines nur mit Überzeugungskraft (persuasion) ausgestatteten Ideals anderseits (vgl. *SMW*, pp. 237-239/dt. S. 221-223; *RM*, pp. 45, 64, 140/dt. S. 45, 59, 116; *AI*, pp. 305, 313/dt. S. 306, 315; *PR*, pp. 343, 346/dt. S. 613, 618 u. a.).

5. Der mitgehende Gott als Thema von Whiteheads Metaphysik

Eine adäquate Erörterung der Gründe, aus welchen Whitehead nur die Beziehung zu Gott als dem ideal companion als zureichende Antwort auf die Frage der Solitariness betrachtet, ist nicht ohne die Berücksichtigung seiner Metaphysik möglich. Metaphysik, wie Whitehead sie versteht, muß – neben anderen von ihr geforderten Fundierungsleistungen, zu denen an erster Stelle die kosmologischen zu zählen sind – auch den tiefsten religiösen (und moralischen) Intuitionen Rechnung tragen (vgl. *PR*, p. 343/dt. S. 613). Daß Whitehead tatsächlich eine Metaphysik konzipiert hat, welche die von ihm in *RM* postulierte Beziehung zu Gott als dem ideal companion zu begründen versucht, zeigt der letzte große Abschnitt von *PR* (v, II. VII), der mit dem Satz schließt: »In this sense, God is the great companion – the fellow-sufferer who understands« (*PR*, p. 351/dt. S. 626)

Achten wir besonders darauf, in welchem Kontext Whitehead seinen Begriff Gottes als companion zur Geltung bringt. Der eben zitierte Satz aus *PR* (p. 351/dt. S. 626) zeigt schon durch die neue Wortwahl auf die Situation, die Whitehead besonders im Auge hat: Gott ist »Leidensgenosse«. Vom Leid ist aber auch schon an jener Stelle in *RM* (p. 139/dt. S. 115) die Rede, wo Gott als ideal companion eingeführt wird. Und das Leid gilt sowohl in *RM* (vgl. p. 41/dt. S. 42) als auch in *PR* (vgl. p. 340/dt. S. 609) als ein, wenn nicht als das Hauptproblem der Religion. Die Leiderfahrung ist sicher nicht das einzige, wohl aber das zentrale Motiv bei Whiteheads Konzeption Gottes als des ideal companion.

Whiteheads Unterscheidung der verschiedenen Arten des Übels oder des Bösen ist zu komplex, als daß sie hier adäquat zusammengefaßt werden könnte (vgl. *AI*, Kap. 17). In grober Vereinfachung gilt: Das Übel oder das Böse ist für Whitehead zunächst der Widerstreit verschiedener Erfahrungsmöglichkeiten in einem Wesen, insbesondere die Verhinderung der höheren Entfaltungsmöglichkeiten, d. h. die Degradierung. Das Böse ist aber vor allem die destruktive Kraft, mit der sich verschiedene Wesen begegnen und in der sich das partikuläre, fragmentarische Ziel eines Wesens über die mögliche Harmonie aller Wesen hinwegsetzt. Und schließlich gibt es für Whitehead einen Grundmangel unseres Daseins, der tiefer reicht als jede spezifische Form des Übels. Er liegt im ständigen Vergehen der zeitlichen Wirklichkeit, in der Unerbittlichkeit des Weggenommenwerdens jener, die ein Mensch liebt. Im Sich-nicht-abfinden-Können mit diesem Verlust – und mit den destruktiven Kräften des Wirklichen überhaupt – sieht Whitehead jenes Religionsproblem, das im Zivilisationsverlauf in immer ausgeprägterer Form hervortritt:

»Die allgemeinste Formulierung des religiösen Problems ist die Frage, ob der Prozeß der zeitlichen Welt in die Herausbildung anderer Wirklichkeiten übergeht, die in einer solchen Ordnung miteinander verbunden sind, daß Neusein nicht Verlust bedeutet.« (*PR*, p. 340/dt. S. 609)

Aus Whiteheads Fassung des Problems geht bereits seine mögliche Lösung hervor. Die neuzubildende ›Ordnung‹, von der die »Lösung« des Problems erwartet wird, wird als jene eines innerlichen Verbundenseins der Wesen vorgestellt, das auf signifikante Weise mit dem »Mangel an Solidarität der Individuen untereinander« kontrastiert, das Whitehead an anderer Stelle (*PR*, p. 350/dt. S. 626) für die Phase der physischen Verwirklichung der Weltwesen in der zeitlichen Ordnung als typisch ansieht. Der Ort, wo sich diese neue Ordnung verwirklicht, ist Gottes ›consequent nature‹, der Whitehead realiter eine ideale Integrationsfunktion zuschreibt, wie sie nach Mead idealiter der idealen Kommunikationsgemeinschaft zukommt. Aber dieser ›consequent nature‹ geht im Schöpfungsprozeß die ›primordial nature‹ Gottes als die Grundlage jeder möglichen idealen Ordnung voraus, und die ›consequent nature‹ ist selbst nicht als der statische Endpunkt der Schöpfung zu sehen: Erst der Gott, der jede zeitliche Kreatur gemäß dem überzeitlichen Ideal ihrer selbst ›prehendiert‹, vermag diese Kreatur in ihrer Partikularität zu lieben, kann mit ihr in eine reziproke Relation eintreten, ist ihr wirklicher Gefährte (vgl. *PR*, p. 351/dt. S. 626).

Am Ende von *PR* (p. 350 f/dt. S. 626) wird entsprechend der Relationsprozeß von Gott und Mensch als ein vierphasiger Schöpfungsprozeß beschrieben, bei dem Gott von Anfang an der Idealgrund menschlicher Selbstverwirklichung ist (erste Phase), aber zu dem den sich verwirklichenden Menschen (zweite Phase) in seiner Wirklichkeit annehmenden (dritte Phase) und mit ihm mitgehenden Partner (vierte Phase) erst *wird*. Dabei lassen sich nun die folgenden Aspekte oder Gründe unterscheiden, die in Whiteheads Perspektive nur Gott als zureichende Antwort auf die Frage der Solitariness in Frage kommen lassen, welcher als der »ideale Gefährte« gleichsam das »metaphysische Apriori« oder das letzte Sinnfundament einer »idealen Kommunikationsgemeinschaft« ist.

Gott unter dem Aspekt seiner ›primordial nature‹ mit ihrer idealen Ordnung ist der »ideale Gefährte« zunächst in dem Sinn, daß er jeder Kreatur das Maß ihres möglichen idealen Selbstseins vorhält, an dem sie den Grad ihrer Selbstverwirklichung, das Erreichen oder Verfehlen ihres Zieles, messen kann (vgl. *RM*, p. 49 f/ dt. S. 48 f). Er ist in diesem Sinne »der Spiegel, der jedem Geschöpf seine eigene Größe enthüllt« (*RM*, p. 139/dt. S. 115). Gott ist der »ideale Gefährte«, weil er als Spiegel unseres Selbst die »Offenbarung eines Charakters« ist, »der so aufgefaßt wird, wie wir die Charaktere unserer Freunde auffassen« (*RM*, p. 50/dt. S. 49). Gott ist, anders gesagt, die Bedingung dafür, daß wir uns selbst noch im Modus der ›solitariness‹ mit dem Blick des Liebenden sehen können, der wohl allein, mit Mead gesprochen, voll die Komponente des ›I‹ im Unterschied zum ›Me‹ erfassen kann.

Die entscheidende Frage ist aber jene, welche nicht so sehr den »Anfang« als vielmehr das »Ende« des Geschöpflichen betrifft: die eigentliche »religiöse« Frage, was aus der Selbstverwirklichung des Menschen qua Wertverwirklichung – und zwar nicht nur für sich selbst, sondern auch für den oder die anderen, für die Welt als eine Gemeinschaft (vgl. *RM*, p. 48 f/dt. S. 47 f) – letztlich wird. Fällt der bei der Selbstverwirklichung verwirklichte Wert mit dem Aufhören der Selbstverwirklichung definitiv dem Vergehen anheim, kann er ohne Hoffnung auf Wiederkehr zerstört werden?

Whiteheads Auffassung von *God the companion* erhält hier ihre tiefste Funktion; erst in diesem Kontext ist in *RM* überhaupt die Rede von Gott als dem ›ideal companion‹: »Er gibt dem Leiden die plötzliche Einsicht in Werte, welche daraus hervorgehen können. Er ist der ideale Gefährte, welcher das Verlorene zu einer lebendigen Wirklichkeit innerhalb seiner eigenen Natur umwandelt« (*RM*, p. 139/dt. [veränd.] S. 115). Und auch in *PR* (p. 351/dt. S. 626) ist Gott der »große Gefährte«, »der Leidensgenosse, der versteht«. Gott ist nicht bloß der Gefährte, der das Leid teilt, sondern der durch seine Prehension der Kreatur die Revolten des Bösen überwindet, indem er sie als einmalige Geschehnisse stehen und vergehen läßt, das angestrebte Gute, die Wertverwirklichung jedoch in sich aufnimmt (vgl. *PR*, pp. 346, 349 f/dt. S. 617 f, 624).

Whitehead trifft hier unabhängig von Detailfragen seiner Metaphysik insofern den Nerv des Problems, als angesichts der möglichen Zerstörung und des in jedem Fall unaufhaltsamen Zerfalls aller zeitlichen Wesen nur der überzeitliche Gott der überdauernde Ermöglichungsgrund dessen sein kann, was inzwischen als »anamnetische Solidarität« thematisiert wurde (vgl. Lenhardt 1974, Peukert 1978: 300–310 und den dort zitierten Briefwechsel zwischen den Klassikern der Frankfurter Schule). Nur Gott ist ein Erinnerer, der selbst nicht zerstört werden oder vergehen kann, und damit möglicher definitiver Aufbewahrungsort zeitlicher Wertverwirklichungen. Whitehead geht aber noch weiter, indem er das Geglückte des Selbstseins einer Kreatur nicht bloß von Gott aufbewahrt werden, sondern – entsprechend der vierten der von ihm unterschiedenen Schöpfungsphasen – wieder in die Welt »zurückfluten« läßt. Die Beziehung zu Gott dem Gefährten findet ihre Erfüllung darin, daß die Kreatur in einem überzeitlichen Modus von Gott als Geschenk zurückerhält, was sie in der Zeitlichkeit verwirklicht und Gott »gegeben« hat:

»Was in der Welt getan wird, verwandelt sich in eine Realität des Himmels, und die Realität des Himmels geht wieder über in die Welt. Aufgrund dieser Wechselbeziehung geht die Liebe der Welt in die Liebe des Himmels über und flutet wieder zurück in die Welt. In diesem Sinne ist Gott der große Gefährte – der Leidensgenosse, der versteht.« (*PR*, p. 351/dt. S. 626)

Das Problem der »anamnetischen Solidarität« ist als die »elementare Aporie« einer universellen idealen Kommunikationsgemeinschaft diagnostiziert worden (Peukert 1978: 300). In Whiteheads Religionstheorie, genauer: in der Metaphysik, in der sie kulminiert, darf diese Aporie als behoben gelten. Was Mead als ideale

Kommunikationsgemeinschaft entwarf, ist in Whiteheads metaphysischer Perspektive mehr als eine bloße Utopie, mehr als ein regulatives Prinzip, nämlich die eine Seite des Universums: »Einerseits verfällt es physisch, andererseits entwickelt es sich spirituell weiter« (*RM*, p. 144/dt. S. 119). Religion, die Gott zum ›ideal companion‹ hat, kann dann, mit den Schlußworten von *AI* (p. 381/dt. S. 511), als »das Geheimnis der Vereinigung zwischen Aufschwung und Frieden« gelten, weil sie allein es denkbar macht, »daß das Leiden in einer Harmonie der Harmonien zur Ruhe kommt« (ebd.).

Whiteheads Religionstheorie und Metaphysik, insofern sie in der Konzeption Gottes als des ›ideal companion‹ zusammenlaufen, können damit als eine Antwort auf die Frage aufgefaßt werden, ob der Mensch realiter auf eine (wenn auch das Zeitgeschehen transzendierende) ideale Kommunikationsgemeinschaft hoffen darf. Whitehead zeigt, daß eine in der Hoffnung auf ihre zunehmende oder letztliche *Verwirklichung* gelebte ideale Kommunikationsgemeinschaft angesichts der tatsächlichen Verfassung der Welt – ihrer spezifischen Formen des Übels oder des Bösen in der Form der Destruktion, ihrer prinzipiellen Unvollendbarkeit infolge ihrer Vergänglichkeit – nur unter der Voraussetzung eines überzeitlichen Kommunikationspartners denkbar ist.

Literatur

K.-O. Apel, *Transformation der Philosophie*, 2 Bde., Frankfurt 1973

L. Brunschvicg, *Le progrès de la conscience dans la philosophie occidentale*, 2 vols., Paris 1927

J. Habermas, *Theorie des kommunikativen Handelns*, Band 1: Handlungsrationalität und gesellschaftliche Rationalisierung; Band 2: Zur Kritik der funktionalistischen Vernunft, Frankfurt 1981

– *Moralbewußtsein und kommunikatives Handeln*, Frankfurt 1983

L. Kohlberg, *Essays on Moral Development*, vol. I: The Philosophy of Moral Development, San Francisco 1981; vol. II: The Psychology of Moral Development, San Francisco 1984

C. Lenhardt, *The Proletariat and its Manes*. An Essay on Anamnestic Solidarity, Unveröff. Ms., 1974

G. H. Mead, *Mind, Self, and Society*, Chicago 1934; dt.: *Geist, Identität und Gesellschaft aus der Sicht des Sozialbehaviorismus*, Frankfurt 1978

– *Selected Writings*, Indianapolis 1964

A. Parmentier, *La philosophie de Whitehead et le problème de Dieu*, Paris 1968

H. Peukert, *Wissenschaftstheorie – Handlungstheorie – Fundamentale Theologie*, Frankfurt 1978

B. Russell, *Portraits from Memory and Other Essays*, London 1956

suhrkamp taschenbücher wissenschaft
Philosophie

suhrkamp taschenbücher wissenschaft
Philosophie

suhrkamp taschenbücher wissenschaft
Philosophie

Wicher Whitehead